오키나와 반환과 동아시아 냉전체제

류큐/오키나와의 귀속과 기지 문제의 변용

오키나와 반환과 동아시아 냉전체제 – 류큐/오키나와의 귀속과 기지 문제의 변용

초판 인쇄 2022년 2월 15일 **초판 발행** 2022년 2월 25일

지은이 나리타 지히로 **옮긴이** 임경화 **펴낸이** 박성모 **펴낸곳** 소명출판 **출판등록** 제1998-000017호

주소 서울시 서초구 서초중앙로6길 15, 2층

전화 02-585-7840 **팩스** 02-585-7848

전자우편 somyungbooks@daum.net **홈페이지** www.somyong.co.kr

값 31,000원

ISBN 979-11-5905-673-4 93910

이 번역서는 2017년 대한민국 교육부와 한국연구재단의 지원을 받아 수행된 연구임 (NRF-2017S1A6A3A03079318)

오키나와 반환과 동아시아 냉전체제

류큐/오키나와의 귀속과 기지 문제의 변용

나리타 지히로 지음
임경화 옮김

The Reversion of Okinawa and the Cold War Regime in East Asia
:The Transformation of Jurisdiction and the Problem of American Bases in Rūkyū/Okinawa

접경인문학 번역총서 005

일러두기

1. 이 책은 『沖縄返還と東アジア冷戦体制 – 琉球/沖縄の帰属・基地問題の変容』(人文書院, 2020)을 완역한 것에 「추천사」, 「저자 한국어판 서문」, 「옮긴이 후기」, 「참고문헌」, 「찾아보기」를 추가한 것이다.
2. 본문의 사료 인용은 원문대로 표기하였고, 띄어쓰기는 한글 맞춤법[문화체육관광부고시 제2017-12호(2017.3.28)]에 따라 수정하였다.

총서 발간사

중앙대·한국외대 HK+ 접경인문학연구단은 2017년 한국연구재단의 인문한국사업HK+에 선정되어 1단계 사업을 3년에 걸쳐 수행한 후, 2020년부터 2단계 사업을 시작했습니다. 접경인문학에서 접경은 타국과 맞닿은 국경이나 변경만을 의미하지 않습니다. 같은 공간 안에서도 인종, 언어, 성, 종교, 이념, 계급 등 다양한 내부 요인에 의해 대립과 갈등이 발생하기 때문입니다. 연구단이 지향하는 접경인문학 연구는 경계선만이 아니라 이 모두를 아우르는 공간을 대상으로 진행됩니다. 다양한 요인들이 접촉 충돌하는 접경 공간Contact Zone 속에서 개인과 집단이 이를 어떻게 인식하고 변화시키려 했는지를 추적하고 분석하는 것이 접경인문학의 목표입니다.

연구단은 2단계의 핵심 과제로 접경 인문학 연구의 심화와 확장, 이론으로서의 접경인문학 정립, 융합 학문의 창출을 선택하였습니다. 1단계 연구에서 우리는 다양한 접경을 발견하고 그곳의 역사와 문화를 '조우와 충돌', '잡거와 혼종', '융합과 공존'의 관점에서 규명하였습니다. 이 성과를 바탕으로 삼아 2단계에서는 접경인문학을 화해와 공존을 위한 학술적이면서 동시에 실천적인 방법론으로 제시하고자 합니다. 연구단은 이 성과물들을 연구 총서와 번역 총서 및 자료 총서로 간행하여 학계에 참고 자원으로 제공하고 문고 총서의 발간으로 사회적 확산에 이바지하고자 합니다.

유례없는 팬데믹을 맞아 세상은 잠시 멈춘 듯합니다. 이 멈춤의 시간 속에서도 각종 국가주의와 민족주의가 횡행하며, 국가와 민족 사이의 충돌은 더욱더 첨예해지고 있습니다. 접경은 국가주의의 허구성, 국가나 민족 단위의 제한성, 그리고 이분법적 사고의 한계성을 여실히 드러내는 대안적인 공간이자 역동적인 생각의 틀이라 생각합니다. 우리 연구단은 유라시아의 접경에서 일어나는 다양한 조우들이 연대와 화해의 역사 문화를 선취하는 여정을 끝까지 기록하고 기억할 수 있기를 희망합니다.

중앙대 · 한국외대 HK+ 접경인문학연구단 단장

손준식

추천사

1

지금 한국인에게 오키나와란 무엇인가.

인터넷에 들어가 오키나와 관련 글들을 찾아보면 주로 관광지로서의 오키나와를 다룬 여행기가 나온다. '동양의 하와이'란 이미지로 알려져 있다. 이와 달리 일부 지식인이나 사회운동가에게는 미군기지가 있는 곳이고 반전평화운동의 거점이다.

역사를 좀더 거슬러 올라가면, 먼저 '교류 상대로서의 오키나와'를 만날 수 있다. 15세기 통일왕조가 된 류큐왕국琉球王國은 독자적 문화를 발전시키고, 동아시아 여러 국가들을 잇는 바닷길의 핵심기지인 교역국가였다. 우리와는 고려 말기부터 조선왕조까지 약 3백 년간 주로 교역과 문물교류 등의 선린관계가 유지되었다. 표류민 문제는 그 교류의 일부였다. 그래서 홍길동이 실재인물로서 류큐에 망명했다는 설까지 한때 제기되기도 했다.

그런데 류큐왕국은 조선왕조와 외교관계를 맺고 있었지만, 사쯔마번薩摩藩의 침공을 받은 1609년 이후에는 막번제幕藩制 국가 속의 '이국異國'으로서 존재했다. 화이질서 아래 중국과의 교역관계를 유지하기 위해 도쿠가와 막부德川幕府가 정략적으로 류큐의 왕국으로서의 존립을 계속 허용한 결과였다.

류큐왕국이 메이지 유신을 성공시킨 일본정부에 강제복속당해 하나의 오키나와현沖繩縣으로 재편된 것은 1879년이다. 이때부터 한국인에게 '가해자이자 피해자로서의 오키나와'가 되었다. 독립왕국이 일본제국의 일부로 강제편입되었다는 점에서 조선과 마찬가지로 피해자였으나, 동시에 그 일부가 됨으로써 제국의 남문南門으로서 조선·중국·대만에 대한 가해자의 역할도 맡았다. 이런 이중적 역할은 오키나와인 사이에 떠돌던 이야기, 즉 일본 제국의 맏아들은 오키나와, 대만은 둘째 아들, 조선은 셋째 아들이란 말에서 잘 드러난다. 같은 식민지로서 운명공동체이나 그 안에도 식민지 근대에 편입된 시기에 따라 위계가 있다고 오키나와인들은 인식했던 셈이다. 어쨌든 일제강점기에 조선으로부터 수천 명의 군노동자軍夫와 군위안부가 오키나와에까지 강제동원된 것으로 추정된다.

제2차 세계대전이 끝나고 냉전기로 들어간 이후 한국과 오키나와의 역사적 관계는 사실상 단절되었다. 일본 본토에서 분리시켜 오키나와를 직접 통치하던 미국에 매개되어 군사적·정치적 영역에서 겨우 연결되었을 뿐이다. 1950년대에는 한국전쟁, 1960년대는 베트남 전쟁의 배후지원지로 미군기지가 있는 오키나와가 중시되었다. 한국인에게는 '미국에 매개된 오키나와'로 인식된 것이다.

1990년대 이후로는 '관광지로서의 오키나와'와 더불어 '연대의 대상으로서의 오키나와'가 점차 부각되었다. 희생당한 군노동자와 군위안부에 대한 조사와 위령 사업으로 시작해, 냉전기 국가폭력에 의해 희생당한 제주도 4·3사건에 견주어 오키나와인의 체험을 공유하면서 오키나와에 관심을 갖는 움직임이 이어져 왔다. 미군기지 반대운동의 동아시아 네트워크를 형성하기 위해 오키나와 주민들과의 연대운동도 추진되었다.

2

이처럼 한국과 오키나와가 연결되어 온 긴 역사 가운데 제2차 세계대전 종전 후부터 1972년 오키나와 반환까지, 곧 냉전기에 현미경을 들이대고 양자 관계의 (덜 알려진) 역동적 세계로 이끄는 길잡이가 바로 이 책이다. 저자는 해당 기간 동아시아 질서의 변동 속에서 일본·미국·오키나와 사이의 상호작용뿐만 아니라, 오키나와 문제에 대한 한국정부 및 중화민국정부의 관여에 주목하면서 오키나와가 일본으로 반환되는 곡절 많은 과정을 촘촘히 분석한 역작을 출간했다. 이제 우리말로 옮겨져 한국 독자에게도 소개되어 반갑다.

오키나와를 중심에 놓고 관련 국가들이 연동하는 냉전기 동아시아 지역사의 개설서라 말해도 손색없는 이 책은 지구지역사glocal history의 본보기라 할 만하다. 미국이 주도하는 세계질서가 동아시아에서 작동하는 양상에 겹쳐 이 지역의 여러 정부와 오키나와 주민이 어떻게 상호작용했는지를 한눈에 보여준다는 의미에서이다. 이런 서술이 가능해진 것은 저자가 1차 사료인 공식 문건을 냉정하게 분석하면서도 오키나와의 주요 행위자들의 인터뷰를 통해 정황을 세심하게 이해하고 전달하려는 열정(또는 진정성)을 가졌기 때문이다. 그 덕에 독자는 주요 정책이 결정되는 과정의 디테일과 그에 대응하는 오키나와 주민의 생생한 현장에 접근할 수 있다.

3

이제부터 한국 독자의 관심을 염두에 두되 나의 동아시아론의 열쇠말인 '연동하는 동아시아'와 '핵심현장'을 창으로 삼아 이 책의 주요 성과를 좀 더 깊이 들여다보겠다.

먼저 '연동하는 동아시아'이다. 이는 동아시아가 구조적으로 연관된다는 것과 이 지역의 행위주체 간에 상호 참조하는 것을 의미한다. 그 연동의 양상이 1950~60년대의 네 가지 사건, 곧 한국전쟁, 한일협정(과 국교수립), 베트남 전쟁 및 오키나와 반환 간의 상호작용에 대한 서술에 선명히 드러난다.

일본은 1945년 8월 항복한 뒤로 한동안 연합군사실상 미군의 군정 치하에 놓였다가, 한국전쟁이 한창인 1951년 맺은 샌프란시스코 강화조약이 그 이듬해 발효됨에 따라 연합군 점령에서 벗어나게 되었다. 그런데 오키나와는 조약 발효에도 불구하고 여전히 본토와 분리된 채 미국의 시정권 아래 놓여 있다가 20년이 더 지난 1972년에야 일본에 반환되었다(2022년은 반환 50주년을 맞는 해이다).

이 단순한 사실만으로도 한국전쟁이 오키나와의 운명에 끼친 영향을 알 수 있다. 그런데 1950년 6월 25일에 한국전쟁이 개시되자, 한국과 오키나와는 미군기지의 존재를 통해 좀 더 직접적으로 연결되었다. 휴전1953년 7월 직후 체결된 한미상호방위조약10월이 그 고리이다. 휴전협정에 반대하며 북진하자는 한국정부를 달래기 위해 체결된 이 조약에 당시 미국의 통치하에 놓여 있던 오키나와가 적용 구역에 포함되었기 때문이다. 이로 인해 휴전 후에도 오키나와에 존재하는 미군기지가 분단된 한반도 남쪽한국의 안전과 직결되는 구조가 정착되었다.

이어서, 한일 간 국교가 수립되는 동시에 베트남 전쟁이 본격적으로 시작된 것도 오키나와(의 반환문제)에 커다란 영향을 미쳤다. 1968년 초 한반도 안보 위기가 그 촉매였다.

미국이 베트남 전쟁에 본격적으로 개입하자, 한국정부가 적극적으로 미국에 협력하면서 파병까지 감행하였다. 이에 대응해 북한이 한국에 대한 도발

행위를 증가시킴으로써 한반도 정세는 악화되었다. 이것이 1968년의 안보 위기이다. 이렇듯 한국에서 안전보장에 대한 위기감이 고조되는 가운데, 오키나와가 한국의 안전보장을 위해 맡고 있는 역할이 급속히 관심을 끌었다.

이 국면을 오키나와에 배치된 전략폭격기 B52가 악화시켰다. B52는 한반도의 안보 위기 정세에의 대비와 베트남 출격이라는 두 가지 역할을 부여받았다. 이는 미국의 베트남 전쟁 개입으로 말미암아 오키나와와 일본에서 고조되고 있던 미국에 대한 반발을 한층 더 격발했다. 특히 이를 계기로 오키나와의 주민운동이 고양되었다. 게다가 B52 추락 폭발사고가 발생하자 오키나와에서 B52의 철거를 요구하며 총파업이 계획되는 단계로 반발이 상승되었다. 일본과 미국 두 정부는 오키나와 정세의 심각성을 고려하지 않을 수 없었다. 이로써 오키나와 반환 교섭이 본격화되었다.

따지고 보면, 일본에게 오키나와 문제는 안전보장상의 문제인 동시에 미해결 영토문제라는 두 가지 측면이 겹쳐 있었다. 오키나와인은 미국정부가 본격적인 기지 개발을 개시한 1950년 봄부터 외국군의 지배에서 벗어나고자 일본복귀론을 줄곧 주장해 왔다.

이에 대응해 1950년대의 한국 이승만정부는 (중화민국정부와 함께) 오키나와의 자치와 독립을 강하게 바랐다. 일본을 견제하고 오키나와 기지를 안정적으로 사용하기 위해 복귀를 반대한 것이다. 그러다가 1960년대 들어 박정희정부는 자치 주장을 포기하고 기지의 안정적 유지에만 집중하면서, 필요하면 오키나와 기지를 제주도로 옮기자는 안까지 제시했다. 이런 입장을 갖고 있던 한국정부는 오키나와 반환이 공식 거론되자, 안전보장상의 불안을 유발할 것을 우려해 오키나와의 기지 기능에 또다시 비상한 관심을 갖고 협상과정에 영향을 미치려고 애썼다. 그러나 반환 후에도 기지 기능이 유지된다는 '현상유지' 방침이 한국정부와 중화민국정부에 비밀리에 전해지자, 일본·미국·한국·중화민국정부 사이에 합의가 이뤄질 수 있었다.

그렇다면 당시 미국과 적대 관계에 있던 중국과 북한은 어떤 태도를 보였을까. 그들은 오키나와 반환 합의를 "미일의 새로운 침략적 군사동맹을 도모하는 것"으로 간주했다. 또한 반환 후 자주방위의 일환으로 자위대의 오키나와 배치가 결정되자, 일본의 군사대국화를 우려했다. 그러나 1970년대 초 미중 화해라는 극적인 사건이 연출되면서 중국은 오키나와 기지가 일본의 군사대국화를 막는 '병마개'로 기능할 수 있음을 발견하고 기지의 존속을 인정했다.

저자가 일관되게 강조하듯이, 반환 후에도 오키나와의 미군기지가 유지된 배경에는, 안전보장상의 불안을 안고 있는 한국정부와 중화민국정부에 의한 계속적인 압박, 그리고 일본의 군사대국화에 대한 중국정부의 우려가 무시 못 할 요인으로 작용했다. 그 결과 오키나와의 많은 주민이 요구해 온, '기지 없는 평화로운 오키나와'는 실현되지 못한 채, 오히려 냉전체제를 유지하는 기능으로서 오키나와 반환이 실현된 것이다. 이로써 계속 가중된 기지 부담을 강요당한 오키나와 사람들의 희생에 한국(과 타이완)이 연루되어 있다는 사실을 우리는 깨닫게 된다.

4

이어서 '핵심현장'을 통해 이 책의 성과를 들여다볼 차례이다. 이는 시공간의 모순과 갈등이 응축된 장소라는 사실객관적 조건을 제대로 인식하고 그 극복의 실천 자세주체적 조건를 견지할 때 비로소 발견되는 것이다. 핵심현장은 동아시아 근현대사에서 중화제국－일본제국－미제국으로 이어지는 중심축의 이동에 의해 위계화된 동아시아 질서의 역사적 모순이 응축되었고, 식민과 냉전의 중첩된 영향 아래 공간적으로 크게 분열되어 갈등이 응축된 장소를 말한다. 그처럼 시공간의 모순과 갈등이 서로 연동되어 악순환하고 있으므로 그것을 해결해 갈수록 평화의 동아시아를 위한 선순환의 촉매로서의 파급력은 그만큼 더 커질 것이다.

저자는 오키나와라는 현장에 냉전기 모순이 유난히 집중되어 있고 그 모순들과 끈질기게 싸워온 주체가 형성되었음을 세밀하게 보여줌으로써 '핵심현장'으로서의 자격을 입증한다. 그 객관적 조건은 이미 위에서 확인한 바 있거니와, '태평양의 쐐기돌'원서의 要石은 핵심현장의 관건적 특성을 간명하게 말해준다. 오키나와 기지가 태평양 차원에서 냉전질서를 긴밀하게 유지해 온 핵심적 역할을 '쐐기'로 비유한 것이다. 이 때문에 지역 갈등의 악순환은 지금까지 지속되고 있다.

저자가 변혁 주체의 형성과 관련해 우리에게 들려주는 내용의 골자는, 오키나와 주민의 기지 부담 경감을 요구하는 절실한 목소리가 제대로 해당 국가들의 정책 결정 과정에 전달되는 일은 없었다는 사실이다. 이 점은 오키나와 주민이 무엇을 요구했는가, 그리고 그것이 일본정부의 방침과 어떻게 다른가를 추적한 저자의 논술전략 덕에 명확히 드러난다.

당시 일본정부나 오키나와 주민 모두 '반환'을 주장하였기에 겉보기에 차이가 없다. 그러나 오키나와 주민의 반환은 '즉시 무조건 전면 반환'이었고, 이에 비해 일본정부는 '핵 제거, 본토 수준'의 반환노선을 앞세웠다. 전자는 정부의 반환 노선이 명확해짐에 따라 거기에 대항하는 뜻으로 사용되기 시작해 1968년부터 슬로건이 되었는데, 오키나와 주민이 소망하는 최대 공약수라 하겠다. 그 의미는 장기에 걸친 이민족 지배에 대해서는 '즉시', 핵 유지 조건에는 '무조건', 일본 본토와의 분리론에는 '전면 반환'을 대치시킨 것이다. 주민단체연합인 '복귀협復歸協'은 그것을 좀 더 구체화한 기본목표로 반전 평화핵기지 철거, 군사기지 반대와 인권 회복 등을 내세웠다.

이에 비해 일본정부는 속마음으로는 오키나와의 현상유지가 필요하다고 생각하면서도, 일본 여론을 고려하여 '핵 제거, 본토 수준' 방침을 겉으로 밝히지 않을 수 없었다. 핵 반입에 대한 국민감정의 반발을 고려하고, 오키나와를 본토와 차별해서는 안 된다는 등의 정치적인 고려를 중시한 결과였다. 그리하여 오키나와에 핵무기 상시 배치를 용인하기는 어렵지만, 기지 기능의 현상유지를 바라는 한국, 타이완의 동향에도 유의하면서 중대한 긴급사태시에 핵무기 반입이 가능한 선으로 비밀리에 교섭을 정리했다. 한마디로 오키나와 주민이 바란 '조국 복귀'와 일미 양국 정부의 합의에 의한 '오키나와 반환' 사이에는 커다란 괴리가 있었음을 저자는 날카롭게 파헤친다.

이런 사실만 보면, 오키나와 주민의 소망은 줄곧 무시당한 패배의 역사로 읽힐 수 있다. 하지만, 반환 후에도 끈질기게 계속되어 온 반기지평화운동을 주목할 필요가 있다. 1972년에 일본으로 '복귀'한 이후에도 미군기지가 여전히 존재하는 가운데 '구조적 차별', 즉 일본 영토의 0.6%에 불과한 오키나와에 주일 미군기지의 약 70%를 밀어 넣어 본토의 부담을 전가하는 차별정책에 시달리고 있다고 인식되기 때문이다.

그들의 운동은 미국 헤게모니에 균열을 일으켜 왔고, 이 지역에 잔존하는 냉전질서를 뒤흔들며, 장기적으로는 세계체제를 변혁할 가능성을 품고 있다. 더욱이 동아시아 지식인에게 국민국가라는 단위에 갇히지 않는 감각과 새로운 정치형식의 상상을 촉진한다. 그런데 아쉽게도 이 책에서 1972년 복귀 이후를 다루거나 앞으로의 전망이 언급되고 있지는 않다. 저자는 이 책의 말미에서 미국과의 관계가 전후 일본 외교의 기축이 되었고, 그로 인해 냉전기의 일본은 안전과 번영을 누릴 수 있었지만, 그 이면에는 오키나와의 가중된 기지 부담이나, 분단에 의한 주변 지역의 군사적 부담이 있었다고 다시 한번 역설한다. 그러면서 "코로나 재난으로 인해 지금까지의 일상이 크게 변화하고 있는 현재, 새삼 과거를 직시하고 오키나와와 주변 지역의 희생 위에 성립된 질서를 어떻게 바꾸어 나갈 수 있을지, 구상할 필요가 있지 않을까"383쪽라고 독자에게 제안한다.

저자는 이 책을 이렇게 마무리할 뿐이지만, 나는 한국어판의 옮긴이가 선택한 '쐐기돌'이란 번역어에서 핵심현장의 가능성을 읽는다. 오키나와가 태평양 차원에서 냉전질서를 단단히 결합하는 '쐐기' 역할을 해오며 동아시아의 악순환에 일조했지만, 쐐기는 큰 돌 같은 것을 쪼개는 데도 쓰이는 법이니 동아시아 평화로 이끄는 선순환의 촉매도 될 수 있다. 양자의 역할을 가르는 관건은 오키나와 문제를 "알고 있어도 어쩔 수 없는 문제, 자신들과는 무관한 문제로 치부하기 십상"383쪽인 일상에서 벗어나 성찰의 길을 걷는 주체가 형성되는가이다. 이것이 저자의 (드러내 말하지 않은) 핵심 메시지일 터이다.

여기서 핵심현장이란 개념은 한반도와 구조적 동일성을 가진 대만과 오키나와의 역사와 현실에 대한 방관자적 이해를 초월하게 만드는 강점이 있다고 간파한 한 중국 지식인의 견해를 공유하고 싶다. 저자는 「한국어판 서문」에서 "향후 냉전기 오키나와와 한반도, 타이완의 관계에 대해 역사적으로 생각할 때 이 책이 조금이라도 도움이 되었으면 한다"고 조심스럽게 밝힌다. 그런데 적어도 나는 핵심현장 개념을 실증적으로 뒷받침한 성과를 만난 '지식의 기쁨'을 누렸다. 더 나아가 한국 독자가 오키나와인의 삶에 한국이, 설사 조역일지라도 깊이 연루된 것을 깨닫고 그들의 (고통을 포함한) 총체적 삶을 온전히 이해하면서 오키나와를 '우리 문제'로 끌어안는 자기성찰의 계기를 얻게 되리라 믿는다.

저자의 통찰을 좀 더 밀고 나가 새로운 질문을 던지고 그에 맞는 대답을 찾는 것은 이제 우리의 몫이다. 분단체제의 질곡과 씨름하는 핵심현장 한반도 주민과 또 하나의 핵심현장인 오키나와 주민의 저항적 활동과 연대의 비전을 젠더·세대·계급·지역 등 한층 더 다층적으로 교차하는 관계 속에서 재해석하면서 변혁의 계기를 만들어내는 움직임을 가일층 활성화할 때이다.

이번 한글판 출간을 발판으로 점차 언어의 경계를 넘어 더 널리 소통되어 인식의 공동체가 더 확산되기를 기대하며, 우선 한국 독자에게 강력 추천한다.

백영서 연세대 명예교수

이 책의 번역자인 임경화 선생님께서 이 책의 번역을 시작하셨던 것은 일본어 원본이 출판되고 얼마되지 않은 시점이었다. 처음 한국을 방문한 것은 2012년 9월이었는데, 이후 박사학위 논문을 집필하는 과정에서 많은 한국분들의 도움을 받았고 많은 자료도 이용하게 되었으니, 언젠가 그 성과를 한국에 환원할 수 있으면 좋겠다고 막연하게 생각하고 있었다. 다만 내용상으로는 미흡한 부분이 많고 또한 직접 번역하기에는 한국어 실력도 부족했기에, 한국어 책을 출판하더라도 조금 더 시간이 흐른 후에나 가능하지 않을까 생각하고 있었다. 그런데 임경화 선생님께 졸저를 출판했다는 소식을 알렸더니 순식간에 꿈이 현실이 되었다. 번역해 주실 만한 책인지 불안하기는 했지만, 그동안의 연구 성과를 많은 한국분들이 읽게 되는 것은 매우 기쁜 일이다. 여러 일들로 바쁘신 가운데 서투른 원고를 번역해 주신 임경화 선생님께 진심으로 감사드리며, 그동안 신세를 졌던 모든 분들께도 거듭 감사의 인사를 드리고 싶다.

이 글에서는 한국어판 출판에 즈음하여 현재 오키나와를 둘러싼 일본의 정치 상황이나, 일본어판 출판 당시에 의도했던 것에 대하여 약간의 설명을 보태고자 한다.

1. '류큐/오키나와의 귀속과 기지 문제'의 의미

우선 본서는 기본적으로 나처럼 오키나와 이외의 일본에 사는 일본인오키나와 말로는 야마톤추을 향해 쓴 책이다. 물론 같은 '일본'이라 해도 지역에 따라 고유한 역사나 특성도 있기 때문에 한 마디로 표현할 수는 없다(나 또한 교토京都, 오사카大阪, 고베神戸 일대에서 한 달 이상 벗어난 적이 없는, 이른바 간사이関西 사람이다). 다만 오키나와와 그 이외의 지역을 비교했을 때 오키나와가 일찍이 독립 왕국인 류큐왕국이었다는 점에서 다른 지역과는 다른 역사를 가지고 있다는 것은 사실이다.[1] 그리고 일본에 복귀하고 머지않아 50년이 다 되어가는 지금도 일본 전역의 미군 전용시설 면적의 약 70%가 존재해 무거운 기지 부담을 지고 있다는 점에서도 오키나와는 일본의 타 지역과는 다른 양상을 보이고 있다.[2] 내가 오키나와를 처음 방문한 것은 2010년

1 본문에서도 언급하겠지만, 오키나와의 역사에 대해 간단히 설명하고자 한다. 14세기 오키나와 본도에는 북산(北山), 중산(中山), 남산(南山) 등 세 세력이 맞서고 있었는데, 1429년 중산의 쇼 하시(尚巴志, 1372~1439)가 이를 통일하면서 류큐왕국이 성립되었다. 그 후 류큐왕국은 중국과의 외교·무역 관계를 축으로 일본, 조선, 동남아 각국과 활발한 해외무역을 추진하면서 독자적인 발전을 이루었다. 1609년에 사쓰마번(薩摩藩, 현재의 가고시마현(鹿児島県))의 침략을 받자, 류큐왕국은 사쓰마번의 지배를 받으며 막번체제에 편입되면서도, 한편으로는 중국과의 전통적인 책봉관계는 유지하는 일중양속(日中兩屬)의 상태가 되었다. 그리고 메이지 유신 후 메이지 정부가 류큐 편입을 목적으로 한 일련의 조치를 취하고 1879년에 류큐 왕조의 왕성이었던 슈리 성(首里城)에 군대와 경찰을 파견하여 오키나와현의 설치를 강행하여 왕국 체제는 붕괴되었다. 이것이 이른바 '류큐 처분'이다. 류큐 처분 이후에는 오키나와에도 서서히 일본의 다른 현과 비슷한 수준의 제도가 도입되었지만, 그 지위는 일반적으로 근대 일본의 '내국 식민지'로 여겨지고 있는 홋카이도, 가라후토·지시마(千島) 열도, 오가사와라 제도와 마찬가지였다(내국 식민지에 대해서는 日本植民地研究会編, 『日本植民地研究の論点』, 岩波書店, 2020, 85~86쪽 참조). 아시아태평양전쟁 말기에는 일본 본토 방위를 위한 '버림돌 작전'이 벌어져 지상전 중에 현민 4명 중 1명이 사망했다고 한다. 오키나와는 이후 미군의 점령 하에 놓였다가 1972년 5월 15일 일본으로 '반환'되었다. 아울러 '류큐 처분'에 대해서는 최근 오키나와 연구자에 의해 '한국병합'의 전 단계로서 '류큐 병합'이라는 말이 적합하다는 주장이 이루어졌다(波平恒男, 『近代東アジア史のなかの琉球併合－中華世界秩序から植民地帝国日本へ』, 岩波書店, 2014. 한국어역은 나미히라 쓰네오, 윤경원·박해순 역, 『근대 동아시아 역사 속의 류큐병합－중화 세계 질서에서 식민지 제국 일본으로』, 진인진, 2019).

2 2020년 11월 현재도 오키나와에는 전국의 미군 전용시설 면적의 약 70%가 존재하며,

3월이었지만, 그때까지 내가 막연히 가지고 있던 '푸른 바다, 푸른 하늘, 힐링의 섬'이라는 스테레오타입의 '관광지' 오키나와의 이미지와 현실의 오키나와 전투 피해나 기지 문제의 심각성 사이의 낙차에 큰 충격을 받았다. 물론 오키나와 전투나 기지 문제에 대해서 들은 적은 있었지만, 현지에 가서 볼 때까지 그것이 오키나와 사람들의 일상생활에 얼마나 큰 영향을 미치는지는 실감할 수 없었던 것이다. 내 연구는 이때 느꼈던 '오키나와에 대해 아무것도 몰랐다'는 충격에서 비롯되었다. 그리고 대학원 박사과정 수료 후 한 대학에서 '세계근현대사'라는 수업을 담당하게 되면서 오키나와에서 한반도, 타이완, 중국으로 시야를 넓히고, 대략적으로나마 임진왜란까지 거슬러 올라가 동아시아 근현대사를 살펴봄으로써 동아시아에서 오키나와가 갖고 있는 독자성(그리고 일본이라는 국가가 과거에 주변 국가들에 대해 행했던 가해)을 더욱 인식하게 되었다.

이 같은 오키나와의 독자적인 역사와 미군기지의 부담은, 세대에 따라 다르지만 일본오키나와 말로는 야마토에 대한 오키나와 현민의 의식에도 영향을 미치고 있다. 복귀 40년인 2012년에 NHK가 실시한 오키나와 현민 의식조사를 바탕으로 한 연구[3]에 따르면, 1972년 일본 복귀 후 오키나와에서는 1977년까지 기지 철거를 이루지 못한 복귀를 부정적으로 평가하는 비율이 긍정적으로 평가하는 비율을 웃돌았다. 이후 1982년에 걸쳐 긍정적으로 평

오키나와 본섬 면적의 약 15%를 차지하고 있다. 이러한 가중된 기지 부담에 대해 현민의 약 70%가 "차별적인 상황"이라고 느끼고 있다고 한다. 오키나와 기지 및 헤노코 기지 건설에 관해서는 沖縄県, 「沖縄から伝えたい。米軍基地の話。Q&ABook」, 沖縄県, 2020; https://dc-office.org/wp-content/uploads/2021/01/QA_R2.pdf(2021년 5월 4일 열람)에 알기 쉽게 정리되어 있다.

3 河野啓, 「本土復帰後40年間の沖縄県民意識」, 『NHK放送文化研究所年報』 57, 2013, 94~95쪽.

가하는 사람이 급격히 늘어나 1987년부터 2012년에 이르기까지 긍정적인 평가는 75%에서 80%로 변화했다. 그러나 2010년대에 들어 오키나와에서는 기지 집중을 일본에 의한 '차별'로 여기는 견해가 확산되고 있으며,[4] 2013년 5월 15일에는 일본으로부터의 독립을 내세우는 '류큐 민족독립총합연구학회琉球民族独立総合研究学会'가 창설되기도 했다.[5] 이 배경에는 일본에서 2009년에 자유민주당에서 민주당으로 정권 교체가 일어나 후텐마普天間 기지의 '현외 이전'을 주창하던 하토야마 유키오鳩山由紀夫 정권이 들어섰음에도 불구하고, 하토야마 정권이 이전 장소를 놓고 혼란을 거듭한 데 이어 2010년 5월 다시 일본과 미국정부가 헤노코辺野古 이전에 합의한 데 대한 불만이 깔려 있다.[6] 오키나와에서는, 일미안전보장조약을 지지한다면 오키나와로의 기지 집중에 의한 불공평을 해소하기 위해 "야마토가 기지를 인수해

4 新崎盛暉, 『新崎盛暉が説く構造的沖縄差別』, 高文研, 2012(한국어역은 아라사키 모리테루, 백영서·이한결 역, 『오끼나와, 구조적 차별과 저항의 현장』, 창비, 2013); 知念ウシ, 『シランフーナーの暴力－知念ウシ政治発言集』, 未來社, 2013; 野村浩也, 『増補改訂版 無意識の植民地主義－日本人の米軍基地と沖縄人』, 松籟社, 2019 등.

5 '류큐 민족독립총합연구학회' 홈페이지 한국어판은 아래 링크 참조. https://www.acsils.org/korean, 2021년 10월 22일 열람. 아울러 이 학회나 현재 오키나와의 독립과 자립을 둘러싼 사상의 추이도 언급하면서 1981년에 가와미쓰 신이치(川満信一)가 발표한 「류큐 공화사회헌법 C사(시)안(琉球共和社会憲法C私(試)案)」을 자립론의 사례로 보고 그 현대적 의의를 검토한 논문으로 이지원, 「오키나와 자립론의 한 사례－류큐공화사회헌법C사(시)안을 중심으로」, 『翰林日本學』 27, 2015가 있다. 또한 가와미쓰, 이지원 등이 참가한 좌담회인, 이지원(토론자), 정영신(토론자), 가와미쓰 신이치(토론자), 이시하라 슌(토론자), 「냉전의 갈라파고스에서 평화의 오아시스로」, 『황해문화』 100, 2018도 참고가 된다.

6 이 시기 오키나와의 상황이나 기지반대운동을 통한 한국과의 연대 강화를 다룬 책으로는 대담과 좌담회를 중심으로 구성된 新崎盛暉, 『沖縄を越える－民衆連帯と平和創造の核心現場から』, 凱風社, 2014가 있다. 또한 연구자, 저널리스트 등이 중심이 되어 오키나와와 관련된 주제를 자유로운 스타일로 발신하는 플랫폼 사이트로 OKIRON(https://okiron.net/)이 있다. 이것은 기지문제를 둘러싼 오키나와와 '일본 본토'의 심화되는 균열을 배경으로 '일본 본토'에서 오키나와를 배우고 생각하는 장을 제공할 목적으로 2017년 11월에 설립되었다.

야 한다"는 주장도 일부에서 공공연히 제기되었고, 그에 대한 응답으로 최근에는 일본 '본토' 측 일부 지역에서 오키나와 기지를 인수하자는 운동도 나타나고 있다.[7] 이러한 가운데 2016년 가을에 실시된 오키나와의 지역 신문인 『류큐 신보琉球新報』의 현민 의식 조사에 의하면, "향후 일본에서의 오키나와의 입장은 어떠해야 하는가"라는 질문에 대해 기지 문제로 오키나와의 민의가 정부에 받아들여지지 않는 것에 대한 불만을 배경으로 하여, "현행대로 일본의 한 지역(현) 그대로"라고 대답한 사람이 직전 조사였던 2011년보다 15.7%가 줄어든 46.1%가 된 반면, "내정과 외교 면에서 오키나와의 자치에 관한 권한을 현행보다 강화해야 한다"고 생각하는 사람이 34.5%나 되었다고 한다. 오키나와의 자치 형태에 대해서는, '현행대로' 이외로는, "오키나와 관련 예산의 편성권을 가지는 등 내정상의 권한을 강화한 제도도주제(道州制)의 오키나와 단독주, 자치주, 특별현제 등를 도입해야 한다"가 17.9%이며, "독립해야 한다"고 생각하는 사람은 2.6%에 불과하지만,[8] 향후 일본정부의 대응 등에 따라서는 비율이 변화할 가능성은 충분히 있다고 생각된다. 이 책의 부제인 '류큐/오키나와의 귀속과 기지 문제의 변용'은 현재에 이르기까지의 오키나와현이 처한 복잡한 역사적 상황을 반영하기 위해 붙인 것이다.

---

7 기지 인수론에 대해서는 高橋哲哉, 『沖縄の米軍基地－「県外移設」を考える』, 集英社, 2015; 沖縄の米軍基地を「本土」で引き取る!編集委員会 編, 『沖縄の米軍基地を「本土」で引き取る!－市民からの提案』, コモンズ, 2019 등을 참조. 서경식·다카하시 데쓰야, 한승동 역, 『책임에 대하여－현대 일본의 본성을 묻는 20년의 대화』, 돌베개, 2019 제3장에도 기지 인수론에 대한 서술이 있다. 아울러 기지 인수에 대해서는 나카자토 이사오(仲里効)나 신조 이쿠오(新城郁夫) 같은 오키나와의 지식인들 사이에서 비판도 제기되고 있다. 『류큐 신보(琉球新報)』 디지털판으로 2016년 1월 20일부터 2017년 3월 22일까지 이어진 나카자토 이사오, 이사 신이치(伊佐眞一), 지넨 우시(知念ウシ), 다카하시 데쓰야(高橋哲哉) 등에 의한 논쟁을 읽을 수 있다.

8 『琉球新報』, 2017.1.1.

2. 동아시아 냉전체제? 냉전구조? 분단체제?

또한 이 책의 제목인 '동아시아 냉전체제'에 대해서는 제1장에서 언급하였듯이 미소 냉전의 영향이 동아시아에 미치는 가운데 형성된 한반도의 남북 분단과 타이완 해협을 사이에 둔 중국과 타이완의 대립을 가리키고 있다. 이 말은 제2차 세계대전 후부터 오키나와 반환에 이르기까지 동아시아의 상황을 간결하게 나타내기 위해 선택한 것이었다. 다만, 제목의 영역을 생각하면서 한국과 일본의 '동아시아 냉전체제'에 대해 다룬 문헌을 검색한 결과, 한국에는 '냉전체제', '냉전구조' 혹은 '분단체제'를 둘러싼 연구가 많이 축적되어 있으나, 일본에서는 그에 비해 연구 축적이 짧고 관심도 높지 않다는 것을 느꼈다. 한국의 분단체제론, '동아시아 담론'에 관한 문헌도 몇 편 접한 것은 오키나와에 기지가 놓인 이유로서의 동아시아의 '분단' 극복에 관심이 있던 나에게 매우 자극이 되었다.[9]

이 책은 냉전기 동아시아를 뒤덮은 '체제'에 대해 이론적으로 논하기보다는 그 '체제' 혹은 '구조' 속에서 냉전의 최전선에 놓인 한국정부, 중화민국정부가 어떻게 오키나와 반환에 관여하려고 했는지를 1차 사료를 사용하여 되도록 실증적으로 밝히려고 한 것이다. 또한 '체제', '구조'를 유

9　이삼성, 「동아시아 국제질서의 성격에 관한 일고―"대분단체제"로 본 동아시아」, 『한국과 국제정치』 22(4), 2006; 정영신, 「동아시아 분단체제와 안보분업구조의 형성」, 『사회와 역사』 94, 2012; 박민철, 「한국 동아시아담론의 현재와 미래」, 『통일인문학』 63, 2015; 白永瑞, 趙慶喜 監訳, 中島隆博 解説, 『共生への道と核心現場―実践課題としての東アジア』, 法政大学出版局, 2016; 정근식, 「동아시아 '냉전의 섬'에서의 평화 사상과 연대」, 『아시아리뷰』 5(2), 2016; 고성빈, 「동아시아담론에 대한 비평적 회고와 전망―'의지적 낙관주의'와 '미래사적 방법론'의 활용」, 『亞細亞硏究』 61(4), 2018; 유희석, 「동아시아의 '거대분단'과 한반도」, 『인문학연구』 56, 2018 등.

지하기 위해 '기지의 섬'이 되어 버린 오키나와에서 오키나와 주민들이 기지가 초래하는 다양한 피해와 중압으로부터 해방되기 위해 미군 시정 하의 오키나와에서 어떠한 운동을 계속해 왔는지에도 초점을 맞췄다. 다만, 시기가 1972년 오키나와 반환 시점까지로 되어 있어 한국정부, 중화민국 정부의 동향에 대해서는 오키나와 반환과 관련된 부분에 대해서만 초점을 맞춰 상세히 검토했다. 미군시정을 경험하신 오키나와 분들의 이야기를 들으면서 자주 느끼는 것은 현재 오키나와가 안고 있는 기지 부담이 복귀 이전과 거의 아무것도 바뀌지 않았다는 점이었는데, 이번에 다시 한번 한국과 타이완이 현재에 이르기까지 거쳐 온 역사에도 눈을 돌리게 되면서, 냉전 당시와 마찬가지의 분단 상황은 계속되고 있기는 해도, 양국의 상황은 크게 변화되었다는 것을 실감하게 되었다. 앞으로 오키나와의 기지 부담과 동아시아의 냉전구조가 미소 냉전체제 해체 후에도 계속되고 있는 이유에 대해서도 보다 깊이 고찰하고자 한다.

또한, 필자의 전공은 아니라서 자세히 언급할 수는 없지만, 서문을 쓰면서 다시 오키나와에 대한 한국의 연구 상황을 조사하고 최근에 오키나와의 사상이나 문학에 대한 연구가 활발히 이루어지고 있다는 점에 많이 놀랐다. 그런 한편으로, 오키나와 기지가 냉전구조 유지를 위해 수행해 온 역할, 특히 한반도 분단과 어떻게 연결되어 있는지에 대해서는 구체적인 검증이 그다지 진전되지 않은 것처럼 느껴졌다. 그 중에서도 한국전쟁과 오키나와의 군사요새화는 밀접한 관련이 있는 것으로 보이지만, 이 책을 집필할 당시에는 그것을 실증적으로 검증한 문헌을 발견하지 못했다. 이 책도 불충분한 부분이 많이 있겠지만, 향후 냉전기 오키나와와 한반도, 타이완의 관계에 대해 역사적으로 생각할 때 이 책이 조금이라도 도움이 되었으면 한다. 또한 내용이 불충분한 점에 대해서도 비판과 조언을 해주시면 더할 나위 없이 기쁠 것이다.

3. 사진에 대하여

일본어판은 시간적인 제약 때문에 글로만 썼는데, 한국어판은 당시 오키나와의 상황을 한국 쪽에 시각적으로 전할 수 있으면 좋을 것 같아 사진도 다수 수록했다. 그 중 요미탄촌讀谷村에서 제공한 것은 2013년에 오키나와 조국복귀운동의 중심이었던 오키나와 교직원조합당시에는 오키나와 교직원회이 요미탄촌에 기증하여 2018년부터 〈오키나와 전후 교육사・복귀 관련 자료(사진)〉 데이터베이스[10]로 공개된 것으로, 지금까지 알려지지 않았던 사진도 포함되어 있다. 오키나와현 공문서관沖縄県公文書館에서 제공하는 것은 기관 홈페이지의 〈사진이 말하는 오키나와写真が語る沖縄〉,[11] 나하시 역사박물관那覇市歴史博物館에서 제공하는 것은 기관 홈페이지의 〈디지털 박물관デジタルミュージアム〉[12]에 탑재되어 있는 사진으로, 모두 공개되어 있다. 이와 함께 한국어판에는 타이완의 국사관國史館에 소장된 〈장중정 총통 문물蔣中正總統文

10 〈오키나와 전후 교육사・복귀 관련 자료(사진)〉 데이터 베이스는 아래의 URL에서 열람 가능. http://photo.yomitan-sengoshi.jp/, 2021년 7월 31일 열람.

11 아래의 URL에서 열람 가능. http://www2.archives.pref.okinawa.jp/opa/searchpics.aspx, 2021년 7월 31일 열람.

12 아래의 URL에서 열람 가능. http://www.rekishi-archive.city.naha.okinawa.jp/digital-museum, 2021년 7월 31일 열람.

物〉 등에 포함된 사진도 많이 수록했다. 「후기」에서도 언급했지만, 국사관의 사료는 이전에는 복사 제한이 매우 엄격하여 필사나 지참한 컴퓨터에 입력하는 방법밖에 없었다. 그러나 2017년 4월부터 사료문물검색 시스템[13]을 통해 세계 어느 지역에서나 사료의 검색과 열람이 가능해졌다. 그 밖에 미국 관련 사진은 각 대통령도서관 홈페이지에 공개된 것을 이용했다. 오키나와와 타이완의 사진자료는 최근에 공개되기 시작해 잘 알려지지 않은 귀중한 사료가 많이 포함되어 있다. 관심 있는 분들은 꼭 열람하시기 바란다.

오키나와 반환 50년을 앞두고 이 책이 조금이라도 오키나와 상황의 개선, 동아시아 분단 상황의 극복으로 이어지기를 바라면서.

한국전쟁 발발 72년째를 맞은 해 고베에서
나리타 지히로

13 아래의 URL에서 이용 가능.
https://ahonline.drnh.gov.tw/index.php?act=Archive, 2021년 10월 22일 열람.

차례

서장

제1절 연구의 목적

〈사진 0-1〉 오키나와 복귀기념식전에서 사토 수상의 선창으로 쇼와 천황 부부가 만세를 부르고 있다. 일본 부도칸. 1972년 5월 15일. 교도통신 제공.

오키나와가 일본으로 반환된 1972년 5월 15일 오키나와에서는 이와 관련하여 세 차례의 집회가 개최되었다. 하나는 오전 10시 반부터 나하那覇 시민회관에서 개최된 일본정부 주최의 오키나와 복귀 기념식전이다. 도쿄東京의 부도칸武道館에서도 동시에 식전이 개최되어 두 개의 식장이 컬러텔레비전 실황 방송으로 연결되었다. 도쿄에서 개최된 복귀 기념식전의 식사式辭에서는 오키나와 반환의 주역으로 여겨졌던 사토 에이사쿠佐藤栄作 수상이 "전쟁으로 상실된 영토를 평시에 외교 교섭으로 회복한 것은 역사상 극히 드문 일이며, 이것을 가능케 한 일미 우호의 강한 유대를 통감한다"[1]고 언급했고, 기념식은 수상의 선창에 따라 "천황폐하 만세" 삼창으로 끝났다. 오키나와의 식장에 출석한 오키나와 현의회의원은 오키나와 자민당 의원뿐이었다.[2]

오후부터 마찬가지로 나하 시민회관에서 개최된 오키나와현 주최 신 오

1 「沖縄復帰記念式典における佐藤首相式辞」(1972.5.15), 南方同胞援護会編, 『沖縄問題基本資料集 追補版』, 南方同胞援護会, 1972, 318~319쪽.
2 屋良朝苗, 『激動八年－屋良朝苗回想録』, 沖縄タイムス社, 1985, 196~197쪽.

키나와현 발족식전에는 자민당뿐만 아니라 혁신계 의원들도 모두 참석했다. 차기 지사 선거까지 '지사 권한대행'이 된 야라 조뵤屋良朝苗는 반환을 기뻐하면서도 오키나와 전투로 생명을 잃은 사람들에 대해 통석의 염을 억누를 수 없다고 하며, "그 뜻이 결코 헛되지 않도록 이를 오키나와현 재건에 되살려 전쟁과 전쟁으로 이어지는 모든 것을 부정하고 세계 항구 평화 달성을 위해 한층 노력할 것을 선언한다"고 언급했다. 그리고 "오키나와 현민의 지금까지의 요망과 심정에 비추어 복귀의 내용을 보면, 결코 우리들의 절실한 소원이 담겼다고 할 수는 없는 것도 사실입니다"라고 하면서, "인간 존중의 이념에서 신생 오키나와현 건설의 근거를 찾자"고 호소했다.[3]

〈사진 0-2〉 나하에서 개최된 신 오키나와현 발족식전. 오키나와현 공문서관(沖縄県公文書館) 제공.

3 櫻井溥, 「附録(六)『平和づくりにまい進』(屋良朝苗挨拶)」, 『沖縄祖国復帰物語』, 大蔵省印刷局, 1999, 309쪽.

같은 시간에 나하 시민회관 인근에 위치한 요기与儀 공원에서는 일본복귀운동을 추진해 온 단체인 오키나와현 조국복귀협의회 이하, 복귀협가 주최하는 '자위대 반대, 군용지 계약 거부, 기지 철거, 안보[4] 폐기, '오키나와 처분'[5] 항의, 사토 내각 타도 5·15 현민총궐기대회'가 개최되어 폭우가 쏟아지는 가운데 약 1만 명이 모였다. 의견 발표를 위해 연단에 선 복귀협 전 회장 갼 신에이喜屋武真栄 참의원 의원은 "지금 천근처럼 무거운 마음으로 여기에 서 있습니다. 복귀 실현을 위해 싸워 왔지만, 이러한 결과가 된 데 대해 고뇌하는 한 사람입니다. 부디 용서를 구합니다"라고 하면서, "하지만, 패배감에 매몰되면

〈사진 0-3〉 항의집회 모습. 요기공원. 나하시 역사박물관(那覇市歴史博物館) 제공.

4 옮긴이 주: '일미안전보장조약'을 가리킨다. 1951년 9월에 대일평화조약과 동시에, 강화 후 일본의 안전을 보장한다는 명목으로 미군의 일본 주류를 규정한 일미안전보장조약이 체결되었다. 이 조약은 개정 교섭과 1959년부터 1960년에 걸쳐 전개되었던 안보투쟁을 거치며 60년에 신안보조약(정식 명칭은 '일본국과 미합중국 사이의 상호협력과 안전보장조약') 체결로 이어졌다. 여기에서는 일미 양국의 공동방위 의무, 미군의 군사행동에 관한 사전협의제도 등이 새롭게 규정되었다. 이 신안보조약은 10년을 기한으로 하고 이후에 체결국이 1년 전에 예고하면 일방적으로 파기될 수 있도록 규정되어 있다. 그로 인해 1969년부터 1970년에 걸쳐 재차 안보조약에 반대하는 대규모 시민운동이 있었다. 이후 매년 일미 간 협의를 통해 자동 연장되었고, 그에 대한 저항은 거의 일어나지 않았다.

5 옮긴이 주: 1879년에 메이지(明治) 정부에 의해 류큐왕국이 붕괴되고 오키나와현이 설치된 것을 '류큐 처분'이라 했는데, 1972년의 반전, 반기지, 반안보라는 오키나와 주민들의 일본복귀운동의 지향과는 거리가 먼 오키나와 반환이 이루어진 것을 비판하는 측에서 이를 빗대어 '오키나와 처분'이라 불렀다.

위험합니다. 단결의 끈을 넓히는 것이 힘입니다. 과거의 오류와 무력함에 용서를 빌고 힘을 합치지 않겠습니까"라고 호소했다.[6] 오키나와 반환의 최고 목적을 "상실한 영토의 회복"으로 여겼던 일본정부와, 오키나와의 일본 복귀를 바라며 복귀운동을 추진하여 실제로 복귀에 직면하게 된 오키나와 주민들 사이의 단절을 드러내는 듯한 광경이 거기에는 있었다.

한편, 오키나와에 인접한 타이완과의 사이에는 1970년대부터 센카쿠尖閣제도의 영유권을 둘러싸고 대립이 발생했다. 오키나와의 시정권 반환에 앞선 5월 9일에 중화민국정부이하, 국부는 아래와 같은 부분을 포함하는 성명을 발표했다.

> 류큐제도에 대해서는 중화민국이 제2차 세계대전 동안 주요 동맹국에 포함되었으므로, 카이로 선언과 포츠담 선언에서 표방된 원칙에 기초하여 공동협의에 따라 처리해야 한다고 중화민국정부는 일관되게 주장해 왔다. 미국이 여전히 이와 같은 협의 절차에 응하지 않은 채, 일방적으로 일본에 류큐를 양도하려고 하는 것에 대해 중화민국정부는 강한 유임을 표명한다.[7]

같은 시기에 중화민국의 우방이었던 대한민국에서도 오키나와 반환 며칠 전부터 오키나와에 관한 기사가 지면을 떠들썩하게 하고 있었다. 한국의 대표적인 신문인 『동아일보』는 오키나와 반환 당일에 「'오끼나와'의 반환」이라는 사설을 발표하여 아시아에서 오키나와 기지의 역할이나 지

6 福木詮, 『沖縄のあしおと－1968-1972年』, 岩波書店, 1973, 486~487쪽.
7 「外交部發表聲明重申絕不放棄釣魚臺主權」, 1972.5.10, 『總統事略日記六一・〇五~六一・〇六』(蔣中正總統文物), 國史館藏, 數位典藏號 : 002-110101-00097-007.

금까지의 일미 간 교섭 경위를 언급하며 아래와 같이 기사를 맺는다.

> 비록 '오끼나와'의 施政權은 반환되었지만 大部分의 美軍基地는 從前과 같은 형태로 存續하게 되어 당장 基地의 機能이 弱化되는 것은 아니겠지만 '오끼나와'의 반환을 계기로 日本이 韓國을 포함한 極東의 安保에 중요한 介入者의 地位로 올라서게 되었다는 사실만은 否認할 수 없기 때문에 우리는 앞으로의 日本의 進路를 銳意注視하면서 美日 兩國 間의 긴밀한 同盟關係가 持續될 것을 새삼 바라고 싶은 것이다.[8]

일본정부가 외쳤던 '핵 제거, 본토 수준' 반환이 실현되었을 터인데도, 정부와 오키나와 현지에서 이토록 커다란 인식의 차가 있었던 것은 왜였을까. 또한 왜 한국과 중화민국에서 당시에는 일미 간 영토문제로 일반적으로 인식되었던 오키나와 반환문제에 대해 관심을 표명했던 것일까. 그리고 그 후에도 많은 기지를 떠안은 오키나와 본도 중부지역 사람들이 중심이 되어 과중한 기지 부담 경감을 계속 호소했는데도, 왜 지금도 오키나와에 일본 전체의 약 70%의 미군기지가 집중되어 있고, 더욱이 새로운 기지가 건설되려고 하는 것일까. 본서는 현재와 같은 상황이 출현하는 커다란 요인이 된 것으로 보이는 오키나와 반환의 전모에 대해 당시의 일미관계나 오키나와 주민들의 동향뿐만 아니라 오키나와 반환 당시에 이해관계를 가진 것으로 보이는 한국, 중화민국의 동향도 살피며 실증적으로 규명하는 것을 목적으로 한다.

8 「'오끼나와'의 반환」, 『東亞日報』, 1972.5.15.

제2절 연구의 과제

오키나와 반환과 한국, 중화민국과의 관련을 드러내는 데에 중요한 것이 1969년 11월의 일미정상회담 후에 발표되었던 사토－닉슨 공동성명 제4항이다. 이 공동성명은 일미 양국 정부가 "1972년에 핵을 제거하고 본토 수준으로" 하는 데 합의한 것으로 발표되었지만, 그 제4항에는 아래와 같이 한국과, 중화민국의 실효 지배하에 있는 타이완 지역의 안전이 일본의 안전과 밀접하게 관련되어 있음을 나타내는 표현이른바 '한국·타이완 조항'이 삽입되었다.

> 총리대신과 대통령은 특히 한반도에 여전히 긴장상태가 존재하는 것에 주목했다. 총리대신은 한반도의 평화 유지를 위한 국제연합의 노력을 높이 평가하며 한국의 안전은 일본 자신의 안전에 긴요하다고 말했다. (…중략…) 대통령은 미국의 중화민국에 대한 조약상의 의무를 언급하며 미국은 이를 준수할 것이라고 말했다. 총리대신은 타이완 지역의 평화와 안전 유지도 일본의 안전에 극히 중요한 요소라고 언급했다.[9]

또한 사토 수상은 공동성명 발표 직후에 내셔널 프레스클럽에서 행한 연설에서 일미안보조약을 견지하는 것으로 합의했음을 알리며, 한국 및 타이완의 안전에 대해 아래와 같이 언급했다.

9 「佐藤栄作総理大臣とリチャード・M・ニクソン大統領との間の共同声明」, 1969.11.21, データベース「世界と日本」, 원문 중의 입력 오류 등은 수정했다.

특히 한국에 대한 무력 공격이 발생하는 일이 있다면, 이는 우리나라의 안전에 중대한 영향을 미칠 것입니다. 따라서 만일 한국에 대해 무력 공격이 발생하여 이에 대처하기 위해 미군이 일본 국내 시설, 구역을 전투작전행동의 발진기지로 사용하지 않으면 안 되는 사태가 발생할 경우에는 일본정부로서는 이와 같은 인식에 서서 사전 협의에 대해 긍정적이고 신속하게 태도를 결정할 방침입니다.

타이완 지역에서의 평화 유지도 우리나라의 안전에 중요한 요소입니다. 나는 이 점에서 미국의 중화민국에 대한 조약상 의무 수행의 결의를 충분히 평가하고 있으며, 만일 외부로부터의 무력 공격에 대해 현실적으로 의무가 발동되지 않으면 안 되는 사태가 불행히도 생긴다면, 그와 같은 사태는 우리나라를 포함한 극동의 평화와 안전을 위협하게 된다고 여겨집니다. 따라서 미국에 의한 타이완 방위 의무의 이행에 대해서는, 우리로서는 우리의 국익상 앞에서 언급한 바와 같은 인식에 입각하여 대처해 나가야 한다고 생각합니다만, 다행히도 그러한 사태는 예견되지 않습니다.[10]

이것은 한국과 타이완의 안전이 일본의 안전과 밀접하게 관련되어 있다는 것을 처음으로 공식화하는 한편, 한국과 타이완에서 안전보장상의 위기가 발생할 경우는 사전 협의에 긍정적으로 응할 것을 명언한 것이다. 사전협의제도는 미국이 일본 본토의 기지를 이용하여 일본 이외의 지역에서 전투작전행동을 할 경우, 혹은 핵무기를 일본에 반입할 경우에는 사전에 협의한다는 일미안보조약의 운용에 관한 합의를 가리킨다. 외무성이 목표

10 「ナショナル・プレス・クラブにおける佐藤栄作内閣総理大臣演説」, 위와 같음.

로 한 '본토 수준'이란 실질적으로는 일미안보조약에 기초한 이 '사전 협의' 제도를 반환 후의 오키나와에도 적용하는 것이었다.[11] 반전反戰적인 여론이 강한 일본 본토에서는 일본정부가 미국의 요청을 거부할 것을 상정하여 이 방침을 지지하는 사람들이 많았는데, 만약 이 제도를 오키나와에 적용하면 미군의 오키나와 기지 자유 사용은 불가능해질 것으로 보았기 때문에, 한국정부와 국부는 오키나와 반환이 자국의 안전보장에 영향을 미칠 수 있다고 경계했던 것이다. 본서의 첫 번째 과제는 전후 동아시아의 국제관계가 미국 주도하에 구축되는 시기부터 미중 접근에 의해 그것이 변용되는 시기를 대상으로 하여 오키나와 반환의 전모를 둘러싼 일본, 미국, 한국, 중화민국 사이에서 이해가 조정되어 가는 정치·외교 과정을 일미뿐만 아니라 한국, 타이완의 1차 사료에 기초하여 실증적으로 규명하는 것이다.

또한 한국과 타이완은 오키나와와 마찬가지로 냉전의 최전선에 세워졌을 뿐만 아니라, 메이지明治 시대부터 제2차 세계대전이 종료되기 이전 시기에 대일본제국의 지배하에 놓여 있었다는 점에서도 공통의 역사 경험을 가졌다. 타이완의 경우는 전후에 중화민국의 지배하에 놓이게 되는데, 그 중화민국은 서두에서 인용한 것처럼, 연합국의 일원으로 일본의 전후처리에 관여했었다. 제2차 세계대전 이전에도 일본과 밀접한 관련을 가진 양자에게, 한때는 류큐왕국이라는 독립국이었지만 메이지 시대에 일본의 일개 현에 편입되었고 전후에는 미국의 통치하에 놓인 오키나와가 일본에 복귀한다는 것은 단순한 일미 간의 영토문제 이상의 의미를 지녔던 것으

11 波多野澄雄, 「沖縄返還交渉と台湾・韓国」, 『外交史料館報』 27, 2013, 27쪽; 有識者委員会, 「いわゆる『密約』問題に関する有識者委員会報告書」, 2010, 48쪽.

로 보인다. 양자의 오키나와에 대한 인식이 어떠한 것이었는지를 밝히는 것이 본서의 두 번째 과제이다.

이처럼, 오키나와의 반환이 동아시아에서 국제적인 문제가 된 것에 초점을 맞추는 한편, 본서에서는 복귀운동을 중심으로 한 오키나와 현지의 동향에도 초점을 맞춘다. 오키나와 반환은 결코 일미 양국 정부 간의 외교 교섭에 의해서만 달성된 것이 아니라, 오키나와 조국복귀운동으로 대표되는 오키나와 주민의 끈질긴 노력 위에서 이루어진 것이기 때문이다. 또한 오키나와 주민운동의 고양은 오키나와의 지위 변경에 민감한 국부와 한국 정부에 의해 주시되기도 했다. 다만, 서두에서 언급한 바와 같이 오키나와 주민이 바란 '조국 복귀'와 일미 양국 정부의 합의에 의한 '오키나와 반환' 사이에는 커다란 괴리가 있었다. 오키나와 주민이 바란 '복귀'는 어떠한 것이며, 그러한 주민의 요망이 국제정치 속에서 어떻게 처리되었는지를 밝히는 것이 본서의 세 번째 과제이다.

제3절 연구사

다음으로 본서와 관련된 선행 연구의 정리를 시도해 보고자 한다. 우선은 오키나와 반환 연구의 동향에 대해 정리하자. 오키나와가 1972년에 일본으로 반환되기까지의 외교 교섭 과정에 대해서는 지금까지 일미관계의 틀에서 훌륭한 연구가 많이 축적되어 왔다.[12] 초기에는 한정된 자료나 당

12 渡邉昭夫, 『戦後日本の政治と外交－沖縄問題をめぐる政治過程』, 福村出版, 1970; Priscilla Clapp, "Okinawa Reversion : Bureaucratic Interaction in Washington

사자에 대한 청취 등을 통해 교섭을 재구성할 수밖에 없었는데, 1990년대에 미국 측 공문서의 공개가 진전되면서 미국정부의 대일 교섭 과정을 1차 사료에 기초하여 분석한 연구가 연이어 발표되었다. 나아가 2009년 이후 민주당 정권하에 일본 측의 오키나와 반환 관계 문서의 공개가 진전되어, 오키나와 반환에 관한 일본정부 관계자의 동향이나 일미 간에 맺어진 밀약[13]에 관한 연구도 진전되고 있다.[14] 오키나와의 귀속이 결정되기까지의 경위나 그 지위에 대해서도 다양한 각도에서 검토가 진전되고 있다.[15] 오키나와 반환을 둘러싼 오키나와 주민의 동향에 대해서는 일찍이 복귀운동을 중심으로 동시대사적인 검토가 진전되었고,[16] 1995년에 오키나와현 공문서관이 설치되는 등, 오키나와에서 자료 환경이 대폭 개선되어 오키

1966-1969", 『国際政治』 52, 1975; 宮里政玄, 『アメリカの沖縄政策』, ニライ社, 1986; 河野康子, 『沖縄返還をめぐる政治と外交ー日米関係史の文脈』, 東京大学出版会, 1994; 我部政明, 『沖縄返還とは何だったのかー日米戦後交渉史の中で』, 日本放送出版協会, 2000; 我部政明, 『戦後日米関係と安全保障』, 吉川弘文館, 2007.

13 옮긴이 주 : 1969년 11월 일미정상회담에서 사토와 닉슨이 비밀리에 서명한 것으로, 오키나와 반환 후에도 '긴급사태'가 발생하면 미군이 반환 이전과 마찬가지로 오키나와로 핵무기를 반입할 수 있도록 했다. 일본정부는 이 사실을 부인했으나 2016년 미 국방부의 공문서가 처음으로 그 존재를 사실상 인정한 것이 알려졌다. 또한, 2011년에 공개된 문서에 따르면, 같은 시기에 미군 측이 오키나와에 투입한 자산에 대한 보상비 명목으로 일본에 막대한 재정적인 부담을 요구한 이른바 '재정 밀약'이 맺어지기도 했다.

14 太田昌克, 『日米「核密約」の全貌』, 筑摩書房, 2011; 信夫隆司, 『若泉敬と日米密約ー沖縄返還と繊維交渉をめぐる密使外交』, 日本評論社, 2012; 信夫隆司, 『米軍基地権と日米密約ー奄美・小笠原・沖縄返還を通して』, 岩波書店, 2019; 中島琢磨, 『沖縄返還と日米安保体制』, 有斐閣, 2012; 真崎翔, 『核密約から沖縄問題へー小笠原返還の政治史』, 名古屋大学出版会, 2017.

15 ロバート・D・エルドリッヂ, 『沖縄問題の起源ー戦後日米関係における沖縄 1945-1952』, 名古屋大学出版会, 2003; 若林千代, 『ジープと砂塵ー米軍占領下沖縄の政治社会と東アジア冷戦 1945-1950』, 有志舎, 2015; 古関彰一・豊下楢彦, 『沖縄 憲法なき戦後ー講和条約三条と日本の安全保障』, みすず書房, 2018.

16 新崎盛暉, 『戦後沖縄史』, 日本評論社, 1976; 中野好夫・新崎盛暉, 『沖縄戦後史』, 岩波書店, 1976이 대표적이다.

나와의 정치 상황에 주목한 연구도 활발히 전개되고 있다.[17] 당초에는 오키나와 반환을 둘러싼 외교사 연구와 오키나와의 주민운동을 중심으로 하는 오키나와 전후사 연구는 병립하는 경향이 있었는데, 오키나와 반환 교섭을 일본, 미국, 류큐의 상호작용으로 파악한 연구도 진전되고 있다.[18]

나아가, 1990년 이후 한국의 연구자를 중심으로 한국정부가 오키나와 반환 교섭에 개입하는 과정에 대한 연구가 진전되어, 오키나와 반환은 한미일 안보 협력 관계가 구체화되는 과정이었다고 평가되었다.[19] 동시기 한일관계의 변천에 대해서는 미국의 베트남 전쟁 개입과 한일국교정상화 교섭의 관계를 다룬 것만으로도 많은 연구 축적이 있지만,[20] 일미 간의 오

---

17 櫻澤誠, 『沖縄の復帰運動と保革対立－沖縄地域社会の変容』, 有志舎, 2012; 櫻澤誠, 『沖縄の保守勢力と「島ぐるみ」の系譜－政治結合・基地認識・経済構想』, 有志舎, 2016; 小松寛, 『戦後沖縄における帰属論争と民族意識－日本復帰と反復帰』, 早稲田大学出版部, 2013; 鳥山淳, 『沖縄 基地社会の起源と相克 1945-1956』, 勁草書房, 2013; 秋山道宏, 『基地社会・沖縄と「島ぐるみ」の運動－B52撤去運動から県益擁護運動へ』, 八朔社, 2019 등.

18 宮里政玄, 『日米関係と沖縄 1945-1972』, 岩波書店, 2000; 明田川融, 『沖縄基地問題の歴史－非武の島, 戦の島』, みすず書房, 2008; 平良好利, 『戦後沖縄と米軍基地－「受容」と「拒絶」のはざまで 1945-1972』, 法政大学出版局, 2012 등.

19 尹德敏, 「美日 오키나와 返還協商과 韓國外交」, 『国際政治論叢』 31, 1992; ヴィクター・D・チャ, 船橋洋一 監訳, 『米日韓 反目を超えた提携』, 有斐閣, 2003; 小林聡明, 「沖縄返還をめぐる韓国外交の展開と北朝鮮の反応」, 竹内俊隆 編著, 『日米同盟論－歴史, 機能, 周辺諸国の視点』, ミネルヴァ書房, 2011; 최희식, 「한미일 협력체제 제도화 과정 연구」, 『한국정치학회보』 45(1), 2011; 劉仙姫, 『朴正熙の対日・対米外交－冷戦変容期韓国の政策, 1968~1973年』, ミネルヴァ書房, 2012; 崔慶原, 『冷戦期日韓安全保障関係の形成』, 慶應義塾大学出版会, 2014 등.

20 Kim Jiyul, "U.S. and Korea in Vietnam and the Japan-Korea Treaty : search for security, prosperity and influence", M. A. Dissertation, Harvard University, 1991; Cha Victor D., 「一九六五년 한일수교협정체결에 대한 현실주의적 고찰」, 『한국과 국제정치』 13(1), 1997; 李鍾元, 「韓日国交正常化の成立とアメリカ」, 近代日本研究会 編, 『戦後外交の形成』, 山川出版会, 1994a; 木宮正史, 「一九六〇年代韓国における冷戦外交の三類型－日韓国交正常化, ベトナム派兵, ASPAC」, 小此木政夫・文正仁 編, 『市場・国家・国際体制』, 慶應義塾大学出版会, 2001; 전재성, 「一九六五년 한일 국교정상화와 베트남 파병을 둘러싼 미국의 대한(對韓) 외교정책」, 『한국정치외교사논총』

키나와 반환 교섭에 대한 한국정부의 관여에 대해서는 그때까지 검토 대상이 되지 않았기 때문에, 이 연구들은 다루는 시기가 한국정부가 활발히 개입했던 1968년부터 1969년에 집중되어 있다는 한계가 있지만, 한미일 관계에서 오키나와가 차지하는 위치에 대해 새로운 시각을 열었다. 그 후에도 한국과 오키나와의 관계에 대한 관심이 높아져 전후 오키나와의 주민운동에 대한 연구나,[21] 제2차 세계대전기에 오키나와로 강제연행된 조선인 군인·군속, '위안부'나 연행 후 잔류한 조선인에 대한 연구,[22] 오키나와 독립론이나 반복귀론에 주목한 연구[23] 등, 국내외에서 다양한 연구가 이루어지고 있다. 또한 한국정부와 마찬가지로 오키나와 기지에 이해관계가 있었던 국부가 오키나와의 귀속 문제에 어떻게 관여했는지에 관해서도 국부가 특히 활발히 개입했던 1950년대나 최근에 문제시되고 있는

26(1), 2004 등.

21 정영신, 「오키나와 복귀운동의 역사적 동학－동화주의의 형성과 전환, 비판을 중심으로」, 『翰林日本學』 23, 2013; 정영신, 「차별과 전쟁, 군사기지에 맞선 오키나와의 현대사」, 『내일을 여는 역사』 69, 2017; 진필수, 「오키나와 일본복귀론의 재검토－미군기지 문제의 신화와 친일세력의 부활」, 『로컬리티 인문학』 22, 2019 등.

22 전자에 대해서는 日韓共同「日本軍慰安所」宮古島調査団, 洪玧伸 編, 『戦場の宮古島と「慰安所」－12のことばが刻む「女たちへ」』, なんよう文庫, 2009; 洪玧伸, 『沖縄戦場の記憶と「慰安所」』, インパクト出版会, 2016; 沖本富貴子 編著, 『沖縄戦に動員された朝鮮人－軍人·軍属を中心にして』, アジェンダ·プロジェクト, 2020 등이 있다. 후자에 대해서는 김미혜, 「오키나와의 조선인－배봉기 씨의 '자기증명'의 이중적 의미를 중심으로」, 한울아카데미, 2012; 임경화, 「오키나와의 아리랑－미군정기 오키나와의 잔류 조선인들과 남북한」, 『大東文化研究』 89, 2015 등이 있다. 또한 제2차 세계대전 이전부터 현재에 이르는 오키나와 조선인의 동향을 포괄적으로 다룬 연구로서 오세종, 손지연 역, 『오키나와와 조선의 틈새에서－조선인의 '가시화/불가시화'를 둘러싼 역사와 담론』, 소명출판, 2019가 있다.

23 高賢来, 「一九五〇年代の韓国·沖縄関係－反帝国主義, 独立, そして米軍基地」, 『琉球·沖縄研究』 4, 2013; 남궁철, 「전후(戦後) 오키나와의 자기결정 모색과 반복귀론」, 『일본역사연구』 47, 2018; 이지원, 「냉전기 오키나와 독립론의 한 사례－키유나 쓰구마사의 삶과 활동」, 『翰林日本學』 35, 2019; 진필수, 「1945-51년 류큐독립론의 등장과 퇴조－오키나와민주동맹의 정당 활동과 독립론」, 『로컬리티 인문학』 25, 2021 등.

센카쿠제도 문제를 중심으로 연구가 진전되었다.[24] 특히 오키나와 출신이면서도 전후에는 타이완에 이주하여 타이완에서 '류큐 독립운동'을 했던 기유나 쓰구마사喜友名嗣正, 중국명 차이장(蔡璋)에 대해서는 '오키나와 독립론'이 최근에 주목되는 가운데 연구의 축적이 진전되고 있다.[25]

이처럼 한국정부나 국부의 오키나와 반환에 대한 관여가 명백해진 가운데, 일본 국내에서도 오키나와 반환을 지역적 문맥에서 파악하려는 연구가 나타나기 시작했다.[26] 그중에서도 오키나와의 계속되는 기지 부담과

24 許育銘, 鬼頭今日子 訳,「1940~50年代 国民政府の琉球政策－戦後処理と地政学の枠組みの中で」, 西村成雄・田中仁 編,『中華民国の制度変容と東アジア地域秩序』, 汲古書院, 2008; 石井明,「中国の琉球・沖縄政策－琉球・沖縄の帰属問題を中心に」,『境界研究』1, 2010; 八尾祥平,「中華民国にとっての『琉球』－日華断交までの対『琉球』工作を中心に」,『琉球・沖縄研究』3, 2010; 任天豪,「中華民国対琉球帰属問題的態度及其意義(1948~1952)－以《外交部档案》為中心的探討」,『興大歴史学報』22, 2010; 赤嶺守,「戦後台湾における対琉球政策－1945年~1972年の琉球帰属問題を中心に」,『日本東洋文化論集 琉球大学法文学部紀要』19, 2013; ロバート・D・エルドリッヂ, 吉田真吾・中島琢磨 訳,『尖閣問題の起源－沖縄返還とアメリカの中立政策』, 名古屋大学出版会, 2015; 楊子震,「中華民國對琉球群島政策與『奄美返還』問題」, 周惠民,『全球視野下的中國外交史論』, 政大出版社, 2016 등.

25 仲田清喜,「『アメリカ世』時代の沖縄(7)－沖縄独立論の諸相」,『財界九州』43(12), 2002; 比嘉康文,『「沖縄独立」の系譜－琉球国を夢見た6人』, 琉球新報社, 2004; 何義麟,「戦後在台琉球人之居留与認同」,『国史館学術集刊』18, 2008; 冨永悠介,「喜友名嗣正が見た『日本』－琉球独立運動と『台湾省琉球人民協会』の活動から」,『大阪大学日本学報』31, 2012; 楊子震,「戰後東亞國際秩序與中華民國對琉球群島政策－以在臺琉僑的政治運動為中心」, 周惠民 編,『國際秩序與中國外交的形塑』, 政大出版社, 2014; 齋藤道彦,「蔡璋と琉球革命同志会・1941~1948年」,『中央大学経済研究所年報』46, 2015; 成田千尋,「日韓関係と琉球代表APACL参加問題」, 吉澤文寿 編著,『歴史認識から見た戦後日韓関係「一九六五年体制」の歴史学・政治学的考察』, 社会評論社, 2019 등.

26 河野康子,「沖縄返還と地域的役割分担論(一)－危機認識の位相をめぐって」,『法学志林』106(1), 2008; 河野康子,「沖縄返還と地域的役割分担論(二)－危機認識の位相をめぐって」,『法学志林』106(3), 2009; 吉次公介,「アジア冷戦史のなかの沖縄返還－『ニクソン・ドクトリン』と沖縄返還の連関」, 粟屋憲太郎 編,『近現代日本の戦争と平和』, 現代史料出版, 2011; 野添文彬,「米国の東アジア戦略と沖縄返還交渉－対中・対韓政策との連関を中心に」,『国際政治』172, 2013; 波多野澄雄, 앞의 글 등.

'닉슨 독트린'이 관련되어 있음이 밝혀진 것은 본서의 결론 부분과도 연결되는 중요한 지적이다. 그러나 그 대부분이 1960년대 후반 이후 일미 교섭의 특정 시기에 초점을 맞춘 개별 논문이며, 오키나와가 일본에서 분리된 후부터 1972년에 반환될 때까지의 정치・외교 과정에 대해 양국의 1차 사료에 기초하여 실증적으로 밝힌 연구서는 적어도 필자의 조사에서는 발견되지 않았다.

또한 본서와 관련된 선행 연구로서 한국정부와 국부의 협력관계에 초점을 맞춘 연구를 들 수 있다. 한국과 중화민국은 냉전의 최전선에 놓인 반공국가로서의 연대감을 가졌으며, 제2차 세계대전 직후부터 몇 차례에 걸쳐 동아시아에 북대서양조약기구North Atlantic Treaty Organization : NATO와 같은 집단안전보장체제를 구축하고자 시도했었다. 그 최초의 시도가 제1장에서 다루는 태평양동맹과 아시아민족반공연맹Asian People's Anti-Communist League : APACL이다. 그 후에도 1965년에 장제스蔣介石가 아시아반공동맹의 설립을 제창한 데 이어, 1966년에는 박정희 정권이 아시아태평양협의회Asia Pacific Council : ASPAC 및 베트남 참전 7개국 회의의 설립을 주도하여 1968년에는 아시아태평양조약기구Asia-Pacific Treaty Organization : APATO의 설립을 제창하는 등, 동북아시아 및 동남아시아의 자유주의 국가를 구성원으로 한 집단안전보장체제의 구축이 시도되었다.[27] 이 시도들은 미국

27 태평양동맹과 APACL에 대해서는 松田春香, 「東アジア『前哨国家』による集団安全保障体制構想とアメリカの対応－『太平洋同盟』と『アジア民族反共連盟』を中心に」, 『アメリカ太平洋研究』 5, 2005; 최영호, 「이승만 정부의 태평양동맹 구상과 아시아민족반공연맹 결성」, 『國際政治論叢』 39(2), 1999; 노기영, 「이승만정권의 태평양동맹추진과 지역안보구상」, 『지역과 역사』 11, 2002; 왕엔메이, 「아시아민족반공연맹의 주도권을 둘러싼 한국과 중화민국의 갈등과 대립 (1953~1956)」, 『아세아연구』 153, 2013을 참조. 아시아반공동맹에 대해서는 米多, 「中華民国の『アジア反共同盟』構想－アジア冷戦変容下の集団安全

이외에 동맹국이 없고 미국의 국익에 의해 희생될 수도 있다는 의식을 가진 양국의 불안감을 드러내는 것이었다고 할 수 있다.[28] 그러나 실제로 동아시아에서의 집단안전보장체제는 구축되지 않았고, 오키나와를 '태평양의 쐐기돌'로 삼아 동아시아 각지에 기지를 두는 미국을 중심으로 한 허브 앤 스포크Hub and Spoke 시스템이 유지되어 왔다. 이와 같은 양국의 시도에 대해서는 각 조직의 설립 과정이나 설립을 둘러싼 양국의 주도권 쟁탈 등에 대해 많은 연구가 존재하지만, 전후부터 1970년대에 이르는 미국의 동아시아 전략 변용과의 관계에서 동아시아에서의 집단방위체제가 성립되지 않은 이유가 검토 대상이 되지는 않았다.

제4절 본서의 구성

이상과 같은 선행 연구의 상황을 참고하여 본서의 구성에 대해 언급하고자 한다. 본서는 서장과 종장을 제외하고 5장으로 구성되어 있다. 제1장

保障政策」, 『国際政治』 188, 2017. ASPAC에 대해서는 木宮正史, 앞의 글; 李相泫, 「ASPAC閣僚会議開催をめぐる韓日関係1964―1966(1)－提唱国である韓国VS会議成功の鍵を握る日本」, 『筑波法政』 45, 2008; 李相泫, 「ASPAC閣僚会議開催をめぐる韓日関係1964-1966(2)」, 『筑波法政』 46, 2009; 鄭敬娥, 「1960年代のアジアにおける地域主義と韓国－アジア・太平洋協議会(ASPAC)会議を中心に」, 『大分大学教育福祉科学部研究紀要』 34(2), 2012 등을 참조. 베트남참전7개국회의에 대해서는 조진구, 「한국군의 베트남 파병과 박정희 정부의 외교적 이니셔티브－한·미 행정협정 'ASPAC' 베트남 참전국 정상회담」, 『해외파병사 연구총서』 2, 2007; 이상현, 「베트남 참전국 정상회의와 60년대 한국외교」, 『사회과학연구』 53(1), 2014. APATO에 대해서는 이상현, 「아시아판 NATO 구상의 좌절－60년대 박정희정권의 아시아태평양조약기구(APATO) 구상을 중심으로」, 『국제정치논총』 50(5), 2010; 劉仙姬, 앞의 책, 제2장 등 참조.

28 박정현, 「미·중 화해와 한국-타이완 관계－외교정책 결정자들의 인식과 대응」, 『아세아연구』 157, 2014, 52쪽.

에서는 주로 1940년대부터 50년대, 제2장에서 제4장까지는 1960년대, 제5장에서는 주로 1970년대를 다루며, 각 시기 동아시아 국제관계의 변화와 오키나와 현지의 동향을 포함한 오키나와 반환 교섭 추이와의 상관관계에 대해 고찰한다.

제1장에서는 종전 전후부터 1960년대에 이르는 시기에 한국의 이승만 정권과 국부가 오키나와의 귀속 문제를 어떻게 다루었고, 어떻게 오키나와 반환 문제에 관여했는지를 밝힌다. 오키나와의 귀속 문제는 일본의 전후처리 결정에서 미국, 중화민국 및 영국 사이에서 검토되었지만, 종전 직후 단계에서는 명확하지 않았다. 그 후 국공내전, 한국전쟁이라는 동아시아 정세의 악화를 거쳐 샌프란시스코 강화회의에서 일본의 잠재주권을 인정하면서도 미국이 오키나와를 통치하도록 결정된다. 이 과정에서 국부는 국공내전에서 패하고 타이완으로 철수하여 국제적인 영향력을 상실했기 때문에, 이 회의에 의한 결정을 묵인할 수밖에 없게 되었다. 그러나 난세이南西제도의 일부인 아마미奄美군도가 1953년에 일미 간의 협의를 통해 반환되자, 오키나와의 귀속 문제에 대한 관심을 강화하게 된다. 또한, 일본에 의한 식민지 지배에서 해방된 후에 성립한 이승만 정권도 오키나와의 귀속 문제 결정에 관여할 수 없었고, 국내의 혼란으로 인해 오키나와의 상황에 대해서도 거의 관심을 갖지 않았으나, 한국전쟁을 계기로 하여 오키나와가 자국의 안전보장에 중요하다는 것을 인식하게 된다. 여기에서는 특히 동시대에 오키나와에 대한 관심을 고조시킨 양국의 협력관계나 그 배경에 있는 양국의 대일관, 미군 시정하에 놓인 오키나와를 둘러싼 일본·미국·류큐 삼자의 상호관계에 초점을 맞춘다.

제2장에서 제4장까지는 1960년 이후 베트남의 상황이 심각해지는 가

운데 오키나와의 귀속이 어떻게 초점화되어 1969년의 일미 간 오키나와 반환 합의에 이르렀는지를 고찰한다. 제2장에서는 전후 한일관계의 전환점이 된 한일국교정상화가 한국군 베트남 파병 직전에 실현된 요인을 분석한다. 1960년 4월혁명에 의한 이승만 정권의 퇴진과 1961년의 쿠데타에 의한 박정희 정권의 성립은 한일관계에도 한국·중화민국의 관계에도 커다란 전기가 되었다. 강경한 반일 자세를 취했던 이승만 정권의 퇴진으로 한일국교정상화가 추진되는 한편, 1950년대에 오키나와의 귀속 문제를 둘러싸고 성립한 한국과 중화민국의 제휴가 사라지기 때문이다. 또한 베트남의 상황이 심각해지자, 미국 내에서 한국전쟁 이후에도 주둔을 계속했던 주한미군의 타 지역으로의 전용이 검토되기 시작하여, 한국정부는 미군의 삭감에 의한 안전보장상의 불안을 안게 된다. 여기에서는 이러한 시기에 문제가 되었던 주한미군과 한국군의 삭감, 한일회담과 베트남으로의 개입을 둘러싼 한일 양국 여론의 차이, 한국군의 베트남 파병과의 상관관계에 초점을 맞춰 어떠한 과정을 거쳐 한일국교정상화가 실현되었는지를 고찰한다.

제3장부터 제4장까지는 1965년 이후 오키나와 반환 교섭이 본격화되어 1969년에 오키나와 반환의 형태가 결정되는 과정에서의 한국정부와 국부의 관여 및 오키나와 주민의 동향에 초점을 맞추면서 그 귀결로서의 1969년 사토-닉슨 공동성명이 발표되기까지 일미 양국 정부 간 교섭의 내실에 대해 논한다. 제3장에서는 우선 한미의 베트남 전쟁 개입 후에 동아시아 정세가 크게 변동하는 가운데, 1967년에 일미 양국 정부 사이에 "2, 3년 내의 오키나와 반환 시기 결정"이 합의되기까지의 과정에 국부와 오키나와 주민의 동향이 어떻게 반영되었는지를 검토한다. 그 후 1968년

초의 한반도 안보 위기가 한창일 때 오키나와로 전략폭격기 B52가 배치된 경위와 그것이 오키나와 주민의 복귀운동 고양과 일미 교섭의 본격화에 미친 영향에 대해 상세히 밝힌다.

제4장에서는 1969년 2월 이후에 본격화된 오키나와 반환 교섭에서 일본정부가 "핵 제거, 본토 수준"이라는 방침을 천명한 배경이나 그것이 한국정부와 국부에 미친 영향, 사토-닉슨 공동성명 발표에 이르기까지 관계 각국 간에 이루어진 조정에 대해 밝힌다. 또한, 오키나와 주민의 대표로서 류큐정부가 계속해서 호소한 "즉시 무조건 전면 반환" 주장이 일미 간 교섭에 어떻게 반영되었는지에 대해서도 검토를 시도한다.

제5장에서는 1969년 11월에 오키나와의 "72년에 핵 제거, 본토 수준" 반환이 합의된 후 1972년 5월에 오키나와 반환이 실현되기까지 동아시아에서 미국의 대외 관여 및 일본의 방위 역할 분담 문제가 어떻게 조정되어 갔는지를 밝힌다. 오키나와 반환 결정 후에 미국정부가 닉슨 독트린을 발표하자 한국정부와 국부는 미국의 동아시아에 대한 관여가 저하될 것을 우려하게 되었고, 일본에서의 자주방위론 대두와 관련하여 중화인민공화국정부를 비롯한 주변 아시아 국가들은 미국의 위치를 일본이 대신하면서 군사대국화하지 않을지 경계심을 드러냈다. 여기에서는 이처럼 오키나와 반환을 계기로 동아시아에서 일본의 역할이 변화하는 것에 아시아 국가들이 주목하는 가운데, 일미 양국 사이에 오키나와 반환의 최종적인 형태가 어떻게 결정되어 갔는지에 대해 검토한다. 또한 자주방위의 일환으로서의 오키나와 자위대 배치 결정 과정과 그에 대해 오키나와 사람들이 나타낸 반응에 대해서도 초점을 맞춘다.

자료로는 오키나와현 공문서관에 소장되어 있는 미 국무부 문서, 당시 오키나와를 통치했던 류큐열도 미국 민정부United States Civil Administration of the Ryukyu Islands : USCAR 문서 외에 일본, 미국, 한국, 타이완의 외교사료관, 공문서관 등에서 수집한 1차 사료, 신문 등을 사용한다. 또한, 오키나와 주민의 동향을 알 수 있는 자료로는 복귀운동의 모체가 된 복귀협이 편찬한 『오키나와현 조국복귀투쟁사沖縄県祖国復帰闘争史』 자료 편[29] 및 초대 현지사가 되었던 야라 조뵤의 일지[30]를 주로 사용한다. 복귀협은 1960년 4월 28일에 오키나와현 관공청노동조합연합회, 교직원회, 오키나와현 청년단협의회가 간사 역할을 맡고 오키나와 사회대중당, 오키나와 사회당, 오키나와 인민당 등 야당 3당 및 교육장협회, PTA연합 같은 교육·복지 관계 단체 등 총 17단체를 구성단체로 하여 발족한 초당파를 지향한 조직으로, 일관해서 오키나와에서의 복귀운동의 중심적 역할을 맡았다.[31] 또한 야라는 복귀협의 간사역이었던 교직원회의 회장을 오랫동안 맡았고, 오키나와 반환 후에는 첫 번째 지사가 된 복귀운동의 상징이라고 할 수 있는 존재였다. 복귀협만 오키나와 주민의 의지를 대표한 것은 아니지만, 오키나와 주민의 대다수가 미국 통치보다 일본으로의 복귀를 바라고 있었던 것이 선거 등을 통해 드러난 것에서도 이 조직에 주목하는 것은 의미가 있다고 할 수 있다.

아울러 제2차 세계대전 이후 오키나와의 호칭에 대해서는 통상의 경우에는 '오키나와'를 사용하지만, 중화민국에서는 일관해서 '류큐'라는 호칭

---

29 沖縄県祖国復帰闘争史編纂委員会 編, 『沖縄県祖国復帰闘争史』 資料編, 時事出版, 1982.

30 「야라 조뵤 일지(屋良朝苗日誌)」는 야라가 1953년 1월부터 1985년 10월까지 작성한 125권의 일지와 메모첩류를 가리킨다. 일지에는 야라의 개인적인 심정, 메모장에는 회담록 등의 행정기록이 기술되어 있다. 2010년부터 오키나와현공문서관에서 공개되었다.

31 복귀협이 추진한 1960년 이후의 복귀운동에 초점을 맞춘 연구로는 平良好利, 「沖縄復帰運動の政治的動態－復帰協を中心として」, 『国際関係学研究』 15, 2002를 참조.

이 사용되었고, 한국, 미국의 사료에서도 '오키나와'와 '류큐'의 표기가 혼재되어 있으므로, 자료에서 '류큐'가 사용된 경우 등, 필요에 따라 '류큐'로 표기한다. 또한 중화민국과 타이완의 표기에 대해서는 지리적인 위치를 나타낼 경우나 자료에서 '타이완'이 사용될 경우는 타이완으로 표기하고, 그 외의 경우에는 중화민국으로 표기한다. 중국 표기에 대해서는 주로 중화인민공화국을 가리키지만, 일부 자료에서는 중화인민공화국 성립 이전의 중국을 가리키는 경우가 있다.

제1장

동아시아 냉전체제의 형성과 미군 통치하의 '류큐琉球'

제1절 오키나와의 귀속 문제 결정 과정

1. 오키나와의 귀속 문제와 중화민국정부

여기에서는 국공내전, 한국전쟁에 의해 동아시아에 냉전체제가 형성되어 가는 시기에 오키나와가 동아시아에서 어떠한 위치를 점하고 있었는지를 검토한다. 특히 한국정부와 국부가 오키나와의 귀속 문제에 어떻게 관여했는지에 초점을 맞춘다. 우선은 연합국의 일원으로서 대일 전후처리에 임했던 중화민국의 오키나와 귀속 문제에 대한 관여와 그 후 오키나와 귀속 문제의 결정 과정에 대해 확인하고자 한다.

전후 오랫동안 중화민국 총통을 역임한 장제스는 1930년대부터 오키나와가 타이완과 마찬가지로 청일전쟁 후에 중국이 상실한 영역이라는 인식을 강연이나 저작 등에서 드러냈다. 장제스는 1934년 4월에 푸저우撫州에서 발표한 '일본의 성명聲明과 우리 구국의 길'이라는 제목의 강연에서 "우리들은 동북 4성의 실지를 회복시킬 뿐만 아니라, 조선, 타이완, 류큐 이 지역들은 모두 고래로부터 우리 영토이다. 한 치라도 우리 손으로 되찾지 않으면 안 된다"고 호언했다. 또한 1937년에 중일전쟁이 시작된 후에 국민당 임시 전국대표대회에서 행한 강연에서도 "타이완, 류큐는 청일전쟁 후에 상실한 영역"이라는 인식을 드러냈다. 1941년 12월에 아시아태평양전쟁이 발발하여 중화민국이 연합국의 주요 구성국이 된 후에도 장제스는 1943년 3월에 출판된 중요한 저작의 하나인 『중국의 운명』에서 류큐를 "민족 생존을 지키는 요새"의 하나로 들었다.[1] 이 배경에는 15세기

1 許育銘, 鬼頭今日子 訳, 「1940~50年代 国民政府の琉球政策ー戦後処理と地政学の枠組みの中で」, 西村成雄・田中仁 編, 『中華民国の制度変容と東アジア地域秩序』, 汲古書院,

전반부터 19세기 후반에 이르기까지 류큐왕국은 일본의 일부가 아니라, 중국의 책봉체제하에서 조공을 행했다는 중국 측의 역사인식이 있었던 것으로 보인다. 또한 류큐왕국은 1879년의 류큐 처분에 의해 멸망하지만, 그 후에도 청일 간에 오키나와 귀속을 둘러싸고 교섭이 이루어진 끝에 보류되었으며, 청일전쟁에서 일본이 승리하자 사실상 류큐제도 전역의 일본 귀속이 확정되는데, 류큐제도의 귀속 문제는 시모노세키 조약에는 명기되지 않았다. 이상과 같은 경위도 있어, 중화민국과 함께 전후처리에 임하게 된 미국도 중국의 오키나와 귀속 문제에 대한 인식에 관심을 가졌다.

1943년 11월에 개최된 카이로 회담에서 미국의 루즈벨트Franklin D. Roosevelt 대통령은 오키나와의 귀속에 대한 장제스의 인식에 대해 확인했다. 그러나 이 시점에서 국부의 오키나와 귀속 문제에 대한 태도는 정해져 있지 않아, 회담 당시에 장제스는 중국으로의 반환은 바라지 않는다고 하면서 오키나와를 미중 양국 공동의 신탁통치하에 둘 것을 제안했다.[2] 오키나와의 귀속 문제가 그 이후 어떻게 논의되었는지에 대해서는 아직 확인할 수 있는 사료가 발견되지 않았지만, 회의 후에 발표된 카이로 선언에는 오키나와에 관한 명확한 기술은 삽입되지 않았고, 일본은 "제1차 세계대전 중에 일본이 탈취 혹은 점령한 태평양의 일체 도서", "일본국이 청국인으로부터 갈취한 일체 지역", "일본이 폭력과 탐욕으로 약취한 일체 지역"으로부터 구축되어야 한다는 애매한 표현이 사용되었다. 1945년 7월에 미

2008, 262~264쪽.

2 Chinese Summary Record, November 23, 1943, *Foreign Relations of the United States* (이하 *FRUS*) – *Diplomatic Papers, the Conference at Cairo and Teheran, 1943*, pp.323~325. 오키나와의 귀속 문제를 둘러싼 당시의 국부 내부의 논의에 대해서는 林泉忠, 「開羅會議中的琉球問題－從『琉球條款』到『中美共管』之政策過程」, 『亞太研究論壇』 64, 2017 참조.

영중 삼국 정상의 연명으로 발표된 포츠담 선언 속에서도 일본의 주권은 제8조에서 "혼슈本州, 홋카이도北海道, 규슈九州, 시코쿠四国와 연합국이 결정하는 작은 섬들로 국한"되어야 한다고 기술되어 있다. 장제스 자신은 포츠담 회담에 참가하지는 않았지만, 이 조항이 오키나와에도 해당된다고 간주하고 있었다.[3]

그 후 미국이 오키나와 공략작전을 본토 결전의 전초전으로 간주하고 처참한 지상전을 거쳐 오키나와를 점령했지만, 1947년 무렵부터 중화민국중국대륙에서 오키나와 반환 요구가 "민관 모두에서" 왕성해지자, 국부는 차이장蔡璋을 회장으로 하는 류큐 혁명동지회에 대한 지원을 개시했다. 차이장의 본명은 기유나 쓰구마사喜友名嗣正이며, 1910년대에 나하시에서 태어났다. 소학교 졸업 후에는 부친의 사업 관계로 동남아시아 등지를 전전했고, 중일전쟁 발발 후에는 난징南京의 전선에 보내졌는데, 거기에서 중국 일간지에 투고한 글이 장제스의 눈에 띄어 중화민국에서 활동하게 되었다.[4] 또한 류큐 혁명동지회는 1941년 5월에 타이완과 류큐에서 비밀리에 설립된 '류큐 청년동지회'가 전신이 되어 "류큐를 해방"하여 "중국에 귀속"시킬 것 등을 내걸고 발족한 단체였다.[5] 1948년 8월에 차이장이 난징에서 장제스와 면회할 기회를 얻었을 때, 장제스는 류큐 혁명동지회를 비

3 「琉球地位問題概述」, 1964.6, 『琉球地位問題概述』 419/0003(檔號. 이하 같음), 中央研究院近代史研究所档案館.

4 Summary of TS'AI, CHANG (Covering Reports Dated 29 July 1950 through 24 July 1958), "Ryukyuan Nationalist Party, 1958-1965, Ryukyuan Nationalist Party, 1958-1965", [U81100223B(오키나와현공문서관 자료 코드, 이하 같음)]; 冨永悠介, 「喜友名嗣正が見た『日本』－琉球独立運動と『台湾省琉球人民協会』の活動から」, 『大阪大学日本学報』 31, 2012, 88~89쪽.

5 齋藤道彦, 「蔡璋と琉球革命同志会・1941~1948年」, 『中央大学経済研究所年報』 46, 2015, 555쪽.

밀리에 지원하여 '류큐'를 주민투표에 의해 독립시킨 후에 '조국'으로 복귀시키는 방침을 결정했다. 다만, 외교부는 "류큐 문제의 해결은 정식 외교 루트로 이루어져야 한다"고 반대 의견을 표명하여, 국부 내부에서 의견이 완전히 일치하지는 않았던 것으로 보인다.[6]

〈사진 1-1〉 후텐마 비행장 건설 현장. 1945년 7월 16일 촬영. 오키나와현 공문서관 제공.

한편 1945년 8월에 일본이 포츠담 선언을 수락하자, 미국정부 내에서는 오키나와의 귀속 문제에 대한 논의가 본격화했다. 그러나 오키나와를 국제연합의 전략 신탁통치하에 둘 것을 주장하는 군부와, 오키나와를 비군사화한 후에 일본에 반환할 것을 주장하는 국무부가 첨예하게 대립했기 때문에, 루스벨트에 이어 대통령이 된 트루먼Harry S. Truman은 1946년 11월의 단계에서 이 문제의 해결을 보류했다. 그 사이에도 오키나와 현지에서는 점령 미군이 전후에 세운 잠정적인 기지 개발 계획에 기초하여 비행장이나 탄약고 등의 군사시설이 건설되어 갔다.[7]

6 八尾祥平, 「中華民国にとっての『琉球』－日華断交までの対『琉球』工作を中心に」, 『琉球・沖縄研究』 3, 2010, 67쪽.

7 平良好利, 『戦後沖縄と米軍基地－「受容」と「拒絶」のはざまで 1945-1972』, 法政大学出版局, 2012, 21~23쪽.

2. 고양되는 일본복귀론

그렇다면 오키나와 현지 사람들은 미군 점령이 이어지는 가운데 기지가 건설되는 것을 어떻게 보고 있었을까. 미군정하에 놓인 오키나와군도에서는 1945년 8월 20일에 15명의 주민을 위원으로 하는 오키나와 자순회沖縄諮詢会[8]가 발족되었다. 이것은 미군정부[9]가 군정을 실시하는 데에 필요한 조언이나 정보를 얻기 위한 자문기관과 재정부, 법무부, 교육부 등의 기능

〈사진 1-2〉 오키나와 자순회. 나하시 역사박물관 제공.

8 옮긴이 주 : 류큐열도 미국 군정부의 자문기관으로 이시카와(石川) 수용소에 설치되었으며, 1946년에 오키나와 민정부가 설치될 때까지 미군정부와 오키나와 주민 사이의 의사소통을 돕는 행정기구 역할을 했다. 자순회를 계승한 오키나와 민정부도 '민정'은 허울뿐이었고 실제로는 미군정부의 명령을 주민들한테 전하여 이행을 촉진하는 역할을 담당했다. 1950년에 설치된 류큐열도 미국 민정부와는 완전히 다른 조직이다.

9 옮긴이 주 : 류큐열도 미국 군정부(United States Military Government of the Ryukyu Islands)의 약칭. 태평양 전쟁 말기인 1945년 3월에 일본 본토 공략을 위한 발판으로 오키나와에 상륙한 미군에 의해 설립되어 1950년 12월까지 존속한 군정기구로, 이후 류큐열도 미국 민정부로 개조되었다.

을 가지는 행정기구로서의 역할을 겸하는 것이었는데, 주민이 수용소에 억류되고 미군정부의 관할이 분주하게 변화하는 상황에서 이 자순회가 주체적인 역할을 다할 수는 없었다.[10] 당시에 오키나와 전투에서 살아남은 오키나와 주민의 대다수는 패전 전후부터 미군이 오키나와 본도 안에 설치한 캠프에 수용되었고, 출신지역으로 돌아갈 수 있었던 것은 1945년 10월 이후 미군이 원거주지 내지 근린 지역으로의 이동을 단계적으로 허가한 이후였다. 그러나 그 사이에 광대한 군용지가 미군에 의해 몰수되었기 때문에, 거주지에 돌아가지 못하고 다른 장소에서 군의 작업에 종사하면

〈사진 1-3〉 오키나와 주민들이 수용소에서 쌀 배급을 기다리며 늘어서 있다. 1945년 6월 28일 촬영. 나하시 역사박물관 제공.

10 櫻澤誠, 『沖縄現代史－米国統治, 本土復帰から「オール沖縄」まで』, 中央公論新社, 2015, 8~9쪽.

서 생활하도록 강요당한 주민도 많이 있었다.

미군정부 지령 제156호 「오키나와 중앙정부의 창설」에 의해 1946년 4월 24일에 오키나와 민정부가 창설되자, 오키나와 자순회 위원장이었던 시키야 고신志喜屋孝信이 지사가 되었고, 다른 위원은 대부분이 각 부장에 취임했다. 민정부는 오키나와 자순회의 역할을 계승한 것이었는데, 새로이 지사의 자문기관으로 구 오키나와현회 의원을 주체로 하는 오키나와 의회정수 25도 4월 26일에 설치되었다. 그러나 미군정부와 오키나와 민정부의 관계는 "고양이미군가 허락하는 범위에서만 쥐오키나와 주민는 놀 수 있다"고 비유되었듯이, 철저히 상의하달식이었다.[11] 또한 그 사이에 주민들은 "대개는 패전으로 인한 허탈과 혼미의 상황 속에서 민족의 장래를 전망한 의사 표시나 요구 같은 것을 할 만한 여유도 움직임도 없었다"고 한다.[12]

그러한 가운데 오키나와 각지에 재건된 청년단이 자경단을 조직하여 지역의 방위, 황폐지 개간을 통한 식량 생산, 주택의 재건 등에서 중요한 역할을 수행하게 되었다. 청년단에는 오키나와 전투에서 살아남은 소수의 청년층뿐만 아니라 중국대륙이나 타이완, 남양 등 각지에서 전쟁을 체험하고 귀향한 청년들도 다수 참가했다. 17세의 나이로 해군에 동원되었다가 귀향 후 나카가미中頭 지역의 청년단에 참가했고 복귀운동에 오래 관여했던 나카소네 사토루仲宗根悟[13]는 당시의 상황에 대해 아래와 같이 언급하고 있다.

---

11 櫻澤誠, 위의 책, 10~11쪽.

12 沖縄県祖国復帰闘争史編纂委員会 編, 『沖縄県祖国復帰闘争史 資料編』, 時事出版, 1982, 6쪽.

13 나카소네 사토루 씨는 1927년 미사토(美里)촌에서 태어났다. 미사토 촌 청년단장을 역임한 후, 1953년부터 57년까지 오키 청련(沖青連) 사무국장. 1958년에 부회장. 1958년부터 62년까지 미사토 촌회 의원. 1966년부터 75년까지 복귀협 사무국장. 1981년부터 일본사회당 오키나와 현본부 부위원장, 서기장.

> 돌아왔더니 어머니도 영양실조로 피난처에서 돌아가셨고, (…중략…) 우리 집은 기와지붕이라 남았는데, 나중에 미군이 불도저로 부순 듯하지만요. 그래서 형네 집 한 켠에서 동거했습니다. 반괴상태로 남은 형네 집에는 5, 6세대 정도가 콩나물시루처럼 붙어 살았어요. 결국 그 당시에 일단 살 집이 거의 없었잖아요. 그리고 먹을 것도 없었어요. 결국 집을 짓지 않으면 안 되었어요. 텐트 가옥이나 띠로 지붕을 만들어서요. 규격주택은 다다미 4장 반, 4장짜리 두 칸이나 두 칸 반 정도의 주택이었어요. 그것을 모두 만들었지요. (…중략…) 게다가 황폐해졌기 때문에 황폐한 지역을 경작해서 감자를 심으려고, 오키나와 감자를. (…중략…) 감자는 모종을 심어서 3개월이면 열매가 맺힙니다. 긴급한 식량 보급이지요. 그리고 밤에는 자경단을 만들어 배회하는 미군으로부터 부녀자를 지키려고. 오키나와의 호신 무기였던 6척 몽둥이를 들고 모입니다. 각 요소에는 산소통을 매달아 유사시에는 이것을 두드립니다. 결국 젊은 사람이 선두에 서서 음식, 주택, 치안을 지켰어요. 오키나와 전후사의 청년의 역할이었고, 사명감도 있었습니다.[14]

특히 나카소네도 거주했던 중부지역에서는 주민의 거주지가 기지와 인접해 있었기 때문에 미군에 의한 부녀 폭행 등이 끊이지 않아 청년단에 모인 젊은이들은 야경 활동 등을 하면서 결속을 강화해 갔다. 또한 식량을 확보하기 위한 전답의 개간은 생존을 위해 불가결한 작업이었다. 그러나 "자갈밭이거나 전쟁중에 파괴된 전시용품의 집적소가 되어 있거나 포탄이 쌓여 있거나" 해서 전답을 다시 경작하기 위해서도 다양한 곤란이 뒤따랐

14 仲宗根悟・中根章・東武他証言,「沖縄祖国復帰闘争と青年団運動－戦後沖縄青年運動史の証言(その一)」,『東アジア社会教育研究』12, 2007, 235쪽.

다. 매몰된 포탄이나 들에 방치되어 있는 백골의 처리 등도 황폐지 해소를 위해 필요한 작업이었다.[15] 이와 같은 작업을 수행하면서, 처음에 동네마다 결성되었던 청년회는 점차 시정촌市町村 조직으로 발전하여 1948년 12월 27일에는 미군정부 교육국의 허가를 얻어 704개 단체로 결성된 전도全島 조직인 오키나와 청년연합회이하, 오키 청련가 결성되었다.[16]

다만, 오키 청련의 활동은 미군의 감시하에 놓여 있었다. 당시 오키나와 군도에서는 연합군 최고사령부에 의한 일본의 민주화를 목격한 본토 귀환자가 커다란 원동력이 되어 1947년 5월 5일에 오키나와 건설 간담회가 개최되었고, 그 후 정당 결성 움직임이 활발해졌다.[17] 오키 청련 멤버 중 일부는 1948년에 실시된 시정촌장과 시정촌의회의원 선거에도 적극적으로 관여했다. 미군정부는 이 움직임을 경계하여 오키 청련의 활동을 조사한 후, 지방조직이 정치활동에 참가하지 않도록 권고했다. 1949년에도 오키 청련은 수차례의 연설회를 개최했는데, 미군정부의 권고 탓인지, 이 시기 청년단의 정치 활동은 활발하지 않았던 것으로 보인다.[18] 또한 이 시기 오키나와에서는 미군을 일본으로부터의 해방군으로 여기는 듯한 분위기도 있어서, 초기에 결성된 오키나와 민주동맹과 오키나와 인민당이하, 인민당은 독립론적 사고가 강했고 사회당은 미국 귀속을 주장하는 등, 아무도 일본 복귀는 내걸지 않았다.

---

15 新垣栄一 編, 『十周年記念沖縄縣青年団史』, 沖縄県青年団協議会, 1961, 22~23쪽.

16 "Summary of Council of Okinawa Prefectural Youth Associations (COPYA) (C) aka-Okinawa Federated Youth Association (C) Covering Reports Dated 25 January 1952 through 19 May 1959", undated, "(00023-007) Okinawa Youth Federation", [0000106051], 沖縄県公文書館.

17 櫻澤誠, 앞의 책, 12쪽.

18 앞의 "Summary of Council of Okinawa Prefectural Youth Associations".

그러나 국공내전이 재개되어 국부가 열세에 몰리면서 미국정부가 새로운 오키나와 기지 개발 계획을 책정하여 1950년 봄부터 본격적인 기지 개발을 개시하자, 오키나와에서도 일본복귀론이 힘을 얻게 되어 갔다.[19] 또한 1950년 1월에 애치슨Dean Acheson 국무장관이 오키나와의 신탁통치를 언명하자, 본토에서 오키나와 복귀론을 제창하던 오키나와 출신자는 위기감을 느껴 오키나와 현지의 복귀론자에 대해 영향력을 행사하게 되었다. 이러한 가운데 같은 해 9월에 실시된 오키나와 군도지사 선거에서 일본복귀론자였던 다이라 다쓰오平良辰雄가 당선되었고, 10월에는 그 지지 세력이 오키나와 사회대중당이하, 사대당을 결성하여 복귀를 주장했다. 그 후 귀속 문제를 둘러싸고 정당이 재편된 결과, 인민당이 마찬가지로 일본 복귀를 주장하였고, 다이라의 대립 후보였던 마쓰오카 세이호松岡政保의 지지자를 중심으로 하는 공화당이 오키나와 독립, 사회당이 미국에 의한 신탁통치를 주장하는 식의 구도가 생겨났다. 일본복귀론이 우세해지는 가운데, 오키청련도 인민당이나 사대당의 활동에 적극적으로 참여하게 되었다.[20]

국무부가 1950년 11월에 "일본이 합중국을 시정권자로 하는 류큐제도 등의 국제연합에 의한 신탁통치에 동의한다"는 내용이 포함된 「대일강화 7원칙」을 공표하자, 귀속 논의는 더욱더 활발해졌다. 같은 해 연말에는 사대당과 인민당이 일본복귀촉진기성회를 결성했고, 이듬해인 1951년 1월 27일에는 오키 청련을 주체로 하는 '일본복귀촉진청년동지회'가 결성되었다. 같은 해 3월의 오키나와 군도의회에서 '일본 복귀 요청'이 압도적 다수로 결의되었고, 5월부터는 오키 청련이 중심이 되어 "조국복귀에 대

19 平良好利, 앞의 책, 35~40쪽.
20 앞의 "Summary of Council of Okinawa Prefectural Youth Associations".

〈사진 1-4〉 일본복귀촉진기성회. 1951년 8월. 나하시 역사박물관 제공.

한 전 현민의 견해를 정리하기 위하여 전 현민을 대상으로 각 시정에서 회원에 의한 여론조사"[21]를 실시했다. 선택지는 조국 복귀, 유엔 신탁, 독립, 미정이며, 만 20세 이상의 남녀 27만 6천여 명에 대해 실시된 결과, 조국 복귀 84.07%, 신탁통치 8.28%, 독립 2.88%, 미정 4.77%로, 복귀를 바라는 목소리가 압도적으로 많은 것이 드러났다.[22]

그 후 일본복귀촉진기성회와 청년동지회가 중심이 되어 5월 20일부터 전 유권자에 대해 일본 복귀 서명운동이 전개되어 8월 20일까지의 3개월 동안 전 유권자의 72.1%에 달하는 19만 9천여 명의 서명이 모였다. 이 서명들은 복귀를 요구하는 탄원서와 함께 샌프란시스코 강화회의에 임하는 요시다 시게루吉田茂 수상과 미국의 덜레스John F. Dulles 특사에게 송부되었다.[23] 덜레스 특사 앞으로 보내진 탄원서에서는 "류큐는 민족, 역사, 경제,

21 新垣栄一 編, 앞의 책, 395~396쪽.
22 위의 책, 396쪽.

문화와 지리적 조건으로 보아 당연히 일본의 일부이며, 주민의 솔직한 마음도 류큐는 일본에 복귀되어야 한다"는 부분이 강조되었다.[24] 수차례 오키나와를 분리하지 않도록 미국 측에 '탄원'했던 본토에 거주하는 오키나와인 그룹도 같은 달에 미국과 연합국 대표 앞으로 "오키나와와 오가사와라小笠原는 일본의 탐욕이나 무력에 의해 병합된 것이 아니라 고유한 일본 영토이며, 인종적으로도 역사적으로도 일본 본토에서 떼어낼 수 없는 일본의 일부"라고 하며, 뒤에서 언급하는 대일평화조약 미국안 제3조를 삭제하도록 요청했다.[25] 다만, 여기에서는 인종·역사적 동일성이 강조되어 있지만, 다른 '탄원'에서는 오키나와 주민이 종전 전까지 유지했던 일본 국정 참가권 등 본토 동포와 평등하게 공유했던 모든 권리를 상실하는 것이 "인도상 견딜 수 없는 것이며, 인류 모두를 위해 인권과 기본적 자유, 인민 자결의 원칙을 존중한다고 선언한 연합국 정신과도 배치된다"고 호소한 것도 있다.[26] 인종·역사적 동일성이 강조된 배경에는 오키나와의 동포가 일본 본토에 비해 실질적인 생활면에서 불평등한 상황에 놓이는 것에 대한 우려가 있었던 것으로 보인다.

3. '잠재주권 방식'의 결정

그렇다면 오키나와 현지에서 복귀 논의가 고양되는 가운데 오키나와의

23 또한 미야코(宮古)군도에서는 유권자의 88.5%, 야에야마(八重山)에서도 유권자의 81.85%의 서명이 모였다. 沖縄県祖国復帰闘争史編纂委員会 編, 앞의 책, 47쪽 참조.
24 沖縄県祖国復帰闘争史編纂委員会 編, 앞의 책, 47~48쪽.
25 위의 책, 9~10쪽.
26 위의 책, 8~9쪽.

귀속 문제는 어떻게 결정되었을까. 일본 복귀를 바라는 오키나와 주민의 목소리나, 오키나와를 본토에서 분리하는 것에 부정적인 일본 여론에도 불구하고, 그 후에도 미국정부 내에서 오키나와를 일본에서 분리하여 통치하는 방향으로 검토가 진전되었다. 미군부가 1949년 10월의 중화인민공화국 성립, 1950년 6월에 발발한 한국전쟁 등의 극동 정세의 악화를 배경으로 오키나와의 전략적 지배의 필요성을 강경하게 주장했기 때문이었다. 이와 같은 상황 속에서 덜레스가 생각해낸 것이 '잠재주권 방식'이었다. 이것은 일본에 오키나와의 주권이 있다는 것을 인정하면서도 실질적으로는 유엔이 미국의 신탁통치 신청을 승인할 때까지 미국이 오키나와제도에 대해 통치권을 가진다는 것을 규정하는 방식이었다.[27] 오키나와의 지위에 대해서는 대일평화조약 제3조에서 아래와 같이 규정되었다.

> 일본국은 북위 29도 이남의 난세이제도류큐제도 및 다이토(大東)제도를 포함, 소후암孀婦岩 남쪽의 난포南方제도오가사와라군도, 니시노시마(西之島) 및 가잔(火山) 열도를 포함 및 오키노토리시마沖の鳥島와 미나미토리시마南鳥島를 합중국을 유일한 시정권자로 하는 신탁통치 제도하에 두기로 하는 국제연합에 대한 합중국의 어떠한 제안에도 동의한다. 이러한 제안이 이루어지고 가결될 때까지, 합중국은 영해를 포함한 이 제도들의 영역과 주민에 대해 행정, 입법 및 사법상의 권력 전부와 일부를 행사할 권리를 가지는 것으로 한다.[28]

27 '잠재주권'에 대해서는 ロバート・D・エルドリッヂ, 『沖縄問題の起源－戦後日米関係における沖縄 1945-1952』, 名古屋大学出版会, 2003을 참조. '잔존 주권'으로 번역되는 경우도 있다.

28 「サンフランシスコ平和条約(日本国との平和条約)」, 1951.9.8, データベース「世界と日本」.

'잠재주권'에 대해서는 조약에서는 명기되지 않았지만, 1951년 9월에 개최된 샌프란시스코 강화회의에서 덜레스는 조약 전체의 설명 중에서 연합국 사이에서 난세이제도의 귀속에 대해 대립이 존재해 "미국은 일본에 잠재주권을 남기면서 미국을 시정자로 하는 유엔 신탁통치하에 두어야 한다고 생각하게 되었다"고 설명했다.[29] 요시다 시게루 수상은 조약의 수락 연설에서 "아마미오시마, 류큐제도, 오가사와라제도 등 평화조약에 의해 유엔의 신탁통치 제도하에 놓여야 하는 북위 29도 이남의 제도의 주권이 일본에 남겨진다는 미합중국과 영국 전권의 전언을 나는 국민의 이름으로 다대한 기쁨으로 수락합니다"라고 잠재주권에 대해 언급하며 "이 제도들이 하루라도 빨리 일본의 행정 아래 돌아올 것을 기대하는 바입니다"라고 하여, 오키나와의 일본으로의 조기 복귀에 대한 기대를 언급했다.[30]

이와 같은 경위를 거쳐 1952년 4월 28일의 대일평화조약 발효 이후에는 이 조약을 근거로 하여 1950년 12월에 설치된 미국정부의 출장기관인 류큐열도 미국 민정부United States Civil Administration of the Ryukyu Islands : USCAR가 계속해서 절대적인 권력자로서 오키나와를 통치하게 되었다. USCAR의 민정장관에는 극동군총사령관, 실질적인 통치자인 민정부장관에는 류큐군사령관이 임명되었고, 극동군사령부가 발령한 「류큐열도 미국 민정부에 관한 지령」에서는 류큐에서의 입법 · 행정 · 사법의 삼권은 모두 민정장관의 '권위'에 복종하며 모든 행정기구를 USCAR가 '총괄'하고 주민의 "민주주의국에서의 기본적 자유"는 "군사 점령에 지장을 초래하지 않는 범위"에서만 보장된다는 것이 선언되었다. 1952년 4월 1일에 아마미, 오키나와, 미야

29 エルドリッヂ, 앞의 책, 229쪽.
30 위의 책, 230쪽.

코, 야에야마 등 4개 군도를 통괄하는 중앙정부로 류큐정부가 발족되었지만, 류큐정부의 장인 주석은 1952년 이후에는 USCAR가 임명하는 방식이 이어졌다.[31]

또한 당시 국공내전에서 패하고 타이완으로 옮긴 후로 국제적인 영향력을 상실한 국부는 대일평화조약 체결 당시에는 미국의 지지를 필요로 했기 때문에 미국의 오키나와 정책을 묵인하는 입장을 취하여, 당일 일본과의 사이에서 별도로 체결된 일화日華평화조약에서도 오키나와의 귀속 문제에

〈사진 1-5〉 류큐정부의 전경. 1953년에 준공. 1 · 2 층은 류큐정부가, 3 · 4층은 USCAR가 사용했다. 1958년 11월에 촬영됨. 오키나와현 공문서관 제공.

31 鳥山淳, 『沖縄/基地社会の起源と相克 1945-1956』, 勁草書房, 2013, 138~139쪽.

는 언급하지 않았다. 류큐 혁명동지회의 차이장은 국부의 열세로 인해 타이완으로 옮긴 후에도 1951년에 동지회의 대표로서 처음으로 오키나와로 도항한 이후에 활발히 류큐 독립이나 중류中琉 일체의 실현을 호소하는 등의 언론 활동을 이어갔지만,[32] 앞에서 살펴본 바와 같이, 당시 일본복귀론이 지지를 얻었던 오키나와에서는 지지를 넓힐 수 없었다. 이리하여 타이완 해협을 사이에 둔 양안의 대립, 한반도 남북의 분단이라는 냉전구조가 형성되는 가운데, 오키나와나 일본에서 오키나와의 일본 귀속을 요구하는 목소리가 높아졌음에도 불구하고 오키나와는 계속해서 미군의 배타적 통치하에 놓이게 된 것이다.

4. 한국전쟁과 오키나와 기지의 강화

다음으로 미군에 의한 오키나와의 배타적 통치의 원인이 된 아시아에서의 냉전체제 형성과정에 대해 패전 이전의 중화민국과 조선의 관계 및 오키나와를 둘러싼 당시 한국정부의 입장, 중화민국의 지위 변화 등에 유의하여 보다 상세히 검토하고자 한다.

오키나와와 마찬가지로 일본의 식민지 지배를 받기 이전의 조선은 오랫동안 중국에 대한 조공국으로 존재했다. 이로 인해 패전 이전의 중화민국은 조선의 독립운동을 지원하는 입장에 있었고, 1919년 4월에 수립된 대한민국임시정부이하, 임시정부의 활동 거점은 상하이上海에 놓였다. 중일전쟁이 개시된 후에는 중화민국의 조선 독립운동에 대한 지원은 공개적이고

32 앞의 Summary of TS'AI, CHANG; 蔡璋, 『琉球亡国史譚』, 正中書局, 1951.

구체적인 정책으로 변화했다. 이러한 가운데, 당시 군사위원회 위원장이었던 장제스는 임시정부 주석이었던 김구가 제안한 광복군 설립 계획을 받아들여, 1940년 9월 17일에 한국광복군이 설립되었다. 양자의 관계는 중일전쟁의 확대에 따라 동맹관계로 변화하여 한국광복군은 중화민국정부의 관장하에 놓이게 되었다.[33]

1941년 12월에 태평양전쟁이 개시되자, 당시 임시정부 주미 외교위원장이었던 이승만은 미국정부에 임시정부의 승인을 거듭 요청했다. 그러나 미국 측은 임시정부를 과소평가하는 한편, 임시정부의 승인이 소련의 반감을 살 것을 우려해 냉담한 대응을 보였다. 그리고 전후의 한국 정책으로서 한반도의 신탁통치안을 방침으로 삼았다.[34] 임시정부는 중화민국에도 임시정부의 승인을 제안하여, 1943년 7월에는 김구 등이 충칭重慶에서 장제스와 면담하고 미국, 영국에 의한 조선 신탁통치안에 현혹되지 말고 한국 독립 요구를 지지해 달라고 요청했다. 중화민국 지도자도 이를 받아들여 같은 해 11월에 개최된 카이로 회담에서는 한국에 독립을 부여할 필요가 있다고 역설했다. 그러나 영미 정상은 한국의 즉시 독립에 부정적이었기 때문에, 카이로 선언에는 "조선민의 노예상태에 유의하여 적당한 시기에 조선을 자주 독립시킨다"는 내용이 담기게 되었다.[35]

그리고 실제로는 일본의 항복 후에 한반도의 북위 38도선 남부를 미국이, 북부를 소련이 각각 군사 점령하게 된다. 1945년 12월 28일에 미·영·소에 의한 조선 신탁통치안이 발표되었고, 이 안을 둘러싸고 한반도에서

33 박명희, 「카이로會談에서의 한국문제에 대한 중화민국정부의 태도」, 『동양학』 47, 2010, 132~133쪽.
34 위의 글, 137~139쪽.
35 위의 글, 142~144쪽.

는 논의가 완전히 둘로 나뉘었다. 그리고 1948년 8월에 이승만을 대통령으로 하는 대한민국이 수립되었고, 9월에는 김일성을 수반으로 하는 조선민주주의인민공화국이 수립되었다. 그 후에도 한국 안에서는 좌파와 우파의 대립에 의한 혼란이 이어졌기 때문에, 이러한 가운데 한국정부가 오키나와의 귀속 문제에 관여할 여유는 없었던 것으로 보인다.

그래도 당시 한국 신문에는 오키나와의 귀속을 둘러싼 논평들이 보인다. 예를 들면, 1949년 11월에 일본국회에서 제기된 "樺太·千島·沖繩을 日本領土로 要請할 意思는 없느냐"라는 질문에 대해 요시다 수상이 "講和條約에서 明白히 問題 될 때에는 日國 國民의 希望으로써 考慮를 要請하게 될는지도 모른다"고 대답한 것을 '망언'이라며 비난한 기사이다.[36] 또한 1950년 5월에 일본의 전 지사가 오키나와의 반환을 진정했을 때, "이 陳情書는 日本이 포스담 宣言條項을 受諾하였다는 事實을 忘却하고 있다"고 비판한 기사도 게재되었다.[37] 이 기사들은 일본의 오키나와 반환 요구를 부정적으로 보고 있다는 점에서 공통되어 있었다. 그 외에는 오키나와의 귀속에 대한 미국의 입장이나 기지 건설의 진행 등을 전하는 기사가 산견되는 정도이다.

그러나 1950년 6월 25일에 한국전쟁이 개시되자, 한국과 오키나와는 미군기지의 존재를 통해 직접적으로 맺어지게 되었다. 오키나와의 미군기지가 북한을 폭격하기 위한 B29의 발진기지가 되었을 뿐만 아니라, 오키나와에 주둔하는 해병대가 거기에서 출동했고, 보급기지로서의 역할도 다하게 되었기 때문이다.[38] 이를 통해 오키나와에서 출격한 폭격기가 전과

36 『京郷新聞』, 1949.11.28.
37 『東亜日報』, 1950.5.29.

를 올렸다는 보도가 증가하는 한편, 오키나와의 전략적 중요성이나 미국이 오키나와에 강대한 기지 건설을 결정한 사실 등도 보도되었다.[39] 보도의 증가는 한국 국내에서 오키나와 기지가 전략적으로 중요하다는 인식의 확대로 이어진 것으로 보인다.

또한 한국전쟁의 발발은 타이완에 천도한 국부에게도 안정된 지위를 얻기 위한 절호의 기회가 되었다. 국부는 타이완 천도 이전에 이승만 정권과 함께 아시아에서의 집단방위체제 설립에 의욕을 보이며, 1949년 단계에 필리핀 정부가 제창한 '태평양동맹'안에 적극적으로 찬동하고 그 실현을 목표로 했다. 그러나 이 안은 미국과 여러 국가들의 냉담한 자세나 그것을 의식한 필리핀의 불참 표명 등에 의해 좌절되었다.[40] 그 후 타이완으로 철수한 국부는 국제사회로부터 승인을 얻지 못하고 독립적인 지위를 유지하는 것도 곤란한 상황에 있었다. 이러한 가운데 한국전쟁이 발발하자, 국부는 이것을 중화민국의 지위를 확고히 하고 대륙 수복을 달성하기 위한 기회로 보고 재빨리 참전할 것을 제의했다.[41] 이 제의는 전쟁의 장기화나 확대를 우려한 미국정부와 한국정부가 승인하지 않아 실현되지는 않았지만, 미국이 중화민국과 중화인민공화국의 충돌을 방지하기 위해 타이완에 제7함대를 파견함으로써 타이완의 안전은 확보되었다. 그 후에 중국 인민의용군이 한국전쟁에 개입하자, 미국이 타이완의 현상 유지를 위해 일본이

38 宮里政玄, 『日米関係と沖縄 1945-1972』, 岩波書店, 2000, 49쪽. 오키나와 전투에서 한국전쟁에 이르는 과정에서 한반도 정세가 오키나와 점령에 미친 영향이나 한국전쟁 당시 미군의 북한 폭격과 오키나와의 관련을 소묘적으로 정리한 논문으로 若林千代, 「朝鮮戦争と沖縄－「知られざる戦争』を越えて」, 『PRIME』 43, 2020이 있다.

39 『東亜日報』, 1952.3.29·6.4.

40 松田春香, 「東アジア『前哨国家』による集団安全保障体制構想とアメリカの対応－『太平洋同盟』と『アジア民族反共連盟』を中心に」, 『アメリカ太平洋研究』 5, 2005, 136~140쪽.

41 박정현, 「한국전쟁과 타이완(台灣)의 지위」, 『아세아연구』 56(3), 2013, 136~137쪽.

나 서구 각국에 중화민국의 승인을 요청하게 되어 국부의 지위는 안정되었다. 즉, 국부는 미국의 원조를 받을 수 있게 되었고, 유엔에서의 중국 대표권도 유지할 수 있게 되었던 것이다.[42]

중화민국이 국제적인 지위를 회복한 한편으로, 한국전쟁에 미국과 중국 인민의용군이 개입한 것은 400만 명이라고 일컬어지기도 하는 방대한 사망자를 냈고, 형성 도중의 냉전구조를 고착화시키고 심화시키는 결과를 초래했다.[43] 한국전쟁은 1953년 7월에 휴전 상태를 맞았지만, 같은 해 10월에 한미상호방위조약이 체결되었고, 당시 미국의 통치하에 놓여 있던 오키나와는 이 조약의 적용 구역이 되기도 했다. 이 조약은 중국군의 한국전쟁 개입으로 인해 한시라도 빠른 미군 철수를 위한 휴전협정 체결을 중시하게 된 미국정부에 대해 휴전협정에 반대하는 한국정부가 휴전협정 체결에 협력하는 교환 조건으로 체결된 것이었다.[44] 이로 인해 휴전 후에도 오키나와에 존재하는 미군기지가 한국의 안전과 직결되는 상황이 생겨났다. 또한, 당시 미국이 오스트레일리아와 뉴질랜드1952년 4월, 필리핀1952년 8월, 중화민국1955년 3월 사이에도 동일한 상호방위조약을 체결했기 때문에, 오키나와는 미군의 군사전략의 중심인 '태평양의 쐐기돌'로서의 역할도 짊어지게 되었다.

42 위의 글, 156쪽.

43 위의 글.

44 한미상호방위조약 체결 과정에 대해서는 유영익, 「한미동맹 성립의 역사적 의의—1953년 이승만 대통령의 한미상호방위조약 체결을 중심으로」, 『한국사시민강좌』 36, 2005 참조.

5. 아마미군도 반환과 중화민국정부의 변화

또한 한국전쟁의 휴전협정 체결은 류큐제도의 일부인 아마미군도의 귀속 문제에 간접적으로 영향을 미치게 되었다. 휴전협정 체결로부터 약 10일 후인 1953년 8월 8일에 덜레스 국무장관이 "미국은 아마미오시마군도 Amami Oshima Group를 일본에 반환할 용의가 있다"고 발표했다. 아마미군도의 반환은 같은 해 6월 29일의 미국 국가안전보장회의National Security Council : NSC에서 기정방침이 되었지만, '극동의 정세'에 따라서는 연기될 가능성도 있었다.[45] 그러나 한국전쟁이 끝나고 소련이 일본과의 관계 개선에 착수하려고 한다는 정보를 입수한 미국 측은 아마미 반환에 의한 정치적 효과를 최대한으로 얻고자 하여 발표를 서둘렀던 것이다.[46] 긴급한 발표의 배경에는 아마미군도의 전략적 가치가 오키나와군도보다 낮고, 아마미군도의 통치권을 포기함으로써 일본과의 사이에서 불필요한 마찰을 줄일 수 있다는 국무부의 판단이 있었다.[47] 당시의 아마미군도에서는 미군 통치하에 놓인 지역 중에서 가장 활발히 일본복귀운동이 전개되었는데, 이것은 미국정부도 주시하게 되었다. 아마미군도에서 활발히 복귀운동이 전개된 이유로는 당시의 아마미 주민들이 아마미가 류큐제도의 일부가 아니라 "가고시마鹿児

45 Note by the Acting Executive Secretary (Gleason) to the National Security Council, NSC 125/6, Subject : United States Objectives and Courses of Action with Respect to Japan, June 29, 1953, *FRUS, 1952~1954, China and Japan*, vol.14, Part 2, pp.1448~1452.

46 Memorandum by the Deputy Assistant Secretary of State for Far Eastern Affairs (Johnson) to the Under Secretary of State (Smith), Subject : Material for your Telephone Conversation with Mr. Kyes Concerning the Japanese Treaty Islands., August 5, 1953, Ibid., pp.1470~1471.

47 Memorandum by the Assistant Secretary of State for Far Eastern Affairs (Robertson) to the Secretary of State, Subject : NSC Consideration of the Japanese Treaty Islands., June 16, 1953, Ibid., pp.1435~1436.

〈사진 1-6〉 아마미군도 일본복귀운동 당시 데모행진 모습. 아마미시 제공.

島현의 일부이며, 도카라トカラ 열도를 잇는 난세이제도의 일부"라는 인식을 강하게 갖고 있었던 것을 들 수 있다. 그 배경에는 아마미가 1609년 시마즈島津 씨의 류큐왕국 침략 이후 사쓰마번薩摩藩의 직할지가 되었고, 메이지 시대 이후에도 가고시마 현에 속해 있었다는 역사적 경위가 있었다.[48] 또한 패전 이전까지의 아마미 경제는 오시마 명주와 흑당의 2대 상품을 일본 본토로 이출하고 생활물자의 대부분을 본토로부터 이입하는 일본 본토 경제와의 일체화로 유지되고 있었기 때문에, 본토와의 분리는 아마미 경제의 파괴를 의미했다. 이러한 상황 속에서 1949년 1월에 류큐 군정본부가 보급물자를 3배 인상한다고 발표하자, 아마미 주민들은 미군정하에서는 생활을 유지할 수 없다고 판단하여 일본복귀운동을 본격화했던 것이다.

1951년 2월에 강화조약 제3조 철폐를 요구하는 아마미오시마 일본복귀협의회가 결성되어 오키나와와 동시기에 행해진 복귀 청원의 서명 활동에서는 전 주민의 99%가 서명을 했다. 강화조약의 조인으로 복귀운동은 일시적으로 분열되었지만, 1952년 가을부터 제3조의 실질적인 틀 안에서

48 村山家國, 『奄美復帰史』, 南海日日新聞社, 1971, 94쪽.

〈사진 1-7〉 덜레스 성명에 감사하는 연등행렬. 아마미시 제공.

아마미의 복귀를 요구하는 방향으로 다시 격렬한 운동이 전개되었다.[49] 8월 8일에 덜레스의 성명이 발표되었을 때, 아마미에서는 환희가 분출하여 9일 밤에 '제19회 덜레스 성명 감사 군민대회'가 개최되어 약 1만 5천 명이 축하 연등행렬을 했다고 한다.[50] 그 후에 미국 측에서 아마미군도의 군사적 권리 유지를 둘러싼 각 부처 간 견해 차이로 인해 협의가 진전되지 않아 당초의 상정보다는 대폭 늦었지만, 11월 27일부터 일미 간의 공식 교섭이 개시되었다.[51]

---

49 村山家國, 위의 책, 248~249쪽; 小野百合子, 「奄美における沖縄返還運動－沖縄返還運動の歴史経験が奄美にもたらしたもの」, 『沖縄文化研究』 43, 2016, 6~10쪽.

50 村山家國, 위의 책, 473쪽.

51 ロバート・D・エルドリッヂ, 『奄美返還と日米関係－戦後アメリカの奄美・沖縄占領とアジア戦略』, 南方新社, 2003, 199쪽.

난세이제도의 일부인 아마미군도 반환 결정은 국부가 오키나와의 귀속 문제에 대한 관심을 거듭 대외적으로 표명하는 계기가 되었다. 1953년 8월 이후에 아마미군도의 일본 반환이 구체화되자, 타이완에서도 다시 오키나와의 귀속 문제를 둘러싼 논의가 고양되기 시작했기 때문이다. 8월의 덜레스의 발표 직후에는 국부 외교부의 태도는 정해지지 않았고, 이 문제에 그다지 관심도 갖지 않았었다.[52] 이러한 상황에서 차이장을 중심으로 한 류큐 혁명동지회 멤버가 10월부터 11월에 걸쳐 아마미군도는 1609년에 류큐왕국이 사쓰마번의 침략을 받기 이전에는 류큐왕국의 일부였다는 것 등을 이유로 아마미 반환에 반대하는 담론을 유포시키자, 타이완에서는 미디어나 입법원 등에서 아마미 반환에 반대하는 움직임이 나타나게 되었다.[53] 입법원에서는 10월 26일에 랴오웨이판廖維藩 입법위원이 아마미군도에 대해 서면으로 질문하고 답변을 요구하기 시작하면서 관심이 높아져, 11월 3일의 입법원 제12회기 제8차 비공개회의 당시에 예궁차오葉公超 외교부장에게 입법원으로의 출석과 아마미 반환 문제에 관한 설명을 요구하는 동의가 가결되었다. 11월 6일의 제9차 비공개회의에 참석한 예궁차오는 "'류큐'는 가고시마 현이 통치했던 도서아마미군도 이외를 가리킨다"고 인식하고 있었고, 미국이 대일평화조약 제3조에 따라 아마미군도를 일본에 반환하는 것에 문제는 없다고 생각했었다고 설명했다. 또한 "근대적인 영토 개념에 따르면 아마미는 중국에 귀속되어 있었다고 할 수는 없다"고

52 楊子震, 「中華民國對琉球群島政策與『奄美返還』問題」, 周惠民, 『全球視野下的中國外交史論』, 政大出版社, 2016, 243~244쪽.

53 U.S. Embassy in Taipei(이하, 지명만 표기. 다른 대사관 등도 동일) to the Department of State(이하, DOS), March 22, 1954, 794C. 0221/3-2254, Record Group(이하, RG) 59, Decimal File, 1950~54, Box 4261, National Archives II in Maryland(이하, NA).

설명하기도 했다. 그러나 일부의 입법위원들은 "아마미군도의 조국은 일본이 아니라 중화민국"이라고 강조하며 납득하지 않았다.[54] 논의는 계속되어 예궁차오는 일본이 아마미군도를 통치했던 사실이 있다는 것, 미국도 아마미군도는 오키나와현에 속하지 않는다는 태도를 보이고 있다는 것, 일본이 가고시마 현과 오키나와현을 설치한 이후, 중국은 그 행정구분에 대해 일본에 항의하거나 이의를 제기하지는 않았다는 점도 설명했다. 나아가 국제법상, 혹은 국제 관례상 책봉을 했다는 것이 주권이 있었다는 근거가 되지는 않는다는 것도 제시했지만, 의원들을 납득시키기에는 부족했다. 이 문제는 입법원 외교위원회에서 계속해서 논의되었는데, 11월 21일의 입법원 제12회기 외교위원회 제3차 회의 당시에 행정원이 아마미 반환 문제에 대해 외교당국이 적절한 행동을 취하도록 지시할 것을 요구하는 결의가 채택되었고, 26일의 입법원 외교위원회 제12회기 제4차 회의에서도 가결되기에 이르렀다.[55] 입법원 외교위원회의 결의에서는 "류큐는 전체적으로 현상 유지 되어야 하며, 장래에 여기에 모종의 변경을 가하고자 할 때는 모두 도민 자신의 손으로 이것을 결정하지 않으면 안 된다"는 취지를 규정하는 한편으로, 오키나와의 현황에 변경을 가할 경우에는 포츠담 선언에 관여한 미·영·중의 승인을 얻을 필요가 있다고 하였다.[56] 그 후 11월 30일에는 타이완 성 지방자치협회, 성농회省農會, 성어회省漁會, 성총공회省總工會, 성부녀회省婦女會가 공동으로 입법원의 아마미 반환 반대 결의를 옹호하는 안을 제안하고, 타이완 성 사회처社會處에 아마미 반환 문

54 楊子震, 앞의 글, 244~246쪽.
55 楊子震, 위의 글, 247~248쪽.
56 『朝日新聞』, 1953.11.23.

제에 대해 유효한 조치를 취하도록 전하고, 이란宜蘭 현의회, 먀오리苗栗 현의회, 신주新竹 현의회 등도 연이어 아마미 반환 문제에 대해 외교부가 미국에 항의하도록 요구하는 결의를 채택했다.[57]

그렇다면, 국부 외교부는 이러한 상황에 어떻게 대응했을까. 예궁차오 외교부장은 입법원에서 아마미 반환이 문제시되고 있는 것을 염두에 두고, 이미 11월 7일에 란킨Karl Lott Rankin 타이완 주재 미국대사와 협의를 하고 있었다. 당시에 예궁차오는 아마미오시마에 공산주의자가 침입하는 것을 미국이 일본과 함께 막을 수 있다면, 국부는 아마미오시마에 대해서는 이해관계를 가지지 않는다고 보증하는 한편, 미국이 어떠한 형태로든 아마미를 계속해서 통치할 필요가 있으며, 안전보장상의 문제가 없다면, 최종적으로는 주민의 자치정부가 만들어지는 것이 바람직하다고 생각한다고 전했다.[58] 그 후에도 입법원에서 논의가 무르익는 가운데, 외교부는 오키나와의 귀속 문제에 대해 아래와 같은 입장을 확립하여 11월 24일에 미국정부에 제안을 했다.[59]

① 류큐의 지위는 카이로 선언과 포츠담 선언에 기초하여 결정되어 있으므로, 일본 본토로 간주되어 있는 4개 도서홋카이도, 혼슈, 시코쿠, 규슈 이외의 섬에 대한 일본의 통치권은 연합국의 협의에 의해 결정되지 않으면 안 된다.

② 이른바 '잠재주권'은 국제법에 따른 것이 아니며, 대일평화조약 제3조

57 楊子震, 앞의 글, 252~253쪽.

58 Taipei to DOS, November 8, 1953, 794C. 0221/11-853, RG59, Decimal File, 1950~54, Box 4261, NA.

59 Taipei to DOS, November 25, 1953, 794C. 0221/11-2553, RG59, Decimal File, 1950~54, Box 4261, NA.

안에도 명기되어 있지 않으므로 인정할 수 없다.

③ 미국은 류큐의 전략적 중요성이 서태평양, 특히 타이완의 안전보장에 심각한 영향을 미치기 때문에 현재 류큐의 지위를 유지할 책임을 포기해서는 안 된다.

④ 류큐와 중국의 역사적 관계나 지리적 근접성에 비추어 국부는 류큐의 최종적인 지위 결정에 대해 견해를 표명할 권리와 의무를 가지고 있다.[60]

이에 대해 미국 측은 12월 14일에 특히 잠재주권 부분에 대해 "류큐는 대일평화조약 제2조에서 일본이 포기한 지역에는 포함되어 있지 않으므로 일본이 잠재주권을 가진다고 해석할 수 있으며, 이 생각에 의문을 표시한 나라는 그 시점샌프란시스코 평화조약 체결 당시에는 중화민국을 포함해서 존재하지 않았다. 더욱이, 일화日華평화조약에서도 류큐에 대해서는 언급되지 않았다. 이 때문에 미국은 대일평화조약 제3조에 따라 그 권리를 일본에 양도할 수 있다"고 답변했다. 다만, 이에 대한 국부의 견해를 환영하고 류큐제도의 지위 변화에 대해서는 국부에 알리는 것에 대해서도 언급했다.[61] 이에 대해 외교부는 12월 23일에 거듭 아마미오시마를 포함하여 류큐제도를 미국이 계속해서 통치하는 것이 바람직하다고 생각한다는 국부의 입장을 미국 측에 전달했다.[62] 그러나 이미 일미 간에는 아마미 반환 합의가 이루어졌으며, 다음 날인 24일에 아마미군도[63]는 일본에 반환되

60 Memorandum (Translation), November 24, 1953,『琉球地位, 琉民待遇及國籍問題』602/89006, 中央研究院近代史研究所档案館.

61 Memorandum, December 14, 1953,『反對將奄美島交與日本』019.1/0001, 中央研究院近代史研究所档案館.

62 Memorandum, December 23, 1953,『反對將奄美島交與日本』019.1/0001, 中央研究院近代史研究所档案館.

었다. 외교부는 당일 성명을 발표하고 "중국은 오랫동안 류큐열도에 대한 종주권을 가지고 있지만, 현재는 영토적 주장을 할 의도는 없으며, 반대로 자치정부를 만든다는 주민의 의지가 점차 실현되기를 바라고 있다고 표명해 왔다"고 하면서도, 일본의 '잠재주권'에 대한 국부의 생각을 거듭 피력하며 국부의 의견이 반영되지 않은 것이 유감이라고 했다.[64] 국부는 이듬해인 1954년 2월 1일에도 미국 측에 대해 동일한 유감의 뜻을 표명하는 한편, 미국이 평화와 안전을 위해 아마미 이외의 류큐제도를 계속해서 유지할 것을 확인하고, 미국이 류큐제도에 대한 결정을 행하기 전에 국부와 협의를 하도록 제안했다.[65] 이후로 국부는 아마미 반환 시에 확립한 입장과 미국 측의 회답을 근거로 일미 간에 오키나와 반환에 대해 모종의 교섭이 이루어질 때는 관심을 표명하게 된다.

제2절 아시아민족반공연맹APACL 결성과 류큐 대표 참가 문제

1. 아마미 반환 전후의 오키나와

지금까지 국공내전, 한국전쟁 발발을 거쳐 오키나와의 귀속 문제가 결정되고 냉전체제가 고정되는 가운데, 한국과 중화민국이 오키나와에 대한 관심을 강화해 가는 과정에 대해 확인했다. 그렇다면, 계속해서 미군 통치

63 북방 북위 29도, 남방 북위 27도, 서방 동경 128도 18분 및 동방 동경 130도 13분을 경계선으로 하는 구역 내에 있는 모든 섬, 작은 섬, 환초 및 암초를 가리킨다.

64 "Statement of Foreign Ministry of the Republic of China on DEC 24, 1953", 1953.12.24, 『反對將奄美島交與日本』 019.1/0001, 中央研究院近代史研究所档案館.

65 Memorandum, February 1, 1954, 794C. 0221/3-2254, RG59, Decimal File, 1950~54, Box 4261, NA.

하에 놓여 있었던 오키나와 현지의 당시 상황은 어떠했을까.

오키나와 현지에서는 아마미 반환과 같은 해인 1953년 1월에 '오키나와제도 조국복귀기성회'가 결성되어 "구 오키나와현의 조국으로의 즉시 완전 복귀 실현"을 목적으로 하여 활동을 개시했다.[66] 이 단체는 복귀운동을 초당파적인 민족운동으로 전개하기 위해 정당을 제외한 오키나와 교직원회, 오키나와 시정촌장협의회, 오키 청련 등의 6개 단체로 구성되었고, 회장에는 야라 조뵤 교직원회 회장이 취임했다. 야라는 패전 이전에는 오키나와와 타이완에서 교원을 역임하고 1946년에 오키나와로 귀환한 후, 1950년에 오키나와 군도지사의 요청으로 군도정부 문교부장에 취임했으나, 1952년 4월에 문교부장을 퇴임하고 교직원회 회장에 취임했다. 야라는 교직원회 회장, 오키나와제도 조국복귀기성회 회장과 함께 전년 12월에 결성된 '전재교사부흥촉진기성회戦災校舎復興促進期成会'의 회장도 겸하여, 오키나와의 전재 교사 부흥을 일본정부와 국회에 호소하여 모금을 요청하는 전국 순회를 개시했다. 교직원회는 유치원부터 대학, 교장에서 사무원까지 모든 교직원이나 문교 행정 관계자가 거의 100% 가입하는 망라 조직으로, "교사나 교구 등의 교육 환경이나 교원 자신의 생활보장, 제자의 불투명한 미래나 빈곤 등, 교원의 목전에 있는 과제가 미군 통치하의 류큐정부 재원으로는 전혀 진전되지 않는" 환경 속에서 타개책을 일본 본토에 요구하고자 했던 것이다.[67] 또한 당시 야라의 행동은 "안개 속에 뒤덮인 오키나와의 장래를 올바르게 열어가기 위한 한 줄기 빛은 교육"이라는 신념에 입각해 있었다.[68] 당시의 「야라 조뵤 일지」에는 본토에서 전국 순회

66 沖縄県祖国復帰闘争史編纂委員会 編, 앞의 책, 24~27쪽.

67 櫻澤誠, 앞의 책, 43~44쪽.

를 하는 행동이 USCAR를 자극할 것을 우려하면서도 "나는 어디까지나 군에 협력만 하고 있으면 오키나와의 미래를 열 수 없다고 믿고 있었으므로, 그전국 순회를 한 점은 천지신명에게 맹세코 후회 없다고 생각한다. 다만 일본의 일개 지방으로서 미국에 협력을 잘 하고 싶다"는 심경이 피력되어 있다.[69] 야라의 활동에 대해서는 전국 각지에서 약 6,300만 엔의 모금이 모였다.

또한 오키 청련은 같은 해인 1953년 4월 2일에 일본 본토의 단체인 일본청년단협의회이하, 일청협에 가맹을 요청하는 메시지를 보냈다. 이에 대해 일청협 이사회는 전원일치로 오키 청련의 일청협 가맹을 승인했다. 이것은 일청협이 오키나와의 조국복귀운동에 교류·연대운동을 전개하는 단서가 되었을 뿐만 아니라, 오키나와의 단체가 일본 본토의 단체에 협력을 요청한 첫 사례가 되기도 했다.[70] 오키나와 교직원회의 말단에는 오키 청련의 회원인 젊은 교원도 다수 참가했는데, 이후에도 그들이 양 조직의 결절점이 되어 오키나와에서는 일본복귀운동을 포함한 다양한 사회운동이 전개되기 시작한다.[71]

그러나 8월에 덜레스가 아마미군도의 반환을 선언한 시점에서 오키나와군도의 복귀가 쉽지 않다는 것이 인식되었다. 덜레스의 성명에는 아래와 같은 구절이 포함되어 있었다.

---

68 『琉球新報』, 2011.9.9.
69 「屋良朝苗日誌○○一」, 1953.2.3, [0000099312], 沖縄県公文書館.
70 小林平造, 「ドキュメント社会教育実践史〈戦後編〉 16－沖縄の祖国復帰運動と青年団運動」, 『月刊社会教育』 36(6), 1992, 89쪽.
71 櫻澤誠, 앞의 책, 44~45쪽.

> 평화조약 제3조에 포함된 다른 섬들에 대해서는 미국으로서는 극동에 현재와 같은 국제적 긴장이 있는 동안은 현재 행사하고 있는 정도의 통제와 권한을 유지하는 것은 필요할 것이다. 그렇게 하면 미국은 일미안전보장조약에 기초한 미국의 책임, 즉 이 지역에서의 평화와 안전을 유지할 책임을 가장 효과적으로 다할 수 있을 것이다.[72]

상황이 더욱더 곤란해지는 가운데 복귀기성회는 소수 단체로 전개되는 운동이 취약하다는 것을 반성하고 복귀운동의 기초를 보다 광범위하게 다지기 위해 최초의 6개 단체에 더해 민주, 사대, 인민의 3개 정당 등도 포함하는 23단체로 11월에 재발족하게 되었다.[73] 또한 아마미군도의 반환이 실현된 12월 23일에는 입법원 의장, 오키나와 시정촌회장, 오키 청련회장, 교직원회 회장 등 25단체의 대표자가 연명으로 요시다 수상에게 오키나와제도의 조기 복귀 실현 촉진을 건의했다. 여기에서는 "오키나와가 극동의 중요한 기지이며, 미국이 공산주의를 방지하고 세계정책상 오키나와의 기지를 보유하고자 하는 요구는 충분히 이해"되므로, 오키나와 주민은 "기꺼이 이 정책에 협력할지언정 결코 반대는 하지 않았으며, 앞으로도 하지 않을 것입니다. 따라서 우리들의 조국복귀운동은 민족적 욕구이며, 그것이 갖는 의미는 추호도 반미나 군사기지의 철폐를 요구하는 것이 아닙니다"라고 하여 '민족적 욕구'가 강조되었다.[74]

그럼에도 불구하고 이듬해인 1954년 1월 7일에 아이젠하워Dwight D. Ei-

72 『朝日新聞』, 1953.8.9.
73 櫻澤誠, 앞의 책, 44쪽.
74 沖縄県祖国復帰闘争史編纂委員会 編, 앞의 책, 29~30쪽.

senhower 대통령이 일반교서에서 오키나와 기지의 무기한 보유를 선언하자, 주민들 사이에는 동요가 퍼졌다. 더욱이 오그던David A. D. Ogden 민정부장관은 일반교서에 이어 1월 11일에 아래와 같은 성명을 발표하여 복귀운동을 중지하도록 호소했다.

> 대통령은 그 교서에서 (아마미)오시마를 제외한 류큐열도에 대해 "우리는 오키나와의 기지를 무기한으로 보유할 것"이라고 하여 미국의 의향을 명확히 언급했다. 이것은 요컨대 대통령이 류큐열도와 일본을 포함하는 자유세계를 지키기 위해 건설한 류큐의 기지를 포기하여 아시아 각지를 더 이상 공산주의자의 침략에 맡기는 일은 결코 하지 않을 것임을 충분히 밝힌 것이다. (…중략…) 일본과 달리 류큐의 군사기지는 특수한 성질을 지녀, 방위상 민간 행정과 군을 떼어내는 것은 불가능하다. 일부 사람들은 남겨진 류큐열도의 일본복귀운동을 전개하고 있는 듯하지만, 아이젠하워 대통령이 성명을 발표한 지금, 또한 아마미오시마 반환 당시 일본과 미합중국 사이에 조약이 체결된 지금, 이와 같은 운동을 계속하는 것은 오해를 불러일으키고 행정을 곤란하게 만들어, 결국에는 전 주민을 궁지로 몰아넣게 된다. (…중략…) 류큐열도는 미국과 연합국이 자유세계에 자유의 상태를 유지시키려고 하는 의도를 상징하는 것이다. 이들 목적과 자유는 무력에 의해 옹호되지 않으면 안 된다. 이와 같이 오키나와는 극동지역의 자유를 보증하기 위해 무력 원조를 보증하는 원칙을 표현하는 것이다. 개인의 사상의 자유를 구속하지 않으며 나는 여기에 지금까지 복귀의 실현에 종사한 사람들 혹은 단체에 대해 조직적인 대중 선동을 이제 멈출 것을 권고한다.[75]

이에 대해 야라 복귀기성회 회장은 2월 5일에 오그던 민정부장관에게 서한을 보내 아래와 같이 복귀운동의 성격을 설명했다.

> 복귀운동은 우리들이 일본인이므로 일본국헌법하에 일본인으로서 생활하고자 하는 극히 자연스럽고 본질적인 이념에서 나옵니다. (…중략…) 현재의 통치 형태에서 우리들은 정신생활이나 교육상, 안정감을 가지고 살 수가 없습니다. 또한 오키나와의 가난한 경제, 특히 농민 등의 생활은 국가의 재정적 시책이 없으면 구제하는 것이 극히 곤란하다고 생각합니다. 이와 같이, 우리들의 정신적, 물리적 복지는 조국으로 복귀할 때 비로소 충분히 달성될 수 있다고 생각합니다.[76]

이 문장에는 "일본인이므로 당연히 일본인과 동등한 권리를 향수할 수 있다"는 의식이 드러나 있다고 생각된다. 또한 야라는 그때까지의 청원들과 마찬가지로 "기지의 존재가 현재의 국제 정세하에서 주민의 생활을 뒷받침하고" 있으므로, "미국이 오키나와에서 기지를 유지하는 것은 이념적으로도 경제적으로도 반대하는 입장이 아니"라는 것, "반미주의자가 이 운동을 반미적인 목적으로 이용하지 않도록 만전의 주의를" 기울여 "어디까지나 미국정부의 선의와 이해에 따라 미국 민정부의 각종 시책에는 충분히 협력하면서 추진할" 것도 확인하며 복귀운동에 대한 이해를 구했다.[77] 그러나 USCAR의 반응은 다음과 같은 것이었다.

75 위의 책, 30~31쪽.
76 위의 책, 35~36쪽.
77 위의 책, 36쪽.

> 오키나와에서 당신들이 복귀를 선동하고 있는 것은 류큐인에게 그저 혼란만을 초래하고, 나아가 공산주의자들을 기쁘게 하게 됩니다. 미국 민정부의 정책은 류큐열도의 지위에 관한 미국 대통령 및 국무장관의 확실하고 명백한 성명에 준거해 있습니다. 따라서 민정부의 동의하에 계속 복귀를 선동할 수는 없으며, 복귀운동에 대해 민정부의 협력을 요구하는 것은 무분별한 것입니다.[78]

USCAR가 복귀운동에 협력하지 않는 자세를 명확히 하자, 류큐정부와, 1952년 8월에 히가 슈헤이比嘉秀平 류큐정부 행정주석을 총재로 하여 결성된 류큐 민주당도 복귀운동의 억제로 돌아서게 되어, 3월에 거행된 입법원 선거에서는 "일본 복귀인가 부흥인가"라는 쟁점이 시작되었다. 이 선거 결과, 민주당은 복귀를 주장하는 야당 연합에게 과반수를 빼앗겨 주도권을 상실하게 되었다.[79] 이에 위기감을 강하게 의식한 USCAR는 종래에 적으로 여겼던 인민당뿐만 아니라 사대당이나 교직원회도 공격의 대상으로 삼아, 야라를 포함한 교직원회 관계자의 일본 도항을 불허했다. 더욱이 5월에 교직원회에 대해 "야라가 회장에 취임해 있는 한, 어떠한 진정에도 관심을 기울이지 않는다"고 발표했다. 이로 인해 야라는 5월 말에 교직원회와 조국복귀기성회의 두 회장직을 사임한다고 표명했고, 복귀기성회는 활동정지로 내몰렸다.[80] 아마미군도의 반환은 오키나와 사람들에게 더욱더 곤란한 상황을 초래하고 있었던 것이다.

---

78 위의 책, 38쪽.
79 鳥山淳, 앞의 책, 213~215쪽.
80 鳥山淳, 위의 책, 217~219쪽.

2. APACL 결성과 류큐 대표의 참가

이러한 시기에 한국전쟁을 거친 이승만 정권은 반공의 요새로서의 오키나와에 주목하여 오키나와와 직접적인 관계를 구성하고자 시도하게 된다.[81] 그 하나가 이승만 정권이 중화민국과 함께 주도하여 설립하려 했던 반공연맹에 류큐 대표를 참가시키는 것이었다. 1953년에 아이젠하워 정권이 뉴룩 전략을 공표하고 소련과 중국 주변의 지역방위체제 구축 등을 결정하자, 같은 해 11월에 타이완을 방문한 이승만 대통령은 장제스 총통과 함께 일단은 좌절한 태평양동맹 구상을 재추진할 것을 명확히 하여 동남아시아 각국과 미국의 참가 호소를 개시했던 것이다.

그러나 양자가 가장 중시했던 미국은 비협조적인 자세를 바꾸지 않았다. 1954년 2월에 이승만 대통령과 면담한 미국의 헐John E. Hull 극동군총사령관은 미국은 일본이 포함되어 있지 않은 극동지역 반공기구는 지지하지 않는다고 하여, 한국이 일본과의 국교정상화에 노력하도록 요청했다.[82] 미국은 1948년 한국정부 수립 이후 한일 간의 국교정상화를 적극적으로 추진하여, 1951년부터는 미국의 알선으로 관계 정상화를 위한 예비회담이 개시되었고, 1952년 2월부터는 본 회담이 시작되었다. 다만, 한일 양국의 입장에는 일본의 식민지 지배를 둘러싼 커다란 간극이 있어서 두 차례에 걸쳐 결렬과 휴회를 반복하며 진전이 보이지 않는 상황이었다. 아이젠하워 정권은 지역적 동맹체제의 확립을 중요시하여 적극적으로 한일 관계의 조정에 나섰지만, 1953년 7월의 휴전협정 성립에 따라 클라크Mark

81 呉世宗, 『沖縄と朝鮮のはざまで－朝鮮人の〈可視化/不可視化〉をめぐる歴史と語り』, 明石書店, 2019, 132쪽.

82 『東亜日報』, 1954.2.8.

W. Clark 유엔군총사령관이 정한 한국방위수역클라크 라인이 철폐됨에 따라, 어업 문제를 둘러싼 대립이 격화되었다. 같은 해 10월에 재개된 제3차 한일회담은 "일본의 식민지 통치는 조선에게도 유익했다"는 취지의 '구보타久保田 발언'으로 인해 결렬되었다. 이 시기에 이승만 정권은 특히 미국의 '일본 중시 정책'에 강한 불신이나 불만을 품게 되어, 중재 활동에 대한 비판 자세를 강화했다.[83] 헐과의 회담 시에 이승만은 반공기구에 일본을 참가시키는 조건으로 재조在朝일본인의 재산에 대한 일본정부의 청구권 철회나 이승만이 독단으로 설정한 어업선이승만 라인의 설정 등, 한일 간에 현안으로 되어 있는 문제에 대한 한국 측의 주장을 미국이 일본 측에 승낙하도

〈사진 1-8〉 1953년 11월 27일에 타이완에 도착한 이승만을 맞이하는 장제스. 앞줄 왼쪽에서 두 번째가 장제스. 그 옆이 이승만. 오른쪽 끝이 예궁차오. 타이완 국사관(國史館) 제공.

83 한일회담에 대한 미국의 관여에 대해서는 李鍾元, 「韓日会談とアメリカ―『不介入政策』の成立を中心に」, 『国際政治』 105, 1994b를 참조.

록 설득할 것을 요구했지만,[84] 이것은 미국이 쉽게 응할 수 있는 내용이 아니었다.

헐과의 회담이 성과 없이 끝나고 미국의 지지를 얻을 전망이 없는 가운데, 한국정부는 당초의 동맹 구상안을 변경하여 민간 반공기구를 결성하는 방향으로 선회하여, 1954년 4월 하순에 한국의 진해에서 제1회 회의이하, 진해 회의가 예정되었다. 그리고 같은 해 3월에 김홍일金弘壹 타이완 주재 한국대사와 예궁차오 중화민국 외교부장 사이에서 협의가 이루어졌을 때, 김홍일 대사가 한국 측이 류큐인의 참가를 바라고 있다고 표명하게 된다. 이에 대해 예궁차오가 타이완 거주 류큐인인 차이장에게 알선을 부탁할 것을 제안하자, 김홍일은 차이장에게 류큐인의 진해 회의 출석을 타진했다. 하지만, 회기가 목전에 다가왔기 때문에 류큐 측에 인선을 부탁할 틈이 없었고, USCAR가 류큐인의 국제 활동에는 동의하지 않을 것으로 보인다는 이유로, 차이장 자신이 류큐 대표로 회의에 참가하게 되었다.[85] 예궁

〈사진 1-9〉 1954년 6월 15일에 개최된 APACL 진해 회의. 류큐 대표로 참석한 차이장(왼쪽 끝)의 모습도 보인다. National Archives of Australia 제공.

84 『東亜日報』, 1954.2.8.

85 「外交部葉部長与大韓民国駐華大使金弘一談話記録」, 1954.3.20, 『亞盟』 647 /0004, 中央研究院近代史研究所档案館; 「報告」, 1954, 위와 같음.

차오가 미국에 전달한 정보에 따르면, 국부 측은 차이장이 오키나와 현지 단체를 대표하지는 않기 때문에 출국을 막으려고 했지만, 한국의 중화민국 주재 대사가 차이장을 회의에 출석시키도록 국부 측에 요청하여 차이장의 출석이 가능해졌다고 한다.[86] 그 후에 개최 시기를 둘러싸고 다소의 혼란이 있었지만, 첫 회의는 중화민국, 한국과 함께 필리핀, 베트남, 마카오 · 홍콩, 타이, 류큐의 5개국 3지역의 민간 대표가 참가하여 6월에 진해에서 개최되었다.[87] 대회장에서 차이장은 "우리들은 류큐에서 모든 친일, 친공산주의의 요소를 일소하고자 전력을 다해 왔다"고 하며 류큐 독립에 대한 협력을 요청했다고 한다.[88] 그 후 차이장은 오키나와에서 APACL의 지부를 결성하기 위해 적극적인 활동을 전개하게 된다.

3. '류큐 대표'를 둘러싼 미국 · 일본 · 오키나와의 반응

그렇다면 '류큐 대표'가 된 차이장의 활동에 대한 미국, 일본, 류큐의 반응은 어떠했을까. 우선 차이장이 진해 회의에 출석한다는 정보를 사전에 입수한 주일미국대사관 등은 일본이 반환을 요구하고 있는 오키나와의 출신자가 한국이 주도하는 회의에 출석하는 것이 악화된 한일관계를 두드러지게 할 뿐만 아니라, 일미관계나 류큐와 미국 관계에 대한 유해한 개입이 되어 회의의 목적을 그르칠 수 있다고 우려를 표했다.[89] 미국정부의 입장

86 Taipei to DOS, June 11, 1954, 790.00/6-1554, RG59, Decimal File, 1950~54, Box 4126, NA.

87 이상의 경위에 대해서는 노기영, 「이승만정권의 태평양동맹 추진과 지역안보구상」, 『지역과 역사』 11, 2002, 204~208쪽 참조.

88 앞의 Summary of TS'AI, CHANG.

89 Tokyo to DOS, Routine 1818, June 3, 1954, "Asian People's Anti-Commun-

은 "대일평화조약에 따라 대외적으로 오키나와를 대표할 수 있는 것은 미국"이므로, 차이장이 류큐 대표로 참가하여 류큐 독립을 호소하는 것은 오키나와의 지위에 대해 국제적인 오해를 초래할 수 있다고 생각했던 것이다. 또한 차이장은 4월에 오키나와 사람들을 진해 회의에 초대하기 위해 USCAR에 편지를 보냈지만, 편지를 받은 USCAR 섭외국은 이것이 공개되는 것을 막으려고 답변도 하지 않았다. 차이장은 진해 회의 후인 7월에도 존슨Walter M. Johnson 민정장관에게 편지를 보내, 오키나와를 다시 방문할 기회가 있다면 '오키나와 반공연맹'을 결성할 생각이라고 하며 협력을 호소했다. 하지만, 편지를 받은 USCAR 섭외국은 이전에 차이장한테 받았던 편지나 진해 회의에서의 차이장의 언동을 분석한 결과 등을 통해 차이장을 국부의 첩보원으로 간주하고 경계를 강화했다.[90] 중화민국 주재 미국대사관이 차이장의 방문에 대해 USCAR에 보고했을 당시, USCAR는 대외적으로 류큐인의 대표가 되는 것은 미국이라는 인식을 제시하는 한편, "차이장의 입장은 국부의 입장과 흡사하며, 차이장이 과거에 국부로부터 자금 제공을 받았다는 보고가 있다"고 시사했다. 또한 "오키나와에 강력한 반공적인 지도자가 존재하는 것은 커다란 이익이 되지만, 차이장이 국부에 충실한 것으로 보이는 점은 미국에게 장애가 되어 가장 바람직하지 않다"는 견해를 밝혔다.[91] 10월에 차이장이 APACL 지부 설립을 위해 오키나와 방문

ist League (Tsai Chang)" [U81100523B], 沖縄県公文書館. 이하 동일 코드의 제목은 생략.

90 Deputy Governor to Commander in Chief, Far East, June 7, 1954, [U81100523B], 沖縄県公文書館; Tsai Chang to Civil Administrator Johnson, July 9, 1954, in the same folder; Disposition Form from Liaison Office to Civil Administrator, RCCA-LO 201.22, Subject : Letter from TS'AI CHANG-Okinawa Residents Assn, July 19, 1954, in the same folder.

이 결정되어 이에 대해 USCAR 내에서 협의가 이루어졌을 때에도, 존슨 민정장관은 오키나와에서는 차이장이 류큐인이나 그들의 이익을 대표한다는 인식을 부여할 어떠한 행동도 피하는 것이 바람직하다는 견해를 밝혔다.[92] 다만, 차이장의 오키나와 방문까지는 저지하지 않았고, USCAR와 류큐정부가 차이장으로부터 거리를 둠으로써 차이장이 자연스럽게 반공연맹 결성을 포기하도록 몰아가려고 했다.[93]

차이장은 APACL 가맹원을 모집하기 위하여 10월부터 오키나와를 방문하여 류큐정부와 USCAR에 대해서도 지부 결성과 류큐 대표 파견에 대한 협력을 직접적으로 요청했다. 프라이머스Edward Otto Freimuth 섭외국장과 면회했을 때, 차이장은 이승만 대통령이 류큐에 대해 관심을 가지고 있다는 이야기를 꺼내며 류큐 대표가 회의에 참가할 수 없다면, 그는 물론 다른 아시아 사람들도 실망할 것이라고 강조했다. 그러나 USCAR는 류큐정부에 대해서도 차이장의 활동을 지원하지 말도록 조언했다.[94] 그 후에 차이장은 오키나와에서 활발한 언론활동을 전개하여 11월 6일 시점에 '오키나와 반공연맹 준비위원회'를 개최했는데, 오키나와에서는 관심이 고조되

91 Philip M. Dale, Jr to Walter M. Johnson, August 5, 1954, [U81100523B], 沖縄県公文書館; Walter M. Johnson, Civil Administrator to Philip M. Dale, Jr, August 18, 1954, in the same folder.

92 Taipei to DOS, Subject : Proposed Trip TS'AI Chang to Okinawa, October 14, 1954, 790.00/10-1354, Box 4126, Decimal File, 1950-54, RG59, NA; Walter M. Johnson, Civil Administrator to Philip M. Dale, Jr, October 14, 1954, [U100523B], 沖縄県公文書館.

93 Naha to DOS, Subject : Activities of TS'AI Chang on Okinawa, November 19, 1954, 794c.00/11-1954, [U90006078B], 沖縄県公文書館.

94 American Consular Unit, Naha, Okinawa to DOS, Subject : Visit of TS'AI CHANG in Okinawa, October 29, 1954, 790.00/10-2954, RG59, Decimal File, 1950-54, Box 4126, NA.

지 않아, 출석자는 나카소네 겐와仲宗根源和 등, 이전부터 독립을 주장했던 논자를 포함한 약 30명에 머물렀다.[95] 차이장은 같은 날 16일에 반공연맹 결성대회를 개최할 예정이었으나, 류큐 신보는 당일 「반공연맹에 대한 고언」이라는 제목의 사설을 싣고 연맹의 결성에는 "류큐 주민 전체의 입장으로 보아 충분히 신중한 태도로 임하지 않으면 안 된다"고 강조했다. 여기에서 문제시된 것은 중심인물인 차이장이 류큐계이기는 하지만 "외국에서 불쑥 찾아온 개인"에 지나지 않는다는 것, 류큐 대표의 APACL 회의 참가는 "류큐가 국가로서의 자격을 스스로 시인"하는 것으로 이어질 수 있어, 복귀 문제에도 영향을 미칠 가능성이 있다는 것, 류큐의 외교권은 민정부장관 혹은 미국 본국을 통해서 행사하지 않으면 안 되므로 USCAR가 허가하지 않을 가능성이 있다는 것 등이었다.[96] 또한 USCAR 자체도 같은 날 발표한 성명에서 오키나와에서 공산주의의 위협은 기존의 기관으로 충분히 방지되는 것으로 보이며, 외국의 문제나 회의에서 류큐를 대표하는 것은 미국정부이고 USCAR 또는 류큐정부에는 그러한 권한이 없으며, 이 때문에 "USCAR는 반공연맹의 결성을 지지할 수 없으며 허가할 수도 없다"는 입장을 표명했다.[97] 당일 회장으로 선출된 것은 패전 이전에 중의원 의원을 역임한 저명인이었던 이레이 하지메伊禮肇였지만, 이레이도 이 성명이 나오자 그 이상의 협력을 하지 않을 것을 USCAR에 약속했다.[98] 이리하여 차이장은 더 이상 조직을 발전시키지 못하고 타이완으로 돌아갈 수

95 『琉球新報』, 1954.11.7.
96 『琉球新報』, 1954.11.16.
97 『琉球新報』, 1954.11.17.
98 Naha to DOS, Subject : Activities of TS'AI Chang on Okinawa, November 19, 1954, 794c.00/11-1954, [U90006078B], 沖縄県公文書館.

밖에 없었다. USCAR는 APACL 류큐 지부 설립을 위한 차이장의 노력을 방해하는 데에 대체적으로 성공했던 것이다.

4. APACL과 일본 대표 참가 문제

다음으로 동시기에 한국과 중화민국 사이에서 일어났던 일본 대표의 APACL 참가를 둘러싼 대립과 APACL에 대한 일미 양국의 생각에 대해 검토하고자 한다. 일본의 APACL 참가를 둘러싼 대립은 그 후 APACL의 진전에도 영향을 미쳤기 때문이다.

진해 회의 당시 1954년 10월에 제2회 APACL회의가 타이베이台北에서 개최될 것이 결정되었다. 주최국이 된 중화민국 측은 일본과의 관계를 강화함으로써 국제사회에서의 자국의 입장을 제고하려는 의도를 가지고 타이베이 회의를 주최하면서 일본 대표를 참가시키는 것을 가장 중시했다. 그러나 한국 측은 이승만 대통령의 반일적인 자세로 인해 참가자 전체의 동의 없이는 일본 대표를 초청해서는 안 되며, 일본 대표가 참가하는 회의에 한국은 절대로 참가할 수 없다는 강경한 자세를 취했다. 한국 측에서는 이승만 대통령의 지휘 아래 일본 대표를 참가시키는 것에 계속해서 반대했기 때문에 회의 개최는 결국 중지되었다.[99]

당시 주한미국대사관은 진해 회의 개최를 두고 비슷한 시기에 미국이 추진하고 있던 동남아시아의 집단방위체제 구축 시도와 이를 결부시킬 필요가 있다고 국무부에 전하고, 그 문맥에서 거듭 한일관계 개선을 위한 조

99 그간의 경위에 대해서는 왕엔메이, 「아시아민족반공연맹의 주도권을 둘러싼 한국과 중화민국의 갈등과 대립(1953~1956)」, 『아세아연구』 153, 2013, 177~190쪽 참조.

정을 행할 것을 제안했다.[100] 이 제안을 받아 미국 측이 이승만 대통령을 미국으로 초청하자, 이승만은 방미에 임하면서 북진통일을 바라는 사람들도 납득할 수 있는 소기의 성과를 얻을 수 있다면 방미할 의사가 있음을 전했다.[101] 그 후 이승만은 7월 26일부터 방미하여 수차례에 걸쳐 미국정부 요인과 회담을 했지만, 서두부터 아시아와 한반도에서의 군사적 '반격'을 주장하는 이승만과 '평화통일'을 강조하는 미국 측이 격렬히 대립하여 29일에 한일관계가 의제로 올랐을 때 회담은 사실상 결렬되었다. 이렇게 되자, 미국 측은 이승만에게 대일 교섭의 의지가 전혀 보이지 않는다는 점, 미국의 한국에 대한 계속적인 압력이 효과가 없을 뿐만 아니라 한국이 한일회담을 한미 사이의 다른 현안을 둘러싼 카드로 활용할 여지를 준다는 점 등을 이유로 한일관계 개선을 위한 어떠한 중재 노력도 당분간 중지한다는 방침을 결정했다.[102]

또한 APACL에 대해서는 일미 간에서도 회의가 이루어졌다. 그 사이 차이장은 USCAR뿐만 아니라 중화민국 주재 미국대사관 등에 대해서도 오키나와에서의 반공연맹 결성에 대한 협력을 호소했고, 국부 외교부도 USCAR가 오키나와인의 출경出境에 난색을 표한 것에 대해 류큐 대표의 APACL 출석에 편의를 도모하도록 중화민국 주재 미국대사관 등에 요청했다.[103] 이

100 The Ambassador in Korea (Briggs) to DOS, #1358, June 18, 1954, *FRUS, 1952~1954, Korea*, vol.15, Part 2, pp.1808~1811.

101 The President of the Republic of Korea (Rhee) to the Secretary of State, July 2, 1954, Ibid., pp.1818~1819.

102 U.S. Summary Minutes of the Third Meeting of United States Republic of Korea Talks, Washington, July 29, 1954, 2.30p.m., July 29, 1954, *FRUS, 1952~1954*, vol.14, Part 2, pp.1687~1689; 李鍾元, 앞의 글, 1994b, 174~175쪽.

103 Tsai Chang to General John E. Hull, Far East Commander of U.S. Army, February 3, 1955, [U81100523B], 沖縄県公文書館; 「受信－美国駐華大使館, 発信

〈사진 1-10〉 남방연락사무소. 1952년 8월 13일. 나하시 역사박물관 제공.

로 인해 미국 측은 계속해서 차이장의 활동에 대해 주시하게 되었다. 또한 일본정부도 일본의 APACL 참가를 둘러싸고 한국과 중화민국 사이에 대립이 있다는 점이나, 차이장이 류큐 대표로 참가한 점을 인식하고 그 이후의 전개에 관심을 기울이고 있었다.

1955년 2월에 개최된 존슨 민정장관과 일본정부 남방연락사무소[104]의 회의에서 일본 측은 이전에 공표되었던 USCAR의 입장은 외교 관계에서는 국무부가 오키나와를 대표하는 것이었다고 충고하며 류큐 대표가 APACL에 참가하는 것에 우려를 표명했다.[105] 일본정부 자체는 APACL 참가에 긍정적

: 外交部美洲司」, 1954.11.4, 『亞盟』 647/0004, 中央研究院近代史研究所档案館.

104 옮긴이 주 : 미국 시정권하의 오키나와에 1952년에 설치된 일본정부의 기관. 주로 도항 사무나 문화교류 등의 재외공관적 업무를 수행했다.

105 W. M. Johnson to American Consular Unit, February 18, 1955, [U81100523B], 沖縄県公文書館.

이었고 진정한 오키나와 출신자가 APACL 회의에 참가하는 것에도 우호적이었지만, 반일적이고 중국으로의 복귀를 주창하는 차이장이 대표가 되는 것에는 반대했다.[106] 일본 측의 의향을 들은 존슨은 차이장이 국부의 이익을 대변하기 위해 APACL에 참가하는 것은 바람직하지 않다는 견해를 굳히고, 재차 USCAR에 차이장의 활동을 지원하지 말도록 전달했다.[107]

그 후 1955년 7월부터 필리핀이 중개역이 되어 두 차례에 걸쳐 예비회담이 개최되었고, 이듬해 2월에 마닐라에서 제2회 APACL 회의를 개최할 것이 9월에 결정되었다. 다만, 이때도 새로운 참가국 결정 방법에 대해 한국과 타이완 사이에 대립이 보였다. 중화민국 측이 참가국의 과반수 찬성을 가맹 조건으로 할 것을 주장했지만, 한국 측은 일본의 참가를 막기 위해 '만장일치'를 강력히 주장했다.[108]

결국 제2회 회의는 1956년 3월 9일부터 13일에 걸쳐 마닐라에서 개최되었고, 출석자는 제1회 회의 참가국에 한정되었다. 또한 차이장은 제2회 회의에도 류큐 대표로 출석했다.[109] 제2회 회의에서도 새 가맹국의 결정 방법에 관해서 한국과 중화민국 간의 대립이 반복되어, 다수결의 결과 3 대 2로 중화민국의 수정안에 찬성하는 측이 이겼지만, 한국 측이 회의의 중도 퇴장도 불사하는 강경한 반대 자세를 취했기 때문에, 제2회 회의에서도 일본의 참가 문제는 해결되지 못한 채로 남겨졌다.[110] APACL 회의

106 Tokyo to DOS, 141006/Z, May 1, 1955, [U81100523B], 沖縄県公文書館.
107 Headquarters Far East Command to Deputy Governor of the Ryukyu Islands, Subject : Ryukyuan Residents Association in Taiwan, February 12, 1955, [U81100523B], 沖縄県公文書館.
108 왕엔메이, 앞의 글, 184~185쪽.
109 『東亜日報』, 1956.3.11.
110 왕엔메이, 앞의 글, 186~187쪽.

후, 이승만 대통령은 최덕신崔德新 베트남 주재 한국대사에게 타이베이를 방문하여 장제스 총통에게 아래와 같은 일본 참가에 대한 한국 측의 견해를 전달하도록 지시했다.

① 만약 일본이 (다른 아시아 자유진영 국가로부터) 소외되면 일본정부는 머지않아 우리 측에 붙을 것이다. 왜냐하면 우리의 정책은 모든 자유국가에 의해 지지받고 있기 때문이다.
② 중화민국은 이 시점에서 일본의 참가 문제를 제기하지 않아야 한다. 일본정부가 완전한 반공 입장을 취할 때까지 기다릴 필요가 있다.[111]

이승만은 이 문서에서 일본이 한국전쟁의 특수로 부흥을 달성한 점, 미국이 아시아에서 일본을 중요시하고 있다는 점을 비판하고, 일본의 군사적·경제적 레벨이 다른 아시아 국가를 초월하면 아시아에도 미국에도 위협이 될 것이라는 인식을 드러냈다.[112] 이승만의 일본에 대한 불신감은 쉽게 불식되지 않았던 것으로 보인다.

위에서 살펴본 바와 같이, 한국정부와 국부는 일찍이 아시아에서의 집단방위체제 결성을 시도했지만, 미국이 집단방위체제 설립보다 한일관계 개선을 촉구했기 때문에 한국정부는 민간반공기구 설립으로 선회하여 거기에 류큐 대표를 참가시키려고 했던 것이다. 오키나와의 상황에서 류큐

111 His Excellency, President Syngman Rhee to Choi Dok Shin, Minister to the Republic of Vietnam, Subject : President's Instructions concerning APACL, April 18, 1956, 『APACL(아시아민족반공연맹)』, 분류번호 736.31, 등록번호 211, 외교사료관.
112 Ibid.

〈사진 1-11〉 1955년 2월 16일 장제스의 사림(士林)관저에서. 앞줄 왼쪽에서 두 번째가 최덕신, 세 번째가 정일권, 중앙이 장제스, 그 왼쪽이 김홍일. 국사관 제공.

대표로서 참가하게 된 타이완 거주 류큐인인 차이장은 APACL을 류큐 독립을 호소하는 장으로 이용하여 오키나와에서도 APACL의 지부반공연맹 결성을 통해 지지를 넓히고자 했고, 한국 측도 이에 동조했다. 그러나 오키나와 현지에 복귀론이 뿌리 깊었던 점이나, USCAR가 공공연히 APACL을 지지하지 않는다는 성명을 발표한 점에서 오키나와 현지에서 지지를 넓힐 수는 없었다. 또한 APACL 자체가 일본의 참가를 둘러싼 한국과 중화민국 사이의 대립으로 인해 기능부전에 빠지게 되었다.

제3절 섬 전체 투쟁과 한국・중화민국정부의 대응

1. 섬 전체 투쟁의 발발

이러한 상황 속에서 오키나와에서 발발한 '섬 전체 투쟁'은 다시 한번 한국과 중화민국이 오키나와에 대한 관심을 고조시키는 계기가 되었다. 섬 전체 투쟁의 원인이 되었던 것은 미군이 실시한 강권적인 토지 수용이었다. 오키나와 현지에서 1953년 4월에 USCAR가 군용지의 강제 수용 절차를 정한 '토지수용령'을 공포하고 '총검과 불도저'라 불리는 강권적인 군용지의 수용을 개시하여 주민과의 사이에 토지를 둘러싼 심각한 문제가 발생했다. 이 포령에서는 접수된 토지의 보상액에 대해서만 USCAR 민정부 장관에게 호소할 수 있지만, 토지 수용의 시비에 대해서는 다툴 수가 없었던 것이다. 이로 인해 주민의 반대에도 불구하고 수용령에 따라 1953년 중에 마와시真和志 촌현재의 나하시 아자安謝・메카루銘刈, 오로쿠小禄 촌 구시具志의 토지가 강제적으로 수용되었다. 이듬해인 1954년에 USCAR가 '군용지료 일괄지불 방식'을 발표하여 기지의 안정적 운용을 도모하기 위해 실질적인 토지 수매를 하려고 하자 주민과의 대립은 한층 심각해졌다. 같은 해 4월에 입법원이 「토지를 지키는 4원칙」일괄지불 반대, 적정보상 요구, 손해배상 청구, 신규접수 반대을 천명하고 이어서 행정부와 입법원 등으로 이루어진 4자협의회가 결성되어 미국 측과의 절충에 임했다. 그러나 1955년 3월에는 이에지마伊江島 마지真謝의 토지가 불도저로 가옥을 파괴하거나 방화하는 등의 극히 폭력적인 수단으로 접수되었다.[113]

113 이에지마의 토지투쟁에 대해서는 阿波根昌鴻,『米軍と農民－沖縄県伊江島』, 岩波書店, 1973; 岡本直美,「占領期沖縄における土地接収と生活補償をめぐる折衝過程－伊江島

〈사진 1-12〉 1956년 6월 25일 나하에서 열린 4원칙 관철 현민 총궐기대회 전경. 4만 명이 회장을 메웠다. 오키나와 타임즈사 제공.

이러한 가운데 오키나와 주민 측에서도 문제 해결을 위해 한층 적극적인 움직임을 보이게 되었다. 오키 청련은 1955년 4월에 개최된 제32회 총회에서 군용지 문제 조기 해결 요망을 결의하고, 이 문제를 조직적으로 해결하기 위한 운동을 전개할 것을 결정했다. 그 후 오키 청련은 이에지마의 실태를 파악하기 위해 조사원을 파견하는 한편, 각 시정촌 청년회를 통해 모금을 전개하는 등, 이에지마 투쟁에 대한 지원 활동을 개시했다. 또한 5월 23일부터 4자협의회 대표 6명이 도미하여 미국 측과 절충을 했는데, 그 전날인 22일에는 나하에서 제1회 군용 토지 문제 해결 촉진 주민대회가 개최되어 대표단에 현민의 총의를 전달하는 한편, 4원칙 관철의 현민운동을 전개할 것이 결의되었다.[114] 7월에는 기노완宜野湾 이사하마伊佐浜에서도 강

の陳情者の座り込みまで」, 『沖縄文化研究』 45, 2018 등을 참조.

〈사진 1-13〉 거지 행진. 방학중에는 학생들도 참가했다. 1955년 6월 16일 촬영. 나하시 역사박물관 제공.

제 수용이 실시되었는데, 이 현장에는 오키 청련과 협력관계에 있던 일청협의 사가에 젠슈寒河江善秋 부회장도 참가하여 "새벽에 착검무장한 미군이 철조망을 치며 3킬로미터 정도의 거리를 막무가내로 차단"한 후 "불도저를 투입하여 주택을 전부 부수는" 장면을 목격했다. 사가에는 그 충격으로 나카소네 사토루 오키 청련 사무국장을 불러 일청협 전국이사회를 개최하고 일청협 전체에서 오키나와 문제에 진지하게 임하기로 결정했다.[115] 같은 달부터 토지와 가옥을 빼앗긴 이에지마의 농민들이 오키나와 본도를 종횡하는 '거지 행진'을 하며 이에지마의 궁상을 호소했고, 9월 10일에는 제2회 군용지 문제 해결 촉진 주민대회가 개최되어 '4원칙' 관철의 여론이 고조되었다.[116]

이러한 상황에서 미하원 군사위원회는 1955년 10월에 프라이스Charles Melvin Price 의원을 단장으로 하는 조사단을 3일간에 걸쳐 오키나와에 파견했다. 그러나 귀국 후 조사단이 작성한 보고서프라이스 권고가 미군의 방침을

114 新垣栄一 編, 앞의 책, 305~310쪽.
115 仲宗根悟・中根章・東武他証言, 앞의 글, 238쪽.
116 平良好利, 앞의 책, 117쪽.

기본적으로 용인하는 내용이었기 때문에, 1956년 6월에 오키나와 현지에서 권고가 공표되자 '섬 전체 투쟁'이라 불리는 사태를 초래하게 되었다. 오키나와에서는 입법원의 전 의원이 의장에게 사표를 제출했고, 행정부에서도 가미무라 고타로神村孝太郎 부주석 이하 국장 전원이 주석에게 사표를 제출했다. 6월 20일에는 각 시정촌이 일제히 초당파 주민대회를 개최하여, 총 20여만 명류큐 신보 발표의 주민이 프라이스 권고 반대 의사를 강하게 표명했다. 그 5일 후에 각종 민간단체로 구성된 군용지문제해결촉진협의회의 주최로 나하시와 고자시에서 개최된 주민대회에도 총 15만 명 이상주최 측 추산의 주민이 참가했다. 6월 27일에는 초당파로 이루어진 대표단이 본토로 파견되어 일본정부와 국민에게 협력을 요청했다.[117] 이에 대해 일본정부는 군용지 문제를 "국가적 문제로 다룰 결의가 있다는 점"을 오키나와 측에 전달하고 미국정부에도 오키나와 주민의 요망에 배려를 하도록 요청했다.[118] 일본 본토에서도 이러한 현지의 움직임에 영향을 받아 각지에서 문제 해결을 요구하는 대회가 개최되는 등, 일본정부의 강력한 대미 절충을 요구하는 목소리가 높아졌다.[119]

오키나와와 일본 본토의 반발이 고조되자 USCAR는 히가 슈헤이 주석을 비롯한 보수층에게 오키나와의 반발을 누그러뜨리도록 요청하는 한편, 8월에는 고자시 같은 미군과의 관련이 깊은 지역에 대해 미군의 출입금지를 발표하는 등, 주민에 대한 탄압을 강화했다. 이로 인해 주민투쟁은 후

117 위의 책, 123~126쪽.

118 위의 책, 129 · 137~140쪽.

119 섬 전체 투쟁에 대한 본토 측의 반향에 대해서는 小野百合子, 「『沖縄軍用地問題』に対する本土側の反響の考察－日本社会と『沖縄問題』の出会い/出会い損ない」, 『沖縄文化研究』 36, 2010을 참조.

퇴를 할 수밖에 없었지만, 히가 주석의 돌연사로 인해 새로운 도마 주고当間重剛 나하 시장이 주석으로 임명된 것이 뜻하지 않은 진전을 불러왔다. 도마의 후임자를 둘러싸고 같은 해 12월에 행해진 나하 시장 선거에서 섬 전체 투쟁의 중심적인 존재였던 인민당의 세나가 가메지로瀬長亀次郎가 당선된 것이다. 세나가의 당선은 도마의 후임으로 보수계 후보가 단일화되지 않아 표가 분산된 결과이기는 했지만, 미국과 오키나와 보수층에게 커다란 충격을 주었다.

USCAR는 세나가의 당선이 합법적인 선거에 의한 것이었기 때문에 시장 취임을 인정하지 않을 수 없었지만, 나하 시의회에서 불신임 결의를 가결시키는 수단으로 세나가를 "합법적으로" 추방하려고 했다. 그러나 세나가가 시의회를 해산하고 선거가 이루어진 결과, 세나가파 의원이 배로 늘어 2차 불신임안 가결을 막을 3분의 1의 의석을 확보했다. 계획이 어그러진 USCAR는 11월 24일에 포령을 개정하여 세나가를 강제로 실직시키고 재선거를 실시했다. 하지만, USCAR가 고압적인 수단을 취한 것은 오키나와 여론을 극히 자극하여, 이때도 세나가 지지파 후보가 당선되었다.[120] 나하의 미국 총영사는 이 결과에 대해 USCAR의 방식은 '군사 점령'에 다름 아니라고 하며, 오키나와의 민주적 권리를 확대하고 경제 원조를 증액하지 않으면 오키나와는 혼란에 빠질 가능성이 높다고 주장했다. 이와 같은 정치 상황을 겪고 일미 양국 정부도 오키나와에 대한 새로운 조치의 검토를 개시하게 되었다.[121]

120 櫻澤誠, 앞의 책, 59~61쪽; 宮里政玄, 앞의 책, 128~133쪽.
121 宮里政玄, 위의 책, 135쪽.

〈사진 1-14〉 시장 불신임 결의 후 기자회견하는 세나가 가메지로. 1957년 11월 25일. 오키나와현 공문서관 제공.

2. 중화민국정부의 관여 강화

오키나와와 일본에서 토지 문제를 계기로 오키나와의 현실 변경에 대한 요구가 높아지는 것에 국부와 한국정부는 위기감을 강화했다. 양국 정부는 이 시기에도 오키나와의 일본 복귀를 인정하지 않는다는 점에서 입장을 같이 했던 것이다. 1956년 12월의 나하 시장 선거에서 인민당의 세나가 가메지로가 당선된 것도 안전보장상의 관점에서 공산주의의 오키나와 침투를 우려하는 양국에 충격을 가했다. 여기에서는 우선 아마미 반환 이후 국부의 류큐 정책 변화에 대해 확인하고자 한다.

국부는 아마미 반환 당시에는 일본정부에 직접 항의는 하지 않았지만, 1955년에 일본정부가 타이완에 거주하는 오키나와 출신자를 대상으로 국정조사를 실시하자, 일본에 대해서도 오키나와의 귀속 문제에 대한 국부의 입장을 표명하고 항의를 하게 되었다.[122] 또한 1956년 1월에 왕동유안王東原 주한중화민국대사가 이승만 대통령을 면담했을 때, 양자는 국부와 한국정부가 오키나와의 자치를 지원하지 않으면 안 된다는 것으로 의견의 일치를 보고, 이승만은 오키나와의 미국기관이 오키나와의 자치파 확립을 거부하면 "오키나와의 자치파는 한국에든 중화민국에든 본부를 만들 수 있다"고 언급했다. 왕동유안은 같은 해 2월에도 한국의 외무부장관 대리에게 국부는 오키나와의 자치 노력에 대해서 한국정부와 협력할 준비가 되어 있다고 언급했다고 한다.[123] 그 후 국부는 같은 해 10월 7일에도 타이완 주재 일본대사관에 보낸 각서에서 일본이 오키나와에 대해 잠재주권을 가진다는 것은 인정되지 않는다고 강조했다.[124]

섬 전체 투쟁 이듬해가 되자, 국부는 오키나와에 대한 관여를 강화하는 새로운 대책을 내놓았다. 그 계기가 된 것은 1957년 6월에 기시 노부스케岸信介 수상이 방미했을 때 발표한 공동성명에서 일본이 오키나와의 잠재주권을 가지고 있다고 재확인된 것이었다. 또한 미국정부는 기시 방미 직전인 6월 5일에 대통령 행정명령을 발포하여 그때까지 USCAR의 민정장관·부장관제를 폐지하고 고등판무관제를 도입한다는 것도 발표했다.[125] 이 성명에서는 미국이 "위협과 긴장 상태가 극동에 존재하는 한, 합중국은 현재 상태를 유지할 필요를 인정할 것"도 확인되었는데, 장제스 총통은 오키나

122 Memorandum (Translation), October 9, 1956,『琉球地位, 琉民待遇及國籍問題』602 /89006, 中央研究院近代史研究所档案館.
123 앞의 Summary of TS'AI, CHANG.
124 앞의 Memorandum (Translation), October 9, 1956.
125 고등판무관제의 도입에 대해서는 宮里政玄, 앞의 책, 137~146쪽 참조.

와에 새롭게 고등판무관제가 실시된 후에도 미국이 나날이 고양되는 일본 복귀운동을 억제할 수 없다고 보았다. 이로 인해 류큐 공작을 담당했던 국민당 중앙 제6조 첸지안중陳建中 주임과 총통부 국책고문 팡츠方治에게 오키나와를 독립시키기 위한 새로운 공작을 시행하도록 지시했다.[126] 팡츠 등은 조사를 위해 오키나와를 방문하고 류큐의 사회·공업·상업계 유력자와 미디어나 각 대학의 문화·교육 관계자, 류큐의 정치 수장과의 우호관계 구축, 대규모 유학생 교환, 류큐 화교총회 설립에 의한 재류큐 화교의 단결과 류큐인 측과의 우호관계 구축을 원칙으로 제시했다. 그리고 1958년 3월에 중류문화경제협회中琉文化経済協会를 설립하여 팡츠는 회장에 취임했다.[127] 이 단체의 설립에는 차이장이나 류큐 반공연맹의 일원인 오기미 조토쿠大宜味朝徳 등도 관여하여 차이장이 이사, 오기미가 감사를 역임하게 되었다.

또한 차이장과 오기미는 1958년 11월에 류큐 국민당을 결성하고 오기미가 당 총재, 차이장이 부총재 겸 섭외부장에 취임했다. 그 강령은 일본의 무조건 항복으로 '류큐'가 완전히 일본으로부터 이탈했으며, 미국의 시정권하에 놓임으로써 류큐의 국가체제와 입헌대의제가 정비되었다고 하는 입장에 서 있었다.[128] 또한 이 당은 "미류米琉 합작으로 광휘 있는 전통을 자랑하는 수례의 나라守禮之邦[129] 류큐의 정치적 체제 건립을 도모하여

126 許育銘, 「冷戰時期東亞局勢下的琉球與台灣關係－以1966年中華民國琉球友好訪問團為中心」, 『社会システム研究』 29, 2014, 36쪽.

127 石井明, 앞의 글, 87~88쪽.

128 「琉球国民党の主張」, 1959.6.25, 『琉球問題』 419/0006, 中央研究院近代史研究所档案館.

129 옮긴이 주 : 16세기 류큐왕국의 국왕 쇼에이 왕(尚永王, 재위 1573~1588)의 책봉 당시 중국 황제(萬曆帝)한테서 받은 조칙 중 "류큐는 수례의 나라라 칭하기에 족하다"는 구절에서 온 표현으로, 슈리성(首里城) 동쪽에 있는 입구인 슈레이몬(守礼門) 현판에 새겨져 있는 문구이기도 하다.

그 자치 성립을 촉진하기 위해 신속히 류큐 자주의 주도권을 획득하여 류큐의 권익을 확보하고 국제무역을 진흥시켜 류큐인에 의한 진정한 류큐의 건설에 전 류큐 주민의 대동단결을 기할" 것을 선언했다.[130] 다만, 차이장이 나중에 류큐 혁명동지회의 이름으로 APACL 오키나와 지부, 중류문화경제협회, 류큐 국민당의 세 가지를 "유력한 류큐 반공 독립의 당단黨團"으로 국부에 보고하고 지원에 대해 사의를 표한 점에서 류큐 국민당의 결성이 국부의 뜻에 따른 행동이었음은 틀림없어 보인다.[131]

차이장과 오기미는 당의 결성에 임해 USCAR에도 허가를 요청했지만, USCAR의 대응은 냉담했다. USCAR 홍보국 직원이 작성한 보고에 의하면, 차이장에게 당의 설립을 제안한 것은 오기미이며, 1958년 7월 19일에 "류큐의 복지에 반하는 현재의 정치적인 논의일본 복귀, 일본정부의 원조를 요청하는 나하시의 주장 등에 무관심한 채로 있을 수 없다는 점"을 이유로 USCAR에 편지로 신당을 결성할 것을 표명했다. 오기미는 과거에도 미국의 신탁통치를 주장하는 사회당의 결성에 관여했으며, 입법위원선거에 출마한 경험을 가지고 있었다. 그러나 직원은 오기미의 편지나 과거 그의 행동, 당면한 오키나와의 상황을 분석하여 기존의 정당이 오키나와 사람들의 현재 요구에 적합하다는 점이나 오기미 개인의 초라한 인맥을 이유로 현재 오기미의 계획을 중시할 필요는 없다고 결론을 내렸다.[132] 또한 다른 보고서에서 1950년 이후 차이장의 행동과 신당 설립의 관계를 분석하여, 신당의 설립은 오기미와 같은 저명한 류큐인을 전면에 내세웠다는 점에서 오키나와에

130 앞의 「琉球国民党の主張」.

131 「抄琉球革命同志會代電」(날짜 없음), 『亞盟』 647/0020, 中央研究院近代史研究所档案館.

132 Report written by Yoei Kiyama to Mr. Bartz and Mr. Look, Subject : Plan of Chotoku Ogimi, July 22, 1958, [U81100223B], 沖縄県公文書館.

서 반反일본복귀운동을 촉진하기 위해 지속적으로 시도된 차이장의 노력의 전환점이 될 수도 있다고 추측했지만, 그 유효성에 대해서는 역시 의문을 표했다.[133] 두 가지 보고를 받은 정보부G2도 오키나와 독립과 타이완이나 미국과의 합병을 강령에 내걸어도 성공할 가능성은 전혀 없다고 하며, 그 이유로 차이장은 신뢰성이 낮아 오키나와 사람들한테도 신뢰를 받지 못하며, 오기미는 조직을 세울 능력이 없다는 점을 들었다.[134] 차이장과 오기미는 같은 해 11월 28일에 USCAR 섭외국을 방문하여, 다른 정당은 복귀를 바라지만 이 당은 미국과의 밀접한 정치·경제적 관계를 통해 독립을 달성하기 위해 노력한다고 언급하며, 30일에 개최하기로 예정된 결성대회에 USCAR 관계자가 출석하기를 요망했다. 그러나 USCAR는 관례적으로 특정 정당을 지지하지는 않는다고 하여 이를 거절했다.[135] 그 후에도 차이장은 1959년 1월에 USCAR에 보낸 편지에서 설령 약간의 견해와 방법의 차이는 있더라도 "미국과 류큐 합작의 목적에 대해서는 궁극적으로 이해가 일치한다"고 하여 거듭 USCAR에 앞으로의 협력을 요청했을 뿐만 아니라,[136] 고등판무관을 비롯하여 중화민국 등의 미국대사관 같은 다양한 미국 관계자에게 '유교琉僑'[137]에 대한 지원이나 오키나와의 독립을 요

133 앞의 Summary of TS'AI, CHANG.

134 Disposition Form from G2, USARYIS to Spec Asst to HC, July 31, 1958, [U81100223B], 沖縄県公文書館.

135 Memorandum for the Record, Subject : Summary of Report by Chotoku OGIMI and TSAI Chang, November 28, 1958, [U81100223B], 沖縄県公文書館.

136 차이장이 랄프 K. 하라다(ラルフ·K·原田)한테 보낸 편지, 1959년 1월 22일자, [U81100223B], 沖縄県公文書館.

137 옮긴이 주 : '화교'에 빗대어 만들어진 말로, 화교를 모델로 한 오키나와 출신 해외 거주자들의 세계적 네트워크를 의미한다('화교'의 오키나와 판). 이들은 2006년 현재 36만 명에 달한다. 이들 중 4분의 3에 해당하는 약 27만 명은 남미에 거주하고 약 9만 명이 미국에 거주한다.

구하는 편지를 보냈다고 한다. 이에 대해 USCAR 섭외국은 차이장이 국부와 밀접한 관계를 가지고 있다는 점을 이유로 고등판무관에게 차이장을 무시할 것을 권고했다.[138]

3. 한국정부의 위기감

그렇다면 한국정부는 섬 전체 투쟁에 어떻게 대응했을까. 한국정부는 우선 1957년 7월 1일에 "琉球의 植民地化를 排擊한다"는 담화를 발표하여, 자국의 입장을 명확히 했다. 여기에서는 류큐열도가 한국과 동일한 APACL의 일원이라는 점을 지적하고 제1회 회의에서 차이장이 "日本이 琉球列島의 諸島嶼에 對하여 侵略的 野望을 품고 있다"고 경고한 점을 언급하며, "日本은 蘇聯과 中共의 指示下에 琉球列島를 그들의 植民地로 復舊하려고 固執하고 있다"고 주장했다. 그리고 미국에 대해 "美國이 積極的인 行動을 取하여 日本帝國主義者들의 凶計를 粉碎하고 琉球住民의 自由와 獨立을 保障할 것을 要求한다"고 강조했다.[139] 또한 이승만 대통령도 장제스 총통과 마찬가지로 같은 해 6월의 기시 노부스케 방미에 주목하여, 극동여행을 한 후 "美國이 앞으로 一定한 期間 동안 沖繩島를 領有해야 할 것"이라고 발언했다는 미국의 하원의원에게 아래와 같은 서한을 보내 발언에 대한 감사를 표명했다.

---

138 Disposition Form from LO to D/CA, Subject : Letter to General Booth from TSAI Chang, April 15, 1959, [U81100523B], 沖縄県公文書館.
139 『京鄕新聞』, 1957.1.14.

本人은 戰略島嶼 沖繩의 返還을 要求하여 日本人이 騷動을 일으키고 있는 內心을 認識하고 있는 우리 全體에게 貴下가 끼친 激勵에 對하여 全 韓國民 및 亞細亞의 自由國民들을 代表하여 感謝의 뜻을 表明한다. (…중략…)

琉球는 韓國처럼 日本이 武力에 依해서 强占하고 極度로 搾取할 때까지는 獨立的인 島嶼王國이었다.

十六世紀 末頃 日本이 同國에 侵入하여 마침내 그들의 支配下에 넣게끔 된 것은 對韓國 侵略에 軍事 援助를 提供하라는 日本의 要求를 琉球王이 拒絶한 데 起因한다는 것을 아는 사람은 많지 않다.

一九四五年 美國에 依하여 解放된 후 琉球人民은 그들의 自由와 獨立을 恢復할 것을 希望할 理由가 充分히 있었다. 수많은 自由 亞細亞 國家에게 失望을 주는 한편, 日本의 侵略的인 膨脹의 꿈을 實現하는 데 第一步가 될 琉球의 日本 支配下로의 復歸를 是認하는 立場을 取할 것이 아니라 美國은 自決權과 個人的 自由權의 强力한 守護者로서의 美國의 立場을 再確認하여야 한다.[140]

서한에 있는 "十六世紀 末頃 日本이 同國에 侵入"은 시마즈島津 씨의 류큐 왕국 침략, 일본의 "對韓國 侵略"은 1592년부터 1598년에 걸친 임진왜란을 가리킨다. 이 서한에는 이승만이 한국과 오키나와의 역사적인 입장을 유사한 것으로 파악하고 국부와 마찬가지로 오키나와의 자치를 강조했던 것이 드러나 있다.

또한 최덕신 베트남 주재 한국대사는 1957년, 58년의 두 차례에 걸쳐 이승만 대통령의 지시에 따라 오키나와를 방문하여 공산주의자의 오키나

140 『京鄕新聞』, 1957.8.23.

와 침투 및 일본인의 활동 등에 대해 상황을 조사했다. 그는 오키나와 사람들을 "'오끼나와'의 將來는 단순히 日本사람이 決定해서는 안 되고, 韓·美·中 三國의 協調를 要한다"고 설득하는 것도 목적의 하나였다.[141]

1958년 4월의 방문 당시에 최덕신은 타이베이에 들러 국부와 타이완 주재 미국대사관 관계자와 오키나와의 상황에 대해 협의했다. 드럼라이트Everett F. Drumright 타이완 주재 미국대사를 예방한 자리에서 최덕신은 미국이 오키나와의 지배를 포기하는 것을 한국정부가 깊이 우려하고 있다고 시사하고, 천창후안沈昌煥 국부 외교부차장과 협의할 때 "공산주의자의 오키나와 침투를 대단히 우려하고 있는 한편, 일본이 다시 오키나와를 지배하는 것을 대단히 싫어하고 있다는 점에서 오키나와에 대한 한국과 중화민국의 입장은 아주 유사하다는 점을 확인했다"고 했다. 최덕신은 "미국이 오키나와를 포기한다면 오키나와 사람들에게는 민족자결권이 부여되어야 한다"고 주장하기도 했다.[142]

그 후에 최덕신은 오키나와를 방문하여 4월 26일에 무어James E. Moore 고등판무관과 회담했다. 최덕신은 오키나와에 민족주의와 독립에 대한 강한 감정을 만들어내고 싶다는 한국정부의 관심을 시사하면서, 도마 주고 주석과의 회담에서 오키나와에는 일본 복귀를 바라는 감정 쪽이 강하다는 인상을 받았다고 하며, 오키나와는 일본이 아니라는 점을 미국이 강조해야 한다고 주장했다. 또한 최덕신은 APACL 류큐 대표인 차이장의 견해나 목

141 「崔德新前外務部長官과 金亜洲局長의 "오끼나와" 問題에 関한 面談要録」, 1969.3.15, 『미국·일본간 오끼나와(沖繩) 반환문제 전2권』 V.1(1969.1~6), 분류번호 722.12JA/US, 등록번호 2958, 외교사료관.

142 Memorandum of Conversation, Subject : Ambassador Choi's Visit to Okinawa., April 23, 1958, [U90006098B], 沖縄県公文書館.

적 등을 칭찬하며 차이장이 류큐 사람들과 보다 활발한 반공 활동을 전개하기 위해 모든 가능한 지원을 해야 한다고 언급했다. 그러나 무어는 차이장의 영향력은 오키나와에서 크지 않다고 하며, 차이장의 출입을 거부한 적은 없지만 오키나와의 미국기관에서 그를 공식 사신이나 오키나와 사람들의 대변자로서 취급하는 것은 불가능하다고 언급했다. 이에 대해 최덕신은 마지막으로 오키나와에서의 미국의 지위가 약화되면 이 지역에 심각한 영향이 나타난다고 하며, 미국이 보다 강한 입장에서 극동의 정책이나 행동을 보다 선제적으로 해야 한다는 의견을 표명했다.[143] 최덕신은 그 후 타이베이로 돌아가 다시 드럼라이트와 회담하고 전년에 방문했을 때보다 오키나와에서 일본 복귀 주장이 강해졌다고 하며 미국이 오키나와의 자치를 촉진하지 않는 것을 비판하고, 미국은 오키나와에 기지가 있는 이상은 오키나와를 일관해서 관리하지 않으면 안 된다는 등의 주장을 했다.[144]

최덕신은 최종적으로 한국정부에 오키나와의 장래적 지위를 결정하기 위한 한국·미국·타이완·일본 4개국 공동위원회의 결성과 남북통일과 중국 등의 공산주의의 위협이 제거될 때까지 오키나와의 현상 유지를 건의했지만, 당시 한국정부가 구체적인 조치를 취하는 일은 없었다.[145] 그러나 신문보도와 최덕신의 이러한 행동으로 보면 한국정부가 오키나와의 자치와 독립을 강하게 바라고 있었으며, 미국이 자치를 촉진해야 한다고 생각했던 것을 엿볼 수 있다.

---

143 Memorandum of Conversation, Subject : Conversation with Ambassador Choi Duk Shin, April 29, 1958, [U81100523B], 沖縄県公文書館.

144 Memorandum of Conversation, Subject : Conditions in the Ryukyus, April 29, 1958, [U90006098B], 沖縄県公文書館.

145 「琉球(沖繩)問題－問題点과 政府立場」, 1969.3.17, 『미국·일본간 오끼나와(沖繩) 반환문제 전2권』 V.1(1969.1~6), 분류번호 722.12 JA/US, 등록번호 2958, 외교사료관.

4. APACL의 확대와 한국 · 중화민국의 제휴

오키나와의 자치 독립과 양국과의 제휴를 바라는 한국정부와 국부의 생각과는 반대로 오키나와 현지에서는 그 후에도 복귀운동이 고양되었다. 그러나 차이장은 APACL 회의에서 변함없이 류큐 대표로 출석하여 류큐 독립론을 주장했다. 일본 대표의 참가를 둘러싼 한국과 중화민국의 대립은 지속되었지만, APACL은 1956년 이후 1957년에는 남베트남, 58년에는 타이를 대회의 개최지로 하여 순조롭게 가맹국을 늘려 갔다.[146] 그 중에서도 1959년 6월에 한국에서 개최된 제5회 APACL 회의는 한국정부 수립 후 개최된 최대의 국제회의가 되었고 참가자 수도 과거 최대 규모가 되었다.[147] 더욱이 이 회의에서는 '아시아 군사동맹'의 체결과 APACL을 세계반공연맹으로 확장할 것도 제안되었다.[148] APACL의 조직이 확대되는 가운데, 미국정부는 차이장이 류큐 대표로 APACL 회의에 참가함으로써 오키나와에 대한 잘못된 이미지가 유포되는 것을 한층 우려하게 되었지만,[149] 한국과 중화민국 양국에 대한 배려로 노골적으로 차이장의 회의 출석을 반대하지는 않았다.

한국정부와 국부는 그 후에도 오키나와의 귀속 문제에 대해 연대하여 대처하는 자세를 보였다. 일미 간에는 1958년부터 일미안전보장조약의 개정에 대해 교섭이 이루어지고 있었는데, 11월이 되자 오키나와 문제에 대해서도 일미 간에 논의되고 있다는 보도가 이루어지게 되었다. 김홍일

146 『京鄕新聞』, 1957.3.29.
147 『東亜日報』, 1959.5.17 · 6.1.
148 『東亜日報』, 1959.6.2 · 10.
149 Memorandum for the Executive Officer, Subject : Asian Peoples' Anti-Communist League (APACL), June 5, 1959, [U81100523B], 沖縄県公文書館.

타이완 주재 한국대사와 천창후안 국부 외교부차장은 11월 14일에 협의하여 "일본의 반공 태도가 애매한 오늘날 유구의 현상을 변경하거나 혹은 장래의 일본에게 그 영토적 주장을 할 수 있는 무슨 구실을 주던가 하면 이는 우리의 반공투쟁상 큰 손실"이라고 하며 한국과 중화민국 양국은 이를 방지하기 위해 노력하자고 약속했다.[150]

또한 국부는 그 후에 미국정부에게 극비로 각서를 보내 오키나와의 현황 변경에 반대하는 국부의 입장을 전하며 미국이 일본과 논의한 내용을 알려줄 것을 요청하는 한편, 한국정부에게도 국부와 동일한 행동을 취하도록 촉구했다.[151] 국부의 제안에 대해 미국정부는 일미안전보장조약에 관한 협의 중에 오키나와 문제가 논의되고 있다는 것은 오보라고 하며, 미국정부는 "극동의 평화에 대한 위협이 계속되는 한, 오키나와의 현황을 변경할 의사는 없다"는 입장을 거듭 표명했다. 다만, 대일평화조약 제3조에는 장래에도 오키나와를 일본으로 귀속시키지 못한다는 규정은 없다고 하며, 장래적으로 오키나와를 일본에 반환할 가능성을 시사했다. 미국의 대응을 접하고 국부는 거듭 독립을 제외하고 오키나와의 주권을 변경하는 것에 반대한다는 입장을 강조했고, 한국정부에도 전달했다.[152] 이승만 대통령은 이듬해인 1959년 2월에 왕동유안 주한중화민국대사와 회담하면

---

150 「AC-065, 발신-주화한국대사, 수신-대통령각하」, 1958.11.15, 『주중대사관 정무보고』, 분류번호 773.1, 등록번호 359, 외교사료관. 다만, 안보 개정 자체에 대해서는 한국정부와 국부가 일미 교섭에 영향을 미치려고 열심히 개입한 흔적은 없으며, 사후적으로 미국정부로부터 설명을 듣는 것에 그쳤다고 한다. 西村真彦, 「安保改定時の事前協議制度交渉(1)-『朝鮮議事録』, 『同意』, 偵察飛行」, 『法学論叢』 183(6), 2018, 98~101쪽 참조.

151 「AC-065, 발신-주화한국대사, 수신-대통령각하」, 1958.11.15, 주중대사관 정무보고, 분류번호 773.1, 등록번호 359, 외교사료관.

152 「AC-067, 발신-주화한국대사, 수신-대통령각하」, 1958.11.21, 앞의 문서철.

서 거듭 일본문제를 언급하며 "아시아는 안전과 자유를 위한 조직을 가져야 하지만, 참가국은 반공·반식민지주의의 원칙을 가지며, 절대적인 평등을 향수하지 않으면 안 되므로, 일본은 거기에서 제외하지 않으면 안 된다"고 했다. 또한 류큐 문제에 대해서도 "독립을 견지하고 일본에 반환해서는 안 된다"는 입장을 제시하며, 중화민국도 이에 찬동할 것을 요구했다. 이에 대해 왕 대사는 "류큐의 독립을 돕는 것이 일관된 국책"이라며 동의를 표했다.[153] 양국은 11월에도 "유구를 재귀속 받으려는 제국주의적 야심을 막고 유구를 독립시켜야 한다"는 점에서 입장이 일치된다는 점을 확인했다.[154]

이와 같이 1956년에 섬 전체 투쟁이 고양되면서 한국정부와 국부는 미국에 의한 계속적인 오키나와 통치가 흔들릴 것에 불안을 느끼며 오키나와의 일본 복귀를 막기 위한 대책을 강구하고자 하여 공동으로 대처할 자세를 보였다. 다만, 미국이 오키나와의 자치 독립을 촉구하지는 않았고, 당시의 오키나와 주민들에게는 일본 복귀가 자치 획득과 동일한 의미를 지니고 있었다는 점에서 양국의 의도는 실현되지 않았다.

제1장에서는 주로 패전 전후부터 1950년대 후반에 이르는 시기에 한국정부와 국부가 오키나와의 귀속 문제에 어떻게 관여했는지를 검토했다. 1940년대부터 1952년까지는 오키나와의 귀속이 가장 애매한 시기로, 연합국의 일원으로서 일본의 전후처리에 임했던 장제스는 한때는 미·중에 의한 공동 신탁통치를 주장했다. 그러나 국부는 국공내전에 패배함으로써 국제적

153 「王大使與李大統領談話紀錄」, 1959.2.12, 『中韓關係』 012/0003, 中央研究院近代史研究所档案館.
154 「MC1129, 발신-주화한국대사, 수신-대통령각하」, 1959.11.30, 『주중대사관 정무보고』.

인 영향력을 상실하고 국부가 참가국에서 제외된 채 진행된 샌프란시스코 강화회의에서는 일본에 잠재주권을 인정하면서도 미국이 대일평화조약 제3조에 따라 오키나와를 배타적으로 통치하는 방식이 확정되었다. 그 사이에 국공내전, 한국전쟁의 발발 등에 의해 동아시아에 냉전체제가 형성되는 가운데 오키나와의 미군기지는 강화되었고, 당초에는 국내 상황으로 인해 오키나와의 귀속 문제에 무관심했던 한국정부도 자국의 안전이 오키나와 기지와 직결되어 있다고 인식하게 되었다. 또한 한때는 국력의 저하로 인해 침묵을 지켰던 국부도 1953년 아마미군도 반환을 계기로 오키나와의 귀속 문제에 다시 관심을 보이게 되었다.

그 후 반공주의의 입장에서 연대를 강화한 국부와 한국정부가 중심이 되어 1954년에 APACL이 결성되었다. 양자는 여기에 류큐 대표를 참가시켜 오키나와에도 반공연맹을 조직하여 오키나와를 반공, 독립의 방향으로 이끌고자 했다. 그러나 오키나와 현지에서는 일본복귀론이 강했고, 미국정부 또한 오키나와 출신자가 국제회의에 참가하면 국제사회에서 오키나와의 지위에 대한 오해가 생길 수 있다고 우려하여 USCAR가 공공연히 APACL 지부의 결성에 지지를 표명하지 않았기 때문에, 이 구상은 오키나와 현지에서 지지를 확대할 수 없었다. 더욱이 APACL 자체도 1956년까지 일본의 참가를 둘러싼 한국과 중화민국 사이의 대립으로 인해 기능부전에 빠졌기 때문에 그 사이 류큐 독립의 주장이 국제사회에 널리 인식되는 일은 없었다.

1956년이 되자, 토지문제를 계기로 오키나와 주민의 미군에 대한 대규모 저항운동이 일어나 현실 변경에 대한 요구가 높아지자, 관계 각국은 새로운 대응을 촉구받게 되었다. 그 가운데 한국정부와 국부는 "일본의 반공 태도가 애매하다"는 것을 이유로 현상 유지 혹은 오키나와의 독립을 요구하는 입장을 재확인하게 된다. 그러나 양자가 바란 반공·독립국가로서의 '류큐'는 일본복귀론이 고양되었던 실제 오키나와의 모습과는 동떨어진 것에 지나지 않았다.

제2장

한일관계의 변용과 베트남 전쟁의 본격화

제1절 1960년대 초의 전환

1. 이승만 정권 붕괴와 APACL의 변용

제1장에서는 1950년대에 한국정부와 국부가 반공의 입장에서 연대하여 함께 결성한 APACL아시아민족반공연맹에 '류큐 대표'를 참가시켜 오키나와를 자치·독립의 방향으로 이끌려고 했던 것에 대해 확인했다. 그렇다면 이러한 상황은 1960년대에 들어 어떻게 변화되었을까. 여기에서는 1960년의 이승만 정권 붕괴 후 미국이 1965년에 베트남 전쟁에 본격적으로 개입하기까지의 한일관계의 변용과 미국의 베트남 전쟁 개입의 심화에 의한 동아시아 정세의 전반적인 변화에 대해 살펴보고자 한다.

1959년에 오키나와에 대한 한국정부와 국부의 입장이 일치되었던 것이 확인된 직후 1960년 4월에 한국에서 일어난 4월혁명으로 이승만 대통령이 퇴진한 것은 APACL에도, 오키나와를 둘러싼 양자의 협력관계에도 커다란 전기가 되었다. 4월혁명은 1960년 3월에 마산에서 대통령선거의 부정을 규탄하는 데모가 일어난 것을 계기로 소요가 전국으로 확대되어 발생한 것으로, 정권타도를 외치는 2만 명 이상의 학생과 시민이 4월 19일에 대통령관저로 몰려갔고, 그 후에도 혼란이 이어졌다. 그때까지 APACL의 중요한 구성원이었던 한국 지부는 이승만의 통제하에 있으면서 정부로부터 지원을 받고 있었는데, 그 건물은 압정의 상징으로 간주되어 파괴되었고, 신정부로부터 충분한 원조를 얻을 수 있을지는 불확실한 상태가 되었다.[1] 이승만은 4월 26일에 퇴진을 표명하고 5월 말에는 하와이로 망명했다.

1 Seoul to DOS, June 10, 1960, 790.00/9-560, RG59, Central Decimal File (이하, CDF), 1960~1963, Box 2098, NA.

이러한 가운데 제6회 APACL 회의에 참가하는 한국 대표로 새로이 선정된 멤버는 APACL을 보다 유연하고 적극적인 조직으로 만들 필요가 있다고 선언하고, 6월 15일에 예정된 회의를 앞두고 일본 대표의 참가를 환영한다고 발표했다. 또한 한국의 주요 4대 일간지도 4월혁명 후에 "APACL을 보다 적극적인 조직으로 만들어 장래적으로는 일본도 초대해야 한다"는 내용의 사설을 내걸었다. 주한미국대사관도 이러한 움직임은 한국이 APACL을 진정한 국제반공조직으로 여기는 한편, 한일관계의 개선을 바라는 것을 의미한다고 보고, 타이완 주재 미국대사관에 이 기회를 유효하게 활용하여 대표단과 논의할 것을 제안했다.[2] 일본에서는 일찍이 와타나베 데쓰조渡辺銕蔵 전 중의원의원 등이 APACL에 관심을 보였고, 1955년에 제2회 APACL 회의가 취소된 후에 장제스 총통이 반공이라는 목적을 위해 일본과 타이완의 협력이 중요하다고 호소하기도 하여, 같은 해 9월에 일본에서도 APACL 지부와 유사한 '자유아시아협회'가 발족되었다.[3] 이승만 퇴진으로 일본에 대한 융화적인 분위기가 생겨나는 가운데 제6회 회의에는 일본 대표도 옵서버로 참가했고, 그 후 APACL의 정식 회원으로 승인받게 되었다.

일본대표가 정식으로 가입한 것은 APACL의 '류큐 대표'인 차이장의 입

2 Seoul to DOS, June 10, 1960, 790.00/6-1060, RG59, CDF, 1960~1963, Box 2098, NA.

3 「總統接見日本國會議員親善訪華團團長大野伴睦並宴請全體團員談話紀錄」, 1955.8.26, 『對日本外交(二)』(蔣中正總統文物), 國史館藏, 數位典藏號 : 002-080106-00065-021; 「中國國民黨第七屆中央委員會常務委員會第二二四次會議紀錄」, 1955.10.17, 『中國國民黨第七屆中央委員會常務委員會會議紀錄(四)』(陳誠副總統文物), 國史館藏, 數位典藏號 : 008-011002-00009-011. '반공'의 명칭이 사용되지 않은 것은 일본의 특수사정에 의한 것으로 여겨지고 있다.

장에도 영향을 미쳤다. 그때까지 APACL에서는 일본의 참가를 둘러싸고 한국과 중화민국 사이의 대립이 지속되어 일본 대표는 참가할 수 없었기 때문에, 차이장은 계속해서 류큐 독립을 주장할 수 있었다. 그러나 일본정부의 입장은 "일본이 오키나와에 대한 잠재주권을 가지고 있다"는 것이고, 반일적인 차이장을 일본정부가 싫어한다는 것은 미국 측도 이전부터 인식하고 있었다.[4]

1960년 4월에 차이장이 APACL 참가자를 모집하기 위해 오키나와를 방문했을 때, 차이장의 방문에 대해 USCAR류큐열도 미국 민정부의 보고를 받은 국무부는 "류큐인의 APACL 회의 참가를 막아야 한다"는 입장은 변함이 없다고 하며, 거듭 류큐인의 APACL 참가에 대해 주일·주화華미국대사관에 의견을 구했다.[5] 필자의 조사 범위 내에서 주일미국대사관의 의견을 알 수 있는 문서는 없지만, 주화미국대사관은 국무부의 의견에 동조하면서도 "중화민국 측에 오해를 사지 않도록 하기 위해 적극적으로 차이장의 활동을 방해하지는 않는 것이 좋다"고 언급했다.[6] 이에 대해 국무부는 "타이완과 한국은 오키나와의 일본 반환을 반대하는 입장에서 류큐인의 APACL 참가에 관심을 갖고 있다"고 이해하고 있다고 하며, "류큐 독립운동을 촉진할 목적으로 대표나 그룹이 APACL 회의에 참가하는 것은 미국의 국익이 되지는 않는다"고 하여, 현행 방침은 변경하지 않는다는 입장을 제시했다.[7] 이로 인해 USCAR는 거듭 차이장에게 국제관계에서 류큐를 대표하는

---

4 Tokyo to DOS, 141006/Z, May 1, 1955, [U81100523B], 沖縄県公文書館.
5 DOS to Tokyo, April 14, 1960, 790.00/4-1460, RG59, CDF, 1960~1963, Box 2098, NA.
6 Taipei to DOS, April 20, 1960, 790.00/4-2060, RG59, CDF, 1960~1963, Box 2098, NA.
7 DOS to Taipei, April 25, 1960, 790.00/4-2060, RG59, CDF, 1960~1963, Box

것은 미국이므로 류큐인의 APACL 참가를 지지할 수 없다는 입장을 전했다.[8] 미국의 이와 같은 태도를 접하고 차이장은 다음 회의에서 미국의 정책을 비판한다고 오해를 살 만한 발언은 하지 않겠다고 밝혔다.[9] 타이베이 회의에는 차이장 이외의 류큐 대표로 처음으로 오키나와 현지에서 히가 슈덴比嘉秀伝이 참가했고, 차이장은 최종적인 오키나와 독립에 대해 연설했지만, 그 어조는 이전보다도 약해졌다.[10]

2. 일본복귀운동의 재흥

오키나와의 독립을 일관되게 주장해 온 한국과 중화민국 사이의 연대가 이승만 정권의 퇴진으로 흔들리는 가운데, 섬 전체 투쟁 후의 오키나와 현지에서는 기지가 많은 중부의 청년층을 중심으로 일본 복귀 주장이 더욱 거세졌다. 이미 1956년 5월에는 오키나와 청년연합회이하, 오키 청련에 조국복귀특별위원회가 설치되었고, 1957년 2월 14일에는 1956년 말에 일본이 국제연합에 가입한 것 등을 이유로 조국 복귀 현민대회 개최가 결정되었다. 2월 16일에는 사대당 당대회에서도 대회 개최가 결의되어 양자가 각 단체에 호소했다. 하지만, 미군이나 그에 추종하는 류큐정부의 간섭으로 공동 개최는 곤란해져, 최종적으로 4월 27일에 오키 청련 단독으로 '조

2098, NA.

8 High Commissioner of the Ryukyu Islands(이하, HICOMRY) to DOS, HC-LO0184, April 28, 1960, [U81100523B], 沖縄県公文書館.

9 Taipei to DOS, April 27, 1960, 790.00/4-2760, RG59, CDF, 1960~1963, Box 2098, NA.

10 Taipei to DOS, July 5, 1960, 790.00/7-560, RG59, CDF, 1960~1963, Box 2098, NA.

국 복귀 촉진 현민대회'가 개최되었다.[11] 여기에서는 대회 결의 외에 「행정 주석과 입법원에 대한 요청 결의」, 「본토 정부, 중참 양원, 각 정당에 대한 요청 결의」, 「미국정부와 상하 양원에 대한 결의」, 「국제연합에 대한 요청 결의」의 4종류의 결의가 채택되었다. 이 결의 가운데 주목되는 것은 현민의 조국 복귀 의지에 반하여 미국이 점령통치를 계속하고 있다는 것은 "조국 일본이 국제연합에 가맹한 오늘날, 주권평등을 원칙으로 하는 유엔 헌장에도 반한다"는 새로운 주장이 보이는 점이다.[12] 또한 「본토 정부, 중참 양원, 각 정당에 대한 요청 결의」에서는 아래와 같이 명확히 본토의 책임이 추궁되었다.

> 오키나와 현민은 이번 제2차 세계대전으로 인해 17만여 명이나 희생자를 냈습니다. 그런데도 샌프란시스코 강화조약에서는 조국 독립의 대가로 인질이 되었습니다. 이번에 우리들의 소원인 조국 복귀가 실현되지 않는다면 이에 더해 삼중의 십자가를 짊어지게 됩니다. 오키나와 문제는 그저 오키나와만의 문제가 아니라 9천만 국민의 책임으로 해결해 주지 않으면 안 된다고 생각합니다.[13]

또한 「미국정부와 상하 양원에 대한 결의」에서는 "미국이 지금까지 오키나와를 점유하는 것은 오키나와 80만 현민에 대한 기본적 인권 침해임과 동시에 일본 영토 침해이며, 일본과 미·류 친선에 커다란 장애"가 된다

11 櫻澤誠, 『沖縄の復帰運動と保革対立ー沖縄地域社会の変容』, 有志舎, 2012, 73~74쪽.
12 沖縄県祖国復帰闘争史編纂委員会 編, 『沖縄県祖国復帰闘争史 資料編』, 時事出版, 1982, 43쪽.
13 위의 책, 44쪽.

는 것이 강조되었다.[14] 주민의 생활을 무시한 미국의 군사 우선 통치의 문제성이 폭력적인 토지 접수로 명백해진 가운데, 거기에서 벗어나기 위해 일본 본토로의 복귀가 보다 중시되기 시작했던 것이다.

한편, 비슷한 시기의 오키 청련은 회비 미납 상태의 시정촌의 존재로 인한 운영비 부족이나 행사 중심의 활동에 머무는 답보 상태가 지속되어, 1957년 3월 30일의 제37회 정례총회에서 그때까지의 지구단 조직을 구군區郡 단위로 재편성하는 작업을 끝마친 상태였다. 당시 오키 청련에서는 본토의 다른 부현 청년단운동을 시찰하기도 했는데, 그 가운데 "군郡 청년단이라는 명칭으로 바꾸어 다른 부현단의 청년단운동과 동등해져서 일본국민으로서의 긍지를 세워 조국복귀운동이라는 소망에 힘을 결집시킬 수 있다"는 생각을 가진 사람이 있었다는 점도 반영된 결과였다.[15] 그 후, 지구 청년회가 군단위로 바뀌고 협의회 조직이 되었을 뿐만 아니라, "일본청년단협의회 산하의 각 현단과 보조를 맞춰 조국 복귀 실현을 위한 추진 모체가 되기 위해 명칭만이라도 조국 복귀해야 한다"는 이유에서 오키 청련은 '오키나와현 청년단협의회'이하, 오키 청협로 개명하고 재출발하게 되었다.[16]

그 후, 기지를 많이 가진 중부지역의 시정촌으로 이루어진 나카가미中頭군 청년단협의회 간부가 중심이 되어 1958년 8월에 원수폭 금지 오키나와현 협의회가 결성되었고, 그 후에도 현민대회를 개최하는 등, 오키 청협은 복귀운동의 중심이 되어 갔다. 오키 청협 내부에서는 정치 활동 참가에

14 위의 책, 44쪽.

15 新垣栄一 編, 『十周年記念沖縄縣青年団史』, 沖縄県青年団協議会, 1961, 282~283쪽. 구니가미(国頭)군, 나카가미(中頭)군, 시마지리(島尻)군, 도시(나하시, 마와시 시, 기타다이토(北大東)·미나미다이토(南大東)촌을 포함), 미야코군, 야에야마군으로 재편성했다.

16 위의 책, 286쪽.

소극적인 북부의 구니가미国頭군과 남부의 시마지리島尻군 사이에 대립도 생겨났지만, 10월에는 오키 청협의 대표 8명과 오키나와 교직원회 청년부 7명의 대표가 회합을 열어, 일본 복귀에 대해 공동의 입장을 취하기로 결정했다.[17] 당시 일미안전보장조약 개정에 관한 일미 협의가 개시되어, 일본의 방위 의무 지역으로 오키나와를 포함할지 말지가 본토에서 논의되기 시작하자, 오키나와에서도 이 논의가 반영되어 포함해야 한다와 포함하지 않아야 한다의 양론이 나오게 되었다. 이러한 가운데, 원수폭 금지 오키나와현 협의회가 주최하여 같은 해 1월에 개최된 '조국 복귀 촉진 현민대회'에서는 일본정부의 일화日華경제협력위원회 멤버가 "안보조약 개정에 관한 오키나와의 여론도 조사"하는 것을 명목으로 타이완 시찰 후 귀국길에 오키나와에 들렀을 때, 아래와 같은 결의가 채택되었다.[18]

> 우리들 오키나와 80만 현민은 안보조약 개정이 오키나와 현민의 복지를 목적으로 하는 것이 아님을 알고 있다. 따라서 우리들은 조약의 개정보다 먼저 시정권의 반환을 강력히 요망하고 이것이 신속히 달성되기를 기대한다.[19]

그 후 오키 청협 내에서도 안보조약 개정이 논의되어, 2월 23일에 개최된 제45회 총회에서는 "일미 간의 외교 절충은 오히려 안보 개정 문제보다 시정권 반환을 강하게 주장해야 한다"는 성명이 발표되었다. 이어서,

17 "Summary of Council of Okinawa Prefectural Youth Associations (COPYA (C) aka : Okinawa Federated Youth Association (C) Covering Reports Dated 25 January 1952 through 19 May 1959", undated, "(00023-007), Okinawa Youth Federation", [0000106051], 沖縄県公文書館.

18 新垣栄一, 編, 앞의 책, 447쪽; 沖縄県祖国復帰闘争史編纂委員会 編, 앞의 책, 46쪽.

19 沖縄県祖国復帰闘争史編纂委員会 編, 위의 책, 46쪽.

지역 청년단을 중심으로 "안보조약 개정보다 시정권 반환이 먼저"라는 운동이 현내 각지에서 일어나, 3월의 오키 청협 제46회 총회에서 "일미 공동 방위지역에 (…중략…) 오키나와를 포함함으로써 실질적인 동북아시아조약기구가 만들어지게 되어 그 전략적 중요성으로 인해 오키나와의 조국 복귀를 방해하는 것이다. 오키 청협은 평화를 사랑하는 입장에서 전쟁의 위기를 초래하는 일미안전보장조약의 해소를 요구한다"는 태도가 확인되어, 일미안보의 해소가 59년도 조직 활동 방침에 들어가게 되었다.[20] 또한 본토의 안보조약 개정 논의 중에서 야당 측이 "전투에 말려들 우려가 있다"고 하여 오키나와를 포함하는 것에 반대하는 가운데 결국 포함하지 않는 것으로 결정되자, 오키나와에서는 위기감이 높아져 여당인 오키나와 자민당을 포함한 복귀 추진 단체의 재조직화가 부상하게 되었다.[21] 1960년 2월 17일에 교직원회 후쿠치 히로아키福地曠昭의 호소로 복귀 촉진 간담회가 개최되어, 그 자리에서 오키나와현 조국복귀협의회 결성 준비회로 대체되었다. 4월 28일에는 복귀운동의 추진 모체가 될 오키나와현 조국복귀협의회이하, 복귀협가 결성되었고, 오키 청협은 교직원회, 오키나와 전全관공청노동조합협의회와 함께 간사역 단체의 하나가 되어 부회장이나 사무국장을 내게 되었다. 복귀협은 결성 후에 평화조약 제3조 철폐, 잠재해 있는 일본국헌법 적용의 현재화, 국정 참가의 실현, 주석 공선의 실현, 사상·언론·출판·집회·단결·도항의 자유 완전 보장 획득 등을 요구하며 활동을 전개하기 시작했다.[22]

20 新垣栄一 編, 앞의 책, 447~448쪽.
21 櫻澤誠, 앞의 책, 137쪽.
22 沖縄県祖国復帰闘争史編纂委員会 編, 앞의 책, 77쪽.

〈사진 2-1〉 아이젠하워 오키나와 방문 당시, 환영 펼침막이 걸려 있는 백화점 앞에서 시민들이 '청원 데모'를 전개하고 있다. 당시 오키나와에서 일장기는 저항의 상징으로 사용되기도 했다. 1960년 6월 19일 촬영. 나하시 역사박물관 제공.

복귀협은 결성 후 우선 6월 19일로 예정된 아이젠하워 대통령의 오키나와 방문에 맞춰 조국 복귀 요구 현민대회와 청원 데모를 하는 한편, 60년 12월에 유엔에서 채택된 「식민지와 인민들에 대한 독립 부여에 관한 선언」식민지 해방 선언에 주목하여, 이것을 오키나와에 적용할 것을 요청한 결의를 61년 10월의 현민대회에서 채택했다.[23] 이에 호응하여 62년 2월 1일에는 입법원에서도 이 선언에서 "모든 형태의 식민주의를 신속하고 조건 없이 종결시킬 필요가 있음을 엄중히 선언한다"는 부분을 인용하여 "일본 영토 내에서 주민의 의사에 반하여 부당한 지배가 이루어지고 있다는 것"에 주의를 환기시키고, "오키나와에 대한 일본의 주권이 신속하고 완전히 회복"되도록 진력할 것을 호소한 '2·1 결의'가 채택되었다.[24] 이것은 내

23 위의 책, 103~104쪽.
24 南方同胞援護会 編, 『沖縄問題基本資料集』, 南方同胞援護会, 1968, 1081쪽.

각총리대신이나 미국 대통령뿐만 아니라, 유엔 가맹국들에도 발송되었기 때문에 국제적으로도 커다란 반향을 불러일으켰다. 이것은 보수정당인 자민당이 결의에 참가한 것을 포함하여 「식민지 해방 선언」에 찬성한 일본 정부에게 커다란 타격이 되어, 오키나와는 '식민지' 조항에 해당하지 않는다고 변명하기에 바빴다. 한편, 오키나와에서는 복귀협, 원수폭 금지 오키나와현 협의회 공동 주최로 2·1결의를 지지하는 오키나와 해방 현민대회가 개최되어, 그 후에도 국제법상 미국 통치의 부당성을 호소하는 근거가 되었다.[25] 복귀협은 이듬해에는 본도 최북단에 있는 헤도 곶辺戸岬에서 4월 28일에 분단선인 북위 27도선 해상에서 복귀협 대표단과 본토 대표단이

〈사진 2-2〉 해상 교환 대회 모습. 나하시 역사박물관 제공.

25 山﨑孝史, 「戦後沖縄の境界・領域と政治行動－領土の分離・統合と闘争のイデオロギー」, 『史林』 90(1), 2006, 197쪽.

합류하는 해상 교환 대회를 개시했을 뿐만 아니라 집행부에 조직부를 신설하여 오키나와 각 시정촌에 지부조직 설립을 목표로 하게 되었다.[26] 17단체로 결성된 복귀협의 지지 기반은 61년에는 28단체가 되었고, 63년에는 다수의 노조가 가맹하여 57단체로 확대되었다.[27]

3. 박정희 정권의 성립과 안보투쟁의 여파

그렇다면, 1950년대에 대립을 계속했던 한일관계는 이승만 정권 붕괴 후 어떻게 변화되었을까. 이 시기의 한일관계 변화와 한미의 베트남 파병에 의한 아시아 정세의 변화는 오키나와 반환 문제에도 커다란 영향을 미쳤기 때문에, 여기에서는 한일회담의 진전과 한미에 의한 베트남 파병이 어떻게 연결되었는지를 검토하고자 한다. 우선 박정희 정권 성립 전후의 상황에 대해 확인해 보자.

1960년 8월에 성립한 장면張勉 정권이 한일 교섭의 조기 타결 방침을 명확히 함으로써 한일회담은 새로운 단계를 맞이했다. 일본에서도 이 시기에 일미안전보장조약의 개정에 반대하는 안보투쟁이 일어나는 등, 시민운동에 의해 정권의 안정이 흔들리는 사태가 이어졌고, 안보투쟁 후에 성립한 이케다 하야토池田勇人 정권 내부에 한국에 대한 신중론이 뿌리 깊었던 탓에 일본 측은 당초 관계 개선에 소극적이었다. 그러나 이듬해 1월에 미국에서 케네디John F. Kennedy 정권이 발족된 후 일본의 정치·경제적 역할의 확대를 중시하여 한일 교섭에도 적극적으로 관여하자, 4월경부터 한일

26 沖縄県祖国復帰闘争史編纂委員会 編, 앞의 책, 155쪽.
27 위의 책, 1348쪽.

〈사진 2-3〉 1961년 6월 20일 이케다-케네디 회담. John F. Kennedy Presidential Library and Museum 제공.

양국은 교섭 타결을 향해 급격히 접근하는 조짐을 보이게 되었다.[28]

그 다음 달인 1961년 5월 16일에 발발한 한국 군부에 의한 쿠데타는 일미 양국에 충격을 주어 회담도 다시 중단되었는데, 새로이 정권을 장악한 박정희를 국가재건최고회의 의장으로 한 군사정권도 한일국교정상화에 적극적인 자세를 보였다.[29] 당시 심각한 위기에 처해 있던 한국 경제의 재건을 위해서는 일본 자금 도입이 불가피한 상황이었다. 그러나 일본에서는 한국에서 쿠데타가 일어남에 따라 한일국교정상화에 대한 비판이 강해졌

28 李鍾元, 「韓日国交正常化の成立とアメリカ」, 近代日本研究会 編, 『戦後外交の形成』, 山川出版会, 1994a, 274~277쪽.

29 『東亜日報』, 1961.5.23; 『朝日新聞』, 1961.7.6.

기 때문에, 이케다 정권은 국내 상황을 고려하여 군사정권에 대해 신중한 자세를 취했다. 1959년부터 일미안보조약의 개정을 둘러싸고 국내적으로 반미·반정부적인 풍조가 강해지자, 이케다 정권은 대내적으로는 '저자세'로 임하여 '소득배증'을 내걸고 국민의 눈을 정치에서 경제로 돌리게 하여 지지를 회복하려고 시도했던 것이다.[30] 다만, 일본정부는 쿠데타의 주요한 원인이 한국의 경제적인 궁핍이라고 인식하고 한국 군사정권을 경제적으로 지원하는 것이 보다 필요해졌다고 생각하기도 했다. 이상과 같은 이유로 1961년 6월에 예정된 이케다-케네디 회담을 앞둔 미국정부는 양국간 교섭에는 직접 간섭하지 않는다는 정책에 일관해서 따르면서도, 양국이 상호이해를 심화시켜 교섭에 대해 긍정적으로 임할 것을 장려하는 방침을 굳혔다.[31]

6월 20일에 열린 이케다-케네디 회담에서 한국이 의제가 되었을 때, 이케다는 "일본에게 가장 곤란한 문제는 한국 문제"라고 언급하고, "최근의 쿠데타 결과, (…중략…) 일본이 할 수 있는 일은 대단히 한정되어 있다"고 하며 미국이 한국을 원조하도록 요청했다. 또한 경제적 안정을 회복하기 위해 한국을 지원할 생각도 표명했다. 케네디는 이에 대해 일미가 대단히 곤란한 상황에 직면해 있다는 점에 동의하며, 미국은 새로운 군사정권을

30 吉次公介, 『池田政権期の日本外交と冷戦－戦後日本外交の座標軸 1960-1964』, 岩波書店, 2009, 14~17쪽.

31 Position Paper VIW P-29, Visit of Prime Minister Ikeda to Washington, June 20-23, 1961, "Japanese-Korean Relations", NSF : CO : Japan. Subjects, Ikeda Visit 6/61, Briefing Book, Subjective, 009221-018-0040(데이터베이스의 폴더 번호. 이하 같음), ProQuest History Vault, "Vietnam War and American Foreign Policy, 1960~1975"(이하, HV로 생략), 1961.6.20. 1960년대 이전의 미국의 관여에 대해서는 李鍾元, 「韓日会談とアメリカ－『不介入政策』の成立を中心に」, 『国際政治』 105, 1994b 참조.

민정으로 이행시키기 위해 영향력을 행사하려고 하는데, 이를 위해서는 시간이 필요하다고 언급하며 "한일협정의 체결"이 상황의 개선에 가장 도움이 된다고 지적했다.[32]

그 후, 한국정부가 일본정부에 회담 재개를 향한 적극적인 움직임을 이어갔고, 미국정부로부터도 회담 재개를 향한 강한 요청이 있었기 때문에 신중한 자세를 보였던 일본정부도 8월에는 회담을 "하지 않을 수 없다는 결론"에 달했다.[33] 10월 20일부터 제6차 한일회담이 재개되어 11월 14일의 박정희 방미를 앞두고 이케다-박정희 회담이 설정되어 회담 조기 타결로 의견의 일치를 보았다.

4. 한국군 베트남 파병 제기

그리고 이 시기에 서서히 심각해지고 있었던 것이 한반도와 마찬가지로 남북으로 분단된 베트남의 상황이었다. 1960년에 남베트남 민족해방전선이하, 해방전선이 결성된 것을 계기로 하여 남베트남에서는 미국이 지원하는 응오딘지엠Ngô Đình Diệm 정권에 대한 저항운동이 확대되고 있었다. 박정희 정권과 미국정부 사이에서 베트남 파병에 대해 최초의 논의가 이루어진 것은 이케다-박정희 회담 직후에 개최된 박정희-케네디 회담 당시였다. 미국정부 내부에서는 베트남 개입을 둘러싼 논의가 활발했고, 회담 전날에는 케네디의 승인으로 국방부에서 남베트남에서의 미군 사용에 대한 검

32 Memorandum of Conversation, Subject : Korea, June 20, 1961, *FRUS, 1961~1963*, vol.22, *Northeast Asia*, pp.489~490.

33 李鍾元, 「日韓新公開文書に見る日韓会談とアメリカ(二)－朴正熙軍事政権の成立から『金・大平メモ』まで」, 『立教法学』 77, 2009, 119~126쪽.

토가 개시되었다.[34] 회담에서 케네디는 베트남의 상황에 대한 우려를 표명하고 "최종적인 수단은 미군의 사용이지만, 베트남인이 해외의 원조에 너무 의존하는 것은 바람직하지 않다"고 하며 박정희에게 의견을 구했다. 이에 대해 박정희의 대답은 다음과 같이 기록되어 있다.

〈사진 2-4〉 1961년 11월 14일 박정희-케네디 회담. John F. Kennedy Presidential Library and Museum 제공.

> (박정희는) 미국이 무거운 책임을 지고 있음을 이해하고 있으며, 자유주의 진영 국가가 각자의 노력으로 이 책임을 줄이고, 그럼으로써 자유주의 진영을 강화하지 않으면 안 된다고 느끼고 있다. 이것이 그박정희가 한일국교정상화를 중시하는 이유이다.
>
> 동남아시아, 특히 베트남에 관해서는 한국이 강력한 반공국가로서 극동의 안전에 공헌하기 위하여 최대한 힘쓸 것이다. (…중략…) 미국의 승인과 지원이 있다면, 한국은 베트남에 한국군을 파견할 수 있으며, 통상의 군대가 바람직하지 않다면, 의용병을 모집할 수 있다. 이러한 행위는 자유주의 진영 국가 사이에 단결된 행동이 있다는 것을 증명하게 된다.[35]

34 Draft National Security Action Memorandum, Subject : South Vietnam, November 13, 1961, *FRUS, 1961~1963*, vol.1, *Vietnam, 1961*, pp.591~594.

35 Memorandum of Conversation, Subject : U.S.-Korean Relations, November 14, 1961, *FRUS, 1961~1963*, vol.22, pp.535~539.

박정희에게 한일국교정상화와 베트남 파병은 자유주의 진영에 대한 공헌이라는 점에서 연결되어 있었다. 또한 박정희가 이 시기에 베트남 파병을 제안한 이유로는, 미국에 의한 한국군 삭감 계획을 막는 목적이 있었던 것도 지적되어 있다.[36] 이후에 자세히 언급하듯이, 당시 미국정부는 한국에 대한 무상원조 감액과 함께 한국군 삭감에 대해 논의하고 있었고, 박정희 정권에도 그 일부가 전해졌다. 그러나 군사 쿠데타로 정권을 장악한 박정희 정권에게 한국군 이상으로 중요한 기반은 없었고, 삭감이 실시되면 정권의 존립 기반이 흔들릴 가능성도 있었던 것이다. 미국정부가 한국군의 삭감을 제안한 것에 대해, 동남아시아로의 파병을 시행함으로써 이를 막고자 한 방법은 이승만 정권과도 공통된 점이었다.[37]

한편, 케네디는 박정희의 제안에 대해 깊은 감사의 뜻을 표시하고 다음 날 자세한 논의를 할 수도 있다고 언급했다.[38] 다만, 다음 날 박정희가 미국을 떠나기 전에 케네디를 방문하여 베트남 파병 의사가 있음을 다시 밝히자, 케네디는 시기가 적절하지 않다는 것을 시사하고 주한미국대사를 통해 연락을 계속할 것을 약속했다.[39] 이것은 미국이 베트남에 직접 개입하지 않는 상황에서 한국군의 파병 제안을 받아들일 수는 없었기 때문으로 보인다.[40] 또한 박정희가 베트남 파병을 제기한 것은 공개되지는 않았

36 박태균, 「1950·60년대 미국의 한국군 감축론과 한국정부의 대응」, 『국제지역연구』 9(3), 2000, 45쪽.

37 박태균, 위의 글, 45~46·49쪽.

38 Memorandum of Conversation, Subject : U.S.-Korean Relations, November 14, 1961, *FRUS, 1961~1963*, vol.22, pp.535~539.

39 Memorandum of Conversation, November 15; Kennedy Library, National Security Files, Countries Series, Korea, Park Visit, 11/61-12/61, Ibid., p.539 (footnote 2).

40 박태균, 앞의 글, 46쪽.

고, 공동성명에서는 한국에 대해 미국이 계속적으로 군사·경제 원조를 할 것이 확인되었다. 한국 여론도 박정희 방미의 성과를 긍정적으로 받아들였다고 한다.[41]

그 후에도 한국정부는 베트남 지원에 대해 적극적인 자세를 보였다. 1962년 4월에는 한국정부가 남베트남 정부의 요청에 응해, 원조의 가능성을 살필 목적으로 군사시찰단을 남베트남으로 파견할 것을 결정했다. 이 결정에 미국은 관여하지 않았고, 계획에 대해서 통보받은 버거Samuel D. Berger 주한미국대사는 시찰단 파견 결과로 더욱더 큰 규모의 시찰단을 파견하게 되었을 때 '에스컬레이션'의 측면이 나타날 것을 우려했다.[42] 5월 3일에 이 건에 대해 김종필金鍾泌 중앙정보부장과 멜로이Guy S. Meloy Jr. 장군이 논의했을 때, 김종필은 남베트남에서의 미국의 노력을 보완하고자 한다고 언급하고, "동양인이 동양인을 구할 필요성"을 강조했다.[43] 같은 날 주한미국대사관 등으로부터 보고를 받은 국무부는 시찰단 파견을 인정할 생각을 나타내며, 남베트남 주재 미국대사관을 통해 시찰단이 남베트남 원조군과 밀접하게 연동해서 활동하도록 한국정부에 요청했다.[44] 이 시점에서는 미국정부가 한국정부의 파병에 대한 적극성을 억누르는 쪽에 있었던 것이다.

41 『京鄕新聞』, 1961.11.15; 『東亜日報』, 1961.11.16.
42 Seoul to DOS, #1135, April 28, 1962, 009221-020-0113, HV.
43 The Eighth United States Army to the Department of the Army(이하, DOA), (문서번호 불명), May 3, 1962, 009221-020-0113, HV.
44 DOS to Saigon, #1281, Subject : Task Force Vietnam, May 3, 1962, *FRUS, 1961~1963*, vol.2, *Vietnam, 1962*, pp.374~375.

5. 주한미군과 한국군 삭감 계획의 현재화

1963년이 되자, 상황은 미국이 바라지 않는 방향으로 흘러갔다. 한일회담은 1962년 중에는 미국의 적극적인 중개 노력도 작용하여 진전되었고, 11월 12일에는 김종필 중앙정보부장과 오히라 마사요시大平正芳 외상 사이에서 청구권 문제의 해결책으로 일본이 한국 측에 무상 3억 달러, 유상 2억 달러, 민간 상업차관 1억 달러 이상을 지불할 것이 합의되었다.[45] 그러나 1963년 초 이후 한국 군사정권 내부에서 내분이 격화되어, 다시 회담의 조기 타결을 바랄 수 없는 상황이 되었다.[46] 더욱이 베트남도 같은 해 1월 압박 전투The Battle of Ap Bac에서 남베트남 정부군이 커다란 손해를 입게 되자 예측불허의 상황으로 치달았다. 이로 인해 검토된 것이 주한미군과 한국군을 삭감할 가능성이었다. 주한미군과 한국군의 삭감은 아이젠하워 정권기부터 재정 건전화의 일환으로 논의되었던 문제였는데, 중국군이 1958년까지 북한에 주둔해 있었기 때문에, 한반도에서의 힘의 불균형의 출현을 막기 위해 주한미군의 삭감은 실시할 수가 없었다. 또한 한국군에 대해서는 2개 사단이 삭감되었는데, 그 이상 삭감할 경우 일반 사병들이 실업자가 되어 내정의 불안정화로 이어질 가능성도 있어, 추가 삭감은 이루어지지 않았다. 1959년 7월의 NSC미국 국가안전보장회의에서는 소련과 중국의 공세, 제3세계의 불안정성 등의 요인 때문에 한국군을 단계적으로 삭

45 상세한 경위에 대해서는 李鍾元, 「日韓新公開文書に見る日韓会談とアメリカ(一)－朴正熙軍事政権の成立から『金・大平メモ』まで」, 『立教法学』 76, 2009; 「日韓新公開文書に見る日韓会談とアメリカ(二)」, 『立教法学』 77, 2009; 「日韓新公開文書に見る日韓会談とアメリカ(三)」, 『立教法学』 78, 2010; 「日韓会談の政治決着と米国－『大平・金メモ』への道のり」, 李鍾元・木宮正史・浅野豊美 編, 『歴史としての日韓国交正常化 1 東アジア冷戦編』, 法政大学出版局, 2011 참조.

46 高崎宗司, 『検証 日韓会談』, 岩波書店, 1996, 144~148쪽.

감한다는 조항은 삭제되었다.[47] 그러나 케네디 정권기이 되자, 한국의 경제발전이라는 새로운 정책 아래 다시금 한국군 삭감이 논의되기 시작했다.[48] 1963년 4월 이후 케네디 정권은 핵무기를 주한미군 2개 사단과 한국군 삭감의 대체물로 삼을 경우의 실현가능성에 대해 검토를 개시했다.[49] 그러나 그것이 아시아의 자유주의 진영에 미치는 막대한 정치적 영향이나 병력 삭감을 제기하는 것이 가을에 있을 한국의 대통령과 국회의원 선거에 영향을 미칠 가능성에 대한 우려도 있어, 한국의 병력 삭감 계획은 정해지지 않았다.

전환점이 된 것은 1963년 11월이었다. 11월 1일 새벽에 미국의 묵인하에 남베트남 군부에 의한 쿠데타가 결행되어 지엠 정권이 전복되고 정치적 공백이 생기자, 남베트남의 혼란은 확대되어 갔다. 더욱이 그 3주 후에 케네디가 암살되고 부통령이었던 존슨Lyndon B. Johnson이 대통령으로 승격되었다. 한편, 한국에서는 10월의 대통령선거에서 박정희가 대통령으로 선출되었고, 11월의 국회의원선거에서는 여당인 민주공화당이 압승하여 박정희 정권은 민정 이관에 의해 문민정부로 이행했다. 이 시기부터 미국에서는 한국군과 주한미군의 삭감에 관한 상세한 보고서가 작성되었고,

47 박태균, 앞의 글, 33·35~37쪽.
48 위의 글, 39쪽.
49 Talking Paper for the Chairman, JCS, for the State/JCS Meeting on Friday 19, April 1963, Subject : Effect on Force Requirements in Korea of US Use of Nuclear Weapons at the Outset of Major Aggression, April 16, 1963, Korea (Apr-May) 1963, Deputy Undersecretary for Political Affairs-Memoranda Concerning Proposed U.S. and South Korea Troop Withdrawals and Reductions in South Korea, 1962-1963, 국립중앙도서관. 국립중앙도서관소장 문서에 대해서는 도서관 홈페이지의 「해외 한국 관련 기록물」에서 RG59 (General Records of the Department of State)의 문서를 열람했다. 이하 폴더 명, 시리즈 명만을 기입한다.

이것을 근거로 국무부, 국방부, 유엔군사령관 사이에서 지속적으로 검토되었다.[50] 또한 양군 삭감 계획이 있다는 것은 버거 주한미국대사를 통해 김성은金聖恩 국방부장관에게도 전해졌다. 김성은은 이에 대해 주한미군의 철수가 정부의 능력과 미국의 한국 방위 의사에 대한 신뢰를 깰 수 있다는 점, 한국군은 한국에 중요한 안정제이자 대통령의 지지 기반인 한국군을 삭감하면 대통령에 대한 지지도 꺾일 우려가 있다는 점을 들어, 병력 삭감을 실시하지 말도록 탄원했다. 버거는 주한미군에 대해서는 당면한 삭감이 계획되어 있지 않다고 하면서도 장래적인 삭감 가능성을 시사했고, 한국군 삭감에 대해서는 "한국의 경제 상황을 개선하기 위해서"라고 하며, 미국정부 내에서 삭감에 대한 결정이 없다면 한국정부와 협의할 생각을 제시했다. 김성은은 미국이 한국군 삭감을 바라는 이유는 이해할 수 있지만, 한국군은 "자유주의 진영의 방위를 위해 유지하고 있는 가장 값싼 군대"라고 하며, 거듭 이를 실시하지 말도록 요구했다.[51] 그러나 미국정부는 그 후에도 병력 삭감을 위한 계획의 검토를 계속했다.

동시에 미국정부는 한일국교정상화를 향한 압력을 강화했다. 이미 전년의 케네디 대통령 장례식에 박정희 대통령과 이케다 수상이 함께 참석했을 때, 존슨이나 러스크Dean Rusk 국무장관은 별도로 열린 양자와의 면담에서 한일국교정상화에 대한 미국의 관심을 표명했다. 그 배경에는 한일국교정상화가 실현되어 일본이 한국에 대한 경제 지원에서 미국을 보완하

50 박태균, 앞의 글, 41~44쪽. 이 글의 41~43쪽에는 보고서 중 일부가 한국어역으로 인용되어 있다.

51 Memorandum of Conversation, A-392, November 9, 1963, Korea (Oct-Dec) 1963, Deputy Undersecretary for Political Affairs-Memoranda Concerning Proposed U.S. and South Korea Troop Withdrawals and Reductions in South Korea, 1962~1963, 국립중앙도서관.

는 역할을 하게 됨으로써 병력 삭감에 대한 반대를 누그러뜨릴 수 있다는 목적도 있었다.[52] 러스크는 1월 말에도 도쿄와 서울을 방문하여 한일국교정상화의 조기 실현에 대한 관심을 표명했다. 또한, 한국에서는 병력 수준에 대해서도 협의했는데, 박정희는 병력 삭감이 정치적 불안정을 초래한다고 하여 현상 유지를 주장했다. 더욱이 한국정부는 러스크의 방한 후에 주한미국대사관에 각서[53]를 제출했는데, 거기에서도 병력 수준이 가장 먼저 다루어졌고, 특히 동남아시아 상황과의 관계에서 "미군의 존재와 강력한 한국군을 유지하는 것은 일부 자유주의 진영에서의 공산주의 확대를 감시하기 위해 불가결하다"고 쓰여 있었다. 한일국교정상화에 대해서는 한국정부가 "(한일국교정상화가) 한일 양국은 물론 자유주의 진영의 이익을 위해서도 중요하다는 폭넓은 시야에서 조기의 국교정상화를 실현한다"는 확고한 정책을 유지하면서도, 이것이 한국의 국민감정 등으로 보아 국내에서 심각한 정치문제가 되고 있다고 하며, 미국정부에게 문제 해결을 위한 협력을 요청했다.

지금까지 살펴본 바와 같이, 1960년대에 들어 이승만 정권이 붕괴됨으로써 한일관계는 전기를 맞았다. 오키나와에서는 동시기에 복귀운동이 다

52 Memorandum from Robert W. Komer of the National Security Council Staff to the President ' s Special Assistant for National Security Affairs (Bundy), December 16, 1963, NSF, Files of Robert W. Komer, Box 38, Lyndon B. Johnson(이하, LBJ) Library; Memorandum from the President's Special Assistant for National Security Affairs (Bundy) to the Deputy Under Secretary of State for Political Affairs (Johnson), December 20, 1963, Subject : Korea, *FRUS, 1961~1963*, vol.22, p.672.

53 Seoul to DOS, A-553, Subject : Aide-Mémoire from ROKG in Connection with Secretary of State's Visit, February 5, 1964, *FRUS, 1961~1963*, vol.29, Part 1, *Korea*, pp.4~13.

시 일어났는데, 박정희 신 정권에게는 오키나와 반환에 반대하는 것보다도 한일국교정상화와 베트남 파병이 중요한 과제가 되었다. 그러나 한국 군사정권에 대한 일본 국내의 반발을 우려한 일본 이케다 정권의 소극적인 자세나 군사정권의 내분 등으로 인해, 1963년에 들어서면 한일회담은 정체를 거듭한다. 미국의 케네디 정권은 한일회담의 조기 타결을 바라며 적극적으로 움직였지만, 한국의 베트남에 대한 관여에 대해서는 신중했다. 그러나 1963년 11월 이후 베트남의 상황이 악화되자, 미국정부는 베트남의 상황을 염두에 두고 주한미군과 한국군의 삭감을 계획하고 한일국교정상화는 그것을 보완하는 것으로 규정하게 되었다. 이것은 한국정부에게 위기적인 상황이었기 때문에, 한국정부는 병력 수준의 유지를 요구하는 한편으로 한일국교정상화의 조기 타결을 향해 미국정부와의 관계를 강화하는 노력을 한층 강화하게 되었다.

제2절 전면화하는 베트남

1. 지체되는 한일회담과 비전투부대 파병

그렇다면 베트남 정세의 악화와 반복적으로 정체되는 한일회담에 대해 미국정부는 그 후 어떻게 대응했을까. 미국정부는 베트남의 절박한 상황을 고려하여 한일회담의 조기 타결을 한층 바라게 되었다. 러스크가 2월에도 미국 주재 일본과 한국 대사에 대해 "일본 국회의 이번 회기 내 비준"을 희망하는 미국정부의 강한 의향을 본국 정부에 전하도록 요청하여,[54] 3월부터 한일 각료 간에 협의가 재개되었다. 주한미국대사관의 보고에 의하면, 양국과도 국교정상화의 실현을 향해 "충분한 노력을 하기로 결정한" 상황이며, 정일권丁一權 외무부장관은 4월 중순까지 합의를 할 수 있을 것으로 예측했다.[55]

하지만, 진전되기 시작한 한일회담은 한국의 한일회담 반대운동의 격화로 다시 중단되고 말았다. '김-오히라 메모'의 주역이었던 김종필 민주공화당 의장이 3월 23일에 도쿄에서 "5월 초순에 한일협정이 조인될 것"이라고 발언한 다음 날부터는 전국의 주요 도시에서 학생이나 시민에 의한 대규모 한일회담 반대운동이 전개되었다. 박정희 정권이 김종필을 귀국시킴으로써 운동은 일단 잠잠해졌지만, 5월 이후에는 정권 비판의 성격을 강화하며 한층 고양되었고, 6월 3일에는 일반대중을 포함한 약 5만 명이 서울 시내로 모여들어 시가전을 방불케 하는 혼란이 발생했다6·3사태. 이로 인해 박정희 정권은 서울 일대에 비상계엄령을 선포했다.[56] 한국의 운동의 격렬함은 미국의 예상을 넘어서는 것이었다. 미국은 박정희 정권의 강경 자세를 소극적으로 지지하는 한편, 김종필이 운동의 표적이 되어 있는 것으로 여겨 그의 영향을 배제하려고 획책했다.[57] 한국의 반대 여론을 어떻게 억누를 것인가는 그 후에도 한미 양국 정부 간의 현안이 되었다.

당시 미국정부는 1964년 2월부터 북베트남 기습공격작전과 통킹 만의

54 Cha Victor D., 「1965년 한일수교협정체결에 대한 현실주의적 고찰」, 『한국과 국제정치』 13(1), 1997, 274~275쪽; 李鍾元, 앞의 글, 1994a, 290~291쪽.
55 Editorial Note, *FRUS, 1964~1968*, vol.29, Part 1, p.756.
56 吉澤文寿, 『戦後日韓関係－国交正常化交渉をめぐって』, クレイン, 2005, 253~260쪽.
57 Memorandum from Robert W. Komer of the National Security Council Staff to the President's Special Assistant for National Security Affairs (Bundy), June 3, 1964, *FRUS, 1964~1968*, vol.29, Part 1, p.25; Seoul to DOS, #1593, June 3, 1964, Ibid., pp.26~28; Seoul to DOS, #1597, June 4, 1964, Ibid., pp.29~30.

초계작전 같은 은밀한 군사작전을 개시하여 서서히 남베트남에 깊숙이 개입해 갔다. 베트남의 상황을 둘러싸고 동남아시아의 중립화 논의도 활발히 전개되었는데, 김현철金顯哲 전 내각수반은 외유지에서 행한 기자회견에서 동남아시아의 중립화는 "한국에 불리하다"고 하며, "한국은 결코 중립국가가 되지 않을 것이다. 한국은 서방 자유민주주의와 유대를 맺는 자유국가가 되어야 한다"고 주장했다.[58] 귀국 후 김현철은 3월 초순에 버거 주한미국대사에게 개인적인 의견으로 3, 4천 명의 한국 전투부대를 베트남에 파병할 의사가 있다고 밝혔고, 정일권 장관 등도 이를 지지했다. 이 제안에 대해 버거는 한국 전투부대의 참전이 한일회담에 악영향을 미칠 수 있다는 점에서 파병의 부차적 영향에 대해 철저한 고려가 필요하다고 주의를 촉구했다.[59] 이것은 한국이 참전할 경우, 반전적인 일본의 여론을 자극하여 한일회담 반대운동이 강해질 것을 우려했기 때문으로 보인다. 그러나 3월 16일에는 방일을 앞두고 동남아시아를 순방한 김종필이 특사로 사이공으로 향해 한국과 남베트남 간의 유대 강화에 합의했다.[60]

5월 초순에 미국정부가 비동맹국을 포함한 25개국에 대해 남베트남에 대한 지원 확대를 요청하자, 주한미국대사관으로부터 요청을 받은 한국정부는 즉시 동의하고 협의를 거쳐, 6월에 한국은 남베트남에 외과 의료부대와 10명의 태권도 지도자를 파견하기로 결정되었다. 한국정부는 미국이 전투부대 파병을 요청하지 않는 것에 불만을 품고 있었지만, 미국정부는 남베트남이 전투부대 파병을 요청하지 않았고, 게릴라전의 성격이 특

58 『東亜日報』, 1964.2.6・24; 『京郷新聞』, 1964.2.3.
59 Editorial Note, *FRUS, 1964~1968*, vol.29, Part 1, pp.15~17.
60 『京郷新聞』, 1964.3.4・16; 『東亜日報』, 1964.3.18.

히 제3국 지상군의 사용에 부적절하다고 보고 이를 거절했다.[61] 더욱이 러스크 국무장관은 원조를 요청한 시점에서는 한국과 중화민국에 대해서는 중국의 개입을 초래할 수 있다는 이유로 군사적인 성격 이외의 지원으로 한정해야 한다고 생각했다.[62] 특히 국부는 1964년부터 프랑스의 중국 승인을 계기로 '대륙 반격'을 염두에 둔 새로운 '아시아반공동맹' 구상을 제시하고 한국과 남베트남에 대해 구상을 타진했는데, 미국은 이 구상이 베트남·라오스 문제에 대한 미국의 노력에 방해가 된다고 부정적으로 보고 있었다.[63] 이 시점에서도 미국은 여전히 전투부대 투입은 고려하지 않았고, 본격적인 개입에는 신중했다고 할 수 있다. 김성은 국방부장관은 7월에 비전투부대 파견을 발표했고 한국 비전투부대는 9월에 남베트남을 향해 출발했다.[64] 한국에서는 비전투부대 파견에 대한 표면적인 비판은 없었고, 야당적인 입장의 대표적 신문이었던 『동아일보』 사설에서도 "우리가 좀더 餘裕 있는 形便이라면, 共産軍과의 實戰 經驗이 있는 우리 國軍部隊를 좀더 動員할 수 있겠거늘 (…중략…) 그렇게까지는 할 수 없는 形便임이 섭섭할 뿐"[65]이라고 파병을 오히려 긍정적으로 보고 있었다. 당시 한국 여론의 반응은 그 후에도 한국정부가 전투부대 파병을 적극적으로 추진하는 판단 재료가 되었던 것으로 보인다.

---

61 Editorial Note, *FRUS, 1964~1968*, vol.29, Part 1, pp.15~17.
62 DOS to Tokyo, #2043, May 1, 1964, 002795-020-0506, HV.
63 米多, 「中華民国の『アジア反共同盟』構想－アジア冷戦変容下の集団安全保障政策」, 『国際政治』 188, 2017, 64~67쪽.
64 Editorial Note, *FRUS, 1964~1968*, vol.29, Part 1, pp.15~17.
65 『東亜日報』, 1964.7.14.

2. 우선순위의 전환

한일회담의 중단은 계획되어 있었던 한국의 병력 삭감 계획에도 영향을 미치게 되었다. 1964년 5월부터 존슨 대통령의 지시에 따라 국무부·국방부·국제개발국이 주한미군 일개 사단의 철수와 그 재배치를 검토하고 있었는데, 한국의 정치적 불안정의 요인이 될 것을 우려하여 실시가 연기되었던 것이다.[66] 특히 국무부는 동남아시아 정세가 긴박한 가운데 병력을 재배치하는 것이 중국 등에 미국이 극동에서 철수하려고 한다는 인상을 줄 수 있다고 우려했다.[67] 한편, 비슷한 시기에 오히라 마사요시 외상이 북한과의 관계 구축에 적극적인 자세를 보인 것도 미국정부에 위기감을 갖게 했다. 이전에 주한미국대사관에서 근무한 경험이 있는 그린Marshall Green 국무부 극동담당 차관보 대리는 버거 주한미국대사에게 보낸 서한에서 한일국교정상화가 더 늦어지면 한국정부의 국제적인 입장이 저하될 뿐만 아니라 일본이 북한과 한국을 동등하게 간주하게 됨으로써 한국 학생이나 지식인이 통일문제에서 좌경화될 우려를 표명하며, 되도록 빠른 국교정상화의 필요성을 호소했다. 그리고 문제가 되고 있는 보상과 어업문제를 떼어낸 '한정된' 국교정상화를 추진할 것을 제안했다.[68] 버거는 정

66 National Security Action Memorandum No. 298, May 5, 1964, Subject : Study of Possible Redeployment of U.S. Division now Stationed in Korea, *FRUS, 1964~1968*, vol.29, Part 1, pp.21~22; Draft Memorandum from Secretary of State Rusk to President Johnson, June 8, 1964, Subject : Study of Possible Redeployment of U.S. Division Now Stationed in Korea, Ibid., pp.35~38.

67 Draft Memorandum from Secretary of State Rusk to President Johnson, Subject : Study of Possible Redeployment of U.S. Division Now Stationed in Korea, June 8, 1964, Ibid., pp.35~38.

68 Marshall Green to Samuel Berger, June 17, 1964, NSF, Files of Robert W. Komer, Box 34, LBJ Library.

일권 외무부장관이나 박정희 대통령으로부터 이 제안에 대한 의견을 듣고 양자로부터 찬동을 얻는 한편, 미국이 교섭에 공적으로 관여하도록 요청도 받았다.[69]

버거로부터 '한정된 국교정상화'와 미국의 개입 확대에 대한 의견을 요청받은 주일미국대사관은 전자에 대해서는 일본정부도 환영할 것이라고 언급했지만, 일본인이 미국의 개입을 경계하고 있으므로 공공연히 개입하지 않는 편이 좋다고 지적했다.[70] 그러나 논의 결과, 버거를 대신하여 브라운Winthrop G. Brown이 주한미국대사에 착임하는 기회에 한일국교정상화에 대한 미국의 관여를 표명하는 것이 추천되어, 존슨 대통령과 브라운의 특별 면담이 설정되었다.[71] NSC 스텝인 코머Robert Komer는 면담에서 주로 다음과 같은 논점을 제안했다.[72]

> (성과가 나지 않는 한국 원조를 더 이상 지속할 수 없으므로) 늦어도 너무 늦은 한일국교정상화를 최우선give top priority으로 한다. 일본에 부담을 공유하게 하자. 국교정상화가 초래하는 6억 달러의 일본 원조 외에 우리들은 한일 사이의 자연스러운 경제적 유대를 회복시키고자 한다. (…중략…)

69 Edward W. Doherty to Marshall Green, July 13, 1964, NSF, Files of Robert W. Komer, Box 34, LBJ Library.

70 Tokyo to DOS, #3987, June 29, 1964, *FRUS, 1964-1968*, vol.29, Part 1, pp.761 ~762(footnote 2and 3).

71 Memorandum for the President, Subject : Request for Appointment for Ambassador designate Winthrop G. Brown, July 27, 1964, NSF, Files of Robert W. Komer, Box 34, LBJ Library.

72 Memorandum from Robert W. Komer of the National Security Council Staff to President Johnson, July 31, 1964, *FRUS, 1964~1968*, vol.29, Part 1, pp.763 ~764.

> 대통령 각하는 개인적으로 주한미군 5만 명을 삭감하고 싶어 한다. 우리들은 동남아시아에서 보다 많은 것을 필요로 한다. (…중략…) 55만 명이라는 대규모 한국군도 이 가난한 나라에 엄청난 족쇄drag가 되고 있다. 대통령 각하는 이 삭감을 공산 중국에 잘못된 시그널을 줄 수도 있다는 이유로 연기해왔으나, 브라운은 그것이 언제 가능해질지 주시해야 한다.

여기에서 한일국교정상화는 주한미군 삭감보다 우선되기 시작했다. 7월 30일에 예정대로 면담이 이루어졌고, 한일국교정상화가 최우선 과제가 된 것은 국무부에서 나온 전문을 통해 한일의 미국대사관에게도 전달되었다.[73] 이 전문에는 완전한 국교정상화가 아니라면 한국의 경제발전에 크게 공헌할 수 없다고 하여, 미국의 최종적인 목적은 완전한 국교정상화full settlement라는 것도 제시되었다. 다만, 국무부는 미국의 공적인 교섭 관여가 일본의 좌파를 자극할 것을 우려하여 중도middle course를 선택하려고 했던 것으로 보이며,[74] '최우선'이라는 말은 양국 대사관을 격려하기 위해 사용된 면이 강하다고 생각된다.

이 면담 직후에 베트남에서 통킹 만 사건이 발생했고, 이에 대해 한일 양국이 다른 반응을 보이자, 미국은 한일 양국 정부에 대한 개입을 보다 신중히 할 필요를 느끼게 되었다. 미국은 5일에 그 보복이라면서 북베트남 저유시설 등에 대한 공중폭격을 했고, 보복조치를 취한 경위를 설명한 존슨 대통령의 성명서를 양국 정부에 제시했다. 또한 7일에는 미국의회

73 DOS to Tokyo, #97, August 2, 1964, 002787-005-0656, HV.

74 Robert W. Barnett to Mr. Green, Subject : ROK-Japanese Settlement U.S. Participation, July 28, 1964, NSF, Files of Robert W. Komer, Box 34, LBJ Library.

상하 양원에서 대통령에게 '자유로운 전쟁 권한'을 부여하는 결의통킹 만 결의가 압도적 다수로 가결되었다. 이 사태에 대해 일본정부는 미국의 반격을 불가피한 것으로 보면서도 "사태가 신속하게 수습되기를 강하게 희망한다"는 관방장관 담화를 발표했고, 일본공산당을 비롯한 137단체는 미국에 대한 항의집회를 개최했다.[75] 한편, 한국에서는 항의 행동이 보이지 않았고, 박정희 대통령은 성명에 대해 "베트남 공산군의 새로운 침략 행위에 대항하여 어떠한 희생도 돌아보지 않고 동남아시아의 안전을 지키려는 미국의 결심을 명백히 표명한 것"으로 보고, "한국 국민과 함께 환영하고 지지한다"고 회답했고, 이 교류는 한국에서도 보도되었다.[76]

베트남 정세가 긴박해지는 가운데, 브라운은 도쿄에서 일본정부 관계자에게 교섭 타결을 위한 노력을 촉구한 후, 서울로 부임하여 미국이 국교정상화를 공식적으로 지지할 용의가 있으며 국교정상화가 미국의 한국 경제 지원에 영향을 미치지 않을 것을 보장했다.[77] 그 후에도 수차례에 걸쳐 한국정부 고관들과 회담하고 국무부, 주일미국대사관 등에 대해 목적의 실현을 위해 미국이 취해야 할 방법을 제안했다. 그 중에는 친선을 위한 요시다 시게루 전 수상의 조기 방한 가능성뿐만 아니라, 한일회담 재개 촉진을 위한 한미일 지도자의 3자회담 개최도 포함되어 있었다.[78] 요시다의 방한은 브라운이 이동원李東元 외무부장관과 행한 회담에서 이동원이 "한일관계에

75 『朝日新聞』, 1964.8.6; トーマス・R・H・ヘイブンズ, 吉川勇一 訳, 『海の向こうの火事ーベトナム戦争と日本 1965-1975』, 筑摩書房, 1990, 31~32쪽.

76 President of the Republic of Korea Chung Hee Park to President of the United States of America Lyndon Baines Johnson, August 5, 1964, 002795-026-0146, HV; 『東亜日報』, 1964.8.6.

77 李鍾元, 앞의 글, 1994a, 294쪽.

78 Seoul to DOS, #163, August 19, 1964, *FRUS, 1964~1968*, vol.29, Part 1, pp.766~767.

관한 분위기를 개선시키기 위해" 제안한 것이었다.[79] 그러나 라이샤워 Edwin O. Reischauer 주일미국대사는 완전한 국교정상화의 추구와 브라운의 제안 대부분에 찬성했지만, 3자회담에 대해서는 강한 우려를 표명했다. 이 회담이 한국에서 효력을 발휘하기 위해서는 미국과 일본의 정부 고관이 동시에 방한한 것이 공개되지 않으면 안 되는데, 그것은 일본에서는 좌파의 반발이라는 "심각한 역효과"를 낳는다고 생각했기 때문이다.[80] 그 후에 라이샤워 스스로도 "한국인들 사이에는 일본한테 무시당하고 있다는 감각이 있어서, 이것을 대등한 대우를 받았다는 감각으로 전환하기 위해서는 요시다 전 총리의 방한이 이루어지는 것 자체가 상징적인 효과를 가진다고 생각한다"고 하여, 일본 측에 요시다의 방한을 요청했다. 그러나 일본 측은 "요시다 전 총리는 일본에게 '비장의 카드'이며 '비장의 카드'를 효과를 알 수 없는 일에 경솔하게 사용할 수는 없다"고 하여 응하지는 않았다.[81]

3. 한일회담 재개

그 후에도 각국 정부 사이에서는 한일회담 조기 재개를 향한 교섭이 거듭되었다. 9월이 되자, 국무부는 재차 한일관계를 개선하기 위한 제안을

79 「文書番号 一六八〇 件名－韓国側の吉田元総理訪韓の希望表明について」, 1964.8.22, 日韓会談文書情報公開アーカイブズ.

80 Tokyo to DOS, #641, August 20, 1964, *FRUS, 1964~1968*, vol.29, Part 1, pp.766~767(footnote 3 and 4).

81 「吉田元総理訪韓問題(昭和三九年八一一〇月」 6(개시차수)-1785(문서번호), 日本外交文書. 일본의 외교문서는 '일한회담 문서 전면공개를 요구하는 모임(日韓会談文書・全面公開を求める会)'의 홈페이지에서 열람. 이하, 일본외교문서는 같은 방식으로 표기한다.

한일 주재 미국대사관에 요청했다. 9월부터 어업문제를 둘러싸고 한일관계가 악화되었을 뿐만 아니라 이케다 수상이 병으로 입원했기 때문에, 한일회담 재개의 전망이 서지 않았다. 라이샤워는 일본정부에 한일회담을 추진할 의사가 있는 것은 확실하다고 하며, "가장 필요한 것은 한일국교정상화가 한국을 위해 절대적으로 필요하다고 한국 사람들을 설득하는 한편, 정치적 자살political suicide을 하지 않아도 그것이 가능하다고 한국정부를 확신시킬 방법을 찾는 것"이라고 언급했다.[82] 9월 14일에는 버넷Robert W. Barnett 국무차관보 대리가 방한하여 정일권 국무총리 등과 한일회담의 전망에 대해 협의했다. 정일권은 미국이 보다 적극적으로 교섭에 참가하도록 탄원했지만, 버넷은 미국이 국교정상화를 지령하는 듯한 인상을 주면, 일본의 미디어나 사회주의자가 그것을 이용하여 일본정부가 교섭을 계속할 수 없게 된다는 일본정부 고관의 우려를 언급하며 교섭에 대한 참가를 부정했다. 이에 대해 정일권은 미국이 회담 재개를 위해 할 수 있는 것으로 미국정부가 한국정부 고관을 미국에 초대하여 한일국교정상화를 중시하고 있다고 강조할 것, 일본정부가 요시다 전 수상의 방한에 합의하도록 장려할 것을 들었다. 버넷은 일본정부도 요시다 방한의 가능성에 관심을 가지고 있지만, 그것이 교섭 재개의 계기로 이용될지의 여부를 확인하고 싶다고 하며, 정일권에게 보증을 요구했다. 정일권은 교섭 재개가 한국정부의 의사라고 했지만, 자신의 발언을 인용하는 것을 피하도록 요구했다. 또한 베트남이 화제에 올랐을 때 정일권은 전투부대 파병 의사를 표명했는데, 버넷은 좋은 생각이 아니라고 거절했다.[83]

82 Tokyo to DOS, #869, September 8, 1964, *FRUS, 1964~1968*, vol.29, Part 1, pp.769~771.

그 후, 한국정부는 박정희 대통령이 이듬해 4월에 방미를 계획하고 있다고 브라운 대사에게 전달했다. 브라운은 방미가 한일회담의 지원에 도움이 되는 한편, 미국이 박정희 정권을 지지하고 있다는 것을 증명할 기회가 되기도 한다고 하며 호의적으로 보고, 방일·방한을 앞둔 윌리엄 번디 William P. Bundy. 이하 W. 번디로 약기 극동 담당 국무차관보에게 박정희의 방미가 화이트하우스에서 숙고되도록 요청했다.[84] W. 번디는 9월 말부터 방일한 후 10월 1일부터 3일에 걸쳐 방한하여 양국에 대해 한일 교섭의 재개를 촉구했다. 이때 W. 번디는 방일 시에 얻은 정보로 일본정부가 요시다 방한의 대안으로 시나 에쓰사부로椎名悦三郎 외상이나 오다 다키오黄田多喜夫 외무차관의 방한을 고려하고 있다고 이동원 외무부장관에게 전했다. 이동원은 다음 날 시나의 방한이 유익한 것 같다고 하며, 미국 측에 방한 실현을 향한 협력을 요청했다.[85] 한국정부는 그 후 한일회담 재개를 향해 10월 21일에 새로이 김동조金東祚를 주일대표부 대사이하, 주일대사, 배의환裵義煥을 수석대표로 임명했다. 나아가 이동원은 시나에게 보내는 방한 요청 서한을 김동조에게 전했고, 착임한 김동조는 시나와 라이샤워에게 시나의 방한 실현에 협력할 것을 강하게 요구했다.[86] 한국 측의 적극성의 배경에는 같은

83 Memorandum of Conversation, September 14, 1964, Subject : Korea, NSF, Files of Robert W. Komer, Box 38, LBJ Library.

84 The Ambassador to Korea (Brown) to the Assistant Secretary of State for Far Eastern Affairs (Bundy), September 21, 1964, *FRUS, 1964~1968*, vol.29, Part 1, pp.49~50.

85 Memorandum of Conversation, Subject : ROK-Japanese Relations, October 2, 1964, Memorandum of Conversation, October 3, 1964, POL-Political Affairs & Rel. Area Relationships, ROK-Japan, Korea 1964, Bureau of Far Eastern Affairs-Central Files of the Office of East Asian Affairs, 1947~1964, 국립중앙도서관.

86 「JAW-10392, 발신-주일대사, 수신-외무부장관」, 1964.10.22, 한국외교문서; 「JAW

달에 실시된 중국의 핵실험 성공을 비롯한 국제환경의 변화가 있었던 것으로 보인다.[87]

회담의 지체를 타개하는 계기가 된 것은 이케다 수상의 퇴진으로 인해 11월 9일에 사토 에이사쿠가 후임으로 내각총리대신으로 선출된 일이었다. 사토는 1961년부터 자민당 외교조사회의 한일문제간담회 멤버가 되는 등, 한일관계 개선에 대해 의욕을 보였기 때문에 한국정부도 사토의 수상 취임에 환영의 뜻을 표시했다.[88] "국민의 강한 위임이 부여된 사안만을 행한다는 기본자세"를 취한 이케다와는 달리, 사토는 취임 직후부터 미국의 아시아 전략에 적극적으로 협력하는 자세를 취하여 한일회담 재개에 대해서도 적극적이었다.[89] 시나 외상은 라이샤워와의 회담 후,[90] 한국의 요청에 응하여 2월 중순에 방한한다고 11월 28일에 답변했다.[91] 11월 25일에 한일 쌍방이 회담을 재개하는 것으로 합의하고 12월 3일부터 제7차 회담이 시작되었다. 당시 한국정부 고관들이 재차 브라운에게 박정희 대통령이 이듬해 봄에 방미를 희망하고 있다고 전했기 때문에 브라운은 박정희의 방미는 한일회담 타결 시기와 상관없이 조기에 국교정상화를 실현하는 데에 도움이 된다고 하여 한일회담 재개 후에 방미의 기일을 판단하

-10402, 발신-주일대사, 수신-외무부장관」, 1964.10.23, 한국외교문서. 한국의 문서는 동북아역사재단의 홈페이지에서 열람. 이하 한국외교문서로 생략하고 같은 방식으로 표기한다.

87 The Ambassador to Korea (Brown) to the Assistant Secretary of State for Far Eastern Affairs (Bundy), October, 23, 1964, *FRUS, 1964~1968*, vol.29, Part 1, pp.772~774.

88 李鍾元, 앞의 글, 1994a, 276~277쪽; 『朝日新聞』, 1964.11.10.

89 李鍾元, 위의 글, 1994a, 295쪽.

90 Tokyo to DOS, #1802, November 21, 1964, *FRUS, 1964~1968*, vol.29, Part 1, pp.777~779.

91 「발신-주일대사, 수신-외무부장관」, 1964.12.1, 한국외교문서.

는 것이 좋겠다고 국무부에 보고했다. 이후, 박정희의 방미 기일에 대해 미국정부 내에서 검토가 개시되었다.[92]

4. 한미의 베트남 개입 확대

사토 내각의 탄생으로 한일회담이 진전되는 한편, 베트남의 상황은 악화일로를 걸었다. 11월 3일의 대통령선거에서 존슨이 대통령에 당선된 직후부터 W. 번디 극동 담당 국무차관보를 의장으로 한 실무단이 미국의 베트남 정책 재검토를 실시하여 2단계로 이루어진 폭격 계획을 작성했다. 다만, 당분간은 남베트남 정부의 안정화에 힘쓰기로 했다.[93]

한국정부는 베트남의 상황에도 적극적인 관심을 나타냈다. 10월의 W. 번디 방한 당시에도 한국정부는 주한미군의 규모 유지의 중요성을 강조하는 한편으로, 필요시에는 한국군을 사용하기를 바라고 있다고 전했다.[94] 12월 10일에 주미한국대사가 된 김현철의 요청에 응해 그린 국무부 극동 담당 차관보 대리가 베트남의 상황에 대한 브리핑을 하고 미국이 남베트남에서의 공통의 목표를 수행하기 위해 제3국의 지원을 중시하고 있다고 강조했다.[95] 그 후 브라운은 박정희 대통령에게 기술자나 공병 등의 제공

---

92 Seoul to DOS, #487, November 23, 1964, *FRUS, 1964~1968*, vol.29, Part 1, pp.779~780.

93 Editorial Note, *FRUS, 1964~1968*, vol.1, *Vietnam, 1964*, pp.886~888; ロバート・マクナマラ 編著, 仲晃 訳,『果てしなき論争―ベトナム戦争の悲劇を繰り返さないために』, 共同通信社, 2003, 294쪽.

94 Memorandum of Conversation, October 2, 1964, POL-Political Affairs & Rel. Area Relationships, ROK-Japan, Korea 1964, Bureau of Far Eastern Affairs-Central Files of the Office of East Asian Affairs, 1947~64, 국립중앙도서관.

을 타진했다. 박정희는 한국정부는 되도록 남베트남을 지원하고 싶다고 했고, "미국의 더욱더 강력한 행동이 해방전선의 타도나 주변 각국으로부터 지원을 얻는 데에 유익하다고 느낀다"고 덧붙이고, 전투부대 2사단을 파병할 용의가 있다는 제의도 했다. 다만 브라운은 아직 외부의 전투부대를 도입할 시기가 아니라고 하며, 이 견해를 존슨 대통령에게 전하겠다고 언급했을 뿐이었다.[96] 공병부대 파견은 1965년 1월 26일에 한국국회에서 승인되었다.[97]

1965년 1월이 되자 남베트남 정부의 약체화와 해방전선의 연이은 공세로 인해 베트남 정세는 더욱더 악화되어 갔다. 1월 27일에 맥조지 번디McGeorge Bundy, 이하, M. 번디 국가안전보장 담당 대통령보좌관은 맥나마라Robert S. McNamara 국방장관과 공통된 의견으로 정책을 보다 강경한 방향으로 변경할 필요가 있다고 존슨에게 진언했다.[98] M. 번디는 존슨의 대리로 남베트남에 갔는데,[99] 그 와중인 2월 7일에 쁠래이꾸Pleiku의 미군기지가 공격을 받는 일이 벌어져쁠래이꾸 사건 북베트남에 대한 지속적 폭격을 실시하기로 결정되었다. 또한 M. 번디는 귀국한 당일 김현철 주미한국대사에게도 미국이 보복공격을 할 것이라고 전했다. 김현철이 한국은 추가 파병 요구에 응할 용의가 있다고 언급한 데 대해 M. 번디는 현재로서는 추가 파병의 필요는 없다고 했지만, 이 발언을 환영했다.[100] 더욱이 브라운

95 DOS to Seoul, #541, December 10, 1964, 002787-005-0545, HV.

96 Memorandum of Conversation, December 19, 1964, Subject : ROK Assistance to Viet Nam, *FRUS, 1964~1968*, vol.29, Part 1, pp.53~55.

97 『東亜日報』, 1965.1.27.

98 Memorandum from the President's Special Assistant for National Security Affairs (Bundy) to President Johnson, January 27, 1965, *FRUS, 1964~1968*, vol.2, *Vietnam, January-June 1965*, pp.95~97.

99 ロバート・マクナマラ 編著, 앞의 책, 298쪽.

이 미국이 개입을 강화할 방침이라고 박정희 대통령에게 전했을 때, 박정희는 "존슨 대통령의 결정이 완전히 옳다고 느끼고 있다"고 언급하고 "남베트남에서 미국의 약화나 철수를 시사하는 것은 공산주의자로부터의 또 다른 공격을 초래하게 될 것"이라고 지적했다.[101] 그 후 미국은 3월 2일부터 항상적인 북베트남에 대한 폭격롤링 썬더 작전을 개시하여 직접 개입을 더욱 심화하게 된다.

이상과 같이, 일단은 기정 노선이 된 주한미군과 한국군 삭감은 한국에서의 한일회담 반대운동의 격화로 인해 중단되고, 미국은 당초에는 그 영향을 보완하는 것으로 삼으려고 했던 한일국교정상화의 실현을 우선하게 되었다. 한국정부도 조기에 한일회담을 재개하기 위해 미국이 한일회담에 직접 참가하기를 희망했지만, 미국의 개입이 일본 여론의 반발을 부를 것이라는 우려나, 8월에 일어난 통킹만사건에 대한 일본 여론의 동향으로 인해 양국 모두 유효한 타개책은 찾을 수 없었다. 11월에 여론보다도 미국의 아시아 전략을 중시하는 사토 정권이 등장한 것이 한일회담 재개의 계기가 되었다. 한편, 베트남 정세가 긴박해지는 가운데, 한국정부가 미국의 정책에 적극적으로 협력했기 때문에, 미국은 "한일국교정상화에 의해 일본에 부담을 공유하게 하여 주한미군을 베트남으로 전용한다"는 당초의 의도와는 반대로 더욱더 한국과의 관계를 심화시켜 가게 되었다.

100 DOS to Seoul, #708, February 7, 1965, 002787-005-0545, HV.
101 Seoul to DOS, #783, February 22, 1965, 002787-005-0545, HV.

제3절 한일회담 타결과 베트남 파병 개시

1. 한일회담의 진전과 베트남 문제

여기에서는 오키나와 반환의 커다란 요인인 동아시아 정세 변동의 계기가 되었던 미국의 베트남 전쟁 개입 직전에 한일회담의 타결과 한국군 베트남 파병이 결정된 경위에 대해 검토한다. 우선은 한일회담의 진전이 한미 간의 베트남 파병 협의에 미친 영향에 대해 확인하고자 한다.

1965년이 되자, 한일회담은 급속히 타결의 방향으로 향해 갔다. 그 계기가 된 것은 시나 외상의 방한이었다. 한국정부는 방한을 한일 교섭의 커다란 전환점으로 삼기 위해서는 "한국국민에게 강력히 호의적인 인상을 주는 것이 중요하다"고 강조하여 한국의 민족감정을 배려한 발언을 도착 성명으로 발표하도록 일본 측에 요청했다.[102] 일본정부는 당초에는 국내 대책과 시나의 정치적 입장 때문에 난색을 표했고, 이러한 표현은 "한국에서 기자회견 시에 기자단의 질문에 응하며 행하겠다"고 했다. 그러나 2월 16일에 성명을 결재하는 단계에서 (시나로부터) "한국 측의 요망을 충분히 고려한 표현이 되도록 하라"는 명령이 있었고, 이 단계에서 "양국 간의 오랜 역사중에 불행한 기간이 있었던 것은 참으로 유감스러운 일로서 깊이 반성하는 바입니다"라는 한 문장이 성명 안에 담기게 되었다.[103] 이 배경에는 미국이 이전부터 한국에 대한 여론 대책으로 일본 측 사죄의 중요성을 지적하여 11월에도 김동조 주일대사의 요청을 받은 라이샤워가 "과거

---

102 「JAW-02150, 발신-주일대사, 수신-외무부장관」, 1965.2.8, 한국외교문서; 「발신-수석대표, 수신-외무부장관」, 1965.2.10, 한국외교문서.

103 「JAW-02341, 발신-주일대사대리, 수신-외무부장관」, 1965.2.16, 한국외교문서; 「JAW-02369, 발신-주일대사대리, 수신-외무부장관」, 1965.2.16, 한국외교문서.

의 식민지 지배에 대한 사죄가 한일 간의 문제 해결에 유익"하다고 종용한 적이 있었던 것으로 보인다.[104] 시나의 도착 성명은 교섭을 둘러싼 긴장된 분위기를 일거에 누그러뜨리는 데에 도움이 되어, 2월 20일에 한일 간에 한일기본조약이 가조인되기에 이르렀다.[105]

한국정부는 한일회담의 타결을 서두르는 한편, 미국의 베트남 정책에 대한 지지를 거듭 표명했다. 3월 15일부터 17일에 걸쳐 방미한 이동원 외무부장관은 미국정부 고관들과 주로 베트남 문제와 한일회담에 대해 대화를

〈사진 2-5〉 박정희 대통령을 접견하는 시나 외상(오른쪽에서 두 번째). 국가기록원 제공.

104 Tokyo to DOS, #1802, November 21, 1964, *FRUS, 1964~1968*, vol.29, Part 1, pp.777~779.

105 椎名悦三郎追悼録刊行会,『記録 椎名悦三郎』下, 椎名悦三郎追悼録刊行会, 1982, 52~58쪽.

나누고 존슨 대통령과의 회담에서는 한국정부가 미국의 베트남 정책을 지지한다고 강조하고, 베트남에 대한 추가 지원의 의사를 표명했다. 또한 한일회담의 조기 타결에 대한 결의와 그 후에도 미국이 지원을 계속할 것을 희망한다고 전했다. 존슨은 베트남 정책에 대한 한국정부의 의향에 감사의 뜻을 표하고 한일회담 타결 후에도 미국이 한국을 계속해서 지원할 것을 약속했다.[106]

이동원의 방미와 같은 시기에 미국에서는 북폭 개시에 따라 베트남에 지상군을 파견할 계획이 추진되었다. 지상군 파견에 앞서 베트남 이외에서 미국의 군사 지출을 삭감할 계획의 일환으로 주한미군 18% 삭감 여부에 대해 한국의 컨트리 팀이 검토를 했다. 그러나 삭감을 실시했을 때 정치적인 악영향이 나올 것을 우려한 컨트리 팀은 "한일국교정상화가 실현될 때까지는 한국군과 주한미군의 삭감은 고려되지 않아야 한다"고 강하게 주장했다.[107] 그 후 중앙정보국, 국무부, 국방부 등의 각 기관이 한국의 전투부대를 남베트남의 기지 방위를 위해 배치했을 때의 공산주의국의 반응에 대해 검토를 한 결과, 기지 방위를 위해 한국의 1개 사단을 남베트남에 도입해도 공산주의국이 한국이나 남베트남을 명백히 침략하는 일은 없다고 평가되어,[108] 3월 20일에는 한국의 1개 사단을 포함한 미 지상군 파견을 미국 합동참모본부Joint Chiefs of Staff : JCS가 맥나마라 국방장관에게 권고하

106 Memorandum of Conversation, Subject : The Korean Foreign Minister's call on the President, March 17, 1965, 002787-005-0655, HV.

107 Seoul to DOS, Country Team Message 866, March 15, 1965, *FRUS, 1964~1968*, vol.29, Part 1, pp.61~63.

108 Special National Intelligence Estimate, SNIE 10-4-65, March 19, 1965, Probable Communist Reactions to Deployment of a ROK Combat Division for Base Security Duty in South Vietnam, Ibid., pp.64~65.

기에 이르렀다. 러스크 국무장관은 이에 대해 3월 27일에 브라운 주한미국대사에게 파병의 가능성에 대해 타진했다. 러스크는 파병이 한국에서 정치적인 곤란함을 야기할 수 있다는 것을 브라운이 우려하고 있다는 것을 파악했지만, 오스트레일리아와 뉴질랜드의 소수 부대를 제외하고 베트남 파병 계획에 다른 어떠한 대규모 제3국 부대도 바랄 수 없기 때문에, 한국군 부대의 파견이 전체에게 대단히 중요해졌다고 하며, "(파병)제안에 대한 한국정부와 민중의 태도에 대한 충분한 판단과, 그것이 명백히 수락되기 위한 최선의 방법"에 대해 브라운에게 의견을 요청하려고 했던 것이다.[109]

이에 대해 브라운은 3월 말에 한국 전투부대의 베트남 파병안은 한국 국내에 강력한 반대운동을 불러일으켜 한일국교정상화 반대투쟁에 골치를 앓고 있는 한국정부의 입장을 더욱 약화시킨다고 지적하고, 한일국교정상화의 실현 후에 미국의 충분한 지원을 보장하면서 파병 문제를 제기하도록 상세히 보고했다.[110] 이동원 장관의 방미중에 한국정부가 한국 전투부대 1개 사단 파병을 고려하고 있다고 한국에서 크게 보도되자, 한국정부는 표면적으로는 "파병 요청은 받은 바도 없으며 고려한 적도 없다"는 견해를 밝혔다.[111] 그러나 미국정부 수뇌는 위의 이유뿐만 아니라 남베트남 정부군의 병력 비율이 해방전선에 비해 불충분하다는 점에서 조기의 한국군 파병을 바라게 되었다.[112] 국무부는 전투부대 파병 문제가 한국에

109 DOS to Seoul, #902, March 27, 1965, NSF, National Security Council Histories, Box 40, LBJ Library.

110 Seoul to DOS, #931, Subject : ROK Combat Forces for Vietnam, March 30, 1965, *FRUS, 1964~1968*, vol.29, Part 1, pp.68~72.

111 『東亜日報』, 1965.3.17; 「WSF-0311, 발신-외무부차관, 수신-외무부장관」, 1965.3.20, 한국외교문서.

112 Memorandum by the President's Special Assistant for National Security Affairs (Bundy), Subject : Key Elements for Discussion, April 1, 1965, *FRUS,*

서 정치적 곤란함을 일으킬 것을 인식하면서도, 한국을 포함한 제3국군의 도입이 시급하다고 4월 중순에 거듭 주한미국대사관에 전했다. 이에 대해 브라운은 "일반적인 한국인은 심리적으로 국제적인 무대에서 큰 역할을 할 준비가 되어 있지 않다"고 하며, 파병이 한국에 정치적 불안을 초래할 것을 우려하며 한국정부의 최중요 과제는 한일국교정상화라고 재차 강조했다. 또한 라이샤워 주일미국대사의 의견을 참고하여 한국 전투부대 파병이 대일관계에 악영향을 줄 수 있다는 것도 지적했다.[113] 한일회담은 이동원 장관의 방미 후에 이루어진 회담 당시, 청구권, 어업, 재일한국인의 법적 지위 등의 중요 현안이 거의 해결되었고, 4월 3일부터는 최종 조약안이 작성되는 단계가 되었다.

한국과 일본 주재 미국대사관의 우려에도 불구하고, 4월 21일부터 22일에 걸쳐 하와이의 미태평양군사령부에서 열린 회의의 결과, 한국의 전투부대 파병은 미국의 작전계획에 포함되었다. 이 결정 당시, 상황의 절박함과 함께 한국정부가 파병 의사를 계속적으로 표명해 온 것이 영향을 미친 것은 틀림없는 것으로 보인다. 로지Henry Cabot Lodge Jr. 주베트남 미국대사는 남베트남의 상황으로 보아 한국 전투부대의 추가 파병이 필요할 수 있다고 4월 27일에 박정희 대통령에게 전달했고, 박정희는 신중한 고려가 필요하다고 하면서도 긍정적인 자세를 보였다. 로지는 이에 감사하며 남베트남과 미국정부 사이의 협의에서 진전이 있으면 브라운을 통해 박정희에게 전달하겠다고 하며, 쌍방이 이 건을 극비로 취급할 것을 확인했다.[114]

1964~1968, vol.2, pp.506~510.

113 Seoul to DOS, #1008, Subject : ROK Troops for Vietnam, April 15, 1965, *FRUS, 1964~1968*, vol.29, Part 1, pp.75~77.

114 Seoul to DOS, #1082, April 27, 1965, Ibid., pp.79~80.

2. 파병을 둘러싼 흥정

한국 전투부대의 파병이 결정되고 나서 미국은 한일국교정상화의 조기 타결을 더욱 중시하게 되었다. 이 시기에 한국에서는 다시 한일회담 반대 운동이 고양되었는데, 한미 양국 정부는 박정희 대통령의 방미 성공이 반대운동을 억누르는 데에 효과적이라고 보고, 방미 이전의 한일기본조약 조인을 바라고 있었다. 4월 말에 대통령 방미 준비와 야당 지도자의 설득을 위해 방한한 그린 국무부 극동 담당 차관보 대리는 "베트남 문제도 있어서 미국으로서는 한일 간의 신속한 국교정상화에 대해 극히 중대한 이해관계를 가지고 있다"고 강조했다.[115] 미국은 박정희가 방미하면 앞으로 수년 동안 한국에 비상한unusual 관여를 할 것을 표명하겠다고 정했는데, 방미 전에 조인이 이루어질 경우, 미국의회를 설득하는 것이 곤란해진다는 우려도 있었다. 그러나 한국 국회에서의 야당의 공세 때문에 방미 전의 조인은 실질적으로 거의 불가능해졌다.[116]

그 후, 미국정부는 박정희 방미가 성공했다는 인상을 만들기 위해 진력하여 5월 17일부터 방미한 박정희를 성대한 환영의식으로 맞이했고, 공동성명에서는 한일국교정상화 이후에도 미국의 한국 군사원조를 계속할 것을 구체적인 지원 내용과 함께 명기했다. 한국 일간지들은 방미로 인해 양국 간의 강고한 우호관계가 입증되었다고 높이 평가했다.[117] 박정희 방미가 성공했다고 본 주한미국대사관의 하비브Philip C. Habib 참사관은 5월 25일에 우시바 노부히코牛場信彦 심의관 등에게 한국정부의 곤란한 입장을 강조하며

115 「JAW-04569, 발신-주일대사, 수신-외무부장관」, 1965.4.29, 한국외교문서.
116 DOS to Seoul, #1067, April 30, 1965, *FRUS, 1964~1968*, vol.29, Part 1, p.790.
117 『東亜日報』, 1965.5.20; 『京郷新聞』, 1965.5.20.

현안인 독도 문제 등에 대해 일본 측의 양보를 요청하는 한편, 박정희 방미의 성과가 시간이 지나면서 사라지면 야당이 입장을 강화할 수 있다고 하여, 회담의 조기 타결을 촉구했다.[118]

한편, 한국정부는 박정희 대통령의 방미 후 베트남 파병에 더욱 적극적인 자세를 보였다. 5월 5일에는 미국정부와의 협의를 거치지 않은 채 남베트남 정부로부터 한국의 전투부대 파병을 요청하는 서한이 도착했고, 한국정부는 박정희 방미의 결과에 따라 구체적인 방침을 결정하기로 했다.[119] 방미의 결과에 따라 한국정부는 전투부대 파병을 실행하기 위한 준비를 개시하고 공식적으로 파병 요청을 하도록 남베트남 정부에도 요청했다.[120] 6월 3일 박정희 대통령은 현재 개회되어 있는 국회에 베트남 파병 의안을 제출할 예정이라고 브라운에게 전했다. 박정희는 국회에 베트남 파병 의안을 제출하는 것이 한일기본조약 비준에 방해가 되지 않는다고 판단하고 있었다. 브라운은 박정희에게 반대는 하지 않았지만, 파병 정보가 누출됨으로써 한일회담에 영향이 생기는 것을 우려하여, 국무부에 대해서는 베트남 파병 문제는 한일국교정상화 실현 후나 적어도 여론의 반응을 지켜본 후에 제기하는 것이 바람직하다고 권고했다. 국무부는 이에 응해 한일국교정상화가 최우선이라는 인식하에 남베트남 정부에게 미국이 다시 이 문제를 제기할 때까지 한국에 공식 요청을 하지 말도록 전했고,

118 「外務審議官と在韓米大使館参事官との会談」, 1965.5.25, 6-1963, 日本外交文書.

119 Memorandum of Conversation, May 12, 1965, *FRUS, 1964~1968*, vol.29, Part 1, pp.85~90; 한국학술정보 편집부, 『월남전 관련 자료집』 10, 한국학술정보, 2010, 250쪽.

120 Seoul to DOS, #1258, Subject-ROK Forces for Vietnam, June 1, 1965, DEF-Defense Affairs, KOR S-VIET S, 1/1/64-65, 1964-66 SNF, Central Foreign Policy Files, 국립중앙도서관.

남베트남 정부의 양해를 얻었다.[121]

그러나 6월 7일에 웨스트모얼랜드William C. Westmoreland 남베트남 원조군사령관이 남베트남의 상황이 위기적이고 병력의 증강 이외에 대처할 길이 없다고 하며, 한국의 연대 전투단을 포함한 약 10만 명의 증파를 요청하자, 상황은 바뀌었다. 국무부는 신속하게 파병 요구를 할 필요가 있다고 보고, 한국 전투부대의 추가 파병이 한일국교정상화를 방해하지 않을지, 박정희가 파병을 한일국교정상화의 대체물로 삼으려 할 가능성은 없는지를 긴급하게 평가할 것을 주한미국대사관에 요청했다.[122] 이에 응해 브라운은 박정희가 파병은 한국에서 인기가 있어 한일협정 비준을 실현하는 데에 도움도 된다고 생각하고 있다는 점, 미국이 남베트남 정부의 공식 요청을 지연시키고 있다는 것이 판명되면, 미국이 곤란한 입장에 처한다는 점을 이유로, 남베트남 정부의 파병 요청을 허가해야 한다고 국무부에 전했다.[123] 국무부는 다음 날 주남베트남대사관을 통해 남베트남 정부가 공식적인 파병 요청을 하도록 권고했다.[124]

121 Seoul to DOS, #1271, June 3, 1965, *FRUS, 1964~1968*, vol.29, Part 1, pp.113~114; DOS to Saigon, #2788, June 3, 1965, DEF-Defense Affairs, KOR S-VIET S, 1/1/64-65, 1964-66 SNF, Central Foreign Policy Files, 국립중앙도서관; Saigon to DOS, #4064, June 5, 1965, in the same folder.

122 DOS to Seoul, #1239, Subject : Korean Troops for Vietnam, June 7, 1965, DEF-Defense Affairs, KOR S-VIET S, 1/1/64-65, 1964-66 SNF, Central Foreign Policy Files, 국립중앙도서관.

123 Seoul to DOS, #1283, Subject : ROK Troops for Vietnam, June 7, 1965, DEF-Defense Affairs, KOR S-VIET S, 1/1/64-65, 1964-66 SNF, Central Foreign Policy Files, 국립중앙도서관.

124 The Commander, Military Assistance Command, Vietnam (Westmoreland) to the Joint Chiefs of Staff, Subject : US troop deployment to SVN, June 7, 1965, *FRUS, 1964~1968*, vol.2, pp.733~736; DOS to Saigon, #2828, June 8, 1965, DEF-Defense Affairs, KOR S-VIET S, 1/1/64-65, 1964-66 SNF, Central Foreign Policy Files, 국립중앙도서관.

3. 미국의 독도 문제 개입

이 시기에 한일회담은 협정 작성에 들어간 단계였는데, 독도 문제가 남겨진 최대의 현안이 되어 있었다. 한국 측은 독도 문제가 정치적으로 민감한 문제인 만큼, 국교정상화와 연결시켜 논의하는 것을 바라지 않았지만, 일본 측은 한일회담과 독도 문제를 일괄해서 타결하는 방침을 표명하고 있어, 양자의 의견은 평행선을 달리고 있었다.[125] 한일회담 타결이 지연되는 것을 우려한 국무부는 교섭의 조기 타결을 촉구하는 전문[126]을 6월 12일에 일본과 한국 주재 미국대사관에 전달했다.

> 만약 6월 22일까지 합의가 이루어지지 않으면 우리는 (…중략…) 최종적인 교섭의 합의가 무기한 지연될 수 있다고 우려하고 있다. 동시에 우리는 교섭의 현 단계에서는 합의에 이르기 위한 서울과 도쿄 쌍방에 의한 고도의 정치 결정이 충분히 가능하며, 그것이 오래 지속되어 온 교섭을 종결시킨다는 난문을 최종적으로 해결하는 유일한 방법이라고 생각하고 있다.

같은 전문에서 국무부는 양 대사관에 대해 박정희 대통령과 사토 수상에게 교섭을 종결시키는 정치적 결정이 이루어지지 않으면 안 되며, 가능하다면 양국이 아시아·아프리카 회의에 참가할 때까지6월 22일까지 조인이 이루어지기를 희망한다고 존슨 대통령 명의로 요청해야 한다고 전했다. 또한 이동원-시나 회담이 설정되어 있지 않다면, 그것이 이루어지도록

125 조윤수, 「한일회담과 독도-한국, 일본, 미국의 대응을 중심으로」, 『영토해양연구』 4, 2012, 157~159쪽.

126 DOS to Seoul, #1272, June 12, 1965, POL Japan-Korea S. 6/1/65, 1964~66 SNF, 국립중앙도서관.

조속히 설정하는 것이 바람직하다고 대사관이 촉구하도록 지시했다. 뿐만 아니라, 브라운에 대해서는 박정희와 면담할 때 "조기의 국교정상화를 달성하기 위한 한국정부의 능력을 강화할 것으로 기대되었던 (박정희의) 방미와 관련하여 상호간에 노력이 쌓인 후에" 국교정상화의 기회가 상실되어서는 안 된다는 대통령의 개인적인 희망을 전할 것, 라이샤워에 대해서는 주한미국대사관이 동의하면, "독도 문제를 한일협정 안에 넣는 것은 한국정부에게는 커다란 국내 문제가 되어 한국 여론이 한일협정을 승인할 전망을 위협한다"는 미국의 신념을 강한 어조로 전달하여 독도 문제는 한일회담의 틀 밖에서 고려하도록 사토에게 제안할 것을 지시했다.

라이샤워는 14일에 사토에게 제안을 했으나, 사토는 회담에 대해서는 낙관적인 태도를 보이면서도 독도에 대해서는 종래의 입장을 고수하며 "미국이 공식적으로 압력을 가하는 것은 역효과가 날 수도 있다"고 못을 박았다.[127] 한편, 브라운이 15일에 제안을 했을 때, 박정희는 독도 문제가 협정에서 언급되면 한국정부에 미치는 악영향은 일본정부와는 비교가 되지 않을 정도로 클 것이라고 하며, 타협안으로서 협정 안에서 독도라는 고유명사는 노출하지 말고 "협정 안에서 해결되지 않은 남겨진 문제는 그 후의 협의 대상이 된다"는 구절을 삽입할 것을 제안했다. 박정희는 이것으로 쌍방이 독도 문제를 자국에게 유리하도록 해석할 수 있다고 생각하고 있었다.[128] 브라운은 다음 날 협의를 위해 도쿄로 돌아갈 예정이었던 주한일본외교관사무소[129] 마에다 도시카즈前田利一 참사관에게 박정희의 제안 등

127 Tokyo to DOS, #4210, June 14, 1965, POL Japan-Korea S. 6/1/65, 1964~66 SNF, 국립중앙도서관.

128 Seoul to DOS, #1316, June 15, 1965, POL Japan-Korea S. 6/1/65, 1964~65 SNF, 국립중앙도서관.

을 전하고 독도 문제는 한국에서는 대단히 민감한 문제이므로, 한국정부는 입장을 바꿀 수 없을 것이라고 강조했다. 마에다는 박정희의 제안에 관심을 표명하며, 일본정부가 박정희의 제안을 승인하도록 지원하겠다고 언급했다.[130]

6월 15일에 김동조 주일대사가 시나 외상을 방문하여 한일회담의 여러 문제점 해결에 관한 일본 측의 협력을 요구한 결과, 각 조약과 협정의 정식 조인 날짜가 6월 22일 오전으로 정해졌고, 이동원 외무부장관이 6월 19일부터 도쿄를 방문하기로 결정되었다.[131] 이동원은 17일에 브라운에게 방일하게 되었다고 보고하고, 그는 기꺼이 도쿄에 가지만, 교섭이 파탄 날 위험을 무릅쓰더라도 독도 문제에 대한 입장을 바꿀 용의는 없다고 하며 미국의 원조를 요청했다.[132] 다만, 같은 날 외무성 직원과 접촉한 라이샤워는 일본정부가 협정 속에서 독도에 대해 언급하지 않는다는 한국의 요구에 응할 용의가 있다고 반응하자, 더 이상 독도나 다른 문제에 대해 미국이 주도권을 쥘 필요는 없을 것으로 판단했다.[133] 결국, '독도'라는 말은 6월 18일 단계에서 일본 측의 협정안에서도 삭제되었고, 다른 점을 둘러싸고 마지막

129 일본정부는 주한일본대표부 설치를 요구했으나, 한국정부는 국교정상화 전의 설치는 시기상조라고 하여 거부했다. 그러나 1965년 1월 말부터 일본외무성 전 북동아시아 과장인 마에다가 외교관으로서의 장기 체류와 외교관용차 사용 인가를 한국정부로부터 받아, 사실상 주한일본대표부 참사관으로서 부임했다. 『京鄕新聞』, 1965.1.27 참조.

130 Seoul to DOS, #1329, June 16, 1965, POL Japan-Korea S. 6/1/65, 1964~66 SNF, 국립중앙도서관.

131 「JAW-06310, 발신-주일대사, 수신-외무부장관」, 1965.6.15, 한국외교문서; 「WJA-06270, 발신-외무부장관, 수신-주일대사」, 1965.6.18, 한국외교문서.

132 Seoul to DOS, #1332, June 17, 1965, POL Japan-Korea S. 6/1/65, 1964~66 SNF, 국립중앙도서관.

133 Tokyo to DOS, #4280, June 17, 1965, POL Japan-Korea S. 6/1/65, 1964~66 SNF, 국립중앙도서관.

까지 난항이 계속되었지만, 조인식 25분 전에 독도에 관한 교환 공문의 조문이 확정되어, 22일에 예정대로 한일기본조약과 제 협정이하, 한일조약의 정식 조인이 이루어졌다.[134]

4. 우선시된 파병

그 후, 한국정부에게는 국내의 반대운동을 억누르고 신속한 조약 비준과 파병을 시행하는 것이 과제가 되었다. 조인 전날 남베트남 정부는 이미 한국정부에 1개 사단 파병을 정식으로 요청했고, 김성은 국방부장관은 같은 날 비치Dwight E. Beach 주한미군사령관에게 전투부대 파견 결정을 통지했다.[135]

7월 21일부터 한국에서 비준 국회가 개회되어 한일조약과 베트남 파병안이 의제가 되자, 한일조약 비준을 둘러싸고 '극한적인' 대립이 이어져 국회는 공전을 거듭했다. 7월 20일에 여야당 간에 당수 회담이 이루어졌고, 한 차례 국회를 폐회하여 냉각기간을 둔 후에 29일부터 야당도 심의에 응하는 식으로 재개하는 것에 합의했다.[136] 그 사이 27일에 10만 명 규모의 미 지상군 파견이 결정되었기 때문에, 최대한의 압력을 가할 필요가 있다고 판단한 브라운은 자세한 내용은 불분명하지만, 존슨 대통령이 보낸 서한을 박정희 대통령에게 전달했고, 이것을 받은 박정희는 거듭 파병을 확약했다.[137] 나아가, 같은 날 여당은 한일조약 비준 전에 베트남 파병안

134 조윤수, 앞의 글, 159~163쪽.

135 남베트남정부의 서한은 6월 14일자로 되어 있는데, 도착은 6월 21일로 되어 있다. 한국학술정보 편집부, 앞의 책, 297~298 · 301쪽 참조.

136 『東亜日報』, 1965.7.20; 高崎宗司, 앞의 책, 182쪽.

을 채결할 방침을 굳혔고 주한미국대사관도 이를 환영했다.[138]

7월 29일부터 재개된 국회의 '한일 간 조약과 제 협정 비준동의안 심사특별위원회'에서도 여야당의 대립이 지속되어 8월 11일에 여당이 기습적으로 심의를 중단하고 비준안을 일괄해서 가결하여, 다음 날 야당 의원이 전원 항의의 의미로 의원직사퇴서를 국회에 제출하는 미증유의 사태가 벌어졌다.[139] 그러나 여당은 방침을 바꾸지 않았고, 13일에는 '전투부대 월남 파병동의안', 14일에는 '한일협정 비준동의안'을 여당 단독으로 가결했다. 여름방학이 끝나자, 학생들은 '한일협정 비준 무효'를 외치며 연일 1만 명 규모의 데모를 했지만, 한국정부는 이에 대해 24일에 비상경계령을 발했고, 26일의 데모가 4만여 명으로 늘자 위수령을 발하여 반대운동을 억눌렀다.[140] 9월부터는 제1차 전투부대 파병이 개시되었다. 한국에서는 베트남 전쟁은 '반공의 성전'으로 간주되어 오히려 국민을 규합하는 요인이 되어 갔다.

한편, 일본에서는 한일조약 조인에 대한 반대운동은 저조했지만, 북폭 개시 이후 미국의 베트남 정책에 대한 비판이 높아졌고, 이것을 한일 비준 저지와 연결시키는 움직임이 일어났다.[141] 그러나 10월 말부터 시작된 일본의 비준 국회에서도 네 차례의 강행 채결 끝에 조약이 승인되었다. 그 후 비준반대운동이 다시 활발해지는 일은 없었고, 조약은 12월 18일에 발효되었다. 존슨 대통령은 조약 발효를 환영하여 같은 날 성명을 발표하고,

137 Seoul to DOS, #104, July 29, 1965, 002787-005-0545, HV.

138 Seoul to DOS, #107, July 29, 1965, KOR S-VIET S, 1/1/64-65, 1964~66 SNF, Central Foreign Policy Files, 국립중앙도서관.

139 『東亜日報』, 1965.8.12.

140 高崎宗司, 앞의 책, 187쪽.

141 『朝日新聞』, 1965.9.9.

국교정상화가 "양국에게 중요하고 항구적인 이익을 가져다주고 자유국가 사회를 강화할 것으로 믿고 있다"고 언급했고, 21일에는 주일·주한미국 대사관에 한일국교정상화 실현까지의 노력에 감사하는 메시지를 송부했다.[142] 다만, 일본에서는 그 후 베트남 반전운동과 오키나와 반환운동이 더욱 고양되어 간다.

이상과 같이, 공병부대를 남베트남으로 파견한 한국정부는 전투부대의 남베트남 파병을 적극적으로 제의하는 한편, 여론에 대한 대책으로 미국의 계속적인 한국 지원을 강하게 요구하게 되었다. 이와 같은 상황에서 미국은 주한미군 삭감을 실시할 수 없게 되었고, 베트남의 상황 악화를 배경으로 미 지상군 파견 계획의 일부에 한국 전투부대를 포함시킬 것을 결정하기에 이르렀다. 5월에 행해진 박정희 방미는 한일국교정상화에 대한 한국 여론의 반발을 잠재우기 위한 한미합작의 정치적 연출이라는 측면이 강했고, 한일은 그 효과가 없어지기 전에 조기에 회담을 타결시킬 것을 요구받았다. 마지막 난관이었던 독도 문제에 대해서는 절박한 한국 전투부대 파병의 필요성으로 인해, 미국이 일본에게 양보를 촉구함으로써 한국측의 안에 가까운 형태로 교섭이 타결되었다. 그리고 한일의 반대 여론은 무시된 채로 한일조약이 발효되었고, 한미의 베트남에 대한 관여는 그 후에도 계속되었다.

제2장에서는 전후 한일관계의 전환점이 되었던 한일국교정상화가 한국군 베트남 파병 직전에 실현되기까지의 과정을 주한미군과 한국군의 삭감,

142 「文書番号 214 件名－日韓条約および諸協定に対する韓国および各国の反響」, 1965.9, 日韓会談文書情報公開アーカイブズ; DOS to Tokyo, #1793, December 21, 1964, 02785-011-0001, HV.

한일 양국 여론의 차이에 초점을 맞춰 명확히 했다. 1960년의 이승만 정권 붕괴와 그에 따른 APACL의 변용에 의해 APACL을 통한 오키나와를 둘러싼 한국정부와 국부의 연대는 상실되었다. 한편, 오키나와에서는 복귀협이 결성되어 일본복귀운동은 그 후에도 확대되어 간다. 그러나 이 시기에 한미일 각국 정부 간에 문제가 된 것은, 오키나와 반환 문제가 아니라 1950년대부터의 현안이었던 한일국교정상화였다. 베트남 정세의 악화를 배경으로 주한미군과 한국군 삭감, 한일회담과 베트남 개입을 둘러싼 한일의 여론, 한국군 베트남 파병이 상호 영향을 미치는 가운데, 한미에 의한 베트남 파병 직전에 한일국교정상화가 실현되었다. 한일국교정상화가 실현되는 동시에 베트남 전쟁이 본격적으로 시작된 것이 오키나와 반환 문제에 어떠한 영향을 미쳤는지를 밝히는 것은 다음 장 이후의 과제이다.

제3장

오키나와 반환 문제의 초점화

제1절 동아시아 정세의 변화

1. 지역 협력 체제 형성을 위한 노력

제2장에서 확인한 바와 같이, 한미에 의한 베트남 지상군 파견과 한일국교정상화가 같은 시기에 실현되면서 동아시아 정세는 그 후 크게 변화하였고, 1969년이 되면 미일 간에 본격적으로 오키나와 반환 교섭이 개시된다. 그렇다면, 오키나와 반환 문제는 동아시아에서 어떻게 초점화되어 갔을까. 제3장에서는 한국군 베트남 파병 후의 한반도 정세 변화와 오키나와 현지 상황과의 상관관계에 주목하면서, 1965년부터 1968년 말까지 동아시아 정세의 변동 속에서 오키나와 반환 문제가 초점화되어 간 과정을 밝힌다. 제1절에서는 1967년에 사토-존슨 공동성명이 발표될 때까지의 동아시아 정세의 변화와 오키나와 반환 문제에 대한 국부의 관여에 대해 검토한다.

한일국교정상화와 같은 시기에 한국정부가 추진하던 정책의 하나로, 지역 협력 기구의 형성이 있었다. 1961년에 쿠데타로 정권을 탈취한 이후, 박정희 정권은 미국에 베트남 전투부대 파병을 적극적으로 제안하는 한편, 공산 세력의 침략 위협에 대처하기 위한 체제 강화 등을 목적으로 동남아시아를 포함한 국제회의 개최를 목표로 했다. 기존의 반공기구인 APACL 아시아 민족반공연맹은 민간조직이어서 정부 간의 반공연맹 결성을 주도함으로써 자국의 국제적 위상을 높이려는 의도가 있었던 것으로 생각된다. 또한, 이승만 정권과 강한 연대감을 갖고 있었던 국부는 박정희 정권에 대해서도 쿠데타 10일 후에 "最近의 韓國의 事態가 大韓民國과 中華民國 사이의 友好的인 關係를 繼續 維持하는데 아무런 問題도 惹起시키지 않았다"고 언명했고, 그 후에도 1963년 1월 말에 최덕신 외무부장관의 친선방문을 초청하는 등, 우호관계를 유지했다.[1]

1963년 10월의 대통령 선거 후에 정식으로 박정희 정권이 발족되자 '동남아시아 자유 제국 외무장관 회의' 개최 계획을 추진했다. 이것은 필리핀 외상의 제창으로 1961년 1월에 개최된, 필리핀, 한국, 중화민국, 남베트남으로 이루어진 '아시아 4개국 외무장관 회의'의 제2회 회의를 한국 정부의 주도로 개최할 것을 의도한 시도였다. 참가 대상국으로는 중화민국, 남베트남, 필리핀, 태국, 말레이시아 외에 오스트레일리아와 뉴질랜드도 포함되어 있고, 일본에 대해서는 적극적으로 요청하지는 않았지만, 반일정책을 취했던 이승만 정권과는 달리, 다른 초청국이 원한다면 참가도 있을 수 있다는 방침을 취했다.[2]

한편, 국부도 같은 시기에 뉴질랜드, 오스트레일리아, 말레이시아를 제외하고 한국안과 동일한 국가를 참가국으로 한 반공조직의 결성을 제안하고 있었다.[3] 정일권 국무총리는 1964년 10월에 국부의 초청으로 중화민국을 방문하고, 천창후안 외교부장과의 회담에서 이 문제를 협의했다. 그 결과, 국부 측이 한국 측에 협력하게 되고, 본 회담 개최 이전에 의제 설정 등에 관해 대상국과의 접촉이 필요하다는 데에 합의했다.[4] 여기에서는 이전과 마찬가지로 "철저한 반공과 상호 견고한 단결을 유지하는 것"에 합의가 이루어졌으며, 미국의 협조와 동의를 얻기 위해서는 공산주의에 대한

1 『東亜日報』, 1961.5.27; 1963.2.5.
2 鄭敬娥, 「1960年代のアジアにおける地域主義と韓国ーアジア・太平洋協議会(ASPA-C)会議を中心に」, 『大分大学教育福祉科学部研究紀要』 34(2), 2012, 130~131쪽.
3 「외아남 153, 발신-동남아주과장, 수신-동북아주과장」, 『정일권 국무총리 중화민국 방문, 1964.10.8~12』, 분류번호 724.21, 등록번호 788, 외교사료관, 1964.9.30.
4 「丁総理 沈外交部長会談内容」, 1964.10.12, 위의 문서철.

강한 적대감과 반공 세력의 강력한 연대의식이 강조되어야 한다고 했다.[5] 그러나 한국정부가 열심히 참가를 촉구한 오스트레일리아와 뉴질랜드 정부를 비롯한 대부분의 참가 예정국은 '반공'의 조직화에는 난색을 표했고, 보다 실질적인 지역 협력을 논의하기 위해서라도 일본의 참가를 강하게 요망했다. 이에 대해 일본정부 스스로도 반공군사동맹 가입을 경계하는 국내 여론의 동향을 우려해, 한국 주도의 회의 참석에 소극적이었기 때문에, 한국정부는 당초의 정치·군사적 측면을 중시하던 방침을 전환하여 경제·문화 교류를 증진하는 점을 중시하여 회의 개최 실현을 목표로 하게 되었다.[6]

결국, 이 구상은 아시아태평양협의회Asia Pacific Council : ASPAC로 구체화되어 1966년 6월에 서울에서 제1회 회의가 개최되었다. 참가국은 한국, 중화민국 외에, 오스트레일리아, 태국, 일본, 뉴질랜드, 필리핀, 말레이시아, 남베트남이었다. 개최된 회의에서는 반공군사동맹적인 국제회의에는 절대로 참가하지 않는다는 일본정부의 의향에 따라, 역시 당초 구상보다 반공색이 옅어졌고 지역 간 경제 협력이나 무역 확대가 공통 이념이 되었다.[7] 그러나 한국의 주도하에 일본을 포함한 지역 협력 체제가 형성되었다는 것은 1950년대와는 다른 커다란 변화였다.

다만, 중화민국은 내심 반공의 색채가 퇴색된 것에 불만을 품었고, 그 후에도 ASPAC을 군사동맹화하고자 하는 의사를 버리지 않았다.[8] 또한

5 박정현, 「미·중 화해와 한국-타이완 관계－외교정책 결정자들의 인식과 대응」, 『아세아연구』 157, 2014, 53쪽.

6 鄭敬娥, 앞의 글, 132~133쪽.

7 木宮正史, 「一九六〇年代韓国における冷戦外交の三類型－日韓国交正常化, ベトナム派兵, ASPAC」, 小此木政夫·文正仁 編, 『市場·国家·国際体制』, 慶應義塾大学出版会, 2001, 118~131쪽.

1965년부터 미국에 이은 파병국이 된 한국은 ASPAC 회의 후 베트남 참전국회의를 개최하자고 미국에 제안했는데, 그 배경에는 ASPAC에서 의제로 삼지 못하는 안전보장 문제를 논의하겠다는 계산도 깔려 있었다.[9] 회의의 개최를 둘러싸고, 아시아의 안보 문제를 주요 의제로 하려는 한국과, 평화를 위한 회의임을 강조하는 필리핀 사이에 대립이 보였지만, 미국의 조정 노력도 있어, 1966년 10월에 마닐라에서 첫 베트남 참전국회의가 개최되었다. 이틀간의 회담은 베트남 지원 강화와 관련한 논의 등이 이루어져, 참가국이 단결하여 사태에 대처하자고 의견을 모았다.[10] 이처럼, 베

〈사진 3-1〉 1966년 10월 24일에 처음으로 개최된 베트남 참전국회의. 마닐라. 왼쪽에서 세 번째가 박정희, 오른쪽 끝이 존슨. LBJ Library 제공.

8 박정현, 앞의 글, 54쪽.

9 조진구, 「한국군의 베트남 파병과 박정희 정부의 외교적 이니셔티브－한·미 행정협정 'ASPAC' 베트남 참전국 정상회담」, 『해외파병사 연구총서』 2, 2007, 173쪽.

10 『東亜日報』, 1966.10.26. 참가국은 오스트레일리아, 한국, 태국, 뉴질랜드, 필리핀, 미국, 남베트남이었다.

트남 전쟁 참전을 배경으로 박정희 정권은 지역 협력 체제를 적극적으로 형성하기 위해 노력했다.

2. 오키나와 반환의 구체화

그렇다면 미군의 베트남 전쟁 개입이 본격화되는 가운데, 당시의 일본과 오키나와는 어떠한 상황에 놓여 있었을까. 한국과 마찬가지로 미국과 긴밀한 관계에 있으면서, 일본과 오키나와에서는 동시기에 베트남 전쟁에 대해 대조적인 움직임이 나타나고 있었다. 미국이 1965년 2월부터 북베트남에 대한 항상적인 폭격북폭을 개시하자, 일본과 오키나와에서는 반전 기운이 고조되었다. 특히, 전쟁이 발발함에 따라 오키나와 기지가 활발히 사용되기 시작했기 때문에, 전쟁에 휘말리지 않을까 하는 오키나와 주민의 불안은 커져 갔다. 복귀운동의 추진 모체로서 활발한 활동을 하고 있던 오키나와 조국복귀협의회이하, 복귀협는 "상시 임전태세에 있는 오키나와 주둔 미군은 오키나와에서 핵무기 미사일 호크를 비롯한 군사력을 전개하여 오키나와 기지가 핵 공격 기지로 사용되고 있기 때문에 오키나와 현민을 직접 핵전쟁으로 끌어들일 위험을 수반하는 것임을 생각할 때, 90여 만 오키나와 현민의 생명 재산에 대한 일체의 보장에 대한 불안감이 한층 더 고조되고 있다"고 하며, 2월 22일에 미국의 베트남 무력 개입에 대한 항의 결의를 채택했다.[11] 그 중에서도 오키나와 주민에게 큰 충격을 준 것은 태풍 피난 명목으로 7월 28일에 가데나 기지로 날아온 B52가 다음 날 베트

11 沖縄県祖国復帰闘争史編纂委員会 編,『沖縄県祖国復帰闘争史 資料編』, 沖縄時事出版社, 1982, 217쪽.

〈사진 3-2〉 B52와 밭일하는 농부들. 1965년 7월부터 검은 살인기로 불린 B52가 가데나 기지에서 발진하여 베트남 폭격을 개시했다. 나하시 역사박물관 제공.

남으로 직접 출격한 것이었다. B52는 대륙간 탄도미사일, 잠수함 발사 탄도미사일과 함께 미국의 핵 공격력의 세 축을 이루며 수폭도 탑재 가능한 대형 전략폭격기로, 괌 기지에 배치되어 있던 B52는 베트남 전쟁이 본격화된 1965년부터 재래식 폭탄을 탑재해 베트남으로 도양渡洋 폭격을 하기 위해 사용되었다작전코드명 Arc Light. 전쟁 체험을 가진 사람도 많았던 당시의 오키나와에서 B52의 발진은 오키나와가 직접 전쟁에 말려들지 않을까 하는 공포를 불러일으켰다. 이 사건으로 인해, 오키나와가 보급기지 이외의 용도로 사용될 명확한 증거가 없다며 기지 사용을 용인하는 입장을 취했던 친미 보수 정당인 여당 오키나와 민주당도 동요했다.[12] 민주당은 7월 30일 이른 아침에 마쓰오카 세이호 행정부 주석을 포함한 회의를 열어 방침을 정하고, 정례 의회에서는 초당적으로 「전쟁 행위의 즉각 취소에 관한 요청 결의」를 기초했

12 HYCOMRY to DOA, HC-LO521108, July 1965, "International Relations Files, 1967. B-52's"(이하, 1967년 12월 31일까지 동일 코드의 문서는 동일 제목), [U81100993B], 沖縄県公文書館. 오키나와 민주당은 보수 측의 분열을 거쳐 1964년 말에 결성되었다.

다.[13] 그것은 오키나와가 제2차 세계대전에서 입은 전쟁의 참화에서 시작하여 "오키나와의 미군기지가 베트남 출격기지가 되어 오키나와가 직접 전쟁의 와중에 휘말리고 있는 것은 현민에게 직접 전쟁의 불안과 공포를 초래하고, 단순히 오키나와의 안전뿐만 아니라 본토의 안전도 위협하는 중대한 문제가 되고 있다"고 하여, 미군에게 전쟁행위의 취소를 강하게 요청하는 내용이었다.[14] 민주당의 나가미네 아키오長嶺秋夫 의장이 폐회사에서 베트남의 보복 폭격 가능성에 대한 불안감을 언급했고, 마쓰오카 주석도 오키나와를 발진기지로 사용하는 것은 바람직하지 않다고 유감의 뜻을 표명했다.[15] 전쟁에 말려들 수 있다는 불안감은 보수 측도 공유하고 있었다고 할 수 있다.

다만, 민주당이 B52 발진에 반대한 배경에는 입법원의원 선거에 악영향을 미칠 수 있다는 우려도 있었던 것으로 보인다. 8월에 USCAR 섭외국이 나하시 선출 민주당 의원 등 4명에게, B52가 선거에 미칠 영향에 대한 의견을 수렴한 결과, 3명이 B52의 발진이 계속된다면 선거에 악영향을 줄 것으로 우려하고 있었고, 같은 달 USCAR 섭외국과 비공식 회담을 가진 민주당의 구와에 조코桑江朝幸 정조회장도 B52에 반대하지 않으면 주민들의 지지를 잃게 되므로 최대한의 표를 얻기 위해서는 신중하게 행동할 필요가 있다며, 민주당이 B52에 반대하는 것을 USCAR가 묵인해 줄 것을 요청했기 때문이다.[16] 어쨌든 오키나와에서의 B52 출격은 오키나와 주민에게는 중대

13 HICOMRY to DOA, HC-LO521108, July 1965, [U81100993B], 沖縄県公文書館.
14 立法院会議録, 第二八回定例第三五号, 「戦争回避に関する決議方に関する陳情」, 1965.7.30.
15 HICOMRY to DOA, HC-LO521405, August 1965, [U81100993B], 沖縄県公文書館.
16 Memorandum for the Record, Subject-B52 Bombers Flying from Okinawa to Bomb Viet Cong Positions, August 3, 1965, [U81100993B], 沖縄県公文書

한 문제로 여겨졌던 것이다.

또한, 오키나와에서의 B52 발진은 미국의 베트남 전쟁 개입에 대한 비판이 높아지고 있던 일본 본토에도 큰 충격을 주었다. 시나 에쓰사부로 외상은, "오키나와는 일미안보조약 적용의 범위 밖이며, 오키나와에서 미국이 직접 작전행동을 해도, 일미 양국 간 사전 협의의 대상이 되지 않는다"는 견해를 나타내면서도, 오키나와에서의 B52 발진에 명확히 불만의 뜻을 표명했다.[17] 사토 에이사쿠 수상도 오키나와를 발진기지로 하는 미국의 권리를 부인하지는 않았지만, 주일미국대사관에 두 차례에 걸쳐 B52의 출격을 중지할 것을 요청했다.[18] 다만, 이 때 일본정부의 반응은 반전적인 국내 여론의 고조에 대한 우려 때문이라는 측면이 강했다고 할 수 있을 것이다.

이에 앞서, 라이샤워 주일미국대사는 「미국의 대일관계」라는 제목의 각서를 본국에 보내 베트남 전쟁 개입이 미국에 비판적인 일본 여론을 낳아, 그로 인해 미일관계를 안정적으로 유지하면서 '류큐 문제'에 대처하는 것을 어렵게 만들고 있다고 지적했다. 각서를 받은 볼George Ball 국무차관은 B52 발진이 일본에 미칠 정치적 악영향을 염려하여, 7월 31일에 맥나마라 국방장관에게 서한을 보내 오키나와 기지 사용이 빈번해졌을 경우, 향후 2, 3년 내에 일본 측이 오키나와에서의 미국의 권리에 대해 기본적인 변경을 요구할지도 모른다고 하여, 이 문제에 대해 검토할 필요가 있다고 지적했

館; Memorandum for Civil Administrator, Subject－Conversation between LO and Legislator Choko KUWAE Concerning Local Reaction to US B52 Raid which Emanated from Okinawa, August 6, 1965, in the same folder.

17 『朝日新聞』, 1965.7.30.

18 Tokyo to DOS, #361, July 30, 1965, *FRUS, 1964~1968*, vol.29, Part 2, *Japan*, pp.110~111.

〈사진 3-3〉 1965년 8월 19일 일본정부 수반으로서 전후 처음으로 미군 시정권하의 오키나와를 방문한 사토 수상을 환영하는 펼침막 옆으로 이에 항의하는 데모대열의 모습이 보인다. 사토 수상은 도착 직후의 기자회견에서 "오키나와의 복귀가 실현되지 않는 한, 일본의 전후는 끝나지 않는다"는 연설을 한다. 나하시 역사박물관 제공.

다. 그 결과, 1966년 1월에 오키나와 문제를 포함한 대일 정책 전반을 검토하는 국무부와 국방부 사이의 회의가 발족되었다. 3월에는 존슨 대통령의 명령으로 이 정책 과제에 대해 상급 부처 간 그룹Senior Interdepartmental Group : SIG이 국무부를 보좌하는 조직으로 발족되었고, 나아가 SIG의 지역적 하부 조직으로 부처 간 지역 그룹Interdepartmental Regional Group/ Far East : IRG/FE이 설립되어, 오키나와 문제에 관해 재검토가 이루어졌다. 그 결과, 군부의 강한 반대 의견에도 불구하고 오키나와 문제에 관한 작업반이 발족되었고, 국무부의 스나이더Richard L. Sneider 일본부장이 의장이 되었다.[19]

일본정부도 1965년 8월에 사토 수상이 오키나와를 방문하고, 그 후 오키

19 河野康子, 「沖縄返還と地域的役割分担論(一) - 危機認識の位相をめぐって」, 『法学志林』 106(1), 2008, 24~27 · 34~35쪽; 宮里政玄, 『日米関係と沖縄 1945-1972』, 岩波書店, 2000, 249~258쪽.

나와 문제 각료회의를 발족시키는 등, 오키나와 문제에 대한 대처를 본격화했다. 또한, 1966년 후반에 미국에서 B52의 추가 배치가 계획되었을 때, 정치적으로 미묘한 문제를 포함한다고 하여 오키나와는 제외되었고, 1967년부터는 태국의 우타파오 기지가 남베트남 폭격의 발진기지가 되었다.[20] 이와 같이, 미국의 베트남 전쟁 개입에 따른 오키나와 및 일본의 대미 감정 악화를 배경으로 하여 일미 간에는 오키나와 반환이 신중하게 협의되어 갔다.

3. 국부의 오키나와 정책 변화

그렇다면 오키나와의 지위에 변화가 있을 경우 협의를 하도록 제의했던 국부는 미일 간에 오키나와 반환협의가 개시된 것을 어떻게 보고 있었을까? 국부는 미국 측이 아마미군도의 반환과 관련하여 1953년 12월 14일자 각서[21]에서 "류큐제도의 지위에 관한 국부의 견해를 환영하며, 그 변화에 대해서는 국부에 전달한다"고 언급한 것을 근거로, 1961년 이후에도 오키나와의 지위 변화에 관심을 계속 기울이고 있었다. 1961년 6월에 이케다 하야토 수상이 방미했을 때 케네디 대통령이 이케다와의 회담에서 일본이 오키나와의 잠재주권을 가지고 있다는 인식을 표명하자, 국부는 미국 측에 대하여 아래와 같은 입장을 표명했다.

20 Jacob Van Staaveren, "USAF Plans and Operations in Southeast Asia 1965", USAF Historical Division Liaison Office, 1966.10, pp.28~29; http://www2.gwu.edu/~nsarchiv/NSAEBB/NSAEBB248/usaf_65.pdf, 2020년 8월 4일 열람.

21 Memorandum, December 14, 1953, 『反對將奄美島交與日本』 019.1/0001, 中央研究院近代史研究所档案館.

① 샌프란시스코 평화조약의 주요 조항은 카이로 선언과 포츠담 선언에 근거하여 결정되었기 때문에, 류큐군도와, 일본 본토로 간주되고 있는 4개 섬홋카이도, 혼슈, 시코쿠, 큐슈 이외의 도서는, 제2차 세계대전의 동맹국이 공동으로 결정한 것을 제외하고 모두 일본의 주권 범위 밖에 놓여야 한다, ② 대일평화조약 제3조는, 오키나와가 연합국의 신탁통치하에 놓이기 이전에는 미국을 그 유일한 시정권자로 하는 것을 규정하고 있으며, 오키나와는 연합국의 신탁통치를 거쳐 자치와 독립을 획득하는 이외의 방법은 인정되지 않는다, ③ 이른바 '잠재주권'은 국제법에 근거한 것이 아니고, 대일평화조약 제3조 안에도 명기되어 있지 않으므로 인정할 수 없다, ④ 중화민국정부는 류큐에 대해 일본 식민주의의 새로운 대두를 불러일으킬 수 있거나, 그렇게 해석할 수 있는 어떠한 조치도, 특히 동아시아에서의 자유국가의 뜻에 반하는 것이므로 받아들일 수 없다, ⑤ 중화민국정부는 대일평화조약 제3조의 규정에 비추어, 연합국의 신탁통치 이전에는 법리상의 논점에서도 공산주의의 침략에 대항하는 서태평양의 안전을 위해 류큐제도가 중요한 위치를 점하는 점에서도 이제도의 현상 유지가 관철되기를 바란다.[22]

더욱이 1962년 3월 19일에 케네디 정권이 "오키나와는 일본 영토의 일부"라고 하여, 일본정부에 의한 원조 확대 등의 새로운 정책을 발표했을 때에는, 천창후안 외교부장이 다시 미국 측에 각서를 전달하여 미국이 "오키나와는 일본 영토의 일부"라고 한 것에 강한 우려를 표하고, 미국이 국부의 견해를 고려하지 않은 채 (성명 발표에 대해) 국부에 통지하지 않은 것

22 「琉球地位問題概述」, 1964.6, 『琉球地位問題概述』 419/0003, 中央研究院近代史研究所档案館.

을 유감이라고 하며, 앞에서 언급한 국부의 입장을 전했다. 또한, 류큐와 중국의 역사적 관계, 지리적 근접성에 비추어 국부는 류큐의 최종적인 지위 결정에 대해 견해를 표명할 권리와 의무를 가진다는 점을 강조하고, 성명에 대해 재검토할 것을 요청했다.[23] 이구치 사다오井口貞夫 타이완 주재 일본대사가 같은 달 27일 외교부를 방문하여, 3월 13일에 천창후안 외교부장이 입법원에서 국부는 일본이 오키나와에 대해 잠재주권을 갖고 있음을 인정하지 않는다는 성명을 낸 것에 항의하고 다음 달 각서를 제출하였으나, 국부 측은 같은 해 9월에 일본대사관에도 같은 입장을 전달하여 일본 측의 항의를 수용하지 않았다.[24]

외교부는 일미 양국 정부에 국부의 입장을 제의했을 뿐만 아니라, 4월 2일에 최용덕崔用德 타이완 주재 한국대사와 면회하여 미국과 일본에 대해 국부가 오키나와에 관한 입장 표명을 한 것을 전했다. 최 대사는 오키나와에 대한 한국정부의 견해는 국부와 일치한다고 하며 공동보조를 취할 의사가 있다고 응했다.[25] 또한, 천창후안 외교부장은 그 후 4월 13일에 라모스Narciso Ramos 타이완 주재 필리핀 대사와도 면회하여, 오키나와 문제의 배경과 국부의 입장, 현재의 상황에 대해 설명하고, "오키나와제도의 중요한 전략적 지위는 서태평양 구역의 안전에 심대한 영향을 미치는 것이며, 미국정부는 이 섬들의 현상 유지에 힘써 그 안전에 책임을 지는 것을 포기

---

23 Memorandum (Translation), March 30, 1962, 『琉球地位, 琉民待遇及國籍問題』 602/89006, 中央研究院近代史研究所档案館.

24 「備忘録(翻訳文)」, 1962.3.23, 『琉球問題』 019.1/0019, 中央研究院近代史研究所档案館; 「琉球地位問題概述」, 1964.6, 『琉球地位問題概述』 419/0003, 中央研究院近代史研究所档案館.

25 「本部美洲司蔡司長與韓國駐華大使崔用德談話」, 1962.4.2, 『琉球問題』 019.1 /0019, 中央研究院近代史研究所档案館.

해서는 안 된다"는 견해를 주변 국가들이 표명하는 것이 미국에도 도움이 될 것이라고 말했다.[26]

그러나, 이 시기 이후 국부의 류큐 정책은 이승만 정권과 함께 류큐 독립을 지원하려고 했던 1950년대와는 달리, 오키나와의 독립보다도 현상 유지에 중점을 두게 되었던 것으로 보인다. 이승만 정권이 붕괴된 후 오키나와 문제에 대한 APACL을 매개로 한 한국과 중화민국 사이의 협력관계는 상실되었고, 1962년에 도쿄에서 제8회 대회가 개최되었을 때는 오키나와에 대한 잠재주권을 주장하는 일본 측에 의해 류큐 대표였던 차이장은 출석이 거부되었다.[27] 박정희 정권은 이 시기에 오키나와의 귀속 문제에 대해 깊은 관심을 보이지 않았고,[28] 한일국교정상화, 베트남 파병 같은 다른 안건에 주력했던 것이다. 또한, 1965년 11월에 개최된 APACL 제12차 총회에서는 회원의 증가와 다양화를 위해 APACL을 발전적으로 해소하고 유럽 등의 출신자를 포함한 세계반공연맹을 창설할 것이 결의되어, APACL은 당초 한국과 중화민국 양국이 목표로 했던 아시아의 반공군사동맹과는 크게 양상을 달리하게 되었다.[29] 덧붙여, 차이장 등이 오키나와에서 결성한 류큐 국민당은 오키나와에서 지지를 넓힐 수도 없었다. 당수인 오기미 조토쿠는 1960년의 입법원의원선거 및 1961년의 나하 시장선거에 국민당 후보로 입후보했지만, USCAR가 오키나와 주민의 불만을 완화

26 「部長接見菲律賓駐華大使羅慕斯談話紀錄」, 1962.4.13, 『琉球問題』 019.1 /0019, 中央研究院近代史研究所档案館.

27 赤嶺守, 「戦後台湾における対琉球政策－1945年~1972年の琉球帰属問題を中心に」, 『日本東洋文化論集 琉球大学法文学部紀要』 19, 2013, 40쪽.

28 「琉球(沖縄)問題－問題点과 政府立場」, 1969.3.17, 『미국·일본간 오끼나와(沖繩)반환문제 전2권』 V.1, 1960.1~6, 분류번호 722.12 JA/US, 등록번호 2958, 외교사료관.

29 『東亜日報』, 1966.11.8.

하기 위해 서서히 유연한 정책을 취하게 되었기 때문에, 보수파가 주장하는 "꾸준한 노력에 의한 (일본과의) 실질적 일체화"가 지지를 얻어, 나하 시장선거에서는 겨우 464표의 지지밖에 얻지 못했다.[30] 또한, 복귀협 결성 이후 오키나와에서는 독립운동이 아닌 일본복귀운동이 고양된 것이 대외적으로도 확실히 드러나 있었다. 1965년 12월의 중국 국민당 제9기 중앙위원회 상무위원회에서 류큐 정책이 다시 검토되었는데, 이시이 아키라石井明의 연구에 따르면 장제스 총통은 아래와 같은 지시를 했다고 한다.

> 우리 당의 류큐 공작은 미국과 일본의 반응에 주의를 기울여야 한다. 나는 반드시 조직을 만드는 방식에 따르거나, 혹은 류큐 혁명동지회의 명의로 진행할 필요는 없다고 생각한다. 상회나 동향회 등의 민간단체를 조직하여 공공연히 우리 교무僑務, 상무의 추진에 유리하도록 해야 한다. 그 외에 유학생의 수를 늘려 중국과 류큐의 문화 교류와 관계를 촉진시키기를 희망한다.[31]

국부가 오키나와와의 활발한 교류에 힘쓰게 되고 오키나와에서 활동하는 타이완 출신자가 증가했기 때문에, 국부의 출장기관 직원들 사이에 대립도 일어나게 되었다. 그런 가운데, 류큐 혁명동지회의 차이장은 1967년 2월에 오키나와에서 직원 간의 대립으로 일어난 상해사건에 연루되었다는 의심을 국부로부터 받게 되어 타이완 측의 거점을 잃게 되었다.[32]

30 櫻澤誠, 『沖縄現代史－米国統治, 本土復帰から「オール沖縄」まで』, 中央公論新社, 2015, 95쪽.
31 石井明, 「中国の琉球・沖縄政策－琉球・沖縄の帰属問題を中心に」, 『境界研究』 1, 2010, 88쪽.
32 八尾祥平, 「1950年代から1970年代にかけての琉球華僑組織の設立過程－国府からの影響を中心に」, 『華僑華人研究』 8, 2011, 12~15쪽.

같은 해, 미국정부가 류큐 선박의 일본국기 게양, 나하의 남방연락사무소에 의한 주민의 여권 발행 등을 용인하는 정책을 내놓자, 국부의 활동은 활발해졌다. 국부는 다시 국무부에 오키나와를 일본에 반환하는 것에 대한 의심을 가지고 있다고 거듭 문제제기하게 되었다. 6월 28일에는 장제스의 지시에 따라 각서가 매카너기Walter P. McConaughy, Jr. 타이완 주재 미국대사에게 건네졌다. 그것은 중화민국에 대한 사전 협의 없이 류큐 선박 및 여권 발행에 관한 정책 변경을 한 것에 항의하는 한편, 연합국의 일원인 중화민국과의 협의 없이 오키나와의 지위를 결정할 수 없으며, 오키나와가 중화민국의 안전보장에도 중요한 위치를 차지하고 있다고 하여 오키나와의 현상 유지를 이전과 마찬가지로 주장하는 내용이었다.[33] 매카너기는 국부가 오키나와 문제에 대한 자신들의 의견을 되풀이해서 주장하는 것에 대해, 그 자체가 목적이 아니라 미국의 파트너이자 연합국의 일원이라는 지위를 유지하려는 노력의 일환으로 간주하면서도, 국무부에 모종의 반응을 보이도록 촉구했다.[34]

국무부는 7월 27일에 다음 사항을 국부에 전하도록 타이완 주재 미국대사관에 지시를 내렸다.

> 류큐의 지위 변경을 최종적으로 결정하는 것은 전쟁 시기 연합국의 선언카이로 선언 및 포츠담 선언이나, 전후에 자유주의 국가들이 지지한 반식민주의 원칙과 모순되지 않는다. 따라서 이에 대해 중화민국과 협의하라는 요구는 받아들일 수 없다. 1962년 3월 19일의 케네디 대통령의 특별 성명에 제시된 바와 같

33 Taipei to DOS, #3977, June 28, 1967, [U90006053B], 沖縄県公文書館.
34 Ibid.

> 이, "오키나와는 일본의 일부이며, 자유세계의 안전보장상 이익이 오키나와를 일본의 시정권하에 두는 것을 허락하는 날이 오기를 바라"는 것이 미국정부의 입장이다. 다만, 미국은 중화민국이 오키나와에 대해 안전보장상의 이익을 가지고 있다는 것을 이해하고 있다. 이로 인해 안전보장상의 이익에 영향을 미칠 만한 지위의 변경이 있을 경우에는 사전에 국부에게 알리도록 노력할 것이다.[35]

국무부는 사토 총리의 방미가 곧 예정되어 있다는 점도 거론하며, 국부 측에 전달할 수 있을 때가 되면 일미 양국 정부 간의 협의 결과를 국부에 전달하겠다고 밝히기도 했다.[36] 일미 간에 오키나와 반환 협의가 구체화되고 있는 상황에서, 국부가 거듭 연합국의 일원으로서의 입장을 주장하는 것은 미국 측으로서는 바람직한 일이 아니었던 것으로 보인다.

4. '반환 시기'의 합의

그렇다면 이 시기에 일미 간에는 오키나와 반환을 둘러싸고 어떠한 협의가 이루어지고 있었을까. 여기에서는 오키나와 반환 시기를 예정하는 데 있어서 중요한 의미를 가졌던 1967년 11월의 일미공동성명이 발표되기까지의 경위에 대해, 당시의 국부와 오키나와 현지의 동향도 고려하면서 검토하고자 한다.

---

35 DOS to Taipei, CA-691, July 27, 1967, [U90006053B], 沖縄県公文書館. 번역에 대해서는 河野康子, 앞의 글, 2008도 참조.

36 Ibid.

국부는 일본에 대해서도 마찬가지로 오키나와 반환에 대한 자국의 입장을 주장하는 한편, 1965년 이후에는 수차례에 걸쳐 수상의 타이완 방문을 요망했었다. 사토 정권은 발족 당시에는 일·중 대화를 모색하고 있었기 때문에 타이완 방문 결정을 미루고 있었지만, 그 후 중국의 군비 증강이나 오키나와 반환 교섭에 따라 미국으로부터 아시아에서의 지역적 역할 강화를 요청받기도 하여, 타이완에 적극적으로 관여하게 되었다.[37] 1967년 5월 일본을 방문한 옌자간嚴家淦 행정원장이 사토 총리와 비공식 회담을 했을 때, 다시 타이완 방문이 화제에 오르자, 일본정부는 타이완 방문을 위한 준비를 추진했다. 일본 측은 당초에는 9월과 10월로 예정된 아시아·태평양 국가 순방의 마지막으로 타이완을 방문하는 것을 타진했으나, 국부 측이 난색을 표명하여 9월에 단독으로 타이완을 방문하기로 결정되었다.[38] 이 배경에는 사토 개인이 이번 기회에 장제스로부터 오키나와 반환에 대한 양해를 구하고자 하는 강한 의지가 있었다.[39] 사토는 또한 옌 행정원장과의 비공식 회동에서도 오키나와를 언급하며 "오키나와는 아시아의 안전에 매우 중요하며 일본뿐만 아니라 타이완, 한국도 그 보장을 받고 있기 때문에 자민당은 사회당 같은 좌파 인사들의 견해에는 동의하지 않으며, 당분간 미국이 기지를 철거하도록 요구할 생각도 없다"고 말했다.[40]

외무성은 사토의 타이완 방문을 앞두고 회담의 의제를 검토했지만, 8월

37 사토의 타이완 방문까지의 정치 과정에 대해서는 井上正也, 『日中国交正常化の政治史』, 名古屋大学出版会, 2010, 367~371쪽 참조.
38 外務省中国課, 「佐藤総理の中華民国訪問について」, 1967.6.28, 日本外務省外交記録, MF番号A-0389, 「佐藤総理中華民国訪問関係(一九六七.九)」.
39 石井明, 앞의 글, 89~91쪽; 井上正也, 앞의 책, 373~374쪽.
40 「日本內閣總理大臣佐藤榮作訪華參考資料」, 1967(날짜 없음), 『蔣中正接見外賓談話資料(二)』(蔣經國總統文物), 國史館藏, 數位典藏號 : 005-010304-00002-007.

〈사진 3-4〉 1967년 9월 7일에 타이완을 방문하여 다음 날 장제스(오른쪽)와 담화를 나누고 있는 사토 에이사쿠(왼쪽). 국사관 제공.

31일 시점에 작성된 타이완 방문시의 의제는 대중국 관계에 관한 것이 대부분이었고, 오키나와 문제는 포함되지 않았다.[41] 마찬가지로, 국부의 외교 관계자도 이번 타이완 방문은 친선방문 차원으로 간주하여 중국에 관한 화제가 중심이 될 것이라고 타이완 주재 미국대사관에 전했다.[42] 그러나, 9월 7일부터 타이완을 방문한 사토는 9월 8일에 장제스 총통과 두 차례에 걸쳐 회담을 하는 가운데, 오키나와 문제에 대해 언급을 시작한다.

41 Tokyo to DOS, #1413, Subject : PRIMN Sato SEPT 7-9 Visit to Taiwan, September 1, 1967, "General Records of the Department of State, Central File, 1967~69, 原ファイル記号 : Box 2243 POL 7 Japan 8/1/67", [0000111461], 沖縄県公文書館.

42 Taipei to DOS, #675, Subject : Sato Visit to Taipei, September 9, 1967," General Records of the Department of State, Central File, 1967~69, 原ファイル記号 : Box 2243 POL 7 Japan 8/1/67", [0000111461], 沖縄県公文書館.

두 번째 회담 만찬 도중의 일이었다.

> 현재 일본국민과 90만 오키나와 민중이 오키나와의 일본 복귀를 요구하고 있다. 나는 오키나와의 미군기지가 일본의 안전과 밀접한 관계를 가지고 있을 뿐만 아니라, 아시아의 방위와도 깊은 관계를 가지고 있다는 것을 잘 알고 있다. 일본정부는 국민의 감정을 무시할 수는 없지만, 국가와 아시아의 안전에 소홀할 수도 없다. 이런 상황에서 오키나와는 현대 일본의 고뇌 중 하나가 되고 있다고 할 수 있다. 일본은 현재 어떻게 미군의 역량에 영향을 주지 않으면서 적당한 시기에 오키나와를 일본에 복귀시킬 수 있을지 검토하고 있다.[43]

이 발언은 옌자간과의 회담 때 발언과 마찬가지로, 아시아 안전보장을 중시하면서 오키나와 반환 교섭에 임하려 하는 것을 의미했다. 이에 대해 장제스는 아래와 같이 오키나와 반환에 대한 견해를 피력했다.

> 류큐는 아시아의 안전을 위해 중요하다. 그밖에 미국이 류큐 기지를 유지해야 하는 관점은 두 가지가 있다. 하나는 대륙의 공산당共匪이 미국에 우호적이지 않고 적대적이라는 점이다. 다른 하나는 미국이 곧 류큐를 일본에 반환하려 할 때, 공산당이 반드시 침투할 방법을 생각한다는 것이다. 동시에 공산당은 스스로를 합법 정권이라고 자인하고 있기 때문에, 류큐의 영토권을 주장하면서 의외의 분규를 일으킬지도 모른다. 나는 일본이 류큐의 귀속에 대하여 서두를 필요가 없다고 생각한다. 미국은 영토적 야심이 없으며, 류큐의

43 「總統接見日本內閣總理大臣佐藤榮作談話紀錄」, 1967.9.8, 『蔣中正總統與佐藤榮作談話紀錄』 012.2/0007, 中央研究院近代史研究所档案館.

90만 명의 목소리를 무시할 수도 없을 것이므로, 이 문제는 장차 자연스럽게 해결될 것이다.[44]

나아가 장제스는 스스로가 중국대륙에 반격하여 공산당을 무찔러 아시아의 평화와 안전이 확립된 후에는 오키나와의 군사기지가 사라질 것이라는 견해를 제시했다. 그 후 회담을 위해 자리를 옮겨 또다시 오키나와에 대한 논의가 진행되는 동안에도 장제스는 오키나와 문제가 합리적으로 해결될 날이 오겠지만, 그러기에는 시간이 필요하다고 말했다.[45] 장제스는 여기에서 사토에게 미국을 상대로 한 것처럼 국부의 기존 입장을 제시하거나 면전에서 오키나와 반환에 반대하거나 하지는 않았다. 그것은 사토가 목표로 하는 오키나와 반환의 방향이, 미군기지를 철수하여 타이완의 안전에 큰 영향을 주는 것이 아님을 확인했기 때문이 아닐까 생각된다. 또한 사토 자신이 이 장제스의 발언을 오키나와 반환에 대한 명확한 반대 의사 표현으로 받아들였다고 보기도 어렵다.[46] 사토의 이 타이완 방문은 일중관계에 영향을 줄 수도 있었기 때문에 큰 주목을 끌었지만, 오키나와에 관한 상세한 회담 내용이 발표되지는 않았다. 그 후 사토는 외무성을 통해 국무부와 교섭을 계속하는 한편, 와카이즈미 게이若泉敬 교토 산업대학 교수를 밀사로 미국에 파견하여 비공식 루트로 백악관과 직접 교섭으로 오키나와의 조기 반환 가능성을 타진했다.[47]

44 위의 글.
45 위의 글.
46 石井明, 앞의 글, 89~91쪽; 井上正也, 앞의 책, 374~375쪽.
47 교섭에 대한 상세한 내용은, 中島琢磨, 『沖縄返還と日米安保体制』, 有斐閣, 2012, 제2장 참조.

같은 시기 일본에서는 사토의 방미를 앞두고 오키나와 반환을 요구하는 여론이 한층 고조되고 있었다. 한편, 오키나와에서는 베트남 전쟁이 경과하면서 토지의 신규 접수, 묵인 경작지의 회수, 미군 범죄의 증가, 기지 주변의 소음 악화 등의 주민 생활을 위협하는 사태가 연이어 발생한데다가, 미군기지의 존재를 허락함으로써 미국의 전쟁에 가담했다는 가해자 의식도 생겨나, 복귀운동이 더욱 고조되었다. 다만, 복귀운동을 추진해 온 복귀협 관계자 등 일부 주민들은 사토 정권이 미국 일변도라고 하여 불신감을 품게 되었다.[48] 1966년에 제기된 위헌소송과 1966년의 국회 논쟁을 통해 "대일'평화'조약 제3조에 의한 불법 · 부당한 미국의 지배를 용인할 뿐만 아니라 적극적으로 협력하고 있는 것이 사토 자민당"임이 명확해졌다는 것 등이 그 이유였다.[49] 위헌소송은 복귀협과 본토 측 지원단체인 '오키나와 반환 요구 국민운동 연락회의'가 중심이 되어 오키나와의 법적 지위를 규정한 대일평화조약 제3조가 국제법과 일본국헌협에 위반되어 무효라고 주장하며 국가를 상대로 1965년 9월에 도쿄 지방법원에 제소하여 수리된 사건이었다.[50] 구체적인 소송 내용은 고등판무관에 의한 오키나와 주민의 일본 도항 거부에 대한 손해배상과 오키나와 거주 피폭자에 대한 원폭의료법 미적용에 대한 의료비 지급이었다. 당시 오키나와는 사실상 일본국헌법의 적용을 받지 않았기 때문에 적용되지 않는 헌법상의

48 沖縄県祖国復帰闘争史編纂委員会 編, 앞의 책, 365~368쪽.

49 위의 책, 306쪽.

50 위헌소송에 관한 자세한 내용에 대해서는 小林武,「沖縄違憲訴訟－琉球政府期における日本国憲法への架橋の努力」,『愛知大学法学部法経論集』207, 2016, 소송의 경과에 대해서는 琉球新報社 編,『世替わり裏面史－証言に見る沖縄復帰の記録』, 琉球新報社, 1983, 490~506쪽; 櫻澤誠,「沖縄の復帰運動と日本国憲法－沖縄違憲訴訟を中心に」,『歴史学研究』939, 2015 참조.

권리에 근거하여 법적으로 다투는 것은 불가능했지만, 주민들은 원래 헌법은 오키나와에 적용된다는 인식을 전제로 주민의 기본적 인권이 침해되는 것에 대한 일본정부의 조치작위 내지 부작위의 위법성을 추궁하고자 한 것이다.[51] 그러나 일본정부는 제소 이전에 "오키나와의 법적 지위에 관한 정부의 통일 견해"를 제출하여, 시정권이 미국에 있기 때문에 현실적으로는 헌법을 적용할 수 없다고 하여 미국의 오키나와 통치의 합법성을 강조하고 미국의 권리를 옹호하는 것으로 일관했다.[52] 이와 같은 국가 측의 입장은 그 후의 재판이나 1966년 이후의 국회 논전의 장에서도 드러나, 오키나와 주민을 일본국민과 동등하게 대할 것을 요구한 사람들의 반발을 부르게 된 것이다. 11월 사토 수상의 방미를 앞두고, 복귀협은 아래와 같은 「즉시 무조건 반환을 요구하는 성명」을 발표했다.

> 우리가 가장 우려하는 것은, 오늘날 (샌프란시스코 평화) 조약 3조에 의한 미국의 오키나와 지배는 그 근거를 잃었고, 세계에서도 유례없는 불법, 부당한 이민족 지배로서, 국제 여론 속에서 고립되고 있는데도, 그 밑바탕의 정치적 발상으로 보아 이번 사토 총리의 방미에서 기지에 대한 새로운 협정이나 결정이 이루어질 것으로 예상되어, 미국의 식민지적 군사 지배를 스스로 합법화하는 결과를 초래하여, 조약 3조와는 별도로 복귀운동에 새로운 장벽이 생긴다는 것이다.
>
> 현민의 기본적 요구는 조약 3조 철폐, 즉시 무조건 전면 반환이며 핵기지 철거, 일체의 군사기지에 반대하는 입장은 일련의 투쟁을 통해 보다 명확해

51 小林武, 위의 글, 164~165쪽.
52 위의 글, 166~168쪽.

졌다. (…중략…) "오키나와의 복귀가 실현되지 않는 한, 일본의 전후는 끝나지 않는다"는 명언이 진실이라면, 사토 총리는 즉시 일본의, 전후 오키나와의 점령상태를 종결시켜야 한다.[53]

여기에서 등장한 '즉시 무조건 전면 반환'이라는 말은 1965년 이후 일본정부가 모색하고 있던 교육권 분리 반환론,[54] 미야코와 야에야마를 분리한 지역별 반환론, 핵을 유지한 상태의 반환론 등을 의식하여, 장기에 걸친 이민족 지배에 대해서는 '즉시', 핵 유지 조건에는 '무조건', 분리론에는 '전면 반환'을 대치시킨 것이었다.[55] 즉, 애초에 정부의 오키나와 반환 노선에 대해 동의할 수 없다는 의미를 담아 만들어진 것이었다. 이 말은 정부의 반환 노선이 명확해짐에 따라 거기에 대항하는 것으로 사용되기 시작하여, 이후에 1968년의 복귀협 제13회 정기 총회에서 슬로건으로 결정되었다. 복귀협 대표단은 사토 수상의 방미 전에 상경하여 단식농성 등을 하면서 오키나와의 '즉시 무조건 전면 반환'을 호소했다.[56] 또한, 사회당 등은 수상의 방미를 위험시하여 방미 저지를 위한 집회를 열려고 했으나, 공산당과의 대립 때문에 취소되어 혼란이 야기되었다.[57]

이런 가운데, 사토는 11월 12일부터 도미하여 미국정부 수뇌들과 회담을 가졌다. 14일에 열린 맥나마라 국방장관 등과의 1차 회담에서 오키나

53 沖縄県祖国復帰闘争史編纂委員会 編, 앞의 책, 375~376쪽.
54 옮긴이 주 : 1966년 8월 23일에 "오키나와의 시정권 반환을 전진시키기 위해 기능별로 우선 교육권의 반환을 추진"할 것이 각의결정되어 교육권 분리 반환이 검토되었다. 이에 대해 야당은 반대의견을 표명했고, 결국 1967년 1월에 사토 수상에 의해 부정되었다.
55 沖縄県祖国復帰闘争史編纂委員会 編, 앞의 책, 463쪽.
56 『朝日新聞』, 1967.11.9.
57 『朝日新聞』, 1967.11.10.

와 반환이 의제에 올랐을 때, 맥나마라는 오키나와가 반환될 것은 확실하지만, 문제는 일본이 핵무기 사용이나 전투작전행동을 포함한 오키나와 미군기지의 사용을 허가할 것인지 여부라고 언급했다. 그리고 일본이 핵반입, 작전행동의 자유를 허가하기 어렵고 시간이 걸린다는 것은 알고 있지만, 국민이 그것을 자신들의 안전보장을 위하는 것이라고 납득한다면 합의는 가능하다고 언급했다.[58] 이 발언은 사토 방미 직전에 주미중화민국대사가 번디 국무부차관보를 방문하여, 장제스 총통이 오키나와 반환에 대해 우려를 갖고 있음을 강조한 것도 염두에 둔 것으로 알려져 있다. 번디는 국부 측의 우려에 대해 "일본정부는 일본과 지역 전체의 안전보장에 대한 오키나와 기지의 중요성에 이해를 표명하며 오키나와 주민들의 복귀감정에 대해 현실감과 책임감을 갖고 대응하고 있다"고 하며 국부 측의 이해를 구했다.[59]

이에 대해 사토는 타이완을 방문했을 때, 장제스가 오키나와의 미군이 반환 후에 철수할 수 있다고 우려했던 것을 거론하며, 자신은 "군사체제는 약화시키지 않을 테니 안심하라"고 말했다고 한다. 그리고 국내의 정치적 압력이 있기 때문에 오키나와 반환에 대한 합의를 성명에 기입하는 것이 일미관계를 유지하기 위해 중요하다면서 "국민에게 희망을 주고 협력을

58 Memorandum of Conversation, Subject : Balance of Payments/Japanese Role in Asia and Views Toward Vietnam/Sato's Visits to Southeast Asia/China and Japan's Security/Ryukyus Reversion, November 14, 1967, *FRUS, 1964~1968*, vol.29, Part 2, pp.227~232;「佐藤総理・マクナマラ国防長官会談録」, 날짜 미상,「沖縄関係五－返還交渉前史(対米・対内)」, 0600-2008-0031, H22-021, 外務省外交史料館.

59 河野康子, 앞의 글, 2008, 103쪽; DOS to Taipei, #66921, November 9, 1967, RG59, POL 17 CHINAT-US, SNF, Box 1982, NA.

얻는 것이 필요하다. 이는 기지 유지에도 특히 중요하다"고 강조했다.[60]

다음 날 러스크 국무장관 등과의 회담에서도 사토 수상은 일본인이 오키나와 반환을 강력히 원하고 있다는 요소를 공동성명에 포함시킬 필요가 있다고 언급하며, "자칫 잘못하면 큰일이고, 사회당과 공산당이 기대하는 상황으로 몰리게 된다"고 강조했다. 러스크는 이에 대해 베트남 전쟁이 진행중이라는 점 등으로 미국정부가 민감한 입장에 놓여있는데다 이듬해에 대통령선거를 앞두고 있기 때문에 현 단계에서 할 수 있는 공약에 한계가 있다는 문제점을 들었다. 사토는 "기지와 시정권은 양립할 수 있을 것"이라고 했고, 미키 다케오三木武夫 외무장관은 "총리와 대통령은 2, 3년 내에 반환 시기에 합의할 수 있도록 노력하기로 합의했다"는 문구를 제시했다. 그러나 러스크는 일본 측의 견해와 미국 측의 견해가 별도로 되어 있는 문구로 하기를 원했고, 협의 결과 공동성명으로 발표하는 오키나와 반환 시기에 대해서는 미국 측이 제안한 "양국 정부가 향후 2~3년 내에 쌍방이 만족할 만한 반환 시기에 대해 합의해야 함을 강조했다"는 표현으로 하는 데 일치를 보았다.[61]

공동성명은 일본 시간으로 11월 16일에 발표되었는데, 이에 대해서는 오키나와와 본토 모두 명확한 반환 계획이 세워져 있지 않다는 데에 불만

60 Memorandum of Conversation, Subject : Balance of Payments/Japanese Role in Asia and Views Toward Vietnam/Sato's Visits to Southeast Asia/China and Japan's Security/Ryukyus Reversion, November 14, 1967, *FRUS, 1964~1968*, vol.29, Part 2, pp.227~232; 「佐藤総理・マクナマラ国防長官会談録」, 날짜 미상, 「沖縄関係五－返還交渉前史(対米・対内)」, 0600-2008-00031, H22-021, 外務省外交史料館.

61 Memorandum of Conversation, Subject : Ryukyus and Bonins, November 15, 1967, Ibid., pp.232~234; 「佐藤総理・ラスク国務長官会談録」, 「沖縄関係五－返還交渉前史(対米・対内)」, 0600-2008-00031, H22-021, 外務省外交史料館.

이 집중되었다.[62] 또한, 복귀협은 11월 21일에 이 성명이 "오키나와 기지의 중요성을 인정하고 반공 아시아의 방위와 미국의 베트남 침략전쟁에 보다 적극적으로 가담할 것을 확인한 것"이며 "기지를 철거하지 않는 한 오키나와의 조국 복귀가 실현될 수 없음을 여실히 가르쳐주는" 것이라며, 「일미 양국 정부에 대한 항의 결의」를 채택했다.[63]

한편, 공동성명을 발표한 지 얼마 안 된 11월 27일에 9월의 중국 방문 당시 사토 수상의 초대에 응한다는 명목으로 국부의 장징궈蔣経国 국방부장이 방일했다.[64] 사토는 장징궈에 대해서도 아시아의 안전이 오키나와 미군기지와 밀접하게 연계되어 있다는 인식을 표명하고, 오키나와의 행정권과 오키나와의 미군기지 존속은 결코 표리일체의 문제가 아니라고 하며, 다음 방미 때도 미국이 오키나와에 계속 기지를 보유하는 상황에서 오키나와의 행정권만 일본에 반환한다는 방침으로 임하겠다고 전했다.[65] 미국 측의 대응 및 사토의 일련의 발언으로 인해, 국부 측은 일미 양국 정부가 오키나와의 기지 기능을 유지하는 방향으로 반환 방침을 생각하고 있는 것에, 어느 정도의 안심감을 가졌던 것으로 보인다.

이상과 같이, 1960년대에 들어, 국부는 류큐 독립운동에 대한 기대를 잃은 한편, 경제・문화 교류의 발전을 통해 오키나와에 대한 관여를 강화했다. 또한, 일미 간에 오키나와 반환 교섭이 본격화되자, 오키나와의 지위 변화에 대한 국부의 입장을 반복해서 미국 측에 주장하게 되었다. 일미

62 『朝日新聞』, 1967.11.17.
63 沖縄県祖国復帰闘争史編纂委員会 編, 앞의 책, 377쪽.
64 『朝日新聞』, 1967.11.27.
65 「部長與日本佐藤首相談話記錄」, 1967.11.27, 『蔣經國訪日(三)』(蔣經國總統文物), 國史館藏, 數位典藏號 : 005-010100-00014-010.

양국 정부는 이에 대해, 아시아의 안전에 영향을 주지 않는 방법으로 오키나와 반환을 실현하려 하고 있다고 강조하여, 국부 측으로부터도 일정한 이해를 얻기에 이르렀다. 오키나와 현지에서는 일본정부가 미국과 협조하는 자세를 보이고 있는 것 등에서 정부에 대한 불신감이 강해져갔다.

제2절 격동의 시작

1. 한반도 정세의 악화

국부가 오키나와의 지위 변화에 계속 관심을 표명했던 것과는 대조적으로, 동시기 한국의 박정희 정권은 오키나와 반환 문제에 적극적인 관심을 보이지 않았다. 한국군의 베트남 파병을 계기로 한미관계는 밀월이라 불릴 정도로 양호한 시기를 맞았고, 박정희 정권은 파병 교섭을 통해 미국으로부터 보다 많은 대가를 얻어내는 데 주력하게 되었던 것이다.[66] 1965년 10월부터 한국군 전투부대의 1차 파병이 이루어졌는데, 미국은 12월 말부터 전투부대의 제2차 파병을 요청했다. 미국의 직접 개입으로도 베트남의 상황은 호전되지 않았지만, 미국은 보다 많은 병력과 물량을 투입하면 이길 수 있다고 생각했는데, 부족한 병력을 메우기 위한 방법은 한국군의 증원밖에 없었기 때문이다. 추가 파병 요구에 대해 한국정부는 노골적으로 대가를 요구하게 되었고, 미국은 전체적으로 저렴한 비용을 감안해 한

66 당시 한미관계의 변화에 대해서는 김정배, 「북한, 미국, 그리고 냉전체제」, 『미국사연구』 27, 2008; 박태균, 「베트남 파병을 둘러싼 한미 협상 과정-미국 문서를 중심으로」, 『역사비평』 74, 2006; 홍석률, 「위험한 밀월」, 『역사비평』 88, 2009 등을 참조.

〈사진 3-5〉 1966년 10월 31일에 방한한 존슨 대통령. 성조기와 태극기를 양손에 들고 있다. LBJ Library 제공.

국정부의 요구를 어느 정도까지 수용하는 태도를 보였다.[67] 한국정부는 미국 측의 원조 정책을 받아들여 1966년 9월에 제2차 전투부대 파병을 실시했다. 한국군의 베트남 파병에 대해 한국과 대치하는 북한은 북베트남을 지원하는 자세를 보이게 되었다. 북한은 1965년 3월에 남베트남 민족해방전선으로부터 요청이 있으면 파병할 의사가 있음을 표명했고, 그 후에도 한국군 파병 반대와 북베트남에 대한 지원을 이어갔다. 게다가 1966년 10월에 열린 당대표자회의를 계기로 빨치산 출신 현역군인이 당의 대남정책을 담당하게 되면서 비무장지대 인근에서의 대남 도발이 격화되어 갔다.[68] 북한의 도발에 대해 한국군이 먼저 공격을 가하는 사건도 발생하

67 Seoul to DOS, #757, Subject : Troops for RVN, January 21, 1966, *FRUS, 1964~1968*, vol.29, Part 1, *Korea*, p.153.

68 조진구, 「중소대립, 베트남 전쟁과 북한의 남조선혁명론, 1964~68」, 『아세아연구』

자, 브라운 주한미국대사는 11월에 두 차례에 걸쳐 한국정부에 엄중히 항의했고,[69] 보네스틸Charles H. Bonesteel III 주한미군사령관은 북한의 공격에 대한 대처방안을 검토하기 시작했다고 JCS미국 합동참모본부에 보고했다.[70] 국무부는 같은 달에 1967년 4월까지 한국군의 베트남 추가 파병 가능성을 주한미국대사관에 타진했다.[71] 그러나 보네스틸과 협의한 브라운은 베트남에서의 절박한 상황과 임무의 필요성을 충분히 이해한다면서도, 한국 내에서 파병에 대한 반대가 나오고 있다는 점 등을 들어, 파병을 요청하기에 가장 적절한 시기는 대통령선거 이후라는 견해를 밝혔다.[72]

1967년 5월에 박정희가 대통령에 재선된 후에도, 한국의 정세는 안정되지 않았다. 6월 8일에 치러진 국회의원선거에서 여당은 과반수를 차지했지만, 야당은 이것을 부정선거라고 하며 부정선거 반대투쟁을 시작하여 정국은 혼란스러웠다. 더욱이 북한이 게릴라 침투를 활발하게 전개했기 때문에 한국 경찰에 '대간첩작전사령부'가 신설되는 상황이 되었다. 이임하게 된 브라운은 6월 7일 국무부에 보낸 전문에서 박정희가 선거 전부터 추가 파병을 시도할 의사가 없음을 밝혔기 때문에 파병 요청은 신중해야 한다고 경고했다.[73] 또한 6월 말의 험프리Hubert H. Humphrey 부통령 방한을 앞두고

46(4), 2003, 239~244쪽.

69 Memorandum of Conversation between President Johnson and President Pak, November 1, 1966, *FRUS, 1964~1968*, vol.29, Part 1, p.205.

70 Commanding General, United States Eighth Army, Korea, and the Commander in Chief, United Nations Command, Korea (Bonesteel) to the Chairman of the Joint Chiefs of Staff (Wheeler), November 10, 1966, Ibid., pp.211~214.

71 DOS to Seoul, #88135, November 19, 1966, Ibid., pp.215~216.

72 Seoul to DOS, #2756, November 22, 1966, Ibid, pp.216~220.

73 Seoul to DOS, #6635, Subject : Tactics and Considerations on Any New Request for Further Troops for Vietnam, June 7, 1967, Ibid., pp.252~254.

중앙정보국Central Intelligence Agency : CIA이 작성한 보고에서는, 현재 상황은 1966년 10월과 크게 달라 더 이상 북한이 남한에서 폭력행위를 자제할 생각이 없는 것이 분명하며, 소규모이지만 한미 양국을 상대로 한 유혈 참사를 일으킬 위험을 무릅쓸 만한 결정을 내렸음이 분명한 것으로 지적되었다.[74] 북한의 게릴라 활동이 더 이상 간과할 수 없는 지점에 도달했다고 판단한 보네스틸은 샤프Ulysses S. Grant Sharp 태평양군사령관에게 북한의 전쟁 능력과 의도에 대한 상황보고서를 신속히 작성하도록 의뢰했다.[75]

1967년 6월에 주한미국대사로 부임한 포터William J. Porter는 이 상황에서 파병 교섭을 하게 되었다. 박 대통령은 9월에 포터에게 한국은 추가 파병 요구를 되도록 충족시키려고 시도하겠지만, 북한의 도발행위 증가로 국내 안전에 대한 국민의 불안이 커지고 있는 만큼 최종적인 결정은 미국이 장비와 북한 침투 방지를 위한 지원 등을 어느 정도 제공할 것이냐에 달려 있다고 했다.[76] 한편으로, 북한이 공격을 한다면 보복해야 한다는 의사를 표명했다.[77] 9월에 미국정부 내에서 작성된 상황보고서는, 이 위기가 전면전으로 확대되지는 않으며 북한도 이를 의도하지는 않지만, 한국이 보복을 계속할 경우 전면전으로 발전할 가능성은 배제할 수 없다는 판단이 제시되었기 때문에, 미국 현지 기관의 우려는 커졌다. 그러나 국무부는 11월 말에 한국

74 Report Prepared by the Office of National Estimates of the Central Intelligence Agency, Subject : Security Conditions in South Korea, June 23, 1967, Ibid., pp.257~259.

75 Memorandum from Alfred Jenkins of the National Security Council Staff to the President's Special Assistant (Rostow), Subject : Bonesteel's "Eyes Only" of July 21, July 26, 1967, Ibid., pp.261~266.

76 Editorial Note, Ibid., p.273.

77 Seoul to DOS, #1392, Subject : Internal Security : Views of President Park, September 19, 1967, Ibid., pp.278~282.

군의 추가 파병이 최대한의 긴급성을 요한다고 주한미국대사관에 전달했다.[78] 또한 존슨 대통령은 12월 21일에 캔버라에서 면회한 박 대통령에게 신속한 파병의 필요성을 호소했다. 박정희는 국내의 치안 상황에 대해 언급하며 추가 파병을 하기 위해서는 그것이 한국의 안전을 오히려 강화시킬 것이라는 근거가 제시되지 않으면 안 되며, 북한의 침투와 간첩활동을 방지하기 위한 한국 측의 요구가 그때까지 충족되면, 이듬해 68년 3월에서 5월 사이에 파병이 가능하리라고 예상했다. 존슨이 이듬해 1월 1일까지 그에 걸맞은 장비를 마련할 것을 확약하고 3월 1일까지 한국 측이 파병을 실시할 것을 요청하자, 박정희는 파병에 동의했다.[79] 그러나, 이후에 발생한 안보위기 때문에 결국 당시에 합의된 내용이 실행되는 일은 없었다.

2. 안보 위기와 B52 오키나와 배치

1968년 1월 21일에 북한 특수부대에 의한 청와대 습격 미수 사건이 발생했고, 23일에는 북한이 미국의 정보수집함 푸에블로호를 나포했다. 사건 이후 미국정부는 여러 차례 긴급회의를 열어 북한이 지금 전쟁을 재개할 수는 없다는 전제하에 푸에블로호의 선박과 승무원들의 무사 귀환을 실현하기 위해 군사적, 외교적 노력을 벌이기로 25일 결정했다. 미국은 항공모함 엔터프라이즈와 오키나와의 제트기 편대를 포함한 347대의 항공

78 Special National Intelligence Estimate, Subject : North Korean Intentions and Capabilities with Respect to South Korea, September 21, 1967, Ibid., pp.282~283; DOS to Seoul, #77501, November 30, 1967, Ibid., p.296.

79 Notes on Conversation between President Johnson and President Pak, December 21, 1967, Ibid., pp.302~304.

기를 동원했다. 당시 한국에 배치되었던 미 공군은 북한의 약 절반밖에 없었기 때문에, 위기에 대비하여 군비의 증강이 이루어진 것이다. 오키나와에 B52를 배치한 것은 그 일환으로 제기되었다.[80] 맥나마라 국방장관은 26일에 미국 본토의 B52 중 15대를 오키나와에, 1대를 괌에 추가 배치하는 것을 승인했다작전 코드명 Port Bow.[81]

한편, 미국은 한국이 북한에 대해 보복공격을 하여 한반도에서 대규모 무력충돌이 일어날 것을 우려하기도 했다. 포터 대사는 정일권 국무총리에게 미국이 북한에 보복할 의사가 없음을 전달하고 한국이 북한에 대한 보복조치를 하지 말도록 요청했다. 그러나 정일권한테서 이 소식을 전해들은 박 대통령은 포터에게 면담을 요청하여 미국의 대응에 대한 불만을 토로하며, 북한으로부터 더 이상의 공격이 있으면 보복은 불가피할 것이라고 말했다.[82] 또한 2월 2일부터 미국이 북한과 비밀협상을 시작했고 다음 날 한국 보도기관이 그것을 폭로하자, 한국에서는 미국에 대한 비난이 들끓었다. 이에 미국은 2월 12일부터 밴스Cyrus R. Vance를 특사로 한국에 파견하여 한국군에 대한 추가 군사지원과 한국 예비군에 대한 M16 자동소총 공급에 합의하는 등, 사태를 진정시키기 위해 노력했다. 그러나, 그 후에도 한국 측은 미국 측의 한국에 대한 관심에 대해 불신감을 품게 되었

80 Notes of Meeting, January 23, 1968, Ibid., p.461; Notes of Meeting, January 24, 1968, Ibid., p.493; Notes of Meeting, January 25, 1968, Ibid., pp.505~519.

81 Jacob Van Staaveren, "The Air Force in Southeast Asia toward a Bombing Halt 1968", Office of Air Force History, September 1970, p.8. http://www2.gwu.edu/~nsarchiv/NSAEBB/NSAEBB248/bombing_halt_1968.pdf, 2020년 8월 4일 열람.

82 Seoul to DOS, #3598, January 24, 1968, *FRUS, 1964~1968*, vol.29, Part 1, pp.311~313.

다. 동시기에 베트남의 상황이 악화된 것은 미국을 더욱더 곤경에 빠뜨렸다. 특히 정치적, 전략적으로 중요한 케산Khe Sahn에서는 북베트남 정규군과의 격전이 계속되었고, 게다가 1월 31일부터는 구정 대공세가 시작되었다. 전략공군은 2월 3일에 북한에 대한 억지를 위해 가데나에 배치한 B52의 일부를, 괌에서 베트남으로 도양폭격을 실시하고 있는 B52와 함께 베트남에 출격시키는 것을 JSC에 제안했다. 이는 대북 억지력으로서의 배치라는 목적을 위장하는 의도도 담겨 있었고, 태평양군사령관도 오키나와에서 출격하는 데에 찬성했다.[83] 그러나, 2월 5일에 B52가 오키나와에 배치되자, 태풍 피난 때와는 달리 미군 당국이 국방부의 지시라고 하여 이에 대해 침묵을 지켰기 때문에, 오키나와 주민의 불안은 커져갔다. 2월 7일자 육군성의 각서에 따르면, 주일미국대사관, USCAR가 B52 배치에 대한 지역의 부정적인 반응을 전달하고 국무부와 국방부장관실도 전략공군의 제안에는 찬성하지 않았기 때문에, 남베트남에서의 작전을 좌우할 만한 중요성을 갖지 않는 한, JCS는 오키나와에서 베트남으로 출격하는 것은 실행하지 않기로 했다.[84]

그러나, 베트남의 전황이 더욱 악화되자, 오키나와에서 B52가 출격하는 것이 정당화되었다. 2월 6일부터 7일에 걸쳐 케산에 가까운 남베트남

83 Commander-in-Chief, Strategic Air Command to the Joint Chiefs of Staff, SINCSAC 032045Z, Subject : Port Bow, February 3, 1968, "Intelligence Memo #1 : Ryukyus - Financial and Aid Aspects of Reversion Planning - 1969"(이하, 동일 코드는 동일 제목), [0000099284], 沖縄県公文書館; Commander-in-Chief, Pacific to the Joint Chiefs of Staff, SINCPAC 050623Z, Subject : Port Bow, February 5, 1968, in the same folder.

84 Memorandum to Secretary Resor from James V. Siena THRU : Mr. McGiffert, February 7, 1968, [0000099284], 沖縄県公文書館.

의 특수부대기지가 북베트남군의 맹공을 받자, 구정 대공세의 충격과도 맞물려 미국 내에서는 전쟁에 대한 비판이 강해져 갔다. JCS는 12일에 전략공군과 태평양군사령관에게 작전상의 필요성이 다른 B52의 능력을 상회하면, 기본적인 임무는 바꾸지 않고 가데나의 B52를 베트남에 투입한다고 전했다.[85] 그리고, 15일에 케산 부근의 위기상황 타개를 위해, 지속적인 B52의 폭격이 필요하다고 판단하여, 가데나의 B52를 베트남으로 투입하기로 결정했다.[86] 그리하여 가데나의 B52에는 한반도 정세의 악화에 대한 대비와 베트남 출격이라는 두 가지 역할이 주어지게 된 것이다.

3. B52 배치의 충격

B52의 배치와 그에 이은 출격은 오키나와 주민에게는 용납될 수 없는 일이었다. 그 중에서도 B52가 배치된 가데나 기지의 주기장에 인접한 가데나촌의 주민들에게는 기지로부터 파생되는 문제가 일상생활에 미치는 부담이 한층 더 증가한 것을 의미했다. 가데나 촌은 전후에 가데나 기지 확장에 따라 불가피하게 자탄 촌北谷村에서 분리되어 생긴 촌으로, 총면적의 87.8%가 미군용지로 접수되어 촌민의 대부분이 직간접적으로 기지와 관계가 있는 서비스업 등에 종사하고 있었기 때문에, 기지에 대한 반발이 강한 본도 중부 안에서는 보수색이 강했다. 그러나, 미국이 베트남 전쟁에 본격적으로 개입함에

85 Joint Chiefs of Staff to the Commander-in-Chief, Strategic Air Command/Commander-in-Chief, Pacific, JCS 9802, Subject : Employment of B-52s, February 12, 1968, "Reference Paper Files, 1970. B-52"(이하, 동일 코드는 동일 제목), [U81100013B], 沖縄県公文書館.

86 DOS to Tokyo, #116147, February 15, 1968, [0000099284], 沖縄県公文書館.

〈사진 3-6〉 마쓰오카 행정주석이 가데나 촌의 연료 누출로 오염된 우물을 시찰하고 있다. 1967년 11월 4일 촬영. 오키나와현 공문서관 제공.

따라 기지 사용이 활발해진 후에는 심대한 피해를 계속해서 겪고 있었다. 1965년 5월에 KC135 제트 급유기가 추락해 마을 주민 1명이 사망했고, 5월 말부터 6월에 걸쳐 가데나 기지 확장공사에 따른 먼지 피해가 발생했다. 또한, 이착륙이나 엔진 조정에 따른 폭음이 격화되자, 7월에는 보수파로 여겨졌던 오쿠마 도시오奧間敏雄 촌장이 회장이 되어 폭음방지대책기성회가 결성되었다. 이듬해가 되어도 폭음 피해는 해소되지 않았고, 게다가 촌내의 우물이 기지에서 흘러나온 항공연료와 세제로 오염된 것이 문제가 되었다. 가데나 촌의회는 1968년 1월 16일에 처음으로 기지 철거를 결의했고, 1968년 1월 17일에는 다른 지구보다 먼저 생긴 복귀협 가데나 지부 등도 처음으로 미군기지 철거를 요구하는 현민대회를 개최했다.[87]

2월 5일에 B52가 배치되자 오키나와에서는 즉시 배치에 대한 불안이나 반발이 일어 9일에 오키나와 원수협사회당계 주최로 B52 철거 요구 항의대회가 열렸고, 10일에는 입법원이 「B52 폭격기지화에 반대하고 즉시 철수와 일체의 전쟁행위 즉시 중단을 요구하는 결의」를 만장일치로 채택했다. 오키나와 자민당[88]의 오타 쇼치大田昌知 의원조차도 회의에서 발의자 대표로서 "오키나와가 핵 장착이 가능하다는 이 B52 폭격기의 출격기지로 사용되는 것은 견딜 수 없으며, 설사 어떠한 이유가 있어도 허용할 수 없다"고 말했다.[89] 가데나 촌에서는 12일부터 촌사무소 노조가 "B52 주기駐機 절대반대"라고 쓴 리본을 달고 반대운동을 시작했고, 이와 병행하여 오쿠마 촌장 등 세 임원, 각 의장이 B52 주기에 대한 마을의 태도를 협의하여 가데나 공군기지사령관 등에게 즉시 철수를 요청하기로 결정했다. 작성된 요청서의 요지는 "우리는 지난 20여 년 동안 기지로 인한 피해로 엄청난 고난의 길을 걸어왔다. (…중략…) 게다가 B52 폭격기가 주류한다는 것은 직접적으로 전쟁으로 이어지는 것으로, 이제 마을 주민들의 공포와 불안은 최고조에 달하여 잠시도 허락할 수 없다"며, B52의 즉시 철수를 강력히 요청하는 내용이었다.[90] 14일에는 오쿠마 가데나 촌장이 가데나 공군기지사령관을 만나 요청서를 전달했으나, 사령관은 B52 배치의 목적을 밝히지 않았고 B52 철수 요청에도 응하지 않았기 때문에, 다음 날에는 가데나 촌 임시

---

87 沖縄嘉手納村役所 編, 『嘉手納村の現況』, 沖縄嘉手納村役所, 1969, 9쪽; 『琉球新報』, 1968.8.11; 嘉手納町企画渉外課 編, 『嘉手納町と基地』, 嘉手納町役場, 2010, 226쪽; 『朝日新聞』, 1968.1.17.

88 1967년 12월의 제5회 당대회 당시 오키나와 민주당에서 오키나와 자유민주당으로 개칭.

89 立法院会議録, 第三六回定例第三号, 「B五二爆撃機基地化に反対し同機の即時撤収と一切の戦争行為の即時取止めを要求する決議案」, 1968.2.10.

90 『沖縄タイムス』, 1968.2.13.

촌의회가 만장일치로 B52 철거 결의를 채택했다. 2월 17일에는 입법원의 여야당 대표가 고등판무관에게 B52의 철거 요청을 했고, 다음 날다음 날 원수협인민당계에 의한 "베트남 침략전쟁과 한반도에 대한 군사 도발 반대, 기지 철거, B52 철수 요구 항의집회"가 열렸다. 23일부터는 자민당 의원을 중심으로 한 입법원 대표단이 일본정부에 B52 철거, 국정 참여, 시정권 반환 요청을 하기 위해 상경했다. 한편, 일본정부는 앞서 언급한 푸에블로호 사건 직후부터 사건을 해결하기 위해 협력하도록 미국정부로부터 요청을 받았다. 일본정부는 요청에 응해 소련 등과 접촉하여 1월 31일에 국회에서 미국의 입장을 지지한다는 공식 견해를 표명하는 등, 협력 자세를 보였다. 그러나 미국 측은 일본정부가 오키나와와 일본에서 고조되고 있는 B52 철거운동도 배려하여 미국이나 한국에 대한 지지를 명확히 표명하지 않은 것에 불만을 품고 있었다. 특히, 도고 후미히코東郷文彦 외무성 북미국장이 오스본David L. Osborn 주일미국공사에게 B52 배치에 관하여 오키나와 주민의 불안을 없애도록 배려해 달라고 2월 12일에 제의하자, 러스크 국무장관은 존슨U. Alexis Johnson 주일미국대사에게 보내는 친전 전보에서 일본의 대응에 대한 불만을 토로했다.[91] 존슨은 이에 동의하면서 미국정부 고관이 시모다 다케소下田武三 주미대사에게 미국 측의 불쾌감과 우려를 전달하고 그것이 외무성 경유로 사토 수상 등에게 전달되는 것이 가장 효과적이라고 조언했다.[92] 그 결과, 번디 국무차관보와 시모다 대사 사이에서

91 DOS to Tokyo, #116921, February 16, 1968; 石井修·我部政明·宮里政玄 監修, 『アメリカ合衆国対日政策文書集成』(이하, 対日政策文書) 第一二期第三巻, 柏書房, 2003, 226~227쪽.

92 Tokyo to DOS, #5638, February 15, 1968; 石井修·我部政明·宮里政玄 監修, 위의 책, 224~225쪽.

22일에 회담이 열렸다. 시모다는 도고의 제의가 오키나와에 B52를 배치하는 미국의 책임과 권한에 대한 비난을 의미하는 것은 결코 아니라고 해명했지만, 번디는 미국정부가 한반도의 상황에 대한 일본정부의 억제된 반응을 우려하고 있다고 전하여, 중요한 이해관계를 공유하고 있는 한반도에 대해 일본과 미국이 긴밀히 협의하고 협동할 필요성을 강조했다.[93] 다음 날 러스크가 번디의 요청과 동일한 내용을 일본정부에 전달하도록 주일미국대사관에 촉구하자, 도고 북미국장 등이 23일에 대사관을 방문했을 때 존슨은 일본이 오키나와를 동정하는 듯한 태도를 보여서는 안 된다고 주장하고, 일본정부가 적극적으로 한반도 정세에 대처할 것을 요구했다.[94]

이러한 경위 때문에 상경한 입법원 대표단은 매우 냉담한 취급을 받게 되었다. 미키 외상은 미국에 철거 요구는 하지 않겠다고 말했고, 2월 27일에 대표단이 사토 수상에게 제의를 했을 때에도 사토는 오키나와 사람들의 불안을 진정시키도록 요구하며 항의한 의원에게 "항의하러 올 거면 나가라"고까지 발언했다. 오키나와에서는 한층 반발이 강해져, 27일에는 원수협이 가데나에서 B52 철거 등을 요구하는 현민대회를 개최했다. 3월 4일에는 가데나 촌 대표들을 포함한 대표단이 상경해, 다시 일본정부에 B52 즉시 철거를 제의했다. 그러나 협조를 얻지 못하고 실망한 대표단은 "정부가 미국에 대한 절충을 좀 더 진행하지 않는 이상, 우리 자신의 운동의 힘으로 문제를 해결할 수밖에 없다"고 보도진에게 말했다.[95] 그 후 입

93 DOS to Tokyo, #118512, February 21, 1968; 石井修・我部政明・宮里政玄 監修, 위의 책, 235~241쪽.

94 DOS to Tokyo, #119498, February 22, 1968; 石井修・我部政明・宮里政玄 監修, 위의 책, 247~249쪽; Tokyo to DOS, # 5849, February 23, 1968, [0000099284], 沖縄県公文書館.

95 『朝日新聞』, 1968.3.8.

법원 야당의 철거 요구 활동, 지방자치단체에서의 B52 철거 결의 캠페인과 조직 활동, 오키나와에서의 B52에 대한 지속적인 보도 등이 이어진다.

이와 같이, 미국의 베트남 전쟁 본격 개입 후, 한국정부가 적극적으로 미국에 협력한 반면, 북한이 한국에 대한 도발 행위를 증가시킴으로써 한반도 정세는 악화되어, 1968년에는 안보 위기에 이르렀다. 이 위기에 대응하여 오키나와로의 B52 배치가 결정되었고, 게다가 베트남 정세의 악화로 오키나와에서 베트남으로 B52가 출격을 개시하게 되었다. 이것은 미국의 베트남 전쟁 개입에 의해 오키나와와 일본에서 고조되고 있던 미국에 대한 반발을 한층 더 고양시키는 계기가 되었다.

제3절 안보위기의 여파와 3대 선거

1. 주석 공선 선거 실시 결정과 B52 문제

그렇다면, 오키나와와 일본에서 B52에 대한 반발이 강해진 것은 그 후의 일미 간의 오키나와 반환 교섭 및 한국정부, 국부의 오키나와 인식에 어떠한 영향을 주었을까. 우선은 B52 배치 전후의 오키나와의 상황에 대해서 확인하고자 한다.

B52가 배치되기 직전인 1968년 2월 1일, 오키나와에서는 USCAR가 첫 주석 공선 선거를 같은 해 11월에 실시한다고 발표했다. 같은 시기에 입법원의원선거, 나하 시장선거도 행해지게 되자, 이들은 3대선거로 총칭되었다. 선거 결과는 오키나와 반환 교섭의 귀추에 영향을 미칠 수 있는 것으로 국내외에서 주목을 끌게 되었다.

B52의 배치로 오키나와에서 복귀운동이 반전운동의 색채를 강화하며 한층 고양됨에 따라, USCAR, 국무부 등은 B52의 존재가 선거에 미칠 악영향을 우려했다. 엉거Ferdinand T. Unger 고등판무관은 3월 4일에 마쓰오카 주석, 구와에 간사장, 오타 정조회장 등 자민당 간부를 면회하고, B52 배치 및 선거 대책에 대해 협의했다. 구와에는 B52 배치가 선거에서 자민당에 불리하게 작용할 것을 우려하여, 류큐정부와 자민당에 사전에 B52를 배치한다는 내밀한 통보가 있었으면 주민의 반응은 달랐을 것이라고 불만을 표시하면서, B52에 대한 불안은 근거가 없음을 주민들에게 설명하도록 엉거를 압박했다. 엉거는 사전 협의가 미국의 기지 자유 사용 권리를 축소시킬 것이라며 거부하고, 반대로 자민당 간부들에게 주민들의 불안감을 잠재울 것을 요구했다. 그러나, 구와에는 B52 문제를 다루지 않으면 야당이 다른 활동을 거부하여 입법원의 기능이 마비될 수도 있다고 주장했다. 엉거는 이해를 표명했지만, 최선을 다한 후 미국을 가장 상처 입히지 않는 방식으로 그렇게 하도록 촉구했다. 또한 엉거는 선거를 위해 사토 수상이나 주일미국대사관을 통해 본토의 자민당에 오키나와 자민당에 대한 지지를 요청할 것을 이 회담에서 표명했고, 다음 날 자민당은 니시메 준지西銘順治 나하 시장을 주석 선거의 후보로 하기로 결정했다.[96] 그 후 USCAR는 "오키나와에 B52를 배치하는 것은 이곳의 정치적 상황에 매우 유해한 요소를 초래했다. (…중략…) B52 문제는, 만약 계속된다면 극히 중요한 주석 선거에서 결정적으로 자민당을 불리하게 만들 뿐만 아니라, 동시에 치러질

96 HICOMRY to DOA, HC-LN 806707, March 7, 1968, "International Relations Files, 1968. B-52's"(이하, 1968년 12월 31일까지의 동일 코드 문서는 동일 제목), [U81100993B], 沖縄県公文書館.

입법원 선거에서도 부담을 지울 것"이라고 경고했다.[97] 국무부 정보조사국도 마찬가지로 철거가 바람직하다는 보고서를 작성했고, 사토 수상도 엉거 고등판무관이 벚꽃놀이 모임観桜会[98]에 초대받은 기회를 이용해 B52가 선거에 미칠 영향에 대해 강한 우려를 표명했다.[99]

이러한 상황에서 미 군부 내에서도 B52 철거를 요구하는 움직임이 나타났다. 맥기퍼트David E.McGiffert 육군차관은 4월, 6월 두 차례에 걸쳐 오키나와에 B52를 계속 주둔시키는 것이 미국의 오키나와 통치와 일본과의 관계에 심각한 영향을 미칠 잠재적인 정치적 효과를 가지고 있으며, 선거 전에 B52를 가데나에서 제거할 수 있다면, 되도록 빨리 제거해야 한다고 국방부에 요청했다.[100] 또한, 니츠Paul H. Nitze 국방부 부장관도 국무부가 한반도 정세는 오키나와에 B52의 주둔을 필요로 하지 않는다는 판단하에 오키나와에 배치된 B52를 괌과 태국으로 이주시킬 수 없는지 6월에 JCS에 타진했다. 그러나 JCS는 이주에 드는 비용과 "군사적 고려가 최우선"이라는 것을 강조했고, 태평양군사령부, 전략공군 등도 이를 지지하여, 오키나와에서 B52를 이주시키지 말라고 니츠를 설득했다.[101]

97 HICOMRY to DOA, HC-LN 81202, Subject : B-52s on Okinawa; Effect on OLDP Election Prospects, April 11, 1968, [U81100013B], 沖縄県公文書館.

98 옮긴이 주 : 일본의 내각총리대신이 주최하는 공식행사로 4월 중순 경에 신주쿠 교엔(新宿御苑)에서 개최된다. 패전 이전에는 황실 주최로 열렸다.

99 State Department, Intelligence Note-266, Subject : Conservative Control of Okinawa Government in Jeopardy, April 12, 1968, from Thomas L. Hughes to The Acting Secretary, [U90006059B], 沖縄県公文書館; Tokyo to DOS, #7541, April 18, 1968, "General Records of the Department of State, Central File, 1967-69 POL 19 Box No. 2262 Folder No.3", [0000111462], 沖縄県公文書館.

100 Memorandum from the Under Secretary of the Army (McGiffert) to the Deputy Secretary of Defense (Nitze), Subject : B-52 Sortie Rate, June 14, 1968, *FRUS, 1964~1968*, vol.29, Part 2, pp.285~287.

또한, 같은 달에 스나이더 일본부장 등이 일본과 오키나와를 시찰하여 작성한 「다가오는 류큐의 선거에 대한 미국의 정책」이라는 제목의 문서에서도 B52의 조기 철거가 바람직하다고 언급되었다. 이 문서에서는 11월 선거, 특히 주석 선거의 귀추가 미군기지에 대한 지역 주민들의 묵인을 유지하고 일본과 오키나와에서 복귀에 대한 압력이 높아지는 것을 억제한다는 두 가지 의미에서 미국에 매우 중요하다고 언급되었다. 그리고 니시메 준지의 당선 가능성을 높이기 위해 미국이 취할 수 있는 행동 중 하나로 군사적으로 가능하다면 선거 전에 B52를 철거하자고 제기했다.[102] 이 보고는 6월 27일에 열린 SIG의 회의에서 의제가 되었으며, B52에 관해서는 휠러Earle G. Wheeler JCS 의장이 JCS가 B52 철거 가능성을 검토하고 있지만 일부의 B52를 우타파오 기지로 이동시키면 태국과의 사이에 정치 문제가 제기될 가능성이 있으며, 또 기지 건설에 따라 약 400만 달러의 비용이 드는 문제가 있다고 지적했다. 이 회합에서 결정은 보류되었지만, 7월 1일에 JCS는 B52의 철거는 불가능하다고 결정했다.[103] 오키나와에서 선거가 예정되어 있어 국무부나 일본정부가 현지의 정치상황을 우려하여 B52의 철거를 호소한 데 대해, 미 군부는 군사적 고려를 우선시하여 계속 배치한 것이다.

101 앞의 Jacob Van Staaveren, "The Air Force in Southeast Asia toward a Bombing Halt 1968", p.44.

102 Winthrop G. Brown, Acting Chairman, East Asian and Pacific Interdepartmental Regional Group to Chairman of the Senior Interdepartmental Group, Subject : U.S. Policy on Forthcoming Ryukyu Elections, June 20, 1968, "(00005-004) SIG DOC 29, 6/22/68 : IRG/EA Paper : US Policy on Forthcoming Ryukyus Elections", [0000105533], 沖縄県公文書館.

103 宮里政玄, 『日米関係と沖縄 1945-1972』, 岩波書店, 2000, 286쪽.

2. 가데나 촌의 고뇌

그렇다면, B52가 배치된 후의 가데나 촌의 상황은 어떠했을까. B52의 철거가 검토되는 동안에도 가데나 촌의 고뇌는 계속되고 있었다. B52 배치 후, 가데나 촌에서는 폭음의 횟수와 시간이 1967년 12월의 약 3배로 늘었음이 밝혀졌고, 1968년 3월 30일에 열린 가데나 촌 정례의회에서는 자민당 의원으로부터 「폭음 방지에 관한 결의안」이 제출되어, 자구 조정 후 만장일치로 가결되었다.[104] 이에 대해 정부도 B52 문제를 진정시키려고 고심하여, 사토 수상이 원수협 대표단과 대화하면서 독단으로 "조사단을 파견한다"고 발언했기 때문에, 3월 28일부터는 수상의 자문기관인 오키나와 문제 등 간담회의 조사단오하마 노부모토, (大浜信泉) 좌장을 파견했다. 주일 미국대사관은 조사단이 B52 문제에 연루되어 긴장을 증폭시키지 않을지 우려하고 있다고 일본정부에 전했으나 도고 북미국장은 일본정부가 B52 문제를 진정시키기를 원한다고 반복하며, 오하마가 문제를 일으키면 가장 당혹스러운 것은 일본정부이므로 어떻게 대처해야 하는지 가능한 한 조언하겠다고 미국 측을 안심시키려고 했다. 실제로, 일본정부는 이 조사단에 "미국으로부터 B52 배치에 관한 '내밀한 이야기'를 들은 것처럼 보여서 B52는 베트남 상공 원호를 시행하기 위해 일시적으로 오키나와에 머물고 있다는 결론을 제시한다"는 각본을 주었다.[105]

---

104 1개월의 폭음 횟수는 2,280회(70폰 이상), 시간으로 해서 70시간 21분 18초. 『琉球新報』, 1968.3.14 참조; 『琉球新報』, 1968.3.31.

105 Tokyo to HICOMRY, #6406, Subject : OHAMA Study Mission and B-52 Problem, March 13, 1968, [U81100993B], 沖縄県公文書館; Background for Talking Points : B-52s, March 16, 1968, in the same folder; Tokyo to HICOMRY, #7663, Subject : OHAMA Mission to Okinawa March 28-31, March 27, 1968, "National Intelligence Estimate Reference Files, 1968 ARC

그러나, 조사단의 파견은 일본정부의 생각대로 되지는 않았다. 복귀협이나 야당은 오하마와 만나기를 거부했고, 지역신문들은 오하마와 일본정부가 B52 철거에 적극적인 자세를 보이려고 하지도 않은 채, 오키나와 사람들의 불안만을 누그러뜨리려 하고 있다고 통렬히 비판했다. 입법원 군사특별위원회는 4월 5일에 「오키나와 미군 B52 폭격기에 관한 조사단 파견 요청 결의안」을 만장일치로 통과시켰다. USCAR는 이에 대해 오키나와 자민당이 일본정부를 강하게 비판하려는 야당의 어조를 누그러뜨린 점을 평가했지만, 다른 조사단이 오지 않으면 상황이 어렵다고 육군성에 보고했다.[106] 4월 12일에는 원수협 주최 항의 현민대회가 열려 중부의 고자와 자탄에서 복귀협 지부가 잇따라 결성되었고, 4월 28일의 '오키나와 데이'[107]에는 수백 명의 본토 대표를 포함해 십여만 명이 모여 전후 최대 규모가 되었다.[108] 5월 1일 노동절에는 B52 철거를 요구하는 구호가 반복되었다.[109]

그러나, 일시적으로 B52 문제에 대한 반발이 높아졌지만, 오키나와에서는 그 후 원자력잠수함 기항으로 인한 나하 군항의 방사능 오염 등의 큰 문제가 발생했고, 또한 3대 선거의 준비도 있어서, B52 문제는 주민운동의 주요 테마에서 빗겨나게 되었다. 선거를 위해 혁신 측은 복귀운동을 선도해 온 오키나와 교직원회의 야라 조뵤 회장을 단일 후보로 하기로 결정

Light", [0000000782], 沖縄県公文書館.

106 HICOMRY to DOA, HC-LN 807701, Subject : B-52 legislative resolution, April 6, 1968, [U81100993B], 沖縄県公文書館.

107 옮긴이 주 : 복귀협은 샌프란시스코 평화조약 발효로 오키나와가 일본에서 분리된 날인 (1952년) 4월 28일을 '오키나와 데이'로 정하고 매년 복귀 요구 현민대회를 개최하였다.

108 『琉球新報』, 1968.4.16·17; 『朝日新聞』, 1968.4.29.

109 『琉球新報』, 1968.5.1.

하고, 혁신 3정당과 교직원회, 오키나와현 노동조합협의회이하, 현노협 등이 혁신공동투쟁회의를 결성하여 준비를 진행시키고 있었다. 가데나 촌에서는 밤낮없이 폭음이 울려 퍼져, 양계업의 피해나 소학교에 설치된 '냉방 완비' 방음교실에서 아동이 냉방병이나 근시가 되는 등의 문제가 발생했지만, 이전과 같은 운동의 고조는 볼 수 없게 되었다. 5월 말에 지역신문 기자의 인터뷰에서 가데나 주민들은 "매일 이렇게 B52와 대치하고 있는 우리의 마음을 누가 알아준다는 말인가. 지금 내가 통감하고 있는 것은 가데나와 나하 간의 거리가 멀다는 것이다. 좀 더 가데나로 가서 B52를 피부로 느끼고 뿌리 깊은 운동을 전개하는 것 말고 다른 방법이 없지 않은가"라고 말했다.[110] 7월 3일에 오키나와에 주둔하는 B52가 북폭에 참가했다고 보도되었을 때에는 입법원에서 야당이 다시 「B52 즉시 철수 요구 결의」 등을 작성하여 군관계특별위원회에서 협의가 이루어졌다. 그러나 오키나와 자민당은 4월에 USCAR와의 협의를 의식해 "현재 베트남 평화협상이 진행중이며, 이 단계에서 한쪽이 불리해지는 결의는 효과의 측면에서 의문"이라며, 「베트남 평화 결의」로 하자고 주장했다. 이것은 B52 상주의 원인이 된 전쟁행위를 중지시키도록 미일 양측에 촉구하는 것이었다.[111] 자민당은 7월 19일에 채결을 강행하여, 즉시 철거를 요구하는 야당의 결의를 찬성 소수로 부결시켰다.

이러한 일시적인 관심 저하를 거쳐 8월에 치러진 촌장 선거 때, 가데나 촌은 다시 주목을 받았다. 선거에는 자민당에서 현 촌 조역인 고자 도쿠젠古謝得善, 혁신 측이 혁신공투회의에서 가데나 지부회 의장인 히라야스 조케

110 『琉球新報』, 1968.5.9·19·26.
111 『琉球新報』, 1968.7.11.

이平安常慶가 출마하여 보혁의 일대일 승부가 펼쳐졌다. 거기에 더해 기지 공해에 시달리는 가데나 촌은 기지에서 파생된 문제들이 어느 정도 유권자에게 받아들여질 수 있는지를 가늠하는 지표로 여겨져,[112] 3대 선거의 전초전으로서 여야당 간부가 뛰어든 격렬한 선거운동이 전개되었다. 자민당 가데나 지부는 「복귀 체제 마련을 서두르라」라는 제목의 소책자[113]를 발행하여, "무계획적인 조국 복귀는 주민생활을 파멸로 몰아넣는다"고 하여, 기지와 관련된 수입의 자료를 하나씩 들어, 야당의 기지철거, 즉시복귀정책을 비판하고, 본토와의 일체화를 위한 복귀체제 구축에서 자민당의 우위를 설파했다. 한편, 가데나 혁신공투회의는 「즉시 복귀를 쟁취하기 위해」라는 소책자를 내고 미국기관에 의한 오키나와 수탈 자료의 숫자를 들어 오키나와 지배의 부당성을 설파하고, 오키나와와 본토의 격차를 숫자로 제시하면서 "토지를 군용지로 제공하는 것이 농민의 이익이 된다는 자민당의 생각은 실로 무책임하기 짝이 없는 폭언으로 절대 허용할 수 없다"고 역습했다.[114] 25일에 실시된 투표에서는 92.97%라는 높은 투표율을 기록했고, 약 1,100표 차로 자민당의 고자가 당선되었다.

선거 결과에 자민당본부는 "일체화책이 받아들여졌다"고 기뻐했다. 다만 고자 자신은 자신의 정책이 당의 방침과 구별된 독자적인 것이며, 기지 문제에 대해서도 "어디까지나 본토 수준을 주장하지만 현실성 있는 정책을 내세워, 당의 방침과는 구별된 정책이 주민들에게 먹혔다고 생각한다"고 말했다.

112 『琉球新報』, 1968.8.16.
113 "Election Leaflets", [U81101213B], 沖縄県公文書館.
114 『琉球新報』, 1968.8.25.

또한, 취임 직후에 행한 인터뷰에서는 취임해서 첫 번째로 해야 할 조치로 기지 사령관에게 "B52 철거와 가데나 기지 내 주기장을 마을에서 멀리 이전하도록 강력히 건의"할 것을 들었다.[115] 같은 자민당이라도, 가데나 지부와 당 본부 간에 기지에 대한 인식에 커다란 차이가 생겨 있었다. 선거 후, 기지 피해로 고통을 받고 있으면서도 자민당 후보가 당선된 것에 대해 인근 시정촌에서 『류큐 신보』의 「목소리声」 란에 비판도 접수되었다.[116] 이에 대해 "기지가 있기 때문에 고통이 있는 것은 사실이지만, 여전히 기지의 존재를 인정하지 않으면 안 되는 촌민의 생활을 알고 있느냐"는 촌민의 반론도 실렸다.[117] 고자도 「목소리」 란에서 자신이 정당인이라기보다 가데나 촌민이라는 것을 강조하며, "모든 기지 피해를 나는 절대 인정할 생각이 없다"고 밝혔다.[118] 9월이 되자, 폭음 때문에 정신장애를 겪고 나하로 간 한 가족의 사례가 보도되는 등 가데나의 피해가 심각해졌다.[119]

3. 혁신 정권의 성립

이러한 가데나의 선거 결과로 인해 B52 철거 문제가 다시 미국정부 내에서 부상하게 되었다. USCAR는 가데나 촌장 선거를 분석한 결과, 고자의 승리 요인은 혁신 쪽보다 정책이 더 우수했기 때문이지만, 그와 동시에 혁신 쪽과 마찬가지로 강력히 B52 반대와 기지 문제의 개선을 주장했기

115 『琉球新報』, 1968.8.26・27.
116 「声ー悲しい悲喜劇役者たち」, 『琉球新報』, 1968.8.30; 「嘉手納村民よ真の目を見開け」, 1968.9.4; 「もう嘉手納村民に同情しない」, 1968.9.6; 「嘉手納村民よ」, 1968.9.17.
117 「声ーー体化は絶対に必要」, 『琉球新報』, 1968.9.3; 「賢明だった嘉手納村民」, 1968.9.12.
118 「声ー基地被害は絶対認めない」, 『琉球新報』, 1968.9.27.
119 『沖縄タイムス』, 1968.9.12.

때문이라고 지적했다.[120] 더욱이 이러한 인식하에 9월에는 도쿄를 방문한 브라운 국무차관보 대리전 주한미국대사에게 조속한 B52 철거를 호소했다.[121] 그러나, USCAR의 요청은 받아들여지지 않았다. 9월 18일의 휠러 JCS의 장이 니츠 국방부 부장관에게 보낸 서한에 의하면, JCS에서는 가데나의 B52를 괌이나 태국으로 이동시킬 것을 검토한 결과, 오키나와에서 출격을 계속하는 정치적 비용보다 이동시켰을 경우의 추가적 비용의 문제가 더 중요하다고 판단했다. 이와 함께 미키 외상이 "가데나의 B52가 공산권에 대한 일본의 방위에 도움이 된다는 인식이 일본에서 늘고 있다"고 말한 것도 철거를 거부한 이유였다.[122] 국무부도 10월에 주일미국대사관, USCAR와의 공통된 의견이라며 선거에서 우호적인 후보의 승리는 오키나와에서의 자유롭고 효과적인 기지 운영에 중요함을 감안하여, 적어도 10월 21일 이후의 선거전 기간만이라도 B52를 철거하도록 국방부에 요청했다.[123] 그럼에도 불구하고, B52는 제거되지 않았다.

USCAR 등이 우려했듯이, B52가 출격을 계속하는 상황에서 선거가 실시되는 것은 보수 측에 불리하게 작용했다. 주석 선거는 본토와의 일체화책의 강력한 추진, 본토와 동일한 수준의 반환, 국정 참가를 강령으로 내세

120 HICOMRY to DOA, Subject : Kadena-Son Election in Retrospect, August 30, 1968, [U81100993B], 沖縄県公文書館.

121 HICOMRY to Tokyo, HCRI 825802, Subject : B-52 on Okinawa, September 14, 1968, [U81100013B], 沖縄県公文書館.

122 Kadena Air Base; Includes Memorandum and Fact Sheet, September 18, 1968, JU00998, in ProQuest Digital National Security Archives : Japan and the U.S., 1960~1976. 이하, JU+숫자로 자료번호를 나타낸 후 DNSA로 약기.

123 W. G. Brown to Paul Nitze, Deputy Secretary of Defense, October 3, 1968, "General Records of the Department of State, Central File, 1967-69 POL 19 Ryukyu Islands [1 of 2] : Box No. 2262 Folder No.4", [0000111462], 沖縄県公文書館.

우는 자민당의 니시메 준지와, 즉시 무조건 전면 반환, B52 철거, 기지·안보조약 반대 등을 내세우는 혁신 공투 단일 후보 야라 조뵤 사이에 벌어졌는데, 양측 모두 본토의 여야당이 개입하여 격렬한 선거전이 되었다. 본토의 자민당은 세 차례에 걸쳐 72만 달러를 오키나와로 송금했고, USCAR는 표면상 중립을 유지했지만, 니시메가 불리해 보였던 가데나 기지 주변이나 생활이 어려운 낙도에 고등판무관 자금을 투입했다.[124] 그러나, 11월 12일의 투표 결과, 3만여 표의 차로 야라가 당선되었다. 또한, 입법원 선거는 총 32의석 중 자민당이 18석을 차지해 혁신은 과반수에 이르지는 못했지만, 전체적인 득표수로 보면, 혁신 측이 52.95%로 보수를 상회했고, 특히

〈사진 3-7〉 최초의 주석 공선에서 당선된 야라 조뵤(오른쪽에서 두 번째). 그 왼쪽 옆이 갼 신에이, 세나가 가메지로. 1968년 11월 11일. 나하시 역사박물관 제공.

124 宮里政玄, 앞의 책, 287쪽; 『琉球新報』, 2010.1.27.

기지가 많은 중부와 나하에서는 혁신이 대다수를 점했다. 이후에 치러진 나하 시장선거에서도, 혁신 측의 다이라 료쇼平良良松가 압승했다. 현상 타파를 요구하는 소리는 억제하기 어려워졌던 것이다.

4. 각 정부의 위기인식 확대

그렇다면, 이러한 오키나와의 주민운동 고양의 배경이 된 B52 배치의 원인이었던 한반도의 상황은 그 동안 어떻게 변화했으며, 관계 각국은 어떻게 대응하고 있었을까.

우선, 한국에서는 이 시기부터 오키나와 반환 후의 기지의 방향에 주목하게 되어, 오키나와 기지를 한국의 제주도로 이전시키는 안이 제기되었다. 그것은, 안보위기로 인해 자국의 안전보장에 대한 불안이 높아졌기 때문이었다.

안보 위기 이후, 박정희 정권은 자주국방을 본격화하기 위해 250만 명의 재향군인을 무장시키고, 연내에 국내에 무기공장을 건설하겠다는 계획을 발표하였다. 한국군의 베트남 파병에 대해서는 2월 말부터 정일권 국무총리와 포터 대사 간에 논의되었으나, 정일권은 3월 8일에 아직 누구와도 협의하지 않은 독자적 생각이라면서도 추가 파병 조건 중 하나로 오키나와가 일본에 반환될 경우, 그 대신 제주도에 대규모 공군기지를 건설하는 방안을 제시했다.[125] 정일권은 베트남과 한국의 상황이 구정 대공세와 안보

125 다른 조건은 한국의 3개 긴급예비사단, 7개 후방지역경비사단에 대한 재정 지원이었다. Seoul to DOS, #4784, Subject : Additional ROK Troops for Vietnam, March 8, 1968, *FRUS, 1964~1968*, vol.29, Part 1, pp.402~404.

위기 이후 급변했으며 한국군의 베트남 파병도 완전히 새로운 관점에서 바라봐야 한다고 인식하고 있었다.[126] 국무부는 이 제안을 검토한 결과, 이미 합의된 1개 경輕사단의 한국군 파병 실행을 우선하는 것이 현명하다고 결론 내렸다.[127] 그러나 4월 17일에 호놀룰루에서 열린 박정희－존슨 회담에서 존슨 대통령이 파병 요청을 했을 때, 박 대통령은 한국의 현재 상황에서는 파병이 '불가능'하다고 했다.[128] 존슨이 3월 31일 차기 대통령 선거 불출마와 북폭 정지를 선언함에 따라 차기 대통령에 누가 당선되고, 그리고 아시아에 대한 안전보장정책이 어떠한 것이 될지 불투명한 것이 파병 중지의 배경에 있었다.[129] 5월 말에 열린 제1차 한미 국방각료회담에서도 한국 측은 "일본에서 미군기지 철거 요청을 하고 있지만, 미군기지를 한국으로 이동시키는 것은 전적으로 찬성. 필요한 토지는 제공한다"고 발언했다. 그러나 미국 측은 막대한 예산이 든다는 이유로 이에 부정적이었다.[130]

그럼에도 불구하고, 6월 17일에는 방한한 자민당 의원단에게 야당인 신민당의 박병배朴炳培 의원이 "오키나와의 미군기지를 이전하면, 한국에는 방위력 강화, 미국에는 주일미군기지에 대한 반대 압력의 해소가 되어, 일본정부는 미군기지 철거를 요구하는 국내 여론의 압박에서 벗어날 수 있

126 Seoul to DOS, #4907, Subject : Additional ROK troops for Vietnam, March 15, 1968, Ibid., pp.407~409.

127 Information Memorandum from the Chairman of the Korean Task Force (Brown) to Secretary of State Rusk, Subject : Possibility of Obtaining Two Additional ROK Divisions for Viet-Nam, March 12, 1968, Ibid., pp.404~407.

128 Summary of Conversations between President Johnson and President Pak, April 17, 1968, Ibid., p.419.

129 Editorial Note, Ibid., p.410.

130 「한미국방각료회담, 제1차, Washington, D.C., 1968,5.27~28」, 앞의 『월남전 관련 자료집』 17, 218쪽.

다"며 오키나와 기지 일부의 제주도 이전안을 비공식적으로 제기해 한일간에 화제가 되기도 했다.[131] 그 동안 한국 국회에서는 제주도 이전 논의가 계속되어 왔고, 4월 25일 본회의에서는 최영희崔榮喜 국방부장관이 박병배 의원의 질문에 대해 4월 17일 호놀룰루 회담에서 한국에 강력한 군사시설이 필요하다고 주장했으며, 개인적으로 박 의원의 주장에도 동의한다고 밝혔다.[132] 보도에 따르면, 제주도 이전론은 차지철車智澈 의원과 가야 오키노리賀屋興宣 의원 사이에서도 비공식적으로 논의되었으며, 이 때에 한국 측은 메이스 B 등 핵무기를 포함한 중요 전략기지와 ABM 레이더 망 등의 미군시설을 제주도로 이동 설치하여 한국, 일본, 극동 전역의 방위에 공헌하게 한다는 안을 제기했다. 다만, 가야 오키노리는 오키나와 기지가 지금 맡고 있는 역할로 미루어 제주도가 이를 대체할 수 없으며, 실제로 만들려면 3억 달러 정도 들어가기 때문에 현실적인 문제가 아니라고 밝힌 것으로 알려져 있다.[133] 또한, 오키나와 미군도 오키나와에 있는 미 공군의 일부가 한국으로 옮길 가능성은 있다 해도, 당분간 주요 전력이 옮겨가는 것은 생각할 수 없다는 입장을 밝혔다.[134]

한편, 미국정부 내에서는 한반도에 대한 새로운 상황 보고서가 5월 무렵부터 작성되어, 북한이 대규모 보복에 나설 경우 전면전으로 발전할 우려도 있지만, 현 시점에서 북한이 한국 침략을 의도하고 있지는 않다는 결론이 내려졌다.[135] 6월에 새로운 한국정책이 책정되어, 한국의 방위에 관

131 『読売新聞』, 1968.6.17; 『京郷新聞』, 1968.6.18.
132 제65회 제8차, 1968.4.25, 한국 국회 본회의 회의록.
133 『読売新聞』, 1968.6.17; 『朝日新聞』, 1968.6.19.
134 『読売新聞』, 1968.7.7.
135 Special National Intelligence Estimate SNIE 14.2-68, May 16, 1968, *FRUS, 1964~1968*, vol.29, Part 1, p.431.

해서는 한국군의 방위 능력을 서서히 높이기 위해 지원을 계속하기로 결정되었다. 공군력에 관해서는 현재는 북한이 한국보다 우월하지만 미국의 공군력으로 대체가 가능하며, 한반도에서 군비 경쟁을 가속시키지 않도록 당분간 증강은 바람직하지 않은 것으로 여겨졌다.[136] 7월 10일에 미 국방차관보 대리가 오키나와 기지의 한국 이전을 정식으로 부정하여 제주도 이전론은 잠시 흐지부지되었다.[137]

이러한 상황에서 한국정부는 베트남 정세와 북한의 도발행위에 상호관련성이 있다고 하는 견해를 강하게 내세우려고 했다. 이 때문에, 1968년 4월 베트남 참전 7개국 회의 개최를 앞두고, 다음과 같은 입장으로 임할 것을 결정했다. ① 베트남 전쟁의 효율적인 수행과 적의 새로운 형태의 침략에 대처하기 위해, 베트남의 안전에 대해 한국이나 참전국을 포함한 지역적인 차원에서 대처한다, ② 북한의 도발 행위에 대해 7개국이 공동으로 대처한다, ③ 참전 7개국 체제를 베트남 문제뿐만 아니라, 이 지역의 안전을 위한 실질적인 지역적 '집단안전보장' 체제화하는 방향으로 발전 강화한다.[138]

회의 참가국들은 한국의 입장에 동정적인 자세를 보여 이 회의 후 발표된 공동성명에는 'Korea'라는 항목이 설정되었고, 각국이 한국에 대한 북한의 공격 증가가 동남아시아 정세와 관련되어 있다는 것에 합의하고, 각국이 한국을 지원하여 이러한 중대 사태를 주시하면서 상호 긴밀한 연락

136 Paper Prepared by the Policy Planning Council of DOS, U.S. Policy toward Korea, June 15, 1968, Ibid., pp.434~435.

137 『東亜日報』, 1968.7.11.

138 「'웰링톤' 外相会議에 臨하는 우리의立場」, 1968.3.9; 한국학술정보 편집부, 『월남전 관련 자료집』 3, 64~78쪽.

을 유지할 것을 확인하였다는 내용이 삽입되었다. 한국정부는 한국의 주장이 그대로 수용된 것을 높이 평가하고 참전 7개국 체제를 이후 실질적인 지역 '집단안보'체제화의 방향으로 발전시켜 나갈 방침을 굳혔다.[139] 이 '집단안전보장'은 다양한 형태가 상정되었으며, 북대서양조약기구와 마찬가지로 미군의 자동개입 조항을 포함하는 것도 그 중 하나였다.[140]

그 동안 일본정부도 한국의 안전에 대한 인식을 안보위기 때보다 적극적으로 표명하게 되었다. 6월에 열린 일미 안보협의위원회에서 미국 측은 일본 측에 대해 한국에 고립감을 주지 않도록 심리적 관점에서 문제에 대처할 필요성을 강조했고, 일본도 이에 동의하면서 경제적 원조를 계속할 것을 표명했다.[141] 8월에 열린 제2차 한일각료회의에서는 양국의 각료가 "한국의 안전과 번영이 일본에 중대한 영향이 있음을 인정"했다는 문언이 공동성명에 삽입되었다. 9월에 열린 일미안보협의위원회에서도 일본 측은 "한국의 안전은 일본에 대단히 중요하다"는 인식을 표명했다. 미국 측도 북한에 의한 대규모 공격 가능성은 크지 않지만 한반도 상황이 대단히 불안정하다는 점을 언급하며, 한국과 일본의 안전은 일체의 문제이며 그런 식으로 다루어져야 한다고 했다.[142] 안보 위기 후에 한국정부가 위기감을 고조시켜 안전보장체제의 강화에 나서는 가운데 미국정부도 압력을 가

139 「越南参戦国外相会議」, 한국학술정보 편집부, 위의 책, 218~225쪽.

140 이상현, 「아시아판 NATO 구상의 좌절－六〇년대 박정희정권의 아시아태평양조약기구(APATO) 구상을 중심으로」, 『국제정치논총』 50(5), 2010, 49~50쪽.

141 Memorandum of Conversation, Subject : Security Subcommittee : Second Session, June 7, 1968, "General Records of the Department of State, Central File, 1967~69, 原ファイル記号 : Box 2249 POL Japan-US 1/1/68", [0000111461], 沖縄県公文書館.

142 Tokyo to DOS, A-2177, Subject : Security Sub-Committee Meeting 11-12 September, 1968, October 29, 1968; 『対日政策文書』 第一二期第五巻, 158~160쪽.

하자, 일본정부는 점차 한국정부에 협력적인 자세를 보이게 되었다.

3대 선거 직전이 되자, 한반도에서는 미국이 10월 31일에 북폭을 정지한 직후인 11월 1일부터 3일에 걸쳐 북한 게릴라가 한국 서해안의 울진, 삼척지방에 침투하는 사건이 일어나, 다시 긴장이 고조되었다. 샤프 태평양군사령관은 베트남 정세와의 직접적인 연관성은 입증할 수 없다고 하면서도 공산주의자들의 전략과 군사행동이 장래에 상호연관될 것을 우려하고 있다고 11월 16일 JCS에 전했고,[143] 보네스틸 주한미군사령관도 북한의 위협에 대한 기본적인 평가는 변함없으나, 남북한 간의 오판으로 인해 대규모 무력 충돌이 일어날 가능성도 있다고 말했다.[144] 11월 26일에 작성된 CIA 보고서는 북한이 한반도 전체의 지배를 최종적인 목표로 하여 한국 침투를 계속할 것이며, 동시에 미국을 괴롭히고 당황하게 만들려는 시도를 계속할 것이라고 지적했다.[145] B52 배치의 원인이 된 한반도의 긴장관계는 반년이 넘도록 계속되었던 것이다.

이와 같이, 일미 양국 정부는 B52 배치로 인한 오키나와에서의 운동 고조 때문에 선거 전에 B52 철거를 검토했지만, 한반도의 지속되는 긴장 상태는 미 군부가 계속적인 배치를 주장하는 이유의 하나가 되었다. B52의 계속적인 배치는 오키나와에서 B52 철거를 포함한 현상 타파를 요구하는 목소리가 높아지는 것으로 이어져, 주석 선거에서는 혁신 정권이 성립했다. 한편,

---

143 Commander in Chief, Pacific (McCain) to the Chairman of the Joint Chiefs of Staff (Wheeler), Subject : The Korean Situation, November 16, 1968, *FRUS, 1964~1968*, vol.29, Part 1, pp.447~448.

144 Memorandum of Conversation, Subject : Korea, November 20, 1968, Ibid., p.451.

145 Intelligence Report, Subject : Kim Il-Sung's New Military Adventurism, November 26, 1968, 104602-010-0220, HV.

한국에서는 안보 위기 후에 자국의 안전보장에 대한 위기감이 커졌고, 그런 가운데 오키나와 반환 교섭에 대해서도 관심이 모아지게 되었다. 일본정부는 안보 위기 이후 미국의 압박 등에 의해 한국의 안전이 일본의 안전에 중요하다는 인식을 공식적으로 표명하게 되었다.

제4절 2・4 총파업과 그 파문

1. B52 추락 폭발사고

앞에서 확인한 바와 같이, 한반도 정세의 악화를 배경으로 한 B52의 오키나와 배치로 인해 오키나와와 한반도의 군사적인 유대는 한층 밀접해졌다. 제4절에서는, 이러한 상황 속에서 오키나와에서 3대 선거가 실시된 직후에 일어난 B52 추락 폭발사고가 관계 각국에 미친 영향에 대해 검토한다. 우선은 사고의 경위와 그에 대한 오키나와 현지의 반응에 대해서 확인하고자 한다.

선거 일주일 후인 11월 19일 새벽에 가데나 기지에서 베트남을 향해 발진하려던 B52기 한 대가 이륙에 실패해 폭발했다. 탑재했던 폭탄이 연이어 폭발하여 1시간 동안 기지 내에서 화염이 솟아올라 인근 주민들을 공포에 빠뜨렸다.[146] 가데나 촌의회는 촌장의 요청으로 당일 아침에 임시회의를 열고, 미국에 대해 "인류의 불행의 근원인 B52와 일체의 군사기지를 즉시 철거하도록 강력히 요구"한다는 결의를 만장일치로 채택했다.[147] 기지 노동자로

146 촌민의 중경상 16명, 교사, 주택 등 365건의 피해가 발생했다. 屋良誌編纂委員会 編, 『嘉手納町屋良誌』, 字屋良共栄会発行, 1994, 659쪽 참조.

〈사진 3-8〉 가데나 기지 B52 추락 폭발사고 현장. 1969년 11월 19일. Wikipedia 제공.

구성된 전 오키나와 군노동조합이하, 전군노 위원장이었던 우에하라 고스케上原康助는 가데나에 거주했기 때문에 폭발의 충격을 몸소 체험하고, 당일 아침에 "최대한 항의행동을 취하자"고 노동조합의 중앙조직인 현노협縣勞協의 가메코 고키치亀甲康吉 의장에게 호소했다.[148] 밤에는 항의를 위해 가데나 촌민대회가 열려 5천 명이 모였다.

한편 주일미국대사관은 국무부의 지시를 받고 곤도 신이치近藤晋一 외무심의관과 함께 일본정부의 입장으로서 일본정부가 '항의'하지 않음을 명확히 하는 보도지침을 당일 작성했다. 기무라 도시오木村俊夫 관방 부장관은 각료회의에서 "미국 측에 이런 종류의 사고가 재발하지 않도록 강력히 주

147 嘉手納町議会事務局 所蔵, 一九六八年第八回嘉手納村議会(臨時会)会議録 第一号.
148 琉球新報社 編, 『世替わり裏面史－証言に見る沖縄復帰の記録』, 琉球新報社, 1983, 560쪽.

〈사진 3-9〉 가데나 촌교직원회 주최 'B52 즉시철거를 요구하는 궐기대회' 1968년 12월 7일. 요미탄촌 제공.

의를 환기시키겠다"고 말했다.[149] B52 배치에 있어서 일미 간의 긴밀한 협동을 요청받았던 일본정부는, 여기에서도 미국에 적극적으로 B52 철거를 요구하지는 않았다.

다음 날 가데나 기지에 인접한 지바나知花 탄약고에 핵이 저장되어 있는 것이 보도되자, 가데나 촌민의 불안과 공포는 현 전체로 확산되어 갔다. 대립하던 인민당계와 사회당계 원수협은 복귀협과 함께 'B52 즉시 철거, 원자력잠수함 기항 저지 공투회의'를 결성하여 공투하기로 합의했다. 이런 상황에서 입법원에서는 자민당도 B52 철거 입장을 취하기로 결정했

149 Tokyo to DOS, #13960, Subject : B-52 Accident Okinawa, November 19, 1968, [U81100993B], 沖縄県公文書館; Tokyo to DOS, #13967, Subject : Okinawa : Kadena B-52 Crash, November 19, 1968, in the same folder.

다.[150] 고자 촌장을 면담한 가데나 기지 사령관이 "B52 사고는 교통사고나 마찬가지"[151]라고 발언한 것은 주민의 분노에 한층 불을 지폈다. 현노협 간사회는 이 날 현민의 목숨을 지키는 투쟁을 조직하기 위해 B52 철거로 목표를 한정하여 총파업을 벌이기로 확인했고, 단위조합 위원장회의에서는 현노협의 전 가맹 조합이 이 투쟁에 동참할 것을 합의했다.[152]

B52 철거를 요구하며 먼저 일어선 것은 가데나 촌교직원회를 중심으로 한 여성들이었다. B52 사고 기지 주변의 아이들에게 준 충격은 심각했다. B52 철거운동이 미국을 자극할 것을 우려한 일부 자민당 의원들은 가데나에서 벌어지고 있는 B52 철거운동에서 고자 촌장이 필요 이상으로 B52 문제를 주장하고 있다고 했고, 또한 같은 당 여성을 압박해 자민당 가데나 지부의 여성들이 B52 반대운동에 동참하지 말도록 압박했다.[153] 그러나 11월 30일에 자민당 부인부 간부를 포함한 여성 약 700명이 총궐기대회를 열었고 단 한 명의 남성으로서 고자도 참가했다. 대회에서는 일미 양국 정부와 류큐정부에 "촌민의 그 무엇과도 바꿀 수 없는 생명과 평화를 지키기 위해 이러한 폭발사고를 일으킨 미군 당국에 마음속 깊은 분노와 불신을 담아 항의하는 한편, 절대로 그 존재를 허락할 수 없는 B52와 일체의 핵무기를 즉시 철거하도록 민족의 번영과 영원한 평화를 희구하는 부인의 입장에서 강력히 요구한다"[154]고 결의하고 데모가 이루어졌다. 여성들만의 데모 행

150 HICOMRY to DOA, HC-LN 832801, Subject : B-52 Accident-Political Effects, November 22, 1968, [U81100993B], 沖縄県公文書館.

151 『琉球新報』, 1968.11.22.

152 琉球新報社 編, 앞의 책, 560쪽.

153 HICOMRY to DOA, Subject : B-52 Accident —Political Effects, November 27, 1968, [U81100993B], 沖縄県公文書館.

154 嘉手納村全婦人大会, 「B52核戦略爆撃機の墜落爆発事故に対する抗議と核兵器即時撤去を要求する決議」, 1968.11.30, 「嘉手納基地関係資料」, [R10000560B], 沖縄県公文

〈사진 3-10〉 B52 추락 폭발사고 항의집회에 참가한 여성들. 1968년 11월 30일. 고야 요시노부(呉屋良延) 씨 소장, 나하시 역사박물관(那覇市歴史博物館) 제공.

진은 오키나와에서는 전전과 전후를 통틀어 처음이었으며, 중고생 대표도 포함되어 있었다.[155]

12월 2일에 폭발사고 현장과 거의 같은 장소에서 B52가 잔디밭을 들이받으며 정지하는 사고가 다시 일어나, 주민들에게 다시 추락 폭발사고의 공포를 불러일으켰다. 미군은 "정상적인 착륙은 아니었지만, 사고라고 할 수는 없다"고 발표했고, 다행히 피해는 전혀 없었다. 그러나 당일 학생이 무신고 데모와 항의 집회를 했고, 가데나 촌교직원회가 7일에 12시간 직장 포기 파업을 한다고 선언했다. 이 모임은 촌사무소, PTA회장, 자치로自治労[156] 가

書館.

155 『朝日新聞』, 1968.12.1.

156 옮긴이 주 : 정식 명칭은 전일본자치단체노동조합. 일본의 산업별로동조합으로 지방자치단체 직원들에 의한 노동조합의 연합체이다.

데나 지부, 복귀협 가데나 지부에도 파업 결행을 전달하고 협력을 요청했으며, 각 조직 모두 "B52 철거를 위해서라면 반대할 수 없다"는 자세를 보였다. 파업 선언은 추락 폭발사고가 오키나와 전투의 기억을 "뚜렷이 상기시켰다"고 하며, "매일 질리지도 않고 고귀한 인명을 살육하기 위해 가데나 기지를 사용하게 하는 것은 우리 자신이 베트남 전쟁에 협력하고 있다는 것은 아닐까"라는 가해자 의식에 서는 것이었다. 또한, 일본정부가 오키나와의 분노를 무시하고 베트남 전쟁에 협력하고 있는 것에 대해, "지금 우리는 일본정부의 이 현실에 대해 '배반당했다' '실망했다'면서 나약하게 울부짖고 있을 수 없다. 일본정부의 저자세를 일으켜 세워, 촌민의 생명과 재산을 지키고, 아이들의 행복을 실현하기 위해 우리들의 마음속에서 우러나는 힘으로 미국의 두꺼운 벽을 부수는 것밖에 길이 없다고 확신한다"[157]는 강한 결의가 드러나 있었다. 12월 6일에는 가데나 촌 폭음방지대책기성회를 해소하고, 촌사무소, 촌의회, 각종 단체로 구성한 가데나 촌 기지 대책협의회가 결성되었다. 7일에 행해진 교직원 파업에는 촌외 지원 단체를 포함하여 2천 명 이상이 참가하였다. 같은 날, '생명을 지키는 현민 공투회의'이하, 공투회의가 혁신공투회의 구성단체를 포함한 140여 개 단체로 결성되어, B52의 즉시 철거, 원자력잠수함 기항의 즉시 중지, 오키나와에서 일체 핵무기의 즉시 철거를 결의했다. 의장에는, 가메코 현노협 의장이 선출되었다.

157 嘉手納教職員会,「B52墜落爆発への抗議とB52撤去に対するスト宣言(一九六八年一二月四日)」, 宮平良啓,『古稀を迎えて あの日 あの時 全力投球』, 宮平良啓発行, 2008.

2. 총파업 기운의 고조

전군노全軍勞도 참가하는 총파업이 오키나와에서 계획된 것은 USCAR에 엄청난 위기감을 안겼다. 이 때 오키나와에서 계획되었던 총파업의 내용은 항의행동으로 기지에 출입하는 사람이나 차량을 멈추는 것이었는데, USCAR는 사회 전체의 기능이 정지되어 큰 사태가 될 수도 있다고 우려했다.[158] USCAR는 특히 오키나와의 노동조합 중 최대의 조합원수를 지닌 전군노가 총파업에 참가하는 것을 경계하여, 12월에 파업을 막기 위한 시나리오를 작성하며 총파업에 대한 정보 수집에 들어갔다.[159]

또한, USCAR는 차기 주석으로 선출된 야라에게도 총파업의 회피를 적극적으로 요청했다. 11월 27일에 야라-엉거 회담이 열렸을 때, 엉거 고등판무관은 총파업이 법과 질서를 파괴하고 오키나와 사람들의 생활을 위험에 빠뜨릴 것이라는 우려를 표명하고 야라에게 주석으로서의 위신과 영향력을 활용해, 확립된 민주적인 방법으로 B52 반대운동을 제한해 달라고 했다. 12월 1일부터 주석으로 취임한 야라가 12월 6일에 본토로 출발하기 전에 카펜터Stanley S. Carpenter 민정관을 예방했을 때, 카펜터도 동일한 요청을 반복했다. 야라는 법과 질서 수호의 중요성에는 동의했지만, 일본과 미국의 지도자는 B52 문제에 대한 오키나와 사람들의 감정의 깊이를 이해해야 하며, 대표로 뽑힌 사람으로서 자신이 그들의 감정을 표현할 필요가 있다고 언급했다.[160]

158 2017년 2월 15일 구니요시 에이케이(國吉栄啓) 씨 인터뷰. 녹음은 필자 소장.

159 상세한 것은 成田千尋, 「二・四ゼネストと総合労働布令−沖縄保守勢力・全軍労の動向を中心に」, 『人権問題研究』 14, 2014, 159쪽 참조.

160 HICOMRY to DOA, HC-CA 834404, December 6, 1968, [U81100993B], 沖縄県公文書館.

야라는 12월 7일부터 상경하여 본토 정부 수뇌 등 관계 기관에 취임인사를 하는 한편, B52의 철거 등을 요청했다. 그러나 11일에 이루어진 아이치-존슨 회담에서는 아이치 기이치愛知揆一 외상이 오키나와 주민의 불안을 전했지만, 존슨은 "미국정부는 오키나와를 B52의 항구 기지로 만들 생각이 없다. 주변 정세가 허락하면 점차 철거하겠다"고 종래와 같은 설명을 했을 뿐이다.[161]

오키나와에서는 12월 14일에 '생명을 지키는 현민대회'가 열렸는데, 처음으로 류큐정부 각 국장이 참가했을 뿐만 아니라 자민당의 호시 가쓰星克 입법원 의장도 메시지를 보냈다. 현민 대표단은 「본토 동포에 대한 호소문」을 들고 17일부터 상경하여, 각 민주단체 외에 중참 양원의 '오키나와 및 북방 문제에 관한 특별위원회'에서도 B52 철거를 호소했다. 그러나 국회에서는 목소리에 귀를 기울이는 사람이 적었고, 또한 사토 수상에게도 면회를 요청했지만 만날 수 없었고, 호리 시게루保利茂 관방장관은 "집회 지도자가 부추기지 않았으면 좋겠다"고 언급한 탓에 본토에 대한 불신감이 깊어져, 대표단은 "총파업 결행 이외에는 방법이 없다"고 생각하게 되었다.

12월 23일에는 입법원 임시 의회가 열려 「B52 전략폭격기 추락사건에 대한 항의와 즉시 철거를 요구하는 결의안」 및 일본정부에게 보낼 「B52 즉시 철거에 관한 요청 결의안」이 의제가 되었다. 발의자로서 취지 설명에 나선 후루켄 사네요시古堅実吉 의원은 이것이 입법원 의원 3명의 의사가 완전히 통일된 결의안이라고 해도 과언이 아니라고 언급한 후, 23년에 걸친 미국 지배와 군사기지로 인한 고통을 거침없이 말했다. 그리고 11월 19일

161 「愛知外務大臣, ジョンソン駐日米大使会談概要」, 1968.12.12, 「沖縄関係 二五」, 0600-2011-00005, H22-021, 外務省外交史料館.

에 채택된 가데나 촌의회 결의는 오키나와 현민의 소망을 나타낸 것이라며 낭독했다. 일본정부에 보내는 결의에 대해서는, 일본정부가 미국의 B52 오키나와 상주에 계속 협력하고 있는 것에 대해 "오키나와는 일본 영토이고 우리 오키나와 현민은 일본국민이며, 우리에게도 헌법상 보장된 생명과 안전을 확보할 권리가 있고 우리에게도 평화를 바랄 권리가 있으며, 우리에게도 공포에서 벗어나 생활할 권리가 있다는 입장에 서서" 강력한 요구를 하자는 내용이라고 설명을 덧붙였다.[162] 결의는 두 가지 모두 만장일치로 가결되었고 「미군 원자력잠수함 기항의 즉시 중지와 배상을 요구하는 결의」 등도 채택되었다. 그리고 그 후에도 조사를 하기 위해 군관계특별위원회가 재설치되었다. 이 때까지만 해도 파업이 결행되면 피해를 본다는 이유로 오키나와 경영자협의회가 반대한 것을 제외하고는[163] 철거를 요구하는 기운이 섬 전체라고 할 수 있는 규모로 고조되고 있었다.

3. 2 · 4 총파업과 회피 공작

이 분위기를 바꾸는 계기가 된 것이 USCAR가 총파업 참가자에게 징계처분을 하겠다고 1월10일에 경고하고, 12일에는 시위, 집회를 처벌하고 정치운동도 금지한다는 '종합노동포령'을 25일에 시행한다고 통고한 것이었다.[164] 이 조치는 반대로 운동을 더욱 고조시키는 결과가 되었다. 18

162 立法院会議録 第三八回臨時 第一号, 「B52戦略爆撃機の即時撤去に関する要請決議案」, 1968.12.23.

163 琉球新報社 編, 앞의 책, 587쪽.

164 USCAR의 2 · 4 총파업 회피 공작이나, 종합노동포령이 이 시기에 공포된 이유에 대해서는 成田千尋, 앞의 글, 2014 참조.

일에는 현노협이 종합노동포령 철폐를 요구하며 총궐기대회를 개최했고, 같은 날 학생들이 USCAR의 청사에 돌입하려고 했다. 이 포령은 오키나와와 본토로부터의 격렬한 항의행동을 불러일으켜, 23일로 시행 연기가 결정된다. 그러나 동시에 총파업을 회피하려는 움직임도 나타났다.

1월 21일에 고자시의 고자 상공회의소는 "총파업의 영향이 크므로 끝까지 회피해야 한다"며 '총파업 반대'를 결의하고 입법원 등에 요청을 하기로 결정했다. 또한, 본토의 자민당도 회피에 전력을 다해, 현지 정세의 설명을 요구받은 오키나와 경영자협의회 전무가 서둘러 상경했다. 공투회의는 총파업 태세를 북돋우기 위해 24일에 총궐기대회를 개최하여, 약 2만 명이 요기 공원에 집결하여 데모행진을 했다. 그러나, 가데나에서도 임대주택조합이나 상가가 총파업에 반대를 표명해, 같은 날 총파업 반대 진정서를 가데나 촌 당국 등에 제출했다. 취지는 "좁은 가데나에 10만 명이나 되는 사람들이 모여 데모를 할 경우, 생활이 파괴되고 경제 혼란을 일으키므로, 가데나에서 하는 정치적 총파업에는 반대한다"는 것으로, B52 철거에 대해서는 "고도의 정치 문제로서 본토 정부나 미국에 항의하는 것에 찬성"한다고 했지만, 가데나에서 총파업 반대 의사가 표명된 것은 파문을 불러왔다. 또한, 오키나와 자민당 의원은 야라 주석, 공투회의 간부에게 총파업 중단을 호소하고, B52 철거에는 찬성하지만 총파업은 "기지 철거와 70년 안보폐기투쟁을 지향하는 정치투쟁"이라며, 27일에 중단을 요구하는 성명을 냈다.[165]

가데나 촌에서는 1월 28일에 임시 촌의회가 열려 진정서를 어떻게 다룰지가 논의되었다. 회의에서는 진정의 취지가 명확하다고 하는 자민당 의

165 『琉球新報』, 1969.1.21·22·25·28.

원과, 섬 전체에 영향을 주기 때문에 신중하게 다루어야 한다는 야당 의원 사이에 의견이 대립했다. 4시간에 걸쳐 논의가 이어졌지만, 타협점을 찾지 못했다. 고자 촌장은 B52의 즉시 철거를 바라는 마음에는 변함이 없지만, 총파업에 대해서는 촌의 행정 책임자로서 권장도 반대도 할 수 없는, 이러지도 저러지도 못하는 상태가 되었다. 최종적으로 자민당의 찬성 다수로 진정서는 원안대로 채택되었다. 자민당이 양보하지 않은 이유 중 하나는 「총파업 취소 성명」을 제출한 오키나와 자민당 본부의 의향이 있었다고 한다. 마을 내에서도 파업에 대해서는 찬반양론이 갈렸지만, 폭음 피해를 가장 많이 입은 야라屋良 지역에서는 촌의회의 태도에 불만과 불신감마저 드러냈다.[166]

그렇다면, 이러한 상황 속에서 공투회의 간부와 야라 주석은 어떻게 행동했을까. 1월 24일의 대회에서 선출된 가메코 고키치 의장 등 대표단은 26일부터 상경하여, 정부 관계자들에게 B52 즉시 철거를 요구하는 한편, 총평總評[167]을 비롯한 노동단체에 2·4 총파업에 대한 협력을 호소했다. 한편, 일본정부는 이 상황에 위기감을 고조시키고 있었다. 외무성은 총파업 회피를 위해 미국대사관에 B52에 대한 제의를 하는 시나리오를 작성하고 아이치 외상의 승인을 얻어냈다. 지바 가즈오千葉一夫 외무성 북미 제1과장은 27일에 미국대사관을 방문해 협조를 요청했고 대사관은 이에 대해 손해는 없다고 거부하지 않자, 다음 날 우시바 노부히코 외무차관이 시나리오대로 오스본 공사에게 제의했다.[168] 다만, 우시바의 "일본정부가 철거

166 『琉球新報』, 1969.1.28·30·31.

167 옮긴이 주 : 일본노동조합총평의회의 약칭. 전후 노동운동을 이끌었던 산별노조(전일본산업별노동조합회의)에 대항하는 노동조합의 전국적 중앙조직으로 1950년에 결성되었으나, 그 후 전투성을 강화하여 노동운동의 중심적인 존재가 되었다.

되는 상황이 도래하기를 진심으로 희망한다"는 발언이 보도에서는 외무성이 철거를 요청한 듯한 인상을 준 탓에 미국 측을 당혹스럽게 했다.[169] 그러나 아이치 외상 등과 회담한 가메코는 같은 날 오후 7시에 "정부의 회답은 회피의 조건이 되지 않는다"고 하여 현민 공투와 현노협의 양 사무국에 '총파업 돌입 준비 지령'을 내렸다.

한편, 야라 주석은 계속되는 혼란에 몸살이 날 정도로 고뇌했지만, 다시 정부에 제의를 하기로 1월 25일에 결정했다. 그날 오야마 조조大山朝常 고자 시장, 아사토 쓰미치요安里積千代 사회대중당 위원장 등과 회담한 자리에서, 오야마가 기지 의존 업자와의 대립을 피하기 위함이라며 총파업에 강력히 반대하여 파업 회피로 의견일치를 본 것이 계기였다. 행정당국자로서 총파업 회피를 위해 할 수 있는 것은, 총파업 회피를 조직에 지시하는 것이 아니라, "총파업 감행의 요인을 제거하도록 최대의 노력을 다하고, 어떤 철거에 대한 전망을 세워 조직 책임자에게 회피 요청을 하는 수밖에 없다"는 것이 야라의 생각이었다.[170]

야라는 27일에 페이지 공군사령관, 28일에 새로 부임한 램퍼트James B. Lampert 고등판무관에게도 B52에 대한 의견을 물었지만, 회피 재료가 될 만한 것은 얻지 못했다. 상경한 야라는, 철거의 목표가 되는 기일을 도출해내려고, 29일에 도코나미 도쿠지床次徳二 총무장관, 아이치 외상, 사토 수상 등을 만났는데, 이것도 같은 결과였다. 도코나미, 아이치 등은 문제가 되고 있는 B52, 종합

168 宮里政玄, 앞의 책, 297쪽.

169 Tokyo to DOS, #703, January 29, 1969, "Reference Paper Files, 1969. B-52's" (이하, 1969년 12월 31일까지의 동일 코드 문서는 동일 제목), [U81100993B], 沖縄県公文書館.

170 「屋良朝苗日誌〇二三」, 1969.1.25, [0000096998], 沖縄県公文書館; 「B52にからむ混乱」, 『「激動八年」屋良朝苗回顧録 原稿』, [0000112865], 沖縄県公文書館, 6~7쪽.

〈사진 3-11〉 램퍼트 고등판무관을 표경방문한 야라 주석. 1969년 1월 28일. 오키나와현 공문서관 제공.

노동포령, 원자력잠수함 중 B52 이외는 일본정부의 요청으로 해결로 향하고 있다는 것을 강조했다. 그러나, 야라는 원하는 답변을 듣지 못하고 어찌할 바를 몰라 했고, 자신을 설득할 만큼의 발언도 없이 파업 회피를 요청하는 정부 수뇌들에게 실망했다. 다만, 그날 밤 야라의 숙소를 방문한 교도 통신共同通信 다카하시 미노루高橋実는 기무라 관방 부장관을 다시 한번 만나도록 권했다.[171] 다음 날 아침 기무라의 자택을 방문한 야라에게 기무라는 "태국의 기지가 6월에 완성되고, 파리 회담, 베트남 전쟁은 늦어도 7월에 끝난다. 그러면 B52 기지는 늦어도 6, 7월까지는 철거될 것이라는 전망"[172]을 전했다.

같은 날 야라는 오스본 공사와도 회담을 가졌다. 야라는 B52나 종합노동

171 앞의 「B52にからむ混乱」, 29~30쪽.
172 앞의 「屋良朝苗日誌〇二三」, 1969.1.30.

포령 문제는 미일 양국 정부 사이의 논의에 의해서만 해결될 수 있다고 하며, 오키나와 사람들의 감정을 미국정부에 전하도록 요청하고 총파업을 피하기 위해 미국이 최대한 협력할 것을 요청했다.

또한, B52가 태국의 기지로 이주하는 것이 사실인지 물었다. 오스본은 미국정부에 야라의 요청을 전할 것을 약속했지만, 태국 기지와의 관련에 대해서는 아무것도 모른다고 대답했다. 그러나 도쿄 절충을 마친 야라는 다음 날 기자회견에서 "본토 정부가 전향적인 자세를 보인 것은 확실하며, 총파업 회피에 대한 확실한 단서를 찾지 못했지만 신뢰할 만한 사람들의 말을 총괄해 보니 6, 7월 무렵에는 태국의 기지로 이주한다는 감촉을 얻었다"고 발표했다.[173]

1월 31일에 류큐정부에서 긴급 국장회의가 열려, 야라는 오후 1시 반에 공투회의 간부들을 초대하여, "참기 힘든 것을 참고 총파업을 회피해 주었으면 한다"고 요청했다. 회의에서 회피를 요청하도록 정해진 이유에는, 입법원 다수파인 자민당의 의견이나 가데나 촌에서 촌민들의 의사 통일이 이루어지지 않는 등, 섬 전체가 하나로 움직이지 못한 것도 포함되어 있었다.[174] 더욱이, 국장회의는 「회피 요청 주석 메시지」를 정리하여 오후 8시가 넘어서 가메코에게 전달했다.

그 사이 30일에 오키나와에 귀임한 가메코 등 현민 대표의 보고를 받은 현노협 간사회는 "현시점에서는 총파업 회피 조건은 없다"고 하여, 야라의 귀임 후 교섭 경과를 듣고 구체적인 파업 전술을 검토하기로 결정했다. 다

---

173 Memorandum of Conversation, Subject : General Strike and B-52's, January 30, 1969, [U81101123B], "Reference Paper Files. General Strike (4 Feb 1969)", 沖縄県公文書館; 屋良朝苗, 『激動八年－屋良朝苗回顧録』, 沖縄タイムス社, 1985, 38쪽.

174 『琉球新報』, 1969.1.31.

〈사진 3-12〉 총파업 회피 요청문을 발표하고 있는 야라 주석. 1969년 1월 31일. 요미탄촌 제공.

만, 이 시점에서 전군노는 미군으로부터 혹독한 와해 공격을 받고 있어서, 파업에 돌입하면 조직이 붕괴될 수도 있는 상태가 되어 있었다.[175] 당시 전군노 공군지부 집행위원인 미야기 구니하루宮城邦治 씨에 의하면, 미군이 "총파업은 반미투쟁이자 정치파업이며 위법이다. 참가하면 해고다. 이것은 기지 사령관의 명령이다"라고 통고하고, 참가 여부에 대한 설문조사를 직장에서 강요했다. 당초에는 총파업 기운이 고조되었기 때문에 직원들이 답변을 거부하고 용지를 똘똘 뭉쳐서 버렸다. 그러자, 미군은 사무소로 한 명씩 불러내 통역을 대동한 미군 2명이 "(설문조사에) 서명하라. 안하면 해고다"라고 협박했다고 한다.[176] 또한, 야전용 침낭과 식료품, 의약품을 반

175 琉球新報社 編, 앞의 책, 568쪽.
176 成田千尋, 「[インタビュー] 全軍労OBが見た米軍施政下のRYUKYUSと基地 ― 宮城邦治氏・豊光氏に聞く」, 『ノートル・クリティーク』 9, 2016, 67~68쪽.

입하여 파업 불참자에 대한 숙식 준비를 진행하고, 낮에는 관리직을 동원해 총파업은 위법한 파업이라는 경고를 반복했다. 이런 상황에서 1월 30일 밤에 전군노는 불참을 결정했다.[177]

1월 31일 밤에 전군노의 불참과 야라의 회피 요청을 받은 현노협 간사회는 분규 끝에, 2월 1일 새벽에 총파업 회피를 결정했다. 가메코는 이 결정을 듣고 오후부터 시작되는 공투회의 간사회에 들어갔으나, 간사회도 회피파와 결행파로 나뉘어 분규하다가 2월 2일 새벽에야 총파업을 회피하고 가데나 종합운동장에서 현민대회를 개최하고 시위를 벌이는 것으로 결론을 내렸다.[178] 가데나 촌에서는 "B52 철거운동이 뒤바뀌었다"는 총파업 찬성파와, "B52 철거 방향은 같으며 현민대회도 괜찮다"는 파업 반대파의 양론으로 나뉘었다. 고자 촌장은 "총파업이 회피되었다고 해서 B52 철거운동이 뒤바뀌었다고 생각하지는 않는다. 미국은 체면을 중시하는 나라이며, 우리가 총파업을 회피했다는 심정을 헤아려 달라"고 하며, 조속한 B52 철거에 대한 기대를 언급했다.[179]

2월 4일에 가데나 종합운동장에서 현민총궐기대회가 개최되어 참가를 보류한 단체가 있었음에도 불구하고, 억수같은 비가 내리는 가운데 많은 사람들이 모였고, 미야코와 야에야마도 궐기대회를 가졌다. 야라는 "이 폭우를 뚫고 각지에서 현민들이 이만큼이나 모였다는 것은 현민의 B52 철거에 대한 고뇌에 찬 마음을 표현한 것으로, 대단히 의미가 크다. 이 현민의 마음을 일미 양국 정부 모두 솔직히 인식해야 한다"[180]고 언급했다.

177 琉球新報社 編, 앞의 책, 569쪽.
178 위의 책, 581~583쪽.
179 『琉球新報』, 1969.2.3.
180 『朝日新聞』, 1969.2.5.

〈사진 3-13〉 2 · 4 총파업 생명을 지키는 현민 공투회의 2 · 4통일행동집회. 가데나 종합운동장. 1969년 2월 4일. 오키나와현 공문서관 제공.

4. 총파업 회피의 파문

총파업은 회피되었지만, 오키나와에서 혁신 주석의 탄생과 총파업이 계획된 것은 일미 양국 정부에 오키나와 반환이 불가피하다고 인식시키는 결과를 가져왔다. 12월에 일본과 오키나와를 시찰한 스나이더 일본부장은 이 지역에서 복귀를 요구하는 압력이 커지고 있기 때문에 복귀 문제에 대해 더 이상 물러설 수 없는 단계에 와 있다며, 환수 시기 결정을 이듬해 말을 넘겨 더 늦출 가망은 없어졌고, 특히 걱정스러운 것은 야라가 당선된 후 오키나와에서 일어나는 정세 변화라고 보고했다.[181] 또한, 사토 수상도 오

181 Memorandum from the Country Director for Japan (Sneider) to the Assis-

키나와의 총파업과 종합노동포령에 대한 적대적인 반응이 일본 여론에 미칠 영향을 우려해 1969년 1월 14일 존슨 대사와 회담에서 오키나와 반환에 대해 연내에 모종의 합의를 해야 하는 중요성을 강조했다.[182] 차기 대통령으로 선출된 닉슨Richard Nixon의 주선으로 정권에 합류한 키신저Henry A. Kissinger 대통령 특별보좌관은 1월 20일에 국가안전보장검토각서National Security Study Memorandum : MSSM 9에서 국제정세의 '총점검'을 명했고, 이 회담에서도 오키나와의 복귀문제는 일미관계의 최중요 과제로 여겨졌다. 그 이후, 오키나와 기지의 기능을 저하시키지 않으면서 어떻게 복귀 문제를 해결할지가 미국 측의 과제가 되어 간다. 이와 관련해서 오키나와의 B52 베트남 출격에 대한 오키나와의 강한 저항이나 복귀 후에 B52의 직접 발진을 계속할 수 있는지도 검토사항이 되었지만, JCS는 B52의 철거가 반대파들의 항의 사항 중 하나만을 제거하는 것일 뿐이며, 오키나와 출격이 초래하는 이점을 그러한 정치적 요인과 등가로 보는 것은 현명하지 않다고 보고, "현재 군사적 고려가 가장 중요하다"고 회답했다.[183]

주일미국대사에서 국무차관이 된 존슨은 패커드David Packard 국방차관 등에게 2월 11일 서한을 보내 B52의 존재가 오키나와 반환 교섭에 악영향을 준다고 호소하고, 파업의 직접적인 압력을 받으면서 B52를 철거하

---

tant Secretary for East Asian and Pacific Affairs, Subject : Trip Report : Okinawan Reversion on the Front Burner, December 24, 1968, *FRUS, 1964~1968*, vol.29, Part 2, pp.310~313.

182 Tokyo to DOS, #267, January 14, 1969, NSA No. 79575, [U90005457B], 沖縄県公文書館.

183 Response to National Security Memorandum #9, "Review of the International Situation : As of 20 January 1969", vol.5, Non-Communist Far East, NSA No. 62564, [U90005457B], 沖縄県公文書館.

는 것은 잘못이지만, 그것이 회피되었으므로 "우리는 이 비행기의 조용한 철거에 대해 생각할 기회를 가졌다"고 생각한다고 하며, 태국에 수용시설을 건설하여 오키나와의 B52를 이동시킬 것을 제안했다.[184] 이에 대해 브라운 국무 차관보는 육군장관이 국방장관에게 B52를 가까운 장래에 오키나와에서 철거할 것을 권장하고 국방부의 국제안전보장국도 이를 지원할 것을 계획하고 있으나, JCS가 반대할 것으로 예상됨에 따라 존슨이 다시 JCS와 교섭할 것을 권고했다.[185] 다만 이때도 B52가 철거되는 일은 없었다. 2월 15일에 JCS는 국방장관에게 B52의 오키나와 배치 계속을 권고하는 각서를 전달했다.[186] 수렁에 빠진 베트남 전쟁을 수행하고 있는 군부에게 군사 지배로부터의 해방이라는 오키나와 주민의 소망은 일고의 가치도 없었던 것이다.

한편, 한국에서는 같은 시기에 다시 아시아에서의 '집단안전보장체제' 구축을 의도하여 아시아태평양조약기구Asia-Pacific Treaty Organization : APATO를 창설하려는 움직임이 높아지고 있었다. 전년 11월 16일부터 시작된 한국 국회의 예산위원회에서 베트남으로부터의 미군 철수를 염두에 두고, 예상되는 힘의 공백을 메우는 것을 목적으로 제기된 것이 시작이었다. 박 대통령은 1968년 11월 26일에 APATO 구상의 목적이나 방향성에 대해 지시를 내렸다. 그것은 ① 새로운 방위기구의 목적이 아시아 공산주의를

184 U. Alexis Johnson to David Packard, February 11, 1969, [U90006067B], 沖縄県公文書館; U. Alexis Johnson to J. p.MacConnell, February 11, 1969, in the same folder.

185 Action Memorandum from EA—Winthrop G. Brown to Ambassador Johnson, Subject : B-52's on Okinawa, February 11, 1969, [U90006067B], 沖縄県公文書館.

186 Fact Sheet, Subject : B-52 Basing on Okinawa, March 7, 1969, JU01051, in DNSA.

저지한다는 방향일 것, ② 베트남 참전국이 아닌 일본, 중화민국도 포함되어야 할 것, ③(북한이 바로 침공할 가능성은 낮으므로)장기적인 자세로 임할 것, ④ 확실한 조약기구로 만들어야 할 것 등이었다.[187] 이와 같이, 안보위기 후의 혼란 속에서 오키나와로부터의 B52 출격을 계기로 기지 철거를 요구하는 여론이 한층 더 높아진 오키나와 현지와 안전보장체제의 강화를 요구하는 한국 사이에 전혀 다른 방향성이 생겨나고 있는 상황에서 일미간에 오키나와 반환 교섭이 개시되었던 것이다.

이상에서 살펴본 바와 같이, 제3장에서는 한국의 베트남 파병 후 오키나와 반환이 초점화되어 가는 과정에 대해, 주로 국부의 오키나와 반환문제에 대한 관여의 변화와 한반도 정세와 오키나와 현지 상황 변화의 상관관계에 주목하여 밝혀 왔다. 미국의 베트남 전쟁 개입 후, 일미 양국 정부는 오키나와와 일본 본토의 상황이 오키나와의 반환을 필요로 하고 있다고 판단하고, 오키나와 반환에 관한 협의를 개시했다. 1960년대에 들어서도 오키나와의 지위 변화를 주시하고 있던 국부는 거듭 미국정부에 대해 오키나와의 지위 변경이 있을 경우에는 국부와 협의가 필요하다고 제의하게 되었다. 사토 수상은 1967년에 수차례에 걸쳐 국부 측에 아시아의 안전보장에 영향을 주지 않는 방법으로 오키나와 반환을 실현하려 한다고 전했고, 미국도 일본정부가 일본과 지역 전체의 안전보장에 대한 오키나와 기지의 중요성을 이해하고 있다고 전했기 때문에, 국부 측은 오키나와 반환이 기지 기능에 영향을 주지 않는 것에 대해 어느 정도 안심을 한 것

187 「"아국과 자유아세아의 안전보장 대책시안"에 대한 대통령각하 분부」, 1968.11.26, 『APATO(아시아, 태평양조약기구)창설구상, 1968-1969』, 분류번호 : 729.35, 등록번호 : 3107, 외교사료관.

으로 보인다.

비슷한 시기에 한국정부는 적극적으로 베트남 파병을 실시하는 한편, 지역 협력 틀의 형성을 추진했다. 그러나, 베트남 파병은 북한이 한국에 대한 도발 행위를 증가시키는 요인이 되어, 1968년 초에는 안보 위기가 발생했다. 이에 따라 한국에서 자국의 안전보장에 대한 위기감이 강해지는 가운데, 오키나와가 한국의 안전보장을 위해 맡고 있는 역할에도 급속히 주목하게 되었다. 한편, 안보위기와 그 후의 베트남 정세 악화 속에서 오키나와에 B52가 배치되어 베트남 출격에 사용되기 시작한 것은, 오키나와의 주민운동 고양의 계기가 되어 3대 선거에서 혁신 정권이 성립하는 요인이 되었다. 3대 선거 직후에 일어난 B52 추락 폭발사고 후 오키나와에서 B52의 철거를 요구하며 총파업이 계획되는 사태가 발생하자, 일미 양국 정부는 오키나와 정세의 심각성을 인식하고 오키나와 반환 교섭이 본격화되었다. 이때부터 한국정부는 안전보장상의 불안에 대처하기 위해 동아시아에서의 안전보장체제 강화를 의도한 APATO 구상을 논의하는 한편, 국부와 마찬가지로 오키나와의 기지 기능에도 관심을 가지게 된 것이다.

제4장

오키나와 '반환' 결정

제1절 오키나와 반환 교섭의 개시

1. 한국과 중화민국의 위기감

제4장에서는 1969년 2월 이후에 일미 간의 오키나와 반환 교섭이 본격화되어, 같은 해 11월에 '사토-닉슨 공동성명'이 발표되기까지의 과정에서 한국정부와 국부의 동향 및 오키나와 현지의 동향이 일미 간의 외교 교섭에 어떠한 영향을 미쳤는지를 검토하고자 한다. 우선은 일미 간에 오키나와 교섭이 개시될 무렵, 각국 정부가 오키나와 반환에 대해 어떠한 자세로 임하려고 했는지, 한편, 오키나와 현지에서는 반환의 형태를 둘러싸고 어떠한 논의가 이루어졌는지에 대해 확인하고자 한다.

제3장에서 확인했듯이, 1968년의 안보 위기를 계기로 한국에서는 오키나와 기지가 한국의 안전보장을 위해 맡고 있는 역할에 급속히 주목하게 되었다. 그 이유의 하나로, 오키나와의 주석 선거와 같은 시기인 1968년 11월에 베트남 전쟁의 종결과 아시아에 대한 개입 축소를 내건 닉슨이 미국 대통령에 당선되자, 한국의 안전에 대한 미국의 관여가 유지될지 불안해진 것도 있었다. 한국정부는 1969년 1월의 닉슨 대통령 취임식 후에 미국에 친선 사절을 보내 APATO아시아태평양조약기구 구상에 대해 논의하기를 희망했다.

APATO 구상에 대한 미국정부의 반응은 당초부터 소극적이었다. 국무부는 새 정부 출범 직후라 시기상조이며, "미숙하고 새롭고 야심적이며 원대한 구상에 나서는 것은 현명하지 않다"고 하여 이 구상에 대한 협의 가능성을 부정했다. 다만, 미국이 한국의 생각에 귀를 기울이지 않았던 것은 아니며, 한미 국방각료회담에서 의제로 삼는 것이 바람직하다고 덧붙였다.[1] 또한, 한국이 참가를 요구하려 했던 일본에서는 닉슨이 이전에 ASPAC아시아태평양협의회의 군사동맹화 필요성을 주장한 것 등으로 일본이 집단방위체제의 참가를 강요당하는 것은 아닐까 하는 우려가 높아지고 있었다. 사토 수상은 1969년 2월 6일의 국회심의 과정에서 야당 의원으로부터 한국이나 미국으로부터 APATO 가입 제안이 와도 거절할 것인지를 추궁당하자, "일미안보체제 이외에는 지역적 집단안보체제에 들어가지 않겠다"고 밝혔다.[2]

한국 외무부는 일미 양국 정부가 APATO 구상에 소극적인 자세를 보이는 가운데, 관계 각국에 비공식적인 타진을 진행한 후, 1969년 2월 10일에 「우리나라와 자유 아시아의 안전보장체제 강화 방안 시안－베트남 전쟁 종결 후의 새로운 정세에 대하여」라는 제목의 보고서를 정리했다. 거기에는 우선 아시아의 정세에 대한 분석이 이루어져 있는데, 중국의 침략적 군사력에 대한 아시아 자유국가의 군사력 열세와 중국에 대항할 수 있는 일본의 안정 세력으로서의 기능의 결여로 인해 공산 진영이 공세를 계속하고 있는 상황이며, "만약 미국이 베트남 전쟁 이후 철군하여 아시아 각국이 어떠한 방위 능력과 태세도 갖추지 못한다면 자유 진영의 극심한 힘의 공백을 초래할 것"이라는 우려가 표명되었다. 그리고 미국 닉슨 정권의 아시아 정책을 예상한 다음, ① 미국의 한국에 대한 군사 원조의 확대 증강, ② 아시아로의 공산세력 진출 저지를 결의하고 있는 국가 간의 유효한

1 DOS to Seoul, #007104, Subject : ROK Goodwill Mission and PATO, January 15, 1969, POL7-Kor S, 69/1/1, 국립중앙도서관. 국립중앙도서관 문서에 대해서는 제2장과 마찬가지로 도서관 홈페이지에서 RG59, 1967-69 SNF, Central Foreign Policy Files에 포함된 문서를 열람. 주에서는 폴더명만 표기.

2 「衆議院予算委員会議録第五号」, 1969.2.6, 国会会議録検索システム. http://kokkai.ndl.go.jp/SENTAKU/syugiin/061/0380/06102060380005.pdf, 2017년 11월 21일 열람.

공동방위체제와 실제적인 공동보조, ③'힘의 균형' 유지, ④미국의 참가와 아시아 지역에서 미국 세력의 계속적 존재가 필요한 것으로 여겨졌다. 또한, 그 종국적인 목표는 지역 공동방위조약기구의 형성이며, 첫 단계로 "순군사적인 자유 아시아 상설 비상군가칭 기구를 설치한다"는 방침이 제시되었다.[3]

그 후, 박 대통령은 2월 말에 중화민국의 장징궈 국방부장을 초청하여, 집단방위체제, 오키나와 반환문제를 포함한 동아시아 안전보장에 관한 문제를 협의했다. 집단방위체제의 설립과 관련해서는 박 대통령이 공산주의에 대한 뜻을 같이하는 한국, 중화민국, 남베트남, 태국 등 4개국에서 군사동맹을 설립할 것을 제기했으나, 장징궈가 시기가 적절치 않다고 했기 때문에 우선 4개국 간에 상호방위에 대한 이해를 넓히기로 합의했다.[4] 오키나와 기지에 대해서는 양자가 그 전략적 중요성을 재인식하여, 오키나와에서 미군이 철수하는 것을 막기 위해 한국이 단독으로 다른 아시아 자유주의 각국에 협력을 요청하기로 결정되었다.[5]

그 후, 한국에서는 정부 고관, 국회의원, 보도기관 등이 오키나와 반환으로 오키나와의 기지 기능이 저하되는 것에 강한 우려를 표명하게 되었다. 예를 들면, 『동아일보』는 3월 22일부터 미국 하원의원단이 한국 국회

---

3 外務部, 「我国과 自由亞細亞의 安全保障体制強化策試案－越南戦終結後 새로운 情勢에 対備하여」, 1969.2.11, 『APATO(아시아, 태평양조약기구) 창설구상, 1968-1969』, 분류번호 : 729.35, 등록번호 : 3107, 외교사료관.

4 Taipei to DOS, #0617, Subject : Defense Minister Chiang Ching-Kuo's Visit to Korea, March 3, 1969, RG59, POL 7 CHINAT 1-1-68, SNF, Box 1983, NA.

5 Information report, Subject : President Pak's Discussions with Nationalist China Defense Minister Chiang Ching-Kuo about Withdrawal of U.S. Forces from Okinawa, March 4, 1969, "陸軍省電信 1966-1969 : DA, State, CIA Cables" (이하, 동일 코드는 동일 제목), [0000099286], 沖縄県公文書館.

〈사진 4-1〉 박정희 대통령을 접견하며 악수를 나누는 장징궈 국방부장. 1969년. 국가기록원 제공.

의 초청으로 내한하여 한미의원협회를 설립할 예정이라는 기사에 달린 3월 3일자 사설에서 한미 간에 논의되어야 할 의제로 가장 먼저 지역 안전보장 문제를 들어, ASPAC이 집단안보기구화되지 않은 이유는 일본의 비협조적인 태도 때문이라고 한 데 이어, 아래와 같이 주장했다.

> 日本은 極東地域에서 가장 큰 軍事的인 요충이라고 할 수 있는 오끼나와의 반환을 주장하고 있으나, 우리는 日本이 主張하고 있는 오끼나와의 日本 귀속과 더불어 이것의 非軍事化 주장을 절대로 배격한다.
>
> 日本은 平和的인 무드에 사로잡혀 領土 擴張에 급급하고 있으나, 韓國과 自由中國은, 오끼나와의 返還 문제야말로 生死存亡의 문제와 관련된 것이라고 보지 않을 수 없기 때문이다. 그러지 않아도 아시아의 광대한 地域에 中共이 도사리고 있어, 侵略의 기회만을 노리고 있는 형편이 아닌가. 이 마당에 있어 우리는 日本의 國是가 또한 어느 方向을 가리키고 있는지 일종의 疑雲을 품지 않을 수 없다.[6]

그 일주일 후인 3월 10일에 사토 수상이 국회에서 뒤에서 언급할 '핵 제

6 『東亜日報』, 1969.3.3.

거, 본토 수준'의 오키나와 반환 교섭 방침을 표명하자, 이것은 한국에서도 주목을 끌어 15일에는 정일권 국무총리가 미군이 오키나와의 군사 시설을 철거할 경우, 한국의 영토를 새로운 미군기지로 제공할 용의가 있음을 밝혔다.[7] 더욱이 한국 외무부는 그 사이에 오키나와 문제에 대한 분석을 진행하여 17일에는 「류큐오키나와-문제점과 정부 입장」이라는 제목의 문서를 정리했다. 여기에서는 1950년대 오키나와 독립보장론을 지지한 이승만 정권의 정책이 재검토되었지만, 극동의 안전을 위해 필요한 보상 조치가 취해진다는 조건하에서, 일본 반환의 원칙 자체에는 반대하지 않는다는 입장으로의 정책 전환이 결정되었다. 그 이유는 ① 오키나와의 일본 반환 문제가 국제적으로 거의 기정사실화되고 있다, ② 반환 여부의 결정에 주요한 위치를 차지하는 미국정부가 1951년 이래 일본의 잠재주권을 명확히 인정했고, 일본에 반환한다는 원칙을 계속적으로 확인하고 있다, ③ 현지 주민의 의사가 일본 귀속으로 기울었고 독립론은 사실상 소멸한 것으로 보인다, ④ 대일평화조약을 체결하고 오키나와의 전후 처리에 관여했던 연합국 중에 현재 오키나와의 일본 귀속에 이의를 제기하는 국가가 없다, ⑤ 한국정부가 현 시점에서 오키나와의 독립론을 주장할 경우, 일미 양국 정부로부터 반발을 살 가능성이 있으며, 그러한 반발을 무릅쓰고 오키나와 반환 자체에 반대해야 할 중대한 실익이 없다는 것이었다. 그러면서 "극동안보상 허용되는 시기" 이전의 조기 반환에는 반대하며, 특히 오키나와 기지의 자유 사용을 방해할 가능성이 있는 일미 간의 '사전협의제'가 오키나와에 적용되는 것에는 반대하지 않으면 안 된다고 했다. 그리

7 『東亜日報』, 1969.3.17.

고 오키나와 반환 교섭에 대한 일반적인 방침을 다음과 같이 결정했다.

가) 極東安保上 関係 自由国家 全体의 安全과 直結되며, 特히 美国과의 相互安全保障条約과의 関聯上 条約区域의 変更도 가져온다는 点 等을 들어, 美日両国政府에 関係国의 共同処理責任을 強調토록 함.

나) 美日両国에 対한 個別 接触 以外에도, 其他 関係国과의 多角的인 協議를 通하여 共同 立場을 提示하여 交渉上 位置의 強化를 期하는 同時에 美国의 対日交渉 立場을 支援토록 함.

다) 極東, 亜細亜에서의 共産 侵略 威脅은 変치 않고 있는 反面 亜洲防衛上 美国의 役割을 代身할 軍事的 体制가 樹立되어 있지 않은 点을 들며 特히 越南戦争이 終熄되는 境遇를 仮定하더라도 "越南 다음에는 韓国"이라는 一般的 情勢評価에도 나타나고 있는 바와 같은 北傀의 挑発 増大를 指摘함.[8]

아울러, 동시기 한국 외교문서 중에는 류큐 혁명동지회의 차이장이 3월 5일자로 한국정부에 「류큐 국 독립 청원」이라는 제목의 문서를 송부한 것도 기록되어 있다. 그러나, 한국정부는 3월 24일에 이것을 검토한 결과, 앞에서 언급한 것과 같은 이유로, 한국이 오키나와의 독립론을 주장해도 일미 양국 정부의 반발만 낳을 뿐 중대한 실익은 없다고 판단하여, 차이장의 서한에는 회답하지 않기로 결정했다.[9] 여기에서 1950년대에 존재했던

8 「琉球(沖縄)問題－問題点과 政府立場」, 1969.3.17, 『미국·일본간 오끼나와(沖縄) 반환문제 전2권』 V.1, 1969.1~6, 분류번호 : 722.12 JA/US, 등록번호 : 2958, 외교사료관. 이하, 『반환문제』 1로 약기.

9 「69-362, 발신－외무부아주국장, 수신－대통령비서실장 상문비서관」, 1969.3.26,

국부와 한국정부가 협력하여 차이장의 류큐 독립운동을 지원한다는 구도는 완전히 무너지게 되었다.

또한, 중화민국 측에서도 3월 11일에 저우수카이周書楷 주미중화민국대사가 국무부에 국부의 종래 입장을 전달하고 오키나와 반환 문제에 대해 국부와 협의할 것을 요청했다. 이에 대해 브라운 국무차관보 대리는 오키나와 기지를 효과적으로 사용할 수 있는 상황을 유지하는 것이 일미와 다른 아시아 국가들에게 중요하다는 것을 전제로 하여 교섭을 계속하고 있다고 강조했다. 동석한 번디 국무부차관보는 국부에 협상의 진전에 대해 전달할 예정이며, 언제든지 국부의 의견을 환영한다고 말했다.[10] 그 후 중국 국민당의 기관지인『중앙일보』는「류큐의 장래 지위」라는 제목의 사설을 게재하여, ① 국부는 일본이 오키나와의 '잠재주권'을 가지고 있다는 논의가 국제법이나 조약에서 근거가 없기 때문에 결코 인정한 적이 없다, ② 오키나와는 서태평양의 주요한 전략적 거점이며, 지금은 국제적인 공산주의의 위협에 노출되어 있기 때문에, 미국은 오키나와의 시정권을 포기해서는 안 된다, ③ 자유세계의 안전은 장래의 오키나와의 지위에 영향을 받기 때문에, 문제는 소수의 나라에 의해서만 결정되어서는 안 된다, ④ 오키나와 사람들이 자치정부라는 목표를 달성하도록 돕는 노력을 해야 한다는 네 가지를 오키나와의 장래 지위를 결정하기 위한 정당한 기초로 간주해야 하며, "서태평양의 관계 국가들이 이 문제의 해결을 목적으로 한 협상에 참가함으로써 합리적이고 법적이며 효과적인 해결을 할 수 있기를 바란다"고 주장했다.[11] 또한, 웨이다오밍魏道明 외교부장은 3월 15일에 성명을 발표해,

---

위의 문서철.

10 DOS to Taipei, #037842, March 12, 1969, [0000099286], 沖縄県公文書館.

재차 오키나와의 일본 귀속에 반대하고 모든 관계국 간의 협의를 통해 오키나와의 지위를 결정해야 한다고 주장했다고 한다.[12]

이처럼 APATO 구상에 일미 양국이 관심을 보이지 않는 가운데 일본정부가 오키나와의 기지 기능을 저하시킬 만한 교섭 방침을 제시한 것은, 특히 한국정부에 엄청난 위기감을 안겨주었다.

2. 미국정부에 의한 억제

한국정부가 국부의 찬동을 얻어 오키나와 반환 문제를 아시아의 방위라는 맥락에서 국제문제화하려고 한 것에 비해, 일미 양국 정부는 오키나와 문제가 일미 간의 전후처리에 관련되는 영토문제라는 점을 강조하여 안전보장 문제와 연관시키는 것을 피하려고 했다. 그 배경에는 1970년의 일미 안보조약 자동 연장을 앞두고 사회당 등 일본의 좌파가 오키나와 반환 문제를 안보 문제와 결부시켜 안보투쟁이 재연되는 것에 대한 우려가 있었다.[13] 특히 주일미국대사관은 일본의 여론 동향에 민감하여 미국 본국 및 각국 외교 관계자들 사이에서 중개역을 담당하게 되었다. 오키나와 반환에 대한 한국, 타이완의 관심이 신문에도 보도되자, 레빈Levin 주일미국대사관 서기관은 2월 26일에 외무성 북동아시아과를 방문하여 일본 측과 협의를 하였다. 레빈은 당시 주일한국대사관의 김태지金太智 서기관이 한국 안전보장의 관점에서 오키나와 반환에 대해 다루게 된 것을 언급하며, 한국 측

11 『中央日報』, 1969.3.13. 이하의 파일에 포함된 영문 요약을 참조. "Foreign Affairs. Chinese", [U81100043B], 沖縄県公文書館.
12 앞의 「琉球(沖縄)問題－問題点과 政府立場」.
13 주한미국대사관 제공, "Okinawa", 1969.3.14, 『반환문제』 1.

이 도쿄에서 비공식적으로 오키나와 반환을 논의하는 것에 대해서는 공식화될 가능성이 높은 서울이나 워싱턴에서 접촉하는 것보다 훨씬 좋다고 생각하여, 한국 측의 접근을 장려했다고 했다. 다만, 그것은 한국이 반환 문제에서 미국의 입장을 응원하고 있다는 인상을 일본 측에 주기 위해서가 아니라, 도쿄의 미국 기관은 "오키나와 반환 문제가 극동에서 미국 전력이 삭감되는 것은 아니며, (…중략…) 오키나와 주민과 일본국민의 강한 소망에 비추어 오키나와를 일본에 반환하는 것은 필요할 뿐만 아니라, 그렇게 함으로써 일본 경찰력으로 오키나와 주둔 미군기지의 경비 등에 만전을 기할 수 있다는 관점을 한국 측에 역설"하는 한편, 반환 문제의 대략적인 추이를 한국 측에도 알리려는 의도가 있다고 했다.[14] 그 후, 주일미국대사관은 국무부에 대해, 한국과 중화민국 등 4개국에 의한 군사동맹 설립 계획이 표면화되고, 미국이 APATO 참가국을 원조하기 위해 오키나와 기지의 장래적 자유 사용을 요구하고 있다는 인상이 만들어지면, 일본인은 확실히 부정적으로 되어, 기지 사용의 유연성을 얻을 가능성이 감소할 수 있다는 우려를 표명했다. 더욱이 6월에 개최되는 ASPAC 참가국은 APATO에 참가할 것으로 예상되는 국가들과 겹쳐 있기 때문에 ASPAC 개최 이전에 계획이 가시화되면 일본의 야당과 미디어, 여론은 더욱 부정적인 반응을 보일 것이라며, 현 시점에서 미국이 APATO 구상을 명확히 반대하는 것이 필요하다고 지적했다.[15] 국무부도 이에 동의하여, 로저스William P. Rogers 국

14 北東アジア課,「Levin 米国大使館書記官来談要旨」, 1969.2.26,「米国管理下の南西諸島状況雑件 沖縄関係 沖縄に関する第三国の動向(韓国)」, 外務省外交史料館管理番号 : A'.3.0.0.7-1 (266), CD・DVD 番号 : H22-018, 沖縄関係外交史料館資料データベース. 이하,「沖縄に関する第三国の動向(韓国)」으로 약기.

15 Tokyo to DOS, #01668, Subject : ROK/GRC Interest in forming PATO, March 5, 1969, RG59, DEF 4 PATO, SNF, Box 1610, NA.

무장관은 3월 19일에 열린 김동조 주미한국대사전 주일한국대사와의 면담에서 닉슨 정권은 아시아의 경제·문화 협력을 원하며, "지금은 자유 아시아의 새로운 방위기구 창설에 적절한 시기라고 생각하지는 않는다"고 하여 새로운 방위체제 설립을 명확히 부정했다.[16]

또한, 3월 5일에 래드럼L. Wade Lathram 주한미국공사와 월례회를 가진 가미카와 요上川洋 주한일본공사는 한국 신문이 오키나와 문제를 다루기 시작한 것에 대해 "일본정부에게 성가신 면이 생기기 시작했다"고 하여, 일본에게 오키나와 문제는 안전보장상의 문제인 동시에 미해결 영토문제라는 두 가지 측면이 있음에도 불구하고, "한국이 안전보장의 일면만을 강조하는 것은 정부의 입장을 극히 예민하게 만든다"고 불만을 토로했다. 래드럼은 한국정부가 비공식적으로 미국정부에 대해 오키나와를 포기하지 말아 달라고 전한 것을 언급하며, 한국 측은 일본이 한국의 안전보장에 더 깊고 강하게 관여하기를 원하지만, 그 때문에 일본에 종속되는 것에는 강한 경계심을 가지고 있는, 대단히 복잡하고 모순에 찬 심리를 품고 있다고 전했다.[17] 더욱이 주일미국대사관은 한국과 중화민국 측이 오키나와 반환에 관심을 표명하는 것을 근거로, 한국정부와 국부에 미국정부가 다음과 같이 오키나와 반환에 임할 생각이라고 전하는 것이 유용하다고 3월 21일에 국무부에 제안했다.

① 일반적인 아시아특히 한국과 타이완의 안전보장에 대한 관여를 위해서 필요한

16 Memorandum of Conversation, Subject : Call of Ambassador KIM Dong Jo on Secretary of State, March 19, 1969, POL 7-Kor S, 69/1/1, 국립중앙도서관.

17 在大韓民国金山大使発愛知外務大臣宛電報 第六一四号, 「レースラム米公使との月例会報告」, 1969.3.7, 「沖縄に関する第三国の動向(韓国)」.

미국의 능력이 오키나와 반환 교섭으로 위험에 노출되는 일은 없다.

② 아시아의 안전에 관해 일본과 오키나와의 기지는 떼어놓고 생각할 수 없다. (…중략…) 미국의 기본적인 목표는 일본과 오키나와 기지의 안전보장에 대한 공헌을 되도록 최고의 레벨로 유지하는 것이다. 이 목적은 일본정부의 지도부와 정당의 가장 유력한 사람들에 의해서 공유되고 있으며, 많은반드시 대다수는 아님 일본인에 의해서 적어도 소극적으로 용인되고 있다.

③ 일본에 받아들여질 만한 속도로 기간 내에 반환을 추진하는 것에 실패하면, 일본 사람들의 기지에 대한 태도가 소극적인 용인에서 적극적인 반대로 전환될 수 있으며, 그로 인해 일본과 오키나와의 기지가 가지는 안전보장에 대한 공헌도가 감소할 우려가 있다.

④ 그러므로, 미국정부의 교섭 자세는 어떤 조건이 갖추어지지 않는 한 반환을 보류하겠다고 협박하면서 일본정부와 대결함으로써 이익을 확대하려는 것이 아니다. 오히려, 일본정부와 미국정부는 오키나와 기지의 아시아 안전보장상 역할을 충분히 고려하는 방법으로 반환을 준비하기 위해서 협력해 나갈 것이다.

⑤ 일본에서 논란이 될 수 있는 문제에 불필요하게 주의가 집중되도록 하거나 대중적인 논의를 자극하는 것은 일미 양국 정부의 이 문제에 대한 협력적인 접근을 더욱더 곤란하게 만들어, 미국의 목표를 달성하는 데 도움이 되지 않는다.[18]

---

18 Tokyo to DOS, #2170, Subject : Okinawa, What to tell ROKG and GRC, March 21, 1969, "復帰関係 (Reversion) 1603-04; Reversion (ROK and GRC)"(이하, 동일 코드는 동일 제목), [0000099305], 沖縄県公文書館.

이것은 1967년의 일미 정상회담 당시에 결정된 내용을 반영하고 있으며, 미국정부와 사토 수상이 국부 측에 전한 내용과도 일치하는 것이었다. 포터 주한미국대사는 한국정부에 이상의 내용을 전했지만, 최규하崔圭夏 외무부장관은 3월 25일의 기자회견에서 오키나와 문제는 "東北아시아 全體의 安全保障을 보존하는 방향으로 해결되어야 한다"고 말해 한국정부의 기본적인 입장을 표명하는 동시에, 5월 22일에 열리는 제3차 베트남 참전국회의에서 오키나와 문제를 협의할 방침임을 밝혔다.[19] 주한미국대사관은 다시 한국정부에 오키나와 문제와 APATO 구상에 대해서는 신중하게 다룰 것을 촉구했고, 3월 말에는 "오키나와 반환으로 아시아의 안전보장에 대한 미국의 관여가 저하되는 일은 없으며, 한국정부의 오키나와 문제에 대한 논평과 의견을 환영한다"고 전하는 한편, 일본 좌파가 오키나와 문제를 안보 문제와 결부시키는 재료가 될 만한 이슈를 한국이 제공하지 않도록 주의를 촉구했다.[20]

그러나 한국정부의 우려는 끊이지 않았다. 4월 1일에 아이젠하워 전 대통령의 장례식에 참석한 정일권 국무총리는 브라운 국무차관보 대리 등과 회담한 자리에서 오키나와의 미군기지 문제를 들며, 안전에 대한 위협이 무엇인지를 일본인들은 이해하지 못한다면서, 미국이 오키나와의 핵과 기타 기득권을 포기하지 말 것을 요청했다.[21] 브라운은 미국 측이 오키나와

19 『東亜日報』, 1969.3.25.

20 Seoul to DOS, #1474, Subject : Foreign Ministers Press Conference, March 25, 1969, Pol 15-1 Kor S 1969/1/1, 국립중앙도서관; 「면담기록(진 외무부차관과 라쓰램 주한미국공사)」, 1969.3.28, 『반환문제』 1.

21 Memorandum of Conversation, Subject : Call of the Prime Minister of Korea on the Secretary of State, April 2, 1969, *FRUS, 1969~1976*, vol.19, Part 1, *Korea, 1969-1972*, pp.11~15.

에 대한 한국정부의 우려를 충분히 이해하며, 한국인과 완전히 똑같이 오키나와 기지의 충분한 사용을 유지하는 것에 관심을 가지고 있다고 언급하면서도, 오키나와와 일본에서 오키나와 반환의 압력이 강해지고 있는 정치 상황이 오히려 미국의 기지 사용을 해칠 수도 있다고 지적했다. 그리고 문제는 기지 사용 조건을 "최대한 효과적이고 안정적인 유지를 보장하기 위해 변경하는" 것이라고 말했다.[22] 그러나 최규하는 4월 8일에 포터에게 「대미 각서」를 건네면서 거듭 오키나와 기지 기능 저하에 우려를 표명했다. 포터는 오키나와에 관해 일본정부 사이에 곤란하고 다루기 힘든 문제가 있음에 주의를 촉구하며, 한국의 항의는 문제 해결에 도움이 되지 않으므로 보도와 의회를 진정시키는 것이 바람직하다고 전했다.[23] 그럼에도 불구하고, 최규하는 4월 12일의 그린 국무차관보와의 회담에서도 한국의 안보에 대한 오키나와 기지의 중요성을 주장하며, 오키나와 기지의 양태에 중요한 변화가 있다면 한국과도 사전에 협의해야 한다고 강조했다.[24]

3. '핵 제거, 본토 수준'의 의미

그렇다면 한국 측을 우려하게 만든 원인이 되었던 '핵 제거, 본토 수준'이라는 방침을 일본정부는 어떠한 의도로 내세웠는지, 그리고 한국정부의 우려에 어떻게 대응했는지, 시간은 다소 거슬러 올라가지만, 여기에서 다시

---

22 Memorandum of Conversation, Subject : Conversation with Korean Prime Minister, April 1, 1969, POL Kor S-US 1/1/69, 국립중앙도서관.

23 Seoul to DOS, #1731, April 9, 1969, [0000099286], 沖縄県公文書館.

24 劉仙姫, 『朴正熙の対日・対米外交－冷戦変容期韓国の政策, 1968~1973年』, ミネルヴァ書房, 2012, 57쪽.

검토하고자 한다. 우선, 이 방침이 나온 경위를 확인해 보자.

1967년의 사토-존슨 회담에서 2, 3년 이내로 오키나와 반환 시기를 전망할 것을 합의한 후, 외무성은 일본과 오키나와에서 '핵 제거, 본토 수준'의 여론이 대세라는 인식을 하게 되었다. 외무성은, 미국과의 교섭 결과로, 오키나와 반환은 '핵 제거, 본토 수준'으로는 해결되지 않으며 특별한 결정이 필요하다고 생각하고 있었다. 그러나 여론이 고조되자, 미키 다케오 외상 등이 '핵 제거, 본토 수준'의 반환을 주장하고 나섰기 때문에, 지바 가즈오 외무성 북미과장 등도 '핵 제거, 본토 수준'의 반환 가능성을 모색해야 한다는 생각에 이르게 되었다.[25]

그 후 요미우리 신문사読売新聞社가 1968년 10월 9일부터 11일에 걸쳐 실시한 여론조사에서도 오키나와 반환에 대해 "늦어도 본토 수준이 좋다"고 응답한 사람이 68%에 달했고, "핵 저장이라도 빠른 편이 좋다"는 13%에 불과했다.[26] 사토 수상은 자민당 총재 선거 때에는 대외적으로 오키나와의 반환 방식에 대해서 언급하지 않았으나, 1월 27일의 자민당 총재선거에서 3선을 달성하자, 1964년 이래로 S-오퍼레이션[27]으로 명명된 정책 그룹에서 오키나와 반환 문제에 관한 인식을 함께 해온 아이치 기이치를 내각 개편에서 외상으로 임명하여 오키나와 반환을 추진할 수 있는 태세

25 中島琢磨, 『沖縄返還と日米安保体制』, 有斐閣, 2012, 108~114쪽.

26 『読売新聞』, 1968.11.5.

27 옮긴이 주 : 사토의 수석 비서관인 구스다 미노루(楠田実)가 1964년 1월에 케네디가 조직한 브레인 트러스트 자문단을 모범으로 한 'S(사토)-오퍼레이션'을 만들어 정책 검토를 행했다. 아이치 기이치를 책임자로 하여 저널리스트나 소장파 관료들이 멤버로 참가했다. 특히, 포스트 이케다 시대를 의식하여 고도성장의 폐해 시정을 내건 '사회 개발', 남겨진 외교 문제인 '오키나와 반환' 등의 정책을 구체화하여 6월에 「내일을 향한 투쟁(明日へのたたかい)」이라는 제목으로 정권 구상을 행했다. 1964년 11월에 사토가 총리로 취임한 후에도 구스다는 사적인 브레인으로 활동한다.

를 갖추었다.[28] 외무성에서 직접적인 대미 교섭을 담당하는 사람인 아메리카국局[29]의 도고 후미히코 국장은 당초에는 종래대로 특별 결정안을 주장했으나, 12월 7일에 사토, 아이치, 호리 시게루 관방장관, 기무라 도시오 관방 부장관이 외무성 간부와 협의했을 때, 사토는 "일본의 안전을 위해 오키나와의 기지가 왜 필요한가가 가장 중요"하며, "반환 결과, 기지가 약해지면 곤란하다"는 취지의 발언을 하고, "오키나와 기지는 한국, 타이완을 위해 일본의 영토를 사용하게 하는" 것이 아니라, "일본의 안전을 위해 필요"하다는 생각이 철저히 관철되는 것이 필요하다고 언급했다. 또한 "우선 반환 시기의 목표를 정하고, 최종적인 형태는 차근차근 해 나가면 될 것"이라고 발언하고, 위의 두 가지 사항에 대해서는 홍보가 필요하다고 말하기도 했다.[30] 그 후, 사토가 국내에서 '핵 제거, 본토 수준'으로의 조기 반환이 요구되고 있는 것을 최대한으로 수용한 대응을 하도록 외무성을 재촉하자, 아이치는 '핵 제거, 본토 수준' 반환을 기본 태도로 한 다음, '핵 제거'와 '핵 탑재'의 경우의 오키나와 반환 방식 방안을 검토하도록 나카지마 도시지로中島敏次郎 조약과장에게 지시했다.[31]

이듬해가 되자, 아이치와 사토는 국무차관에 취임하기 위해 일본을 떠나게 된 존슨 주일미국대사와 연이어 오키나와 문제에 대해 논의했다. 아이치는 1969년 1월 10일의 존슨과의 회담에서 잠정적으로 오키나와에서의 기지 자유 사용과 핵 저장을 할 수 있는 특별 약정을 체결한 후, 시정권

28 中島琢磨, 앞의 책, 116~117쪽. S-오퍼레이션에 대해서는 같은 책, 21~25쪽 참조.
29 1968년 6월에 북미국에서 아메리카국으로 명칭이 변경됨.
30 米局長, 「総理との打合せ」, 1968.12.7, 「日米関係(沖縄返還) 一九」, 0600-2010-00070, H22-021, 外務省外交史料館.
31 中島琢磨, 앞의 책, 134~135쪽.

반환 시점에서 '원칙적으로' 기지를 본토 수준의 상태로 반환한다는 안을 '사적이고 비공식적으로' 제기했다. 아이치는 반환이 연기될수록 압력이 높아져 일본정부의 행동의 자유가 좁아진다고 보고, 시정권이 조기에 반환된다면 이 제안을 팔아치우는sell 것도 가능하다고 판단했다. 또한, 아이치는 이 회담 당시, 사토와 아이치가 한반도 유사시 오키나와 기지로부터의 미군 출격을 틀림없이 지지할 것이며, 양자가 오키나와 미군기지가 계속해서 '효과적effective'으로 기능하는 중요성을 충분히 이해하고 있으며, 그것이 가능한 방식을 찾기 위해 최선을 다하고 있다고 전했고 존슨도 이를 환영했다. 존슨 자신도 아이치와 마찬가지로 시간이 경과할수록 오키나와 문제에 대처할 수 있는 일본정부의 능력이 저하될 것이라고 생각했다.[32]

그 후, 존슨이 14일에 귀국 인사를 겸해 사토 수상을 방문했을 때, 사토도 1969년 중에 오키나와에 대한 모종의 합의가 이루어지는 것이 중요하다고 강조하고, 11월 이후에 방미하고 싶다는 의지를 표명했다. 다만, 오키나와에서 총파업이 한창 계획되는 중이었기 때문에, 여론이 예측할 수 없는 방향으로 움직일 수도 있다는 것을 고려하여, 일시를 확정하는 것은 피하고 싶다고 했다. 이에 대해 존슨은 일본 여론에 대한 견해에는 완전히 동의하지만, 미국에서는 "일본이 베트남에서의 미국의 희생 위에 경제적 번영을 누리고 있을 뿐만 아니라, 일본과 오키나와의 미군기지에서 미국인을 쫓아내려 하고 있다"고 반감이 높아지고 있다고 하며, 일본정부가 오키나와에서 본토와 동일한 방위책임을 분담하려는 자세를 보이는 것 등에 의해, 상황을 호전시키려는 것이 필요하다고 말했다. 이에 대해, 사토는

32 Tokyo to DOS, #212, January 11, 1969, JU01037, in DNSA.

동의했을 뿐만 아니라, 자신이 1967년에 표명한 일본의 비핵 3원칙[33]은 '넌센스'라고까지 발언했다.[34] 이러한 일련의 발언에서는, 사토와 아이치가 오키나와의 기지 기능을 유지하는 중요성을 인정하면서도 그러한 발언이 일본 여론을 자극할 것을 우려하여, 여론을 납득시킬 수 있는 문구를 찾으려 했다는 것을 알 수 있다.

한편, 일본 국내에서는 그 사이에도 '핵 제거, 본토 수준' 반환론이 강해지고 있었다. 또한, 오키나와 현지에서는, 제3장에서 상술한 바와 같이, B52 추락 폭발사고를 계기로 미군이 오키나와 기지를 활용하여 베트남전쟁을 수행함으로써 스스로의 생명에 위험이 미친다는 위기감이 한층 강해지고 있었다. 이러한 가운데, 1969년 1월 28일부터 31일에 걸쳐, 일본과 미국의 정치, 외교, 군사 전문가 등을 모아 오키나와 기지 문제 연구회[35]가 주최하는 '오키나와 및 아시아에 관한 일·미 교토 회의'가 개최되었을 때, 회의에서 일미 쌍방의 많은 참가자들이 "바람직하고 실현 가능한 방식"으로서 '본토 수준'을 지지[36]한 것이 '핵 제거, 본토 수준' 반환에 소극적인 외무성에 대한 문제제기가 되었다. 아울러, 이 회의에는 특별 보고자로 야라 주석의 후임인 갼 신에이 교직원회 회장 겸 복귀협 회장도 참가했다. 다음 절에서 검토하듯이, 갼이 당시 주장한 것은 오키나와를 일미안

---

33 옮긴이 주 : 핵무기를 보유하지 않고 만들지 않고 반입도 인정하지 않는다는 일본정부의 정책으로 1967년 12월에 당시 사토 에이사쿠 수상이 국회에서 처음으로 표명했고, 1971년 11월에 비핵 3원칙을 지켜야 한다는 중의원결의가 채택되었다. 역대 내각은 이 3원칙을 견지하는 입장을 취해 왔다. 이것이 평가되어 사토는 1974년에 노벨평화상을 수상한다.

34 Tokyo to DOS, #267, January 14, 1969, JU01039, in DNSA.

35 옮긴이 주 : 오키나와 반환 교섭을 둘러싸고 미군기지를 어떻게 다룰지를 검토하기 위해 1968~69년에 사토 수상이 설치한 자문기관이다.

36 『朝日新聞』, 1969.2.1.

보체제하에 둔다는 의미에서의 '본토 수준'이 아니라, 3대 선거 시에 혁신공투의 슬로건이 되었던 '즉시 무조건 전면 반환', 즉 일본에 복귀함으로써 "명실상부한 일본국민으로서의 복지"를 획득하고, "모국의 헌법하에 스스로의 법의 지배를 회복하는 것"이었다.[37]

그 후, 자민당의 비주류파와 반주류파 정치가를 축으로 '핵 제거, 본토 수준' 반환을 요구하는 목소리가 강해져 국회에서도 오키나와의 반환 방식이 논점이 되었고, 야당이 '본토 수준'과 현상 유지 사이에서 해결방식을 찾는 중간안을 제시한 시모다 다케소 주미일본대사의 사임 혹은 소환을 요구하는 사태가 되었다. 이런 가운데 2월 들어 사토는 외무성 사무당국에 "반환의 형식은 사전협의를 포함해 어떻게든 본토 수준이라는 형식을 취하고 싶다"는 의향을 표명했고, 외무성 내에서도 '핵 제거, 본토 수준'의 방향으로 교섭안이 검토되기 시작했다.[38] 다만, 사토는 2월 28일에 미국의 잡지 『포린 리포츠*Foreign Reports*』를 주재하고 요시다와 기시 수상 같은 보수 정치가나 고급 관료들과 친분이 있던 컨Harry F. Kern과의 회담에서 "자신의 관심사는 일본의 안전과 극동의 안전보장을 확보하는 것에 있다. 이 점에서는 한국의 박 대통령도 중화민국의 장 총통도 일본에 기대하는 바가 있다고 생각한다. 나는 이런 기대에 어긋나는 일을 하고 싶지 않다"고 말했다.[39] 사토는 여기서 한국과 타이완의 기대를 저버려서는 안 된다는 것을 두 차례 반복하는 한편, "일본정부의 국민에 대한 안전보장이나

37 喜屋武真栄, 「沖縄の地位 : 施政権返還と沖縄基地」, 日米京都会議第二議題特別報告, 「オンライン版楠田実資料(佐藤栄作官邸文書)」. 이하, 楠田実資料로 약기.

38 中島琢磨, 앞의 책, 142~144쪽.

39 「Harry Kernと佐藤総理大臣の会談について」, 1969.2.28, 「日米関係(沖縄返還) 一九」, 0600-2010-00070, H22-021, 外務省外交史料館.

아시아에서의 위협에 대한 계발 노력이 부족한 듯한 느낌이 든다"는 컨의 지적에 대해서는, "일본인의 심리에는 말해도 좋은 것과 나쁜 것이 있다. 옳은지 그른지와는 완전히 따로 생각하지 않으면 안 된다"고 했다.[40] 또한, 같은 시기에 도고 아메리카국장은 주류가 된 '본토 수준'이라는 주장은, "① 핵 반입에 대한 국민감정의 반발, ② 자유 출격은 일본을 전쟁에 끌어들인다는 생각, ③ 오키나와를 본토와 차별해서는 안 된다" 등, 오로지 정치적인 이유를 주된 근거로 하고 있으며, 기지의 '현상 유지'에 대한 모종의 수정이 일본 측이 얻어내야 하는 교섭상의 성과인 듯이 받아들여지고 있지만, "순군사적으로 기지의 지위가 어떠해야 하는가의 문제는 현실적으로 군사적 억지력의 주체를 담당하고 있는 미국의 판단을 기다려야 하는 바가 크고", 또한 기지를 순군사적으로 약화시키는 것은 힘의 관계 위에서 이루어지는 극동의 군사 균형에 영향을 미칠 가능성이 있다고 분석했다. 그리고 "'본토 수준'을 교섭의 출발점으로 삼을지 말지의 문제는 (…중략…) 실질적으로 의미 있는 문제가 아니"라며 구체적인 반환 교섭의 진행방안을 정리했다.[41] 이상과 같은 점에서 사토와 도고는 내심은 오키나와의 현상 유지가 필요하다고 생각하면서도, 일본 여론을 고려하여 '핵 제거, 본토 수준' 방침을 표명하지 않을 수 없었던 것을 엿볼 수 있다.

그리고, 3월 10일의 참의원 예산위원회에서 사토 수상은 사회당의 마에카와 단前川旦의 질문에 대해, 핵을 철거한다는 의미에서의 '핵 제거, 본토 수준' 반환의 방침을 표명하게 되었다. 그 후, 도고 아메리카국장은 3월

40 「ある外人との対話」, 1969.2.28, 楠田実資料.
41 アメリカ局長, 「沖縄返還交渉の進め方について」, 1969.2.25, 「日米関係(沖縄返還) 一九」, 0600-2010-00070, H22-021, 外務省外交史料館.

15일에 ① 오키나와에 핵무기 상시 배치를 용인하기는 어려우며, ② 반환 후의 핵무기 반입은 사전협의의 대상으로 삼도록 미국 측에 요청할 것을 문서로 정리했다.[42]

이상이 일본정부가 '핵 제거, 본토 수준'을 방침화해 나가는 과정이며, 미국정부는 일본정부에도 "일본과 오키나와 기지의 안전보장에 대한 공헌을 되도록 최고의 레벨로 유지"하는 데에 협력할 의도가 있지만, 그것이 표면화되어 일본 여론을 자극할 것을 두려워하고 있다는 것을 그때까지의 경과로부터 충분히 인식하고, 3월에 한국정부와 국부에 미국정부의 오키나와 반환에 임하는 입장을 전한 것이라고 생각된다.

4. '즉시 무조건 전면 반환' 주장

그렇다면, '즉시 무조건 전면 반환'을 내건 야라 조뵤를 당선시킨 오키나와 현지에서는 '핵 제거, 본토 수준' 방침이 어떻게 받아들여지고 있었을까. 우선, 앞에서 언급한 일미 교토 회의에서 갼 신에이 교직원회 회장이 호소한 '즉시 무조건 전면 반환'의 의미에 대해 다시 검토해 보고자 한다. 갼은 특별 보고에 임해, "군사적 식민지 지배하에 군사 우선 정책을 수행하기 위해 기지를 배타적으로 자유롭게 사용하고 있을 뿐만 아니라, 거기에서 생존하는 오키나와 백만 현민의 생명도, 재산도, 인권도 무시하고 통치를 멋대로 하는 곳은 이 지구상에서 단 하나 우리나라 오키나와현이라는 것을 안다면, 이러한 것은 어떠한 이유가 있더라도 절대로 용서되어

42 中島琢磨, 앞의 책, 146~147쪽.

서는 안 되며, 또한 이러한 부당한 지배를 용납하고 4반세기 가까이 침묵해온 조국 정부도 당연히 공범자로서 책망해야 합니다"라고, 오키나와를 군사 지배하에 둔 채 현민을 돌아보지 않는 일미 양국 정부의 책임을 추궁했다. 또한, 오키나와 기지의 중요성을 강조하면서도, 오키나와 현민의 생명과 재산과 인권에 대해서는 언급하지 않은 1967년의 일미정상회담에 대한 분노를 표명했다. 그리고, 복귀협의 기본목표인 ① 민족 독립과 주권 회복대일평화조약 제3조 철폐, ② 반전 평화핵기지 철거, 군사기지 반대, ③ 인권 회복일본국 헌법의 적용에 대해 설명하고, 이 기본 목표가 당연한 요구로 인정된다면, "'즉시 무조건 전면 반환'이라는 우리의 요구는 긍정되어야 할 것입니다"라고 말했다.[43] 이것으로 미루어 '즉시 무조건 전면 반환'은 이 세 가지 목표를 충족시키는 반환의 형태로 받아들여지고 있었다고 생각된다. 다만, 갼은 "대중운동과 정치의 장을 우리는 충분히 분간하고 있습니다"라고 말하기도 하여, 오키나와의 냉엄한 현실의 모순을 타파하고 비정상을 정상으로 되돌리기 위한 구체적인 문제 해명의 장은 입법원, 국회라는 정치의 장이라는 인식을 드러냈다.[44] 또한, 선거에서 '즉시 무조건 전면 반환'을 호소한 야라 자신도 선거중에 엉거 고등판무관과 행한 회담에서 엉거가 복귀협의 기본정책을 답습할 생각인지를 물었을 때, "복귀협은 단지 대중운동을 통해 주민의 염원이나 감정을 호소하는 조직이지, 조직 자체로 그러한 소망을 실현할 수 있는 것은 아니다"라고 말했다. 그런 다음 "복귀협의 방침은 주민들의 의사를 대변하고 있으며, 나는 개인적으로도 복귀협

43 喜屋武真栄,「沖縄の地位－施政権返還と沖縄基地」, 日米京都会議第二議題特別報告, 楠田実資料.
44 喜屋武真栄, 위의 글.

의 방침과 목표를 향해 매진할 예정"이지만, 당선되었다고 나 혼자서 목표를 달성할 수 있는 것은 아니며, 다양한 과제는 국가적으로 논의되어야 하며, 미국과 일본정부에 대한 요구를 해나갈 뿐"이라고 답변했다.[45]

양자는 모두 오키나와 주민의 의사를 일본정부에 전하는 것이 자신의 역할이라고 생각하며, 당시의 상황 속에서 주민의 소망의 최대 공약수로 사용된 것이 '즉시 무조건 전면 반환'이라는 말이었다고 생각된다.

다만, 오키나와 반환이 점차 현실화되어 가는 가운데, 오키나와에서는 복귀 운동 내부에서도 복귀 방침에 대한 의견 대립이 명확해졌다. 복귀협이 3월의 정기총회에서 1966년 이후의 운동방침이었던 '핵기지 철거, 군사기지 반대'를 '군사기지 철거'로 하고, '일미안보조약의 폐기'를 내세우는 등 급진화해 간 것이 원인이었다. '군사기지 철거' 방침은, 갼의 설명에 의하면, 작년부터 금년에 걸쳐 "오키나와를 둘러싼 정세 변화"가 있었고, "기지가 있기 때문에 생명, 재산, 인권"을 위협하는 문제가 확산되고 있으며, "현민의 생활 불안, 생명의 위기"도 확산되고 있다는 인식에 기초해 있었다. 이 방침의 전환은 '당면한 목표' 중에 "복귀 시점 및 복귀 후의 평화경제 확립"이라는 항목을 신설하고, 전군노가 이전부터 요구해온 "군 고용자에 대한 이직자 등 임시조치법을 제정하게 한다"는 구절을 삽입하는 것과 동시에 이루어졌기 때문에, 그동안 '기지 철거' 방침에 반대했던 전군노도 용인했다. 그러나, '안보 폐기' 방침에 대해서는, 동맹계[46] 노조인 전일본해원조합全日本海員組合 오키나와 지부와 전국섬유산업노동조합동맹 오

45 琉球新報社 編,『一条の光 屋良朝苗日記·上』, 琉球新報社, 2015, 176~177쪽.

46 옮긴이 주 : 전일본노동총동맹의 약칭. 1964년에 "자유롭고 민주적인 노동조합"을 기치로 일본사회당을 지지하는 좌파노선의 일본노동조합총평의회(총평)에 대항하여 결성된 노동조합 전국조직이다.

키나와 지부가 반대하여 정기총회에서 퇴장한 후, 이듬해인 70년에는 탈퇴하게 되었다. 이 동맹계 두 노조의 퇴장은 "1960년대 중반부터 서서히 진행되었던 오키나와 측 노조와 본토 측 노조의 계열화를 그대로 상징하는 사건"으로 받아들여지고 있다.[47] 이러한 분열을 거치면서도 정기총회에서는 거듭 「오키나와의 즉시 무조건 전면 반환을 요구하는 결의」가 채택되었다. 그 내용은 B52 추락 폭발사고, 원자력잠수함 기항에 의한 해수의 방사능 오염을 비롯한 기지 피해나 미군·군속에 의한 범죄 등이 미군의 일방적인 재량에 의해 처리되어, 현민이 무권리 상태에 놓여 있는 것은 "대개 근대 민주사회에서는 있을 수 없는 일"로 여겨지며 "평화와 자유, 평등의 기본 이념에 선 오키나와 문제의 해결은 즉시 무조건 전면 반환밖에 없다"고 하여, 내각총리대신, 중참 양원 의장, 미 대통령, 상하 양원 의장에 대해 구체적인 방책의 수립을 요구하는 것이었다.[48]

복귀협은 그 후 오키나와가 본토에서 분단된 날인 4월 28일의 '오키나와 데이'를 위해 준비를 진행했다. 당일에는 오키나와와 도쿄에서 집회가 열렸고, 야라 주석도 오키나와의 현민총궐기대회에 참가했다. 그러나, 이전과 같은 전현全県적 운동으로 발전하여 일미 양국 정부에 위기감을 주는 일은 없었고, 그 사이에도 B52의 발진은 계속되고 있었다. USCAR는 4월에 B52에 대한 오키나와 사람들의 인상에 대해 분석하여 "2·4 총파업 때 확산된 'B52가 6, 7월에 철거된다'는 일반적인 인상은, 그 후 철거 시기가 보도 등에서 반복적으로 부정됨으로써 옅어지고 있다"고 국무부에 보고했다. 그리

47 平良好利, 『戦後沖縄と米軍基地 : 「受容」と「拒絶」のはざまで 1945-1972』, 法政大学出版局, 2012, 258~261쪽.
48 沖縄県祖国復帰闘争史編纂委員会 編, 앞의 책, 473~474쪽.

〈사진 4-2〉 제9회 조국복귀요구 현민총궐기대회. 야라, 갼, 세나가 등의 모습이 보인다. 1969년 4월 28일. 요미탄촌 제공.

고 "문제의 발단이 되는 일이 생기지 않는 한, 6, 7월 철거의 전망이 부정되는 것 자체는 새로운 위기를 일으킬 충분한 힘이 되지는 못할 것"이라고 전했다.[49] 복귀협은 이어서 6월 23일 위령의 날을 '반전의 날'로 정하고 '안보 폐기, B52 철거, 즉시 무조건 전면 반환 요구 현민대회'를 개최했는데, 야라의 '철거 재검토'를 문제시하지는 않았고, 야라 자신도 7월의 민정관과의 회의에서 "문제가 다시 붉어지면 야라 자신도 곤란해진다"고 하여, B52 문제에 대해서는 언급하지 않는 것이 좋겠다는 데에 의견이 일치했다.[50] 그래도, 야라가 B52 철거 호소를 그만둔 것은 아니었다. 당시의 행정 기록을 확인하면, 야라는 4월 이후에 미 태평양군 최고사령관, 도코나미 도쿠지 총무장관,

49 HICOMRY to DOA, HC-PAD 910101, Subject-Evaluation of Ryukyuan Impression on B-52s, April 14, 1969, [U81100993B], 沖縄県公文書館.

50 Extract—Confidential Msg. HCRI-LN 190430, Subject : CA/CE Meeting, July 16, 1969, [U81100993B], 沖縄県公文書館.

아이치 외상, 기무라 관방 부장관 등에게 거듭 오키나와의 즉시 전면 반환, 원자력잠수함 기항 중지 등과 함께 B52 철거를 호소하고 있다.[51] 또한, 야라 자신은 이 시기에 『아사히신문朝日新聞』 기자와의 인터뷰에서 자신이 거듭 주장해온 '즉시 무조건 전면 반환'의 의미에 대해 다음과 같이 말했다.

> 오키나와를 미국이 통치하는 것 자체가 정상이 아니다. 종전 직후라면 모를까, 벌써 24년이나 지났다. 그러면 우리들이 무엇을 할 수 있을까? 당연히 권리 주장이 있다. 그것을 계속 주장하고 요구할 수밖에 없다. 언제 돌아가든 상관없는 게 아니다. 조기에 돌려보내라, 신속하게 돌려보내라고 한다. 1년이라도, 한 달이라도, 하루라도 빨리 하라는 것이다. (…중략…) 무조건이라는 것은 확실하다. 헌법 정신에 비추어 거기에 특별한 조건을 붙이는 것은, 국가로서는 그렇게 하지 않을 수 없는 상태가 있어도, 오키나와 측이 네 알겠습니다 하고 말할 수 없다. 오키나와만 특별대우를 받고 오키나와만은 예외라는 조건으로, 예를 들어, 핵기지가 있어도 오키나와는 어쩔 수 없다, 혹은 자유 사용은 오키나와만은 특별하다. 이런 것 자체가 이상하다.[52]

이와 같이, 일본정부가 '핵 제거, 본토 수준'의 교섭 방침을 제시함에 따라, 한국정부와 중화민국정부가 오키나와 반환에 따른 기지 기능의 저하에 대한 불안을 안고 있는 한편, 오키나와 현지에서는 그에 상반되는 '즉시 무조건 전면 반환'이 계속적으로 제기되는 가운데, 일미간의 교섭이 본격화되어 갔다.

51 오키나와 현공문서관의 「行政記録データベース」에서 B52를 검색했다.
52 『朝日新聞』, 1969.6.7.

제2절 일미 교섭의 진전과 주변 지역의 불안

1. 다국 간 협의의 장과 한미 간 교섭

그렇다면, 일미 양국 정부는 어떻게 교섭을 진행하여 오키나와 현지 및 주변 각국의 오키나와 반환 교섭에 대한 불안에 대해 어떻게 대응해 나갔을까. 우선은, 1969년 4월의 「대미 각서」 전달 직후에 행해진 한일 간의 대화에 대해서 확인하고자 한다.

한국 외무부는 4월 8일에 포터 대사에게 「대미 각서」를 전달한 다음 날, 가나야마 마사히데金山政英 주한일본대사에게도 미국 측에 건넨 것과 동일한 「대일 각서」를 전달하여 오키나와 기지의 전략적 가치를 저하시키지 않기를 희망한다고 강조했다.[53] 가나야마 대사는 오키나와가 영토문제라며 "직접적으로는 일미 간의 문제가 아닌가"라고 반박했지만, 일본으로서는 오키나와 미군기지의 전략상 중요성을 인정하고 있으며, 한국의 관심은 이해한다고 말했다.[54]

그러나, 한국이 제의를 한 것이 일본에 보도되자, 일본정부는 이 사실이 주목을 끄는 것을 막으려고 안간힘을 썼다. 외무성은 기자로부터 질문이 오면, ① 한국 측으로부터 관심의 표시가 있었던 것을 시인하는 정도로 하고, ② 관심 표명의 형식에 관해서는 "구두로 이루어졌다"고 답변한다는 방침을 세우고 한국 측에도 전달했다.[55] 15일자 『조선일보』에 한국정부는 "오끼나와의 日本 반환문제에 관해 韓國정부의 입장을 밝히는 覺書를

53 Seoul to DOS, #1775, Subject : Okinawa, April 10, 1969, [0000099286], 沖縄県公文書館.
54 「유구(오끼나와)문제에 관한 면담기록」, 1969.4.9, 『반환문제』 1.
55 「JAW-0412, 발신 : 주일대사, 수신 : 외무부장관」, 1969.4.10, 위의 문서철.

美-日 두 나라에 전달"했다는 내용의 기사가 게재되자, 가미카와 주한일본공사는 비공식적으로 김정태金正泰 아주국장을 방문하여 제의를 했다. 김정태가 기사는 단순한 추측이라고 하면서, 한국 측이 각서를 전달한 것이 보도되어서는 안 된다고 일본 측이 생각하는 이유를 물은 것에 대해, 가미카와는 다음과 같이 대답했다.

> ① 일본정부로서는 한국과 중국(중화민국을 의미함)의 깊은 관심을 이해하고 있고, 이러한 관심에 부응하는 방향으로 이 문제를 해결하려고 하고 있음.
> ② 한편, 동 문제는 일본의 국민감정상의 문제도 있어서 극히 미묘한 것이므로 사토 정권은 미일안보조약 개정 문제와도 관련하여 정권을 내걸고 이 문제를 다루고 있음.
> ③ 한국 측이 문서로 관심을 표명한 사실이 알려지게 되면, 야당은 이를 이용하여 정부를 공격할 것이 명백하므로, 한국 측의 문서에 의한 관심 표명은 예기치 않았던 파란을 갖어오기 때문임.[56]

이 발언은 한국의 개입에 의해 오키나와 문제가 안전보장 문제와 결부되어 있다고 간주됨으로써, 1960년의 안보투쟁 재현과 같은 사태가 일어날 것을 우려하던, 당시 일본정부의 입장을 여실히 나타낸 것이라고 생각된다. 그러나, 김정태는 일본정부가 한국과 중화민국의 관심을 이해한다면 그렇게 공표해야 하지만, 실제로는 "기지의 가치를 감소시키는 방향으로 교섭하고 있다"는 발언을 계속하고 있다고 지적하며, 이러한 상황에서

56 「유구(오끼나와)문제에 관한 면담요록(김 아주국장과 가미카와 주한일본공사)」, 1969. 4.16, 위의 문서철.

는 한국이 계속 관심을 표명할 수밖에 없다고 말했다.

한국에서 오키나와 반환에 대한 우려가 강해지는 가운데, 4월 15일에 일본의 아쓰기厚木 기지에서 정기적으로 발진하여 북한 영공 근처를 순찰하던 미 해군 정찰기 EC121이 북한의 전투기에 의해 격추되자, 한국에서는 안전보장상의 불안이 더욱 고조되었다. 4월 30일 국회 본회의에서는 "韓國과 極東의 安保를 위해 오끼나와 기지의 戰略的 가치가 감소되는 상태가 발생하지 않도록 관계국과 강력한 外交 교섭을 벌일 것"이라는 내용을 담은 「國家安全保障에 관한 對政府 建議案」이 채택되었다.[57]

강력한 외교 교섭을 요구하는 목소리가 강해지는 가운데, 한국정부는 다국간 협의의 장에서 오키나와 반환 문제를 제기하려고 시도하게 되었다. 외무부는, 일미 간에 오키나와 반환 협의가 본격화된 이후, 베트남 참전국 회의에서 오키나와 반환 문제 및 아시아 집단안보를 의제로 하는 방침을 굳히고, 3월 말에 국방부 등에 오키나와 반환이 한국과 아시아의 안보에 미치는 영향에 대해 회답하도록 요청했다. 국방부는 오키나와 기지가 새로운 방위조약기구가 설립되지 않고 조기에 일본에 반환될 경우, ① 북한 등 공산국가의 재침략을 촉발할 수 있다, ② 기지가 '본토 수준'이 되고 사전 협의제가 도입될 경우, 미군의 한국 지원 작전 및 아시아 자유우방국가의 안보에 적지 않은 지장이 초래된다, ③ 핵무기 보유 여부는 미국의 핵우산에 상당한 영향을 미칠 수 있다는 우려를 나타냈다.[58] 이에 따라, 한국 외무부는 그 후 한국 주재 중화민국, 필리핀, 오스트레일리아, 태국, 남베트

57 『東亜日報』, 1969.4.30.

58 「제3차 월남 참전국 외상 회담 개최 기안용지」, 1969.3.27, 앞의 『월남전 관련 자료집』 4, 31~32쪽; 「정책 911-96, 제3차 월남 참전국 외상 회담」, 1969.4.24, 위의 책, 44~53쪽.

남 대사에게도 구두로 오키나와 반환 문제에 대한 한국정부의 입장을 전하고, 문제 해결을 위해 각국이 한국의 입장에 동조하고 일미 양국 정부에 대해 적절한 입장 표명을 하도록 요구했다. 이 시기에 한국 국회에서 오키나와 문제에 대한 대책에 관한 질의가 진행되어 활발히 보도가 이루어진 것도 한국정부를 행동으로 이끄는 원인이 된 것으로 보인다.[59] 한국의 요청에 대해 각국 대사들은 호의적인 반응을 보였고, 중화민국, 필리핀은 본국 정부도 서한 등을 통해 오키나와 기지의 안전보장상 중요성을 긍정하는 의견을 한국정부에 전달했다.[60] 가나야마 대사는 4월 22일 룸즈 주한호주대사와 면담을 하고 한국정부의 제의를 확인했으며, 23일에는 가미카와 공사가 판范 주한중화민국공사와 역시 회담을 가졌다. 룸즈 대사는 "나로서는 이런 문제에 대해 의견을 밝힐 입장이 아니다"라며 한국정부의 입장을 본국에 전달하는 데 그쳤으나, 판 공사는 한국 측이 오키나와 반환에 대해 "중대한 관심"을 갖고 있는 것에 대해 "진심으로 당연하다고 생각한다"며, "미군기지의 '자유 사용'이 확보되면 좋겠다"는 의견을 피력했다. 가미카와는 당시 일본에서 영토문제로 최대의 정치 문제가 되고 있는 오키나와 시정권 반환문제에 대해, "제3국으로부터 극동의 침략 위협이나 중대한 관심이 너무 자주 공개적으로 거론되는 것은 일본정부가 반환 문제를 취급하는 데에 내정상 지극히 곤란하게 여기는 바"라고 전했지만, 판 공사는 "오키나와 반환에 대한 한국의 우려를 충분히 이해하고 있으므로 반환 시기, 양태에 대한 일본정부의 방침이 명확히 제시되어 그 불안을 해소하는 데

59 『東亜日報』, 1969.4.3·8·10 등을 참조.

60 外務部報告事項, 「外三四七号, 유구(오키나와)문제에 관한 외교적 조치」, 1969.4.29, 『반환문제』 1.

노력하실 필요가 있다고 생각한다"고 양보하지 않았다.[61]

한국정부는 이어서 5월 2일부터 개최되는 참전국회의에서 오키나와 문제를 공식 의제로 제기한다는 방침을 5월 2일에 다시 공표했다.[62] 이 회의에 임하는 한국 입장의 입안 과정에서 「북한의 도발과 지역 안보」라는 항에서는 북한의 위협에 대해 베트남 참전국이 공동보조를 취해야 한다는 주장이 되풀이되고 공산주의의 위협에 맞서기 위해 "미국의 군사력은 극히 중요한 역할을 담당하고 있"으므로, "미국이 아시아에서 보유하는 군사 기지특히 오키나와 기지 사용에 대해서는 제한이 가해져서는 안 되는 것을 강력히 희망하며", 침략에 대항하기 위한 상설적인 기구의 설치가 필요하다고 했다.[63]

한편, 미국도 다른 이유로 이 회의를 중시하고 있었다. 참전국회의 전날에 개최된 동남아시아조약기구Southeast Asia Treaty Organization : SEATO의 이사회를 포함하여, 이것은 아시아의 지도자와 미국 신정권이 만나는 첫 기회였기 때문이다. 아시아에서는 닉슨 정권이 등장함에 따라 미국이 아시아에서 철수할 수 있다는 우려가 팽배해 있었기 때문에, 미국정부는 이 기회에 미국이 이 지역에 대한 관여를 계속하며 동맹국들과의 협력을 중시하고 있다는 것을 보장하고 싶어 했다.[64] 국무부는 4월 23일에 참전국 각 대사관에 각국이 회의를 어느 정도 중시하고 있으며, 또한 의제로서 무엇을 바

61 在大韓民国金山大使発愛知外務大臣宛電報 第四三七号, 「オキナワ問題(内話)」, 1969.4.23, 「沖縄に関する第三国の動向(韓国)」, 在大韓民国金山大使発愛知外務大臣宛電報 第一一二六号, 「范中国公使との会談報告」, 1969.4.24, 위의 문서철.

62 『京郷新聞』, 1969.5.2.

63 「越南参戦国外相会議에 際한 韓国側 立場(案)」, 1969.5.7, 앞의 『월남전 관련 자료집』 4, 110~111쪽.

64 Scope Paper, April 22, 1969, 102564-004-0156, HV.

라는지 등에 대해 관계국과는 접촉하지 말고 전달하도록 요청했다.[65] 주한 미국대사관은 한국이 다른 국가들과 마찬가지로 이 회의를 상당히 중시하고 있으며, 오키나와 기지의 자유 사용의 중요성, APATO 구상 등을 상정하고 있다고 전했다.[66] 그러나 국무부는 오키나와 문제가 이 회의에서 제기되는 것은 일본 여론에 악영향을 미칠 것으로 보고, 주한미국대사관에 참전국회의에서 이 문제를 다루지 말도록 강하게 지시했다.[67] 또한, SEATO 이사회에 대해서는 미국이 SEATO를 지원하여 동남아시아의 안전보장에 지속적으로 관심을 갖는 것 등을 참가국에 재보증하려는 방침을 굳혔다.[68] 이는 SEATO의 쇠퇴를 우려해 새로운 공동방위체제 구축을 요구하는 한국정부의 자세[69]와는 분명히 다른 것이었다. 다만, SEATO 이사회 직전에 태국을 방문한 국부의 장징궈 국방부장의 보고에 따르면, 한국정부는 사전에 태국정부에 대해서도 군사동맹 설립 이야기를 꺼냈지만 태국 측도 시기적으로 적절하지 않다고 했기 때문에, 이 시점에는 첩보나 군사 분야 문제에 대해 비공식적으로 회의를 갖고 자주 의견을 교환하기로 합의했다고 한다.[70]

65 DOS to Saigon, #62693, Subject : Seven Nation Conference, April 23, 1969, 102564-004-0156, HV.
66 Seoul to DOS, #2110, Subject : Seven Nation Conference, April 25, 1969, 102564-004-0156, HV.
67 DOS to Seoul, #77415, Subject : TCC Meeting Bangkok, May 15, 1969; 『対日政策文書』 第一四期 第三巻, 柏書房, 2004, 304~306쪽.
68 Memorandum for the President, Subject : Issues which will Arise during my May trip to Asia, May 7, 1969, 102564-004-0156, HV.
69 앞의 「我国과 自由亞細亞의 安全保障体制強化策試案－越南戦終結後 새로운 情勢에 対備하여」.
70 Taipei to DOS, #1765, Subject : Chiang Ching-Kuo's Visit to Thailand, May 21, 1969, RG59, POL 7 CHINAT 1-1-68, SNF, Box 1983, NA.

한국정부는 5월 19일에는 참전국회의의 공동성명에 삽입되어야 할 포인트로 「한국과 동남아의 안전」이라는 항에 오키나와 "미군기지의 가치가 훼손되지 않고 신속하고 효율적인 기지의 사용이 방해되지 않는 방법으로 다루어져야 한다는 데 합의했다"는 내용을 포함시키고, 이것이 반영되도록 태국 주재 한국대사에 의뢰했다.[71] 이와 함께, 참전국회의를 앞두고 개최된 한미 외무장관 회담에서도 오키나와 반환에 대한 한국의 우려를 이해하도록 촉구하는 한편, 현 단계에서는 곤란하지만 동아시아와 태평양지역을 아우르는 '집단적 안전보장 협정 구상'이 필요하다며, 그 실현을 향한 미국의 적극적인 지원을 요청했다.[72] 그러나, 최규하 장관이 기조연설에서 오키나와 문제는 "아시아 자유국가의 안전과 직접 관계가 있으므로, 일미만의 이익보다도 폭넓은 맥락에서 다루어져야 한다"[73]고 언급한 것에 대해 참가국의 적극적인 찬동은 얻을 수 없었다. 결국, 북한의 도발에 공동으로 대처하는 것은 확인되었지만, 공동성명에 오키나와 문제가 삽입되는 일은 없었던 것이다. 다만, 회의 후인 5월 28일에 방한한 남베트남의 응우옌반티에우Nguyễn Văn Thiệu 대통령이 박 대통령과 회담을 가져, 오키나와 군사기지의 전략적 가치 유지에 대하여 한월 양국이 공동보조를 맞출 것을 확인했다.[74]

71 「WTH-0557, 수신-주태국대사, 발신-외무부장관」, 1969.5.19, 앞의 『월남전 관련 자료집』 4, 303쪽; "Points to be included in the Joint Communique of the Third Ministerial Meeting of the troop-contributing nations on Vietnam", 위의 책, 304~306쪽.

72 欧美局(북미2과), 「Rogers 美国務長官과의 会議資料 (69.5.21)」, 1969.5.21, 위의 책, 313~329쪽.

73 "Summary Record of the Seven Nations Ministerial Meeting, Bangkok, Thailand, 22 May 1969", 위의 책, 409쪽.

74 『東亜日報』, 1969.5.28.

2. 일미 교섭의 개시

한국정부가 기지의 양태에 계속 관심을 보이는 가운데, 일미 간에는 1969년 6월부터 본격적으로 교섭이 개시되었다. 일본 외무성은 국회에서의 추궁이나 여론의 반응을 배경으로 '핵 제거, 본토 수준' 반환을 방침으로 정하고, 4월 22일에 아이치 외상과 도고 아메리카국장이 오즈번 주일 임시 대리 대사에게 성명서안에 대한 설명을 행한 다음, 지바 북미과장이 26일에 성명서를 전달했다. 여기에서 아이치는 반환 후에는 일미안보조약을 오키나와에 전면 적용한 후 사전협의제도를 유연하게 운용함으로써 미국 측과 타결 짓겠다는 의사를 제시했다.[75] 그 후, 6월로 예정된 방미 준비가 진행되는 가운데, 5월 10일에 도고와 협의한 아이치는 미군의 전투작전 행동시의 사전 협의에 대해 "일본 측이 미일공동성명에서 공식적으로 언급할 수 있는 최대한의 내용을 제시하고, 그 부족한 점을 일본 측의 일방적 발언으로 보충하는 공식"을 연구하도록 지시했다. 이것은 1960년에 사전협의제도가 만들어졌을 때 긴급시 미군의 한국 출격을 비밀리에 보장하는 것으로서 작성된 「조선 의사록朝鮮議事録」의 내용을 공개하는 것으로 규정되었다.[76] 「조선 의사록」은 1960년의 일미안보조약 개정시에 미국 측이 "한반도에서 전투가 재개되는 비상사태에는 주일미군이 일본 측과 협의하지 않고 '즉각 이에 응전할 수 있어야 한다'"고 하면서 한반도 유사시에 한하여 비공개 문서를 정리하도록 강력히 요구했기 때문에 작성된 것으로,[77] 1968년 12월 28일에 아이치 외상이 존슨 주일대사와 협의했을 때 존슨이

75 中島琢磨, 앞의 책, 152쪽.
76 위의 책, 158쪽.
77 有識者委員会, 「いわゆる『密約』問題に関する有識者委員会報告書」, 2010, 48~49쪽.

이 내용을 공개하여 인정할 것을 요구하고 있었다.[78] 그러나, 국회의 승인을 필요로 할 경우는 야당과의 격렬한 대립이 예상되었기 때문에, 국회의 승인을 필요로 하지 않고 사전 협의의 실시로 일본 측의 외교상의 자주성을 충족시키는 한편, 오키나와와 본토의 법적 일원화라는 원칙에 저촉되지 않고 기지 문제를 해결할 수 있다고 간주된 '성명 방식'이 고안된 것이다.[79] 그 후에도 조약국이 일방적 성명안 작성을 진행했을 뿐만 아니라, 아메리카국도 오키나와에 관한 특별 결정을 만들지 않아도 되는 핫라인 설치를 고안하는 등, 아이치 방미를 향한 준비가 진행되었다.[80]

한편, 미국 측은 1969년 1월 21일에 키신저 대통령 보좌관이 NSC미국 국가안전보장회의에서 국가안전보장 연구 각서National Security Study Memorandum ; NSSM 5를 지시하여, 관계 부처의 검토를 거친 후, 4월 30일에 열린 NSC 회의에서 최종판의 문서 검토가 이루어졌다. NSSM 5에서는 오키나와 반환이 일미가 직면하는 문제 중에서 가장 심각하고 파괴적인 잠재력을 가지는 문제라고 여겨졌고, 그 이유로 오키나와와 일본에서 반환을 요구하는 압력이 증대하고 있는 것이 꼽혔다. 그리고, 1969년에 합의가 이루어지지 않으면 사토 정권과 자민당이 큰 타격을 입어, 기지의 효과적인 사용에 불가결한 오키나와 사람들의 묵인을 얻을 수 없게 되어, 일미 관계 자체가 심각한 위기에 빠질 가능성이 있다는 경고가 이루어졌다. 그 위에 반환 시기 결정, 핵 저장권, 반환 후의 기지 자유 사용에 대한 여러 가지 선택권이 제시되었다.[81]

---

78 中島琢磨, 앞의 책, 137쪽.
79 위의 책, 158~159쪽.
80 위의 책, 162~163쪽.
81 Paper Prepared by the National Security Council Staff, subject : U.S.-Japa-

4월 30일의 회의에서는 일미 관계와 오키나와만으로 한정하여 논의가 진행되었다. 닉슨 대통령은 신탁통치령에 대체 기지를 건설한다는 선택지가 있는지 물었으나, 휠러 JCS미국 합동참모본부 의장은, 토지의 획득이나 비용, 건설에 드는 시간이 막대하여 현실적이지 못하다는 의견을 제시했다. 닉슨은 이를 근거로, 어떠한 교섭이 현실적인지 존슨 국무차관에게 물었다. 존슨은 이에 대해 핵의 저장을 미국 측이 고집하면 사토 정권이 쓰러질 가능성이 있지만, 긴급시의 핵 저장에 대해서는 일본 측으로부터 무언가를 얻을 수 있을 것임을 시사하고, 국내적인 압력으로부터 사토를 구하기 위해, 72년까지 모종의 합의 형성을 할 필요가 있다고 했다. 다만, 향후 교섭을 시작하기 위해 7월까지 입장을 정하면 된다고 하며, 이 회의에서는 결론이 나지 않았다.[82] 그 후, NSC는 5월 28일에 국가안전보장 결정 각서 National Security Decision Memorandum : NSDM 13으로 대일정책을 결정했다. 오키나와 반환에 대해서는 조선, 타이완, 베트남과의 관계를 고려하여, 재래식 무기 탑재시에는 오키나와 기지의 자유 사용을 최대한 확보할 것, 긴급시의 핵무기 저장·통과권 확보를 조건으로 오키나와의 72년 반환을 받아들일 방침을 명확히 했다.[83]

---

nese Relationship : Summary, April 29, 1969, *FRUS, 1969~1976*, vol.19, Part 2, *Japan, 1969-1972*, pp.28~33.

82 Minutes of a National Security Council Meeting, Subject : Eighteen Nation Disarmament Treaty, specifically the Seabeds Treaty, U.S. Policy Towards Japan, April 30, 1969, *FRUS, 1969~1976*, vol.19, Part 2, pp.33~37. 아울러, 휠러는 오키나와 기지가 상실될 경우, 다른 유일한 선택지가 있다고 지적하지만, 문장의 일부가 공개되지 않았기 때문에, 자세한 것은 알 수 없다.

83 平良好利, 앞의 책, 264쪽; National Security Decision Memorandum 13, Subject : Policy Toward Japan, May 28, 1969, NSA No. 77281, [U90005457B], 沖縄県公文書館.

이상과 같은 쌍방의 준비기간을 거쳐, 6월에 아이치 방미가 이루어지게 되었다. 6월 3일에 행해진 로저스 국무장관과의 제1차 회담에서 아이치는 동아시아 태평양지역에서 일본정부의 기본적인 정책은 미국정부와 대부분 일치하며, 아시아의 평화와 안정에 공헌하는 가장 좋은 방법으로 상호이익에 근거한 일미 관계의 새로운 강화에 최대의 노력을 기울이고 있다고 말했다. 한국과의 관계에 대해서도 국교정상화 후에 한국정부의 능력과 자신감은 향상되고 있다고 하며, 일본은 한국의 입장을 더욱 강화하기 위해 노력을 계속하겠다고 약속했다. 또한, 특히 명확히 하고 싶은 것으로, "일본 자신의 안전과 아시아의 안정을 위해 반환 후에도 오키나와 기지는 미국이 사용하도록 한다는 입장"을 일본정부가 취하고 있는 것을 거론하는 한편, 중대한 포인트로서 오키나와 반환에 관한 "조약 또는 관련 결정의 내용에 변경을 초래하여 국회의 승인을 요하는 등의 특별 결정"은 적당하지 않다고 했다. 로저스는 이에 대해 한국, 타이완, 남베트남 등이 미국이 갑자기 극동에서 발을 빼는 것을 극도로 걱정하고 있으며, 이는 특히 오키나와 문제와 관련되어 있다고 지적하면서, "일미가 모두 완전히 만족스럽지 않더라도 친구 사이에 서로 양보하고 타협하면 정리될 수 있으리라고 확신한다"고 말했다.[84] 다음 날의 제2차 회담에서는 아이치가 5월에 외무성 조약국이 작성한 '본토 수준'을 기조로 하는 일미공동성명안을 선보인 데 이어, 한국이 일본의 안전에 중요하다는 것을 강조한 일본 측의 '일방적 성명'을 덧붙일 것을 제안했다. 미국 측이 오키나와의 미군기지로

84 Memorandum of Conversation, Subject : Foreign Minister of Japan Aichi's Call on the Secretary, June 3, 1969, NSA No. 81176, [U90005457B], 沖縄県公文書館; 在米国下田大使発愛知外務大臣宛電報 第一七一二号, 「大臣・国務長官第一次会談」, 1969.6.3, 「沖縄関係二〇」, 0600-2010-00032, H22-12, 外務省外交史料館.

부터 전투작전 행동을 취할 대상으로 한국, 중화민국 및 SEATO도 고려했다는 점에서 사전 협의 문제에 대해서는 쌍방의 입장을 확인하는 데 그쳤지만, 닉슨 대통령이 11월의 사토 방미와 반환 합의를 목표로 아이치에게 전달한 것은 사토에게는 안도할 만한 재료가 되었다.[85]

한편, 아이치 방미 전부터 한국정부는 다시 오키나와 기지의 제주도 이전론을 제기했다. 6월 2일에 박 대통령은 미국 워싱턴포스트지와의 단독 회견에서 아시아 자유국가의 안전을 위한 오키나와 기지의 중요성을 강조하면서, "미국이 오키나와를 일본에 반환하게 된다면, 그것을 대체할 필요가 있더라도, 혹은 오키나와의 현 군사기지를 그대로 유지하면서 새로운 군사기지를 모색하게 되더라도, 어느 경우라도 한국은 제주도를 기꺼이 제공할 용의가 있다"고 말했다.[86] 또한, 6월 4일에 열린 제2차 한미 국방각료회담에서도 임충식任忠植 국방부장관이 반환 후 오키나와 기지의 양태에 대해 우려를 표명하고, 제주도에 해공군기지 건설을 제기했다. 패커드 국방차관이 제안에 대해 감사하며 이를 염두에 두고 검토해 나가겠다고 하자, 임충식은 "제주도에 만드는 것이 여러모로 실질적"이라며, 일본이 한국에게 중요한 위치에 있으면서도 방위 노력도 하지 않고 미군기지를 철수시키려 하는 것에 대해 불만을 나타냈다.[87] 나아가, 한국정부는 6월 9일부터 일본에서 개최되는 ASPAC 회의에서도 오키나와 문제를 의제로 할 것임을 표명했다.[88] 그러나 미국정부는 여기서도 한국정부가 오키나와

85 中島琢磨, 앞의 책, 164~167쪽.
86 『京鄕新聞』, 1969.6.2.
87 「한미국방각료회담, 제2차, Seoul, 1969.6.3~4」, 앞의 『월남전 관련 자료집』 17, 313~314쪽.
88 『東亜日報』, 1969.5.31.

문제를 제기하는 것을 억제하려고 했다. 6월 5일에 최 장관과 회담한 포터 대사는 오키나와 문제에 대한 한미 양국의 입장은 같다고 하면서도, "너무 크게 떠들면 미일 간의 교섭에 지장이 있다"며 협상을 관망하도록 요청했다.[89] 당일 김동조 주미한국대사와 회담한 브라운 국무 차관보 대리도 "미국이 오키나와 군사기지를 이용함으로써 현재 극동아시아 지역에서 지고 있는 책무를 충분히 이행할 수 있다는 점에 대해서는 일본도 이해하고 있으며, (…중략…) 이 문제가 미일 간의 핵심적인 문제이기에 한국으로서는 큰 걱정을 할 필요가 없다고 생각한다"는 견해를 표명했다.[90]

미국 측의 압박 때문인지, 한국정부는 ASPAC 회의에서 오키나와 문제를 제기하지 않았고, 아이치 외상과의 회담에서 한국의 입장을 전달하는 데 그쳤다. 그 때문에, 최 장관은 국회 질의에서 "오키나와 문제를 거론조차 하지 못한 아스팍 4차 총회는 완전 실패했다고 보지 않는가"라는 추궁을 받는 처지가 되었다.[91] 이 상황에서 사토 총리가 6월 19일에 외신기자클럽의 질의에서 일본이 "한국과 중화민국의 안보에 대한 오키나와의 중요성을 인식하고 있다"고 밝히는 한편, "오키나와 반환은 일미의 쌍무적인 문제이며, 이 점을 양국한국과 중화민국은 잘 알고 있기 때문에, 공식적인 발언을 해온 적은 없다"고 말한 것은, 한일 쌍방의 여론과 오키나와 문제에 관심을 가져온 국부를 의식했기 때문이었다고 생각된다. ASPAC에서 아이치와의 회담 시에, 최규하가 4월의 「대일 각서」에 대한 공식적인 답변을 요구한 데 대해, 아이치가 각서에 대한 답변을 대신해 "오키나와 기지가

89 「면담요록(최규하 외무부장관와 포터 주한미국대사)」, 1969.6.5, 『반환문제』 1.
90 「USW-0643, 발신-주미대사, 수신-외무부장관」, 1969.6.5, 위의 문서철.
91 『京鄉新聞』, 1969.6.16.

한국이나 중화민국의 안전을 뒷받침하고 있다"고 국회에서 언급할 것을 제안하고 있기 때문이다.[92] 사토의 답변은 한국에서 "한국 안보 충분히 고려" 등으로 비교적 크게 다뤄진 반면, 일본에서는 사전 협의 취급이 크게 다뤄져 눈길을 끌지 못했다.[93] 이 무렵부터 한국정부가 이전처럼 표면적으로 오키나와 문제를 거론하는 일은 없어졌고, 7월 말에 로저스가 방한했을 때, 동석한 그린 국무 차관보는 한국이 이 문제에 대해 국민을 억제하고 있는 것에 일미 양국 정부는 감사하고 있다고 말했다.[94]

또한, 사토의 발언에 대한 중화민국의 반응에 대해 자세히 확인할 수 있는 사료는 없지만, 『중앙일보』타이완에 사토의 발언 인용이 게재되었고, 6월 19일의 『총통사략일기總統事略日記』에도 사토의 발언이 기록되어 있어, 역시 큰 의미를 지니고 있었음을 짐작할 수 있다.[95]

3. 괌 독트린의 발표

이러한 가운데, 로저스 국무장관이 방한하기 직전인 7월 25일에 닉슨 대통령이 괌에서 행한 괌 독트린이후, 닉슨 독트린의 발표는 한국 측에 새로운 불안을 불러일으켰다. 이는 미국이 조약상의 의무를 준수하고 아시아 각국에서 정치·경제 계획을 지원하겠지만, 베트남 전쟁처럼 미국에 일국이 지

92 Seoul to DOS, #3343, June 23, 1969; 『対日政策文書』 第一四期 第四巻, 86~87쪽.
93 『京郷新聞』, 1969.6.20; 『東亜日報』, 1969.6.20; 『朝日新聞』, 1969.6.20; 『読売新聞』, 1969.6.20.
94 Secretary of State Rogers to DOS, Secto 37/2923, Subject : The Secretary's Meeting with FonMin Choi July 31, 1969, August 1, 1969, *FRUS, 1969~1976*, vol.19, Part 1, pp.79~81.
95 「日本首相佐藤榮作表示進行琉球問題談判時不忘中華民國與韓國關切」, 1969.6.19, 『總統事略日記 五八·〇六』(蔣中正總統文物), 國史館藏, 數位典藏號 : 002-110101-00064-018.

나치게 의존하는 정책은 피한다는 방침을 제시한 것으로, 군사적인 문제에 대해서는 핵무기를 포함한 대규모 위협을 제외하고는 아시아 국가들 스스로가 이에 대처해야 한다는 인식도 제시되어 있었다.[96] 로저스의 방한은 이 새로운 방침에 대한 설명을 목적으로 했지만, 미국의 아시아에 대한 관여의 감소를 의미하는 것으로 받아들여져 미국의 한국에 대한 개입이 계속될지 어떨지는 한국 국내에서도 비상한 관심을 불러일으켰던 것이다. 이 때문에, 한국정부는 같은 해 8월로 예정된 한미정상회담에서는 오키나와 반환 교섭에 대한 한국의 우려를 전할 뿐만 아니라, "북한의 도발과 위험을 제거 또는 저지하기 위해서는 미국정부의 적극적인 협조와 지원이 절대 불가결"하다고 하여, 한미방위조약 공약의 준수, 한국군 육성을 위한 군사 원조 증액, 주한미군 강화와 병력 수준 유지 등을 요구할 방침으로 회담에 임했다.[97] 한편, 미국정부도 한미정상회담을 위해 NSC에서 대한국정책을 검토했으나, 전 정권으로부터 인계받은 주한미군 감축을 포함한 한국정책 NSSM 27이 한창 검토되는 중이었기 때문에, 같은 해 가을에 재검토가 이루어지기 전까지는 새로운 정책 결정은 하지 않기로 되어 있었다.[98]

8월 21일부터 샌프란시스코에서 열린 한미정상회담 때, 닉슨은 박정희가 실시하고 있는 정책을 다른 아시아 국가들도 본받을 필요가 있다고 언급한 후, 아래와 같이 미국의 새로운 방침에 대해 설명했다.

---

96 Editorial Note, *FRUS, 1969~1976*, vol.1, *Foundations of Foreign Policy, 1969~1972*, pp.91~92.

97 「한미정상회담 Talking Paper(Draft)」, 1969.8.9, 『박정희 대통령 미국 방문, 1969.8.20~25 전3권』 V. 1-기본문서철, 분류번호 724.11, 등록번호 3017, 외교사료관. 이하, 『박대통령미국방문』으로 약기.

98 Talking Points, Subject : Korea, undated, 100471-003-0603, HV.

나는 미국이 태평양에서 철수하지 않을 것이며 관여를 줄이지도 않을 것임을 보장한다. 하지만, 미국은 자조를 실천하고자 하는 국가들에 원조를 하는 이성적인 정책을 필요로 한다고 생각한다.[99]

이에 대해, 박정희는 새로운 방침을 이해한다고 하면서, 북한이 과거 10여년에 걸쳐 한국을 침략하려고 해온 것을 언급하며, 한국에서 미국의 존재의 중요성을 강조했다. 또한, 미국이 아시아에서 철수하고, 아시아의 문제는 아시아 스스로에게 맡기려는 것이라고 오해하는 나라들도 있다고 하며, 아시아 각국이 미국이 부담해온 책임을 분담할 수 있는 지침을 미국이 제시할 것을 요구했다. 더욱이, 박정희는 이 맥락에서 오키나와 반환에 임하는 일본의 자세를 다음과 같이 비판했다.

현재 몇몇 국가는 그 능력을 넘어선 부담을 지고 있고, 또 그 반대도 있다. 한국과 일본은 그 좋은 예이다. 한국은 분단되어 있을 뿐만 아니라 개발도상국이기도 하다. 일본은 그 강한 경제력에도 불구하고, 아시아에서의 부담을 분담하려고 하지 않는다. 일본인은 오키나와가 반환되었을 때 군사기지 제공을 거부하려고까지 하고 있으며, 그래서 아시아의 결속을 방해하고 있다. 한국을 포함한 아시아의 나라들은 그러한 일본의 자세에 불만을 품고 있다. 일미 간의 오키나와 반환 교섭에 대해서 자세히는 모르지만, 만약 오키나와가 일본에 반환된다면, 아시아에서의 일본의 부담은 오키나와가 실제로 반환되

99 Memorandum of Conversation, Subject : Talks Between President Nixon and President Pak, August 21, 1969, *FRUS, 1969~1976*, vol.19, Part 1, pp.96~102.

기 전에 늘려야 한다.[100]

박정희의 발언에 대해 닉슨은 이것이 일본에 평화헌법이 있기 때문에 다루기 어려운 문제가 되고 있다면서, 자신도 일본은 방위와 경제활동에서 보다 큰 역할을 해야 한다고 생각하지만, "그사토 수상를 정치적으로 살아남게 하기 위해서는 모든 노력을 기울여야 한다"고 말했다. 또한 주한미군에 대해서는 북한에 대해 한국의 방위책임을 줄여가고 있다는 그릇된 견해를 갖게 하고 싶지 않으므로, 현 시점에서 주한미군을 삭감하는 것은 고려하고 있지 않다고 밝혔다.[101]

또한, 로저스 국무장관은 8월 초순에 한국에 이어 타이완을 방문하여 장제스 총통과 수차례에 걸쳐 회담을 가졌다. 이 타이완 방문 역시 괌 독트린에 대해 설명하려는 것이 목적이었는데, 장제스가 로저스의 일본 방문에 대해서도 관심을 보이는 바람에 로저스는 오키나와 반환 교섭 상황에 대해서도 장제스에게 설명을 했다.[102] 중화민국 측의 회담록에 의하면, 로저스는 오키나와의 지위 문제에 대해서는 일미 쌍방이 많은 곤란을 안고 있지만, 금년 가을 방미시에 1972년에 오키나와의 시정권을 일본에 반환한다는 내용을 포함한 공동성명을 발표하는 것이, 1970년으로 앞두고 있는 안보조약의 자동연장안을 국회에서 통과시키는 데 유리하다는 점에서 견해가 일치한다고 했다. 또한, 일본 측도 오키나와의 미군기지는 계속

100 Ibid.

101 Ibid.

102 「蔣中正與美國國務卿羅吉斯會談有關美國外交政策及越戰問題等談話紀錄」, 1969.8.2, 『外交－蔣中正接見美方代表談話紀錄(二十七)』(蔣中正總統文物), 國史館藏, 數位典藏號 : 005-010205 -00089-001.

존재한다고 하며, 베트남 전쟁을 위해서 기지가 사용되는 경우는 다르지만, 중화민국과 한국이 침략당했을 경우에는 미국이 오키나와 기지를 조약상의 방위 의무를 다하기 위해 사용하는 것에 일본은 반대하지 않는다고 한다는 것도 전했다. 이에 대해 장제스는 아무런 반응을 보이지 않았으나, 로저스의 설명에 납득한 것으로 보인다.[103] 다만, 이 문서에는 포함되지 않았지만, 장제스는 이 방문 때 오키나와에 관한 각서를 건넨 것으로 알려져 있어, 오키나와 반환 교섭에 이 나라의 입장을 반영하려는 의지를 계속 갖고 있었던 것으로 보인다.[104]

4. '한국 · 타이완 조항'의 결정

그 사이 일미 간에는 협의가 진전되었다. 7월 10일부터는 도쿄에서 아이치 외상과 마이어Armin H. Meyer 주일미국대사 사이에 일미공동성명에 관한 본격적인 교섭이 개시되어, 「조선 의사록」에 관한 논의가 이루어졌다. 일본 측은 의사록의 폐지를 원하여 계속해서 의사록이 예견하는 사태를 커버할 내용을 앞에서 언급한 일방적 성명 속에서 발표하는 방법을 제시했으나, 미국 측은 구두약속보다 더 확실하고 항구적인 것을 원한다고 밝혀 합의에 이르지 못했다.[105] 한편, 미국 측은 7월 22일에 공동성명의 대

103 위의 글.

104 「中美琉球會談我方内部會商記録」, 1969.10.22, 『琉球地位問題資料』 019.18 /89002, 中央研究院近代史研究所档案館.

105 「조선 의사록」에 대해서는 일본 측이 그 후에도 지속적으로 폐지를 요구했지만, 미국 측은 11월 4일에 이루어진 도고 아메리카국장과의 회견에서 "이 문제는 언급하고 싶지 않다"는 자세를 보여 폐지한다는 합의는 할 수 없었다. 그로 인해, 미국정부는 1970년대 중반에도 「조선 의사록」이 효력을 유지한다고 여긴 군사전략을 세웠다. 李東俊, 『未完の平

안을 전달했다. 그것은 오키나와의 핵무기를 반환 후에도 존치하고, 미국이 한국에 실행하는 작전행동에 대해 사실상 일본이 사전 동의를 하는 내용으로 되어 있어, 일본 측 대안과는 대립하는 것이었다.[106] 그러나, 8월에 도고 후미히코 아메리카국장과 스나이더 오키나와 담당 공사[107] 사이에서 일미공동성명과 일방적 성명에 관한 집중적인 교섭이 이루어졌을 때에는, 일본 측의 공동성명안에 "한국의 안전은 일본의 안전에 불가결하다고 언급했다"는 문구가 포함되어 있었다. 이에 대해 도고는 미국 측의 제안과 일본 측의 한국에 대한 일방적 성명 내용은 실질적으로는 동일하다는 인식을 제시했다.[108] 타이완에 대해서는 일본 측 안의 작성자인 나카지마 도시지로 조약과장이 미중 관계의 변화를 내다보고 장래 대중 교섭의 저해 요인이 되는 공동성명은 회피하고 싶어 했기 때문에 한국과 마찬가지로 타이완, 베트남으로의 미군의 출격도 인정할 것을 요구하는 미국 측과의 의견 대립이 계속되었다.[109] 또한, 이 시기의 외무성은 한국의 안전에 관한 인식이 공개적으로 표명되는 것은 바라지 않았다. 한미정상회담 후에 개최될 예정인 제3회 한일 정기각료회의에서 오키나와 반환에 의해 기지 기능이 저하되는 것을 우려하는 한국 측이 "한국의 안전과 일본의 안전은 일체"라는 표현을 공동성명 속에 포함시키도록 요구해올 것이 예상되고 있어, 외무성은 대응에 고심하고 있었다고 한다. 그 배경에는 이러한

和ー米中和解と朝鮮問題の変容 1969~1975年』, 法政大学出版局, 2010, 289~295쪽.

106 中島琢磨, 앞의 책, 188·193쪽.

107 전 국무부 일본부장. 7월 말에 주일미국대사관에 부임.

108 Tokyo to DOS, #6936, Subject : OKNEG NO.3, "復帰関係 (Reversion)-Okinawa Negotiation Cables", [0000099291], 沖縄県公文書館; Tokyo to DOS, #6937, Subject : OKNEG NO. 4, August 23, 1969, in the same folder.

109 中島琢磨, 앞의 책, 200~201쪽.

표현이 "38도선을 둘러싼 국제 분쟁에는 휘말리고 싶지 않기를 바라는 국민감정"을 자극할 수도 있고, 이러한 기운이 고조되면 종국에 이른 오키나와 반환 교섭에도 미묘한 영향을 줄 수도 있다는 우려가 있었다.[110] 결국 오키나와 문제는 역시 회의에서 의제가 되었지만, 일본 측이 이것은 일미 간의 영토문제로, 한일공동성명에 넣어서는 안 된다고 주장함에 따라, 공동성명의 표현은 "양국의 각료는 국제정세 일반, 특히 아시아·태평양 정세에 관해 널리 의견을 교환하고 오키나와 문제에도 언급했다"고 하는 데 그쳤다.[111] 한국의 안전과 일본의 안전의 연관성에 대해서도 "양국의 안전과 번영이 극히 밀접한 관계에 있는 점 및 아시아에서의 평화와 번영이 공통의 목표임을 인정하고 그 목표의 실현을 위해 양국이 계속 협의하고 노력할 것을 재확인했다"는 표현에 그쳤다.[112]

한편, 7월 18일에 미국 신문이 오키나와에 독가스가 배치되어 있다고 보도하자, 오키나와에서는 다시 주민의 불안이 고조되었다. 당일 발행된 오키나와 신문의 칼럼에는, "하늘에 B52, 바다에 원자력잠수함, 육지에 독가스, 하늘 아래 은신처도 없다"고 하면서 공포와 분노를 표현했고, B52 철거운동의 연장으로서 독가스 철거운동이 전개되기 시작했다.[113] 입법원은 7월 22일에 독가스의 즉시 철거를 결의했고, 복귀협도 '독가스 무기의 즉시 철거를 요구하는 현민대회'를 개최했지만, 독가스도 옮길 곳이 결정되지 않은 채 방치되고 있었다.[114] 야라 주석은 5월에 방미 전의 아이치 외

110 『朝日新聞』, 1969.8.25.

111 崔慶原, 『冷戦期日韓安全保障関係の形成』, 慶應義塾大学出版会, 2014, 82쪽.

112 「第三回日韓定期閣僚会議共同コミュニケ」, 1969.8.28, 『한·일본 정기각료회의, 제3차, 동경. 1969.8.26~28 전5권』 V.3 결과보고, 분류번호 723.1, 등록번호 3008, 외교사료관.

113 屋良朝苗, 『激動八年－屋良朝苗回想録』, 沖縄タイムス社, 1985, 54쪽.

〈사진 4-3〉 독가스 즉시 철거 요구 현민대회. 1969년 7월 29일. 요미탄촌 제공.

상과 회담하여 「오키나와 반환 교섭에 관한 요청」이라는 제목의 문서를 제출하고, '즉시 무조건 전면 반환' 및 "모든 제도를 본토와 동일하게" 하는 것을 비롯한 류큐정부의 요청 내용을 호소했고,[115] 8월에도 전국 전몰자 추도식 참석에 맞추어 상경하여 반환 교섭에 대한 불안이 고조되는 상황에서 교섭에 임하는 일본정부의 진의를 파악하려고 했다. 아이치 외상과 지바 가즈오 외무성 북미과장과의 회담에서 얻어진 대답은 다음과 같았다.

> 반환 시기는 지금까지 언급되었던 대로. 기지의 양태는 안보의 틀 안에서, 밀도와 기능은 되도록 본토 수준에 접근한다. 안보는 필요하며, 그것은 기지

114 독가스는 1971년에 두 차례로 나누어 미국령 존스턴 섬으로 이송되었다. 철거가 완료된 것은 1971년 9월 9일이다.

115 5월의 류큐정부와 일본정부의 교섭에 대한 자세한 내용은, 小松寛, 『戦後沖縄における帰属論争と民族意識－日本復帰と反復帰』, 早稲田大学出版部, 2013, 91~92쪽 참조.

의 존재를 전제로 한다. 기지 제거는 받아들일 수 없다. 안보의 체결시보다 본토의 기지는 건수와 면적에서 정리·축소되고 있다. 반환 후의 오키나와도 그렇게 될 것이다.

미군의 일본 배치, 장비의 중요한 변경, 전투작전행동에 기지를 사용할 경우의 '사전 협의'가 논의되고 있지만, 그것은 1960년의 결정 당시부터 변하지 않았고, 반환 문제와 관계없다. (…중략…) 반환 후에는 안보의 틀 내의 모든 것을 본토와 같이 오키나와에 적용하는 것이지, 오키나와만 특별 취급되는 것은 결코 아니다. 본토 수준이라는 것은 그런 의미이다. 주권이 일본에 돌아가는 이상, 일본의 승인 없이는 오키나와의 기지는 자유롭게 사용할 수 없다. 오키나와는 본토와 차별되지 않는다.[116]

당시의 심경에 대해 야라는 후에 "나는 '반환이 다가왔다'고 기뻐하면서도, 기지의 양태가 우리 많은 현민들의 의사와는 다르게 움직이고 있는 것처럼 느껴졌다"고 회상한다.[117]

실제로 9월 이후에도 공동성명의 한국·타이완에 관한 부분은 계속 일미 간에 논의되었지만, 교섭에서 문제가 된 것은 실질보다도 표현방법이었다. 시모다 다케소 주미일본대사는 존슨 차관에게 양국이 일본에 중요하며, "일본은 미국이 전투작전을 행할 필요가 있으면 기꺼이 예스라고 할 것"이라고 말했지만, 국내 정치를 이유로 사전 보증이나 비밀문서 작성은 곤란하다고 했다.[118] 다만, 9월에 행해진 제2회 아이치 방미의 결과, 일미

116 屋良朝苗, 앞의 책, 86쪽.
117 위의 책, 86쪽.
118 DOS to Tokyo, #151979, Subject : Okinawa Negotiations, September 9, 1969; 『対日政策文書』 第一四期 第五巻, 86~92쪽.

공동성명과 사토 수상의 일방적 성명에서 한국, 타이완 등에 관한 표현은 대략 합의에 이르렀다.[119] 이리하여, 오키나와 기지의 기능 저하에 대한 주변국들의 우려의 원인이 된 일본 여론에 자극을 주지 않는 듯한 표면적인 발언과는 반대로, 실제로는 오키나와 기지의 기능을 유지하는 방향으로 일미 교섭이 계속되고 있었다.

제3절 오키나와 반환 교섭의 귀결

1. 미국 특사의 타이완 방문

여기에서는 일미 간에 한국과 타이완의 안전에 대한 공동성명의 문구가 합의된 후, 양국에 그것이 어떻게 전달되었는지, 또한 오키나와와 일본의 여론 동향은 공동성명이 발표되기까지의 과정에 어떠한 영향을 미쳤는지를 검토한다.

한국과 타이완의 안전에 대한 표현이 결정된 후, 미국정부 내에서는 스나이더 오키나와 담당 공사가 양국을 방문하여 오키나와 반환 교섭의 진전에 대해 설명을 하는 안이 제기되었다. 양국 주재 미국대사관들이 이를 환영했기 때문에, 스나이더와 커티스Walter L. Curtis, Jr. 중장이 특사 자격으로 극비리에 양국을 방문하게 되었다.[120]

양국 방문 기일은 10월 16일로 결정되었지만, 그 직후에 국부가 "중화민

119 中島琢磨, 앞의 책, 217쪽.
120 Tokyo to Seoul, #8233, Subject : Okinawa Reversion, October 7, 1969; 『対日政策文書』 第一四期 第六巻, 37쪽.

국은 오키나와 문제에 관해 장래의 지역 안전보장 문제를 포함하여 미국과 몇 차례나 의견을 교환하고 있다"고 하며, 그 일환으로 스나이더 등이 다음 주에 타이완을 방문할 것이라고 발표했다. 이는 오키나와 반환 교섭에 대한 국내의 고조된 관심을 의식한 발언이었다. 타이완 주재 미국대사관으로부터 보고를 받은 주일미국대사관이 방문은 되도록 조심스럽게 다루는 것이 바람직하다면서 이를 국부 외교부에 전달하도록 촉구했다.[121] 이에 대해 국부 측도 방문에 대해서는 더 이상 공표하지 않을 것을 보증했다.[122]

그 후, 10월 27일로 예정된 스나이더 등과의 회담을 앞두고 국부 내에서는 웬하시옹溫哈熊 행정원 고문, 차이밍용蔡名永 국방차장, 위안쯔지안袁子健 외교부 아태사亜太司[123] 사장 등이 대응에 대해 협의했다. 이 협의는 카이로 선언과 포츠담 선언, 미화米華상호방위조약에 의거하여 중화민국에는 미국에 의견과 요구를 제시할 권리가 있다는 생각에 입각하여 개최된 것이며, 주로 군사적 관점에서의 의견 집약을 목적으로 하고 있었다. 차이밍용 등은 오키나와의 군사상의 중요성에서 미국은 오키나와를 포기해서는 안 된다고 강조할 것, 국부가 오키나와 이외에 이용할 수 있는 기지가 없다는 것을 이유로, 타이완과 펑후제도澎湖諸島의 방어를 위해서는 오키나와 기지가 필요하다고 미국 측에 촉구할 것 등을 제기했다. 사회를 맡은 천지안홍沈劍虹 외교부 차장은 기본적으로 8월에 장제스가 로저스에게 건넨 각서 내용에 따라 협의한다는 방침을 결정했으나, 미국의 태도를 보고 임기응변으로 대응하여 미국이 국부 측의 동아시아 지역 안전에 대한 견해를 요구

121 Taipei to Tokyo, #4154, October 18, 1969; 위의 책, 154~155쪽; Tokyo to Taipei, #8628, October 20, 1969; 위의 책, 162쪽.
122 Taipei to Tokyo, #4174, October 20, 1969; 위의 책, 163쪽.
123 옮긴이 주 : 아시아태평양국에 상당하는 부서.

할 경우에는 국방부 관계자가 그 견해를 전달하도록 요구했다.[124]

스나이더 등과의 회담은 예정대로 27일에 열렸으며, 국부 측에서는 천지안홍 외교부 차장, 양샤오롄楊紹廉 국방부 차장 등이 참석했다. 미국 측은 우선 타이완 방문의 목적이 국부 측과 오키나와 문제에 대해 협의하는 것이 아니라, 일미 교섭의 진전에 대해 알리는 것이라고 분명히 한 다음, 지금까지의 교섭 경위 등에 대해 언급하고, 현재는 일미정상회담에서 모든 결정을 기다리는 단계라고 설명했다. 이에 대해 천지안홍이 14세기에는 중국이 오키나와의 종주국이었던 것까지 거슬러 올라가 국부의 입장을 설명하며, "만약 미국이 맹방과 상의하지 않고 단독으로 류큐를 일본에 반환한다고 결정한다면, 나는 도저히 받아들이기 어렵다"고 말했다. 또한, 많은 오키나와 사람들이 일본에 반환되는 것에 반대하고 있으며, 최종 결정을 내리기 전에 오키나와 사람들의 의견을 물을 기회를 가져야 한다고도 말했다. 덧붙여, 미화상호방위조약에서 오키나와 기지의 사용이 고려되고 있지만, 오키나와가 일본에 반환되면 그 사용에 영향이 있을지도 모른다고 하여, 안전보장상의 영향에 대해서도 미국과 협의할 것을 요구했다. 미국 측은 이에 대해 오키나와 사람들의 의견을 들어야 한다는 것에는 아무런 언급도 하지 않았지만, 일본 측이 아시아태평양 지역의 안전 문제에 대해서는 동의하고 있으며 닉슨은 조약의 이행 의무에 대해 매우 자신감을 갖고 있다고 말했다. 또한, 우리는 복귀에 수반하여 일본이 방위책임을 분담하게 되므로, 미국은 이 지역의 안전 유지에 보다 주력할 수 있다고 강조했다. 국부 측은 과거에 일본이 전쟁을 일으킨 점에서 군비를 급속히 확

124 앞의 「中美琉球會談我方内部會商記録」.

대하는 것은 바람직하지 않다고 했지만, 미국 측은 일본의 군사적 확대보다 경제적 발전을 중시하고 있다고 응답했다.[125] 회담 후, 타이완 주재 미국대사관은 스나이더 등의 방문이 국부와 오키나와 반환에 대해 보다 현실적인 논의를 하기 위해 유익한 기회가 되었다고 보았으나, 국부 측이 더 많은 정보 제공을 요청했기 때문에 이에 응하는 것이 바람직하다고 국무부에 전했다.[126]

2 한국과 중화민국에 대한 배려

한편, 한국정부는 10월 중순에 사토 수상의 방미 시기 내정이 보도되자, 한국과 동아시아의 안보와 관련된 부분의 교섭 상황과 전망, 그것이 어떻게 공동성명에 규정될지의 전망을 설명하도록 주한일본대사관과 미국대사관에 요청했다. 10월 26일에 일본의 미디어가 공동성명의 일부 내용을 보도한 것도 그 배경에 있었다. 제의를 한 김정태 아주국장은 일본의 보도처럼 공동성명에 "한국의 안보와 번영이 일본의 그것과 밀접한 관련이 있음을 인정했다"는 표현이 들어가더라도, 한국의 입장에서 보면 실질적인 보장이나 한국 측의 입장이 반영되었다는 증명이 되지는 않으며, 성명은 국민이 판단하는 자료가 되므로 그 문구는 매우 중요하다고 했다.[127] 또

125 「中美琉球問題會談記錄」, 1969.10.27, 『琉球地位問題資料』 019.18/89 002, 中央研究院近代史研究所档案館.

126 Taipei to DOS, #4306, Subject : Okinawa : Sneider-Curtis Visit to Taipei, October 28, 1969, [0000099305], 沖縄県公文書館.

127 「면담요약(김정태 아주국장과 가미카와 주한일본대사관 공사)」, 1969.10.28, 『미국·일본 간 오끼나와(沖縄) 반환문제 전2권』 V.2, 1969.7~12, 분류번호 : 722.12 JA/US, 등록번호 : 2959. 이하, 『반환문제』 2로 약기.

한, 국부 측도 역시 공동성명의 내용에 대해 "중국을 국제사회의 일원에 포함시킬 필요가 있다"는 표현이 들어가는 것에 우려를 표명했다.[128]

사토 수상은 이러한 상황을 접하고, 10월 30일의 방미 사전 협의 때, 아이치 외상, 우시바 외무사무차관, 도고 아메리카국장 등과 함께 한국과 중화민국의 우려에 대응하기 위한 접근방식을 검토했다. 가장 바람직한 것은 양국에 대하여 서한을 송부하는 것이었지만, 서한의 출처가 밝혀지면 나중에 국회에서 NEATO동북아조약기구를 결성하려 한다고 문제시될지도 모른다는 우려가 있었다. 이에 따라 사토가 장 총통 및 박 대통령에게 오키나와 반환에 대한 일본정부의 견해를 알고 싶을 경우 주재 일본대사에게 물어볼 것을 촉구하는 짤막한 친서를 송부하고, 공동성명 발표와 동시에 주재 일본대사가 구두로 일본정부의 입장을 전달하는 방식을 취하기로 가결정되었다.[129] 또한, 가미카와 주한일본공사는 11월 5일에 한일 공동이익을 충분히 배려하여 교섭을 진행하고 있지만 영토문제이므로 교섭의 상세한 내용을 통보하는 것은 적당하지 않다는 외무성의 답변을 전했다. 김정태 아주국장은 이에 '핵 제거, 본토 수준'이 되면 한국의 안보와 국민의 심리에 중대한 영향을 미칠 수 있다며 오키나와 기지의 "군사적 가치를 충분히 고려해 달라"고 거듭 요청했다.[130]

스나이더 오키나와 담당 공사 등은 11월 7일에 방한하여 국부에 행한 설명과 동일한 설명을 하면서 정 국무총리 등에게 한국정부의 이익이 충

128 Taipei to DOS, #4342, October 30, 1969;『対日政策文書』第一四期 第七巻, 282쪽.
129 Tokyo to DOS, #9037, Subject : OKNEG No. 27, October 31, 1969; 위의 책, 299쪽.
130 「면담기록(김정태 아주국장과 가나야마 주한일본대사관 공사)」, 1969.11.5,『반환문제』2.

분히 고려되고 있음을 시사했다.[131] 한편, 일본정부도 공동성명 전날에 박 대통령과 장 총통에게 친서를 송부하기로 결정한 데 이어 11월 11일에는 한국의 입장을 재확인하기 위해 가나야마 주한일본대사를 일본에 일시 귀국시켰다. 이때 가나야마 대사와 면담한 진필식陳弼植 외무차관은 아시아 각지에서 미군이 철수하면서 발생하는 힘의 공백을 메우지 못하는 사태가 발생할 경우, "오끼나와 반환 문제의 귀추 여하에 따라서 일본은 한국뿐만 아니라 아시아 자유국가의 원성을 면치 못할 것임을 명심하여야 할 것"이라고 하여 기지의 현상 유지를 원하는 입장을 강조하는 한편, "일본이 이 지역의 안보를 위하여 큰 역할을 담당할 것을 (…중략…) 건설적인 측면에서 바라는 바"라고 언급해 군사면에서의 협력을 촉구했다.[132] 진필식은 나아가 11월 17일에도 가나야마 대사와 포터 대사를 초치하여 구술서를 전달하고, 거듭 한국의 입장이 반영되도록 요청했다.[133]

또한, 미국 측이 새로운 정보 제공을 요구하는 국부의 요청에 응했기 때문에, 웨이다오밍 중화민국 외교부장은 11월 12일에 로저스 국무장관을 면회했다. 그 때 웨이다오밍은 재차 오키나와 주민의 의견을 묻기 위해 주민투표를 실시할 것을 제안했다. 웨이다오밍은 중화민국에서는 오키나와를 일본에 반환하는 것에는 반발이 강하므로 형식적으로 중화민국의 사람

131 Seoul to DOS, #6147, Subject : Okinawa Negotiations, November 8, 1969; 『対日政策文書』 第一四期 第六巻, 74~75쪽.

132 Tokyo to DOS, #9408, Subject : Okinawa Reversion : Assurances to ROK and GRC, November 12, 1969, [0000099305], 沖縄県公文書館; 外務部報告事項, 「오끼나와 문제에 관한 진필식 외무차관과 가나야마 주한일본대사와의 면담」, 1969.11.11, 『반환문제』 2.

133 外務部報告事項, 「外1111号, 오키나와 문제에 대한 외교적 조치」, 1969.11.18, 위의 문서철.

들을 납득시키기 위해 이러한 절차가 필요하다고 생각한다고 했다. 이에 대해 로저스는 미국이 미일 교섭에서 중화민국의 안전보장상의 이익이 충족되도록 노력해 왔다고 하며, 공동성명에도 일본이 미화상호방위조약을 존중하고 오키나와 기지의 사용에 긍정적으로 응한다는 내용이 포함될 것임을 시사했다. 다만, 주민투표에 대해서는 교섭이 최종 단계에 있는 상황에서 그러한 의견은 파괴적인disruptive 효과를 초래할 수도 있고 종래 미국의 잠재주권에 대한 생각과는 크게 다르기 때문에, 일본으로부터도 미국 여론이나 의회로부터도 이해받지 못할 것이라고 하여 이를 부정했다. 그리고 오키나와 사람들의 의견에 대해서는 1968년의 주석 선거에서 압도적 다수의 오키나와 사람들이 일본으로의 조기 반환을 바라고 있었다는 것을 지적하면 된다고 시사했다.[134] 여기에서는 많은 오키나와 사람들이 '즉시 반환'뿐만 아니라, '무조건 전면 반환'을 바라고 있었다고 하는 부분은 완전히 무시되고 있었다. 그러나, 이렇게 해서 한국과 중화민국 양국이 반환 교섭의 행방을 주시하고 다양한 압력을 행사하는 가운데, 11월 20일부터 예정된 일미정상회담에서 오키나와 반환의 형태가 결정되기에 이르렀다.

3. '반환'에 대해 확산되는 의심

오키나와 주민에게는 실태가 알려지지 않은 채 오키나와 반환 교섭이 진행되는 가운데, 동시기의 오키나와에서는 이전부터 일미 양국 정부에 의한 반환 노선에 부정적이었던 혁신계뿐만 아니라, 재계나 보수계 안에

134 DOS to Taipei, #23055, November 14, 1969;『対日政策文書』第一四期 第七巻, 147~150쪽.

서도 일본 복귀에 반대하는 움직임이 나오기 시작했다. 우선 화가이자 작가로 알려져 있던 야마자토 에이키치山里永吉나, 초기에 독립론을 주창했던 나카소네 겐와 등이 중심이 되어 8월에 '류큐 의회'가 결성되었다. 류큐 의회는 8월 8일과 8월 9일에 지역 신문에 설립 취지를 호소하는 광고를 내고, 다음과 같이 호소했다.[135]

> 우리들 오키나와 사람들이 자자손손에 이르기까지 행복한 생활을 보낼 수 있도록 하기 위하여 가장 소중히 여겨져야 할 것은, 정작 오키나와 사람들의 의견이지, 일본이나 미국의 형편이 아닙니다. 따라서, 복귀에 임하여 조건을 붙이는 것은 우리들의 당연한 권리입니다.

이러한 가운데, 이전부터 오키나와 경제계와 유대를 강화하고 있던 중류中琉문화경제협회의 팡츠方治 이사장은 8월 2일에 오키나와 경제계의 중진인 미야기 진시로宮城仁四郎와 밀담을 나누고 다음의 두 가지를 제안했다. ① 사토 수상이 방미하기 전에 '복귀 반대'를 여론에 대해서도 행동으로도 나타내 미국인에게 일본 복귀가 전체 류큐인의 일치된 요구가 아니라는 것을 이해시켜, 경솔하게 일본에 반환시키지 않도록 한다, ② 류큐의 재계인과 문화인 중 저명한 인물을 10명씩 뽑아, 9월이나 10월 사이에 오키나와의 3대 신문과 뉴욕 타임즈에 연명으로 '복귀 반대'의 성명을 발표하게 하여 널리 선전을 한다. 팡츠는 또한 미야기가 그와 같은 생각을 가진 사람들과 상의하여 세력을 강화하도록 요청했다. 미야기는 이에 대해 결코

135 류큐 의회에 대해서는 小松寛, 앞의 책, 195~200쪽 참조.

〈사진 4-4〉 1968년 5월 3일에 타이완을 방문한 류큐 상공회의소의 멤버들과 장제스. 중앙이 장제스, 장제스의 왼쪽이 고쿠바 고타로, 오른쪽 끝이 팡츠. 국사관 제공.

일본의 압력에 굴하지 않을 것이며, 오키나와는 일본 통치 시대의 비참한 처지에 놓이는 것을 원치 않을 것이라고 공언했다고 한다.[136]

그 후, 미야기는 구시켄 소세이具志堅宗精, 고쿠바 고타로国場幸太郎 같은 경제인 외에 '류큐 의회'를 설립한 야마자토 에이키치 같은 학자와 문화인 등에도 호소하여, 10월에 '오키나와인의 오키나와를 만드는 모임'을 결성했다. 회장에는 전 류큐정부 주석인 도마 주고가 선출되었다. 이 모임의 선언은 다음과 같은 것이었다.

> 우리는 서로의 생활을 지키고 오키나와 경제를 보다 번영으로 이끌기 위해

136 「報告」, 1969.9.11, 『琉球政情』 019.11/0003, 中央研究院近代史研究所档案館.

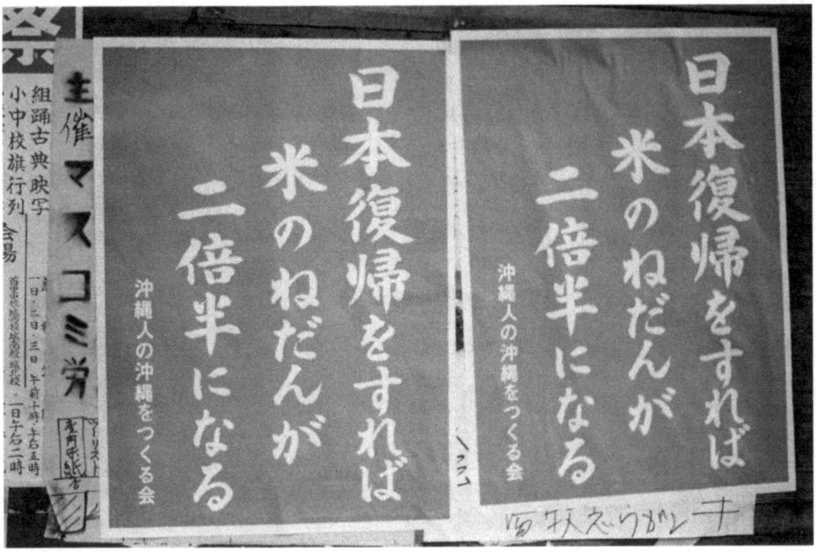

〈사진 4-5〉 '오키나와인의 오키나와를 만드는 모임'에서 내건 포스터. "일본 복귀를 하면 쌀값이 두 배 반 오른다"는 내용. 요미탄촌 제공.

> 일본 복귀는 모든 오키나와인이 일본 본토와 동등하거나 본토 이상으로 그 경제 기반을 단단히 다지고 나서 고려해야 할 것을 주장하고, 복귀의 시기는 '주민투표'에 의해 결정할 것을 요구한다.

아울러, 이상의 선언과 이 모임을 지지해 달라는 편지를 한국정부에도 보냈지만, 한국정부는 아무런 반응을 보이지 않았다.[137] 한편, 중류문화경제협회의 팡 이사장은 이 모임의 결성을 국부가 오랫동안 오키나와의 정계나 재계, 문화계에 미쳐온 영향력의 성과로 간주하고 외교부에 보고했

137 Jugo Toma, President of the Association to Build Okinawa for the Okinawans to Secretary of Foreign Affairs, Government of the Republic of Korea, October 12, 1969, 『반환문제』 2.

다.[138] 또한, 이 모임이 미의회에 대해서도 복귀 시기상조론이나 주민투표를 요구하는 투서를 했기 때문에, 이것은 10월 30일의 아이치-마이어 회담에서도 화제가 되었다. 마이어 주일미국대사가 "나로서는 오키나와 주민의 대다수가 복귀를 요구하고 있는 것으로 알고 있다"며 아이치의 의견을 구하자, 아이치 외상은 "일부 경제인의 기업 방어를 위한 본토 정부에 대한 조건 투쟁이라고 생각한다"고 답해 더 이상 화제가 되는 일은 없었다.[139]

오키나와 경제계에서도 복귀에 대한 불안이 가시화되는 가운데, 교도통신이 10월 23일에 오키나와의 B52가 수소폭탄을 싣고 중국과 북한에서 통상 순찰을 하고 있다는 보도를 하자, 기지에 대한 주민의 불안이나 반발이 다시 높아지게 되었다. B52가 계속 배치되고 있었던 배경에는 오키나와의 상황이 완화된 것뿐 아니라, 앞에서 언급한 EC121 격추사건이 있었다. 미국에서는 사건 후, 국무부와 국방부 등의 중견 간부로 이루어진 워싱턴 특별행동그룹이 결성되어, 북한으로부터의 공격에 대한 군사적 대응에 대비한 긴급 계획을 검토하는 가운데, 5월 8일부터는 가데나 혹은 괌의 B52 사용도 그 검토 대상이 되었던 것이다. 이 때의 JCS미국 합동참모본부의 계획은, 아크 라이트 작전Operation Arc Light에 사용하는 B52 중 3대를 사용하여 야간에 미림비행장Pyongyang East Airfield에 기습공격을 가하는 것이었다. 이 작전의 이점으로는 공격까지의 소요시간이 짧고 베트남에서의 작전에 미치는 영향이 한정적이라는 것 등이 거론되었다.[140] 야라가 '철거

138 「琉□字第八五九号, 発信－方治中琉経済文化協会理事長, 受信－外交部」, 1969.10.17, 『琉球政情』 019.11/0003, 中央研究院近代史研究所档案館.

139 米北一長, 「愛知大臣・マイヤー在京米大使会談」, 1969.10.30, 「日米関係(沖縄返還)一〇」, 0600-2010-00073, H22-021, 外務省外交史料館.

140 Memorandum CJCS Wheeler to Secretary of Defense Laird, Subject : Contingency Plan for North Korea, May 21, 1969,

의 감촉'을 얻었다고 한 7월의 단계에서도 키신저 대통령 보좌관은, 앞으로 EC121 격추사건과 같은 사건이 일어날 경우 B52에 의한 북한 공격이 필요해진다고 생각하여,[141] 10월이 되어도 철거되지는 않았다.

다음 날 일본 언론도 B52의 수소폭탄 순찰에 대해 크게 보도했기 때문에 주일미국대사관은 즉각 일본정부에 반응을 둔화시키도록 재촉했고, 외무성은 그에 따라 기사의 신용성에 의문을 제기하려고 시도했다.[142] 한편, 야라 주석은 24일에 피어리Robert Fearey 민정관을 만나 고등판무관과 이 문제에 대해 논의할 것을 요구했다. 피어리도 수소폭탄 순찰이 억측이라며 반향을 억제하도록 요청했지만, 야라는 현민의 불안을 강조했다. 주일미국대사관과 USCAR는 이들이 오키나와 반환 교섭에 모종의 영향을 미치려는 것이라고 보고 국무부에 지시를 요청했다.[143] 국무부는 "특정 장소에 있는 핵무기의 존재에 대해서는 긍정도 부정도 하지 않는다" "전략무기의 작전활동에 대해서는 논평하지 않는다"는 미국의 기본 입장을 재확인하고, 일본정부와 야라 주석에게 교도 통신에 대한 이야기는 근거가 없음을 비공식적으로 전하도록 지시했다.[144]

---

http://www2.gwu.edu/~nsarchiv/NSAEBB/NSAEBB322/Doc09.pdf, 2020년 7월 13일 열람.

141 Memorandum for Dr. Henry A. Kissinger, Subject : WSAG Meeting of July 2, 1969; July 3, 1969, http://www2.gwu.edu/~nsarchiv/NSAEBB/NSAEBB322/Doc13.pdf, 2020년 7월 13일 열람.

142 Tokyo to DOS, #8801, Subject : Alleged Nuclear Patrols by B-52 Bombers from Okinawa, October 24, 1969, [U81100993B], 沖縄県公文書館.

143 HICOMRY to DOA, HCRL-LN 71267, Subject : CA/CE Meeting, October 24, 1969, [U81100993B], 沖縄県公文書館.

144 DOS to Tokyo/HICOMRY, #181097, Subject : Alleged Nuclear B-52 Flight from Okinawa, October 25, 1969, [U81100993B], 沖縄県公文書館. 실제로 순찰이 이루어졌는지의 여부는 현재로서는 확인할 수 없다.

피어리는 국무부의 회답을 야라에게 전했으나, 야라는 램퍼트 고등판무관과의 회견을 요청하여 10월 27일에 열린 회의에서 램퍼트에게 주민의 불안을 누그러뜨리기 위해 성명을 낼 것을 요청했다. 램퍼트가 국책 때문에 할 수 없다며 보도된 일본정부의 발언을 인용할 것을 권하자, 야라는 "B52 철거를 통해서만 끝낼 수 있는 공포와 불안 속에 주민들이 살고 있다"고 언급하고, 11월 초에 사토 수상에게 문제의 해결을 요구할 것을 계획하고 있다고 전했다.[145]

한편, 입법원에서도 B52는 논의의 중심에 있었지만, 자민당 간부는 피어리로부터 야라와 동일한 정보를 얻어 입법원의 각 파 교섭회에서 B52 철거 요구 결의에는 반대했다. 그러나, 그 대안으로 완전한 시정권 반환을 실현하기 위한 시정권 반환 결의를 할 것을 제안했기 때문에, 반환에 대한 각 당의 입장 차가 드러나 교섭회는 혼란에 빠졌다.[146] 결국, 자민당은 10월 29일에 입법원 본회의에서 혁신 의원단이 결석한 가운데 단독으로 반환 결의를 처리하고, 다음 날 심의된 B52 철거 결의는 반대 다수로 부결했다. 다만, 채택된 반환 결의는, 같은 해 4월에 여야당 의원이 공동으로 제안한, 오키나와의 시정권 반환이 의미하는 것은 "민주적 평화헌법 하에 오키나와의 지위를 회복하는 전면 반환"이며, "핵 저장 반환, 기지의 자유 사용을 요구하는 등의 것이어서는 안 된다"는 결의에, 전후 처리의 해결과 자립경제의 확립에 대한 요구를 추가한 것이었다. 이것은 "결코 화근을 남

145 HICOMRY to DOA, CA 7.01183, Subject : CA/CE Meeting, October 25, 1969, [U81100993B], 沖縄県公文書館; HICOMRY to DOA, HCRI-LN 71267, Subject : HICOM/CE Meeting, October 27, 1969, in the same folder.

146 인민, 사회 양당은 반환 교섭이 현민들의 요구와는 반대 방향으로 진행되고 있다며 자민당의 안을 반대했고, 사대당은 이를 검토하겠다고 했다. 『琉球新報』, 1969.10.26 참조.

기는 형태의 시정권 반환이 되어서는 안 된다"는 현민의 바람을 반영한 것으로 여겨졌다.[147]

또한, 그 이후에 오키나와의 주민운동은 다시 고양되기 시작했다. 가데나 촌의회는 다음 날 임시회의에서 「B52의 수소폭탄 순찰에 항의하고 B52의 즉시 철거를 요구하는 결의」를 만장일치로 채택했다. 10월 31일에 가데나 촌직원노동조합이 파업을 했고, 가데나 기지 대책협의회도 참가자를 촌민만으로 한정하여 11월 5일에 촌민궐기대회를 개최할 것을 결정했다. '생명을 지키는 현민 공투회의'는 10월 31일에 간사회를 열어 활동 재개를 정식으로 결정했다. 이러한 상황을 배경으로 11월 7일부터 상경한 야라 주석은 10일에 사토 수상과 회담하여 「사토 수상에게 호소한다」는 제목의 문서를 낭독하여, 19일부터 예정된 일미정상회담에서 ① 오키나와의 즉시 무조건 전면 반환, ② 핵무기, B52, 독가스무기 등의 완전한 철거, ③ 원자력잠수함의 기항중지, ④ 기지의 자유 사용, B52 등 공격무기의 발진을 불허할 것 등의 실현을 요청했다. 수상은 "정상회담은 대체로 현민이 납득할 수 있도록 성의껏 최선을 다하겠다"고 대답했다.[148] 또한, 복귀협은 사토 방미를 '최대의 투쟁'으로 규정하고 '즉시 무조건 전면 반환'을 요구하며 11월 13일부터 17일에 걸쳐 통일 항의행동을 전개했다.

4. 사토-닉슨 공동성명 발표

11월이 되자, 일미 교섭은 최종 국면에 들어갔다. 마지막 남은 문제는

147 立法院会議録, 第四一回臨時 第三号, 「沖縄の施政権返還に関する要請決議案」, 1969.10.28.
148 『琉球新報』, 1969.11.11.

핵 조항에 관한 것이었다. 이것은 외무성을 통한 공식 통로로서 결론이 나지 않아, 와카이즈미 게이를 통한 백 채널 교섭으로 비밀 합의 의사록을 작성하는 것으로 합의가 이루어졌다.[149] 한국과 중화민국에 대해서는 공동성명 발표 전에 양국 대사가 구두로 설명하는 것이 검토되어, 11월 13일에 '구상서(안)'이 작성되었다. 이 문서는 도쿄로부터의 끊임없는 연락에 의해 대사가 설명하는 선에서 정리되는 것은 틀림없다고 하며, 공동성명의 발표에 앞서 일미 합의의 내용을 전하는 것으로, "귀아貴我 양국 공통의 이익이 오키나와 시정권의 대일 반환에 의해서 지켜지고 있다"는 것을 한국과 중화민국 수뇌에게 이해시키는 것을 목적으로 했다. 그리고 두 수뇌가 극동의 방위조약상 의무를 미국이 충분히 수행할 태세를 갖추는 것

〈사진 4-6〉 사토 수상 방미 항의 파업. 1969년 11월 13일. 요미탄촌 제공.

149 교섭에 대한 자세한 내용은 中島琢磨, 앞의 책, 제5장 참조.

이 극동의 평화와 안전에 중요하다는 것을 명확히 했다고 한 후에 공동성명의 개요를 전달하는 것이었다.[150] 11월 19일부터 사토-닉슨 회담이 이루어져, 현지 시각 21일에 72년의 오키나와 반환을 명기한 사토-닉슨 공동성명이 발표되었다. 서장에서 인용했듯이, 제4항에는 한국과 중화민국의 안전을 언급한 '한국 조항', '타이완 조항'이 포함되었고, 사토 수상은 내셔널 프레스클럽에서 연설을 하면서 한국에 대해 무력공격이 발생하여 미군이 일본 국내의 시설과 구역을 전투작전행동의 발진기지로 사용하지 않으면 안 되는 사태가 발생한 경우, "사전 협의에 대해 긍정적이고 신속하게 태도를 결정할 방침"이라고 말했다. 타이완에 대해서도 동일한 인식이 제시되었는데, "다행히 그러한 사태는 예견되지 않습니다"라는 유보를 달았다.

〈사진 4-7〉 사토-닉슨 회담. 회담 결과 '1972년, 핵 제거, 본토 수준, 안보 적용'의 오키나와 반환이 결정되었다. 1969년 11월. 나하시 역사박물관 제공.

공동성명 발표가 일본에서는 '핵 제거, 본토 수준' 반환의 실현이라고 받아들여진 데 반해, 오키나와에서는 공동성명에 대해 불만이 표명되었다. 야라 주석은 ① 핵기지 철거, B52의 취급, 사전 협의의 운용 등 우려되는 문제를 남기고 있다, ② 안보조약의 장기 지속은 평화로운 섬을 건설하고 싶어 하는 현민의 바람과도 맞지 않아 용인할

150 アメリカ局, 「口上ぶり(案)」, 1969.11.13, 「沖縄に関する第三国の動向(韓国)」.

〈사진 4-8〉 11.26 일미공동성명 항의대회. 요미탄촌 제공.

수 없다, ③군사기지가 현상 유지되는 상태에서 정말로 '본토 수준'인지 의문이 남는다고 지적했다. 가데나 촌에서도 보수, 혁신을 막론하고 공동성명에서 B52 문제가 다루어지지 않고 핵 제거를 명확히 표현하지 않은 점에 불만을 나타냈으나, 고자 촌장은 시정권이 본토로 이동함으로써 B52 문제도 조기에 해결될 것이라는 기대를 언급했다.[151] 그러나 복귀협 등은 그 후에도 기지 철거, 안보 폐기를 요구하며 일미 양국 정부의 반환정책에 계속 항의하게 된다.

한편, 한국 측은 워싱턴과 도쿄의 일미 양국 정부 관계자로부터 회담의 진행에 대해 정보를 얻어 본국 정부에 일일이 보고하고 있었다. 김동조 주미한국대사는 11월 20일에 존슨 국무차관, 아이치 외상과 기무라 관방 부

151 『琉球新報』, 1969.11.22·28.

장관으로부터 공동성명에 담긴 한국의 안전과 핵무기 부분의 개요에 관한 정보를 얻는 한편, "日本政府가 外國政府와의 共同声明에서 公式으로 亜細亜, 特히 韓國의 安保問題에 言及한 일이 現在까지 없었으나, 今般의 共同声明等에서 깊은 關心을 表明한 것은 注目할 만한 것"이며, "이런 点은 韓國政府가 만족히 生覺할 것"이라는 의견을 존슨한테서 얻어냈다.[152] 나아가, 11월 21일에는 가나야마 주한일본대사가 사토-닉슨 공동성명이 발표되기 전에 진필식 외무차관을 면회하여 공동성명의 개요에 대해 전하고, "일본이나 미국은 다같이 한국의 안보와 관련하여 오키나와의 군사 가치를 유지하기 위한 한국 측의 입장을 충분히 이해하고, 한국 측에도 만족할 만한 해결이 될 것으로 보며, 이에 대한 일본의 성의를 한국이 믿어 주기 바란다"고 언급했다.[153] 더욱이, 가나야마 대사는 24일에 박 대통령을 면담하여, "일본정부의 본의"라며 다음과 같은 내용을 전했다.[154] 한국의 우려는 잘 알고 있고 일본으로서도 핵무기가 있는 것이 좋지만, 일본의 국내 사정에서 보면 "핵을 철거하고 본토와 동등한 반환"의 입장을 견지하지 않을 수 없었다. 그러나, 사전 협의에서는 미군 장비의 중대한 변경도 대상이 되므로, 비상사태시에는 핵무기의 반입이 가능하다고 해석할 수 있다. 또한, 일본정부가 앞으로도 특히 한국의 안보를 위해서는 최대한의 검토와 고려를 하여 향후의 반환협정 교섭 과정에도 반영시켜 간다.

이에 대해 박 대통령은 일본정부의 노력에 이해를 표명하면서도, 사회당 등 좌파의 동향에 의해 기지의 사용이 제한될 가능성에 우려를 표시했

---

152 「美・日首脳会談에 関한 駐美大使報告(69.11.20)」, 1969.11.20, 『반환문제』 2.

153 外務部報告事項, 「外1118号, 닉슨-사또 회담에 관한 진 차관과 가나야마 대사와의 면담」, 1969.11.21, 위의 문서철.

154 「대통령 각하와 가나야마 일본 대사의 면담 요록」, 1969.11.24, 위의 문서철.

다. 가나야마는 한국이 침략을 당하면, 설령 학생 데모나 좌익계의 선전이 있다 하더라도, 일본정부는 주저하지 않을 것을 보증했지만, 박정희는 여전히 우려를 표명하며 오키나와 반환 후에도 기지를 유지해야 한다고 강조했다.[155]

또한, 장제스 총통에 대해서도 11월 21일에 이타가키 오사무板垣修 타이완 주재 일본대사가 핵과 사전 협의에 관한 사항을 포함한 협상 결과의 개요를 전했다. 이타가키도 가나야마와 마찬가지로 사전에 사토 수상과 아이치 외상과 협의하기 위해 도쿄로 소환되어, 지역 안전에 대한 일미 양국 정부의 기본적인 입장을 강조하도록 지시를 받았다. 장제스는 이 자리에서는 오키나와 반환에 반대하지 않는다고 하고 안전보장 문제에 대해 일미가 취한 입장에 감사의 뜻을 표명했다. 그리고 ① 중국에서 공산당의 지배가 끝날 때까지 미군기지는 오키나와에 남겨져야 할 것, ② 사토-닉슨 공동성명 발표 후에 국부가 타이완 사람들에게 내는 성명은 국내용이므로, 국부의 의도를 오해하지 말아 달라는 두 가지를 사토에게 전하도록 이타가키에게 요청했다.[156] 그 후 국부는 공식적인 입장으로 다음과 같은 성명을 발표했다. ① 국부는 류큐의 지위에 대단한 중요성이 있다고 생각한다, ② 국부는 공동성명이 류큐 문제와 아시아의 지역적 안전의 관련성을 고려하고 있는 것을 '적절하다'고 간주한다, ③ 장래의 류큐 지위에 대한 문제가 "적당한 절차 없이" 결정된 것은 유감이다.[157] 장제스가 사전에 "성명은 국내용"이라고 양해를 구한 점에서도, 국부는 일미 양국 정부로부터 사전에 여러

---

155 위의 글.

156 Taipei to DOS, #4799, Subject : Okinawa Reversion, November 26, 1969; 『対日政策文書』 第一四期 第七巻, 202~203쪽.

157 Taipei to DOS, #4761, November 24, 1969; 위의 책, 195~196쪽.

차례 오키나와 반환이 타이완 안전에 영향을 주지 않는 방법으로 이뤄진다는 보증을 얻어, 사토-닉슨 공동성명에서 오키나와 기지와 아시아 지역 안전의 관련성이 제시된 것에 안심감을 얻은 것으로 보인다.

이상에서 살펴본 것처럼, 한국정부는 안보 위기 후에 자국의 안전보장에 대한 위기감을 고조시켜 국부와도 연대를 강화한 다음 APATO 구상을 내세워, 오키나와 반환 교섭에도 개입하려고 했다. 여기에서 한국정부는 1950년대의 독립보장론에 대한 지지에서 오키나와의 기지 기능 유지를 요구할 방침으로 정책을 전환하게 되었다. 그러나, 같은 시기에 일본의 '핵 제거, 본토 수준'의 여론 고조로 인해 오키나와 반환 교섭을 개시한 일미 양국 정부는 국부와 한국정부가 오키나와의 기지 기능 유지를 요구하며 교섭에 개입하고 있는 것이 표면화되면 오키나와 문제를 일미 간의 영토문제로 간주하고 있는 일본 여론을 자극할 것을 우려하여 APATO 구상에 대해 소극적인 자세를 보인 한편, 몇 번이나 한국정부와 국부에 오키나와가 반환되더라도 오키나와 기지의 기능이 유지되는 것을 알리고, 오키나와 반환 문제에 대한 양국의 개입을 억제하려고 했다. 류큐정부는 오키나와의 다수 민의를 대표하여 '즉시 무조건 전면 반환'을 주장했지만, 이것이 일미 간의 교섭에서 고려되는 일은 없었다. 사토-닉슨 정상회담 후에는 일본 본토용으로 '핵 제거, 본토 수준' 반환으로 합의한 것이 강조되는 한편, 한국정부와 국부에는 반환 후에도 기지 기능이 유지된다는 것이 비밀리에 전해졌다. 이로써 일본, 미국, 한국, 타이완 정부 사이의 합의 하에 반환 후에도 오키나와 기지 기능이 유지되는 방향이 정해지게 된 것이다.

제5장

미국의 동아시아 전략 변용과 오키나와 반환의 실현

제1절 오키나와 반환 결정과 북중 양국의 반응

1. 미국의 대일정책 재검토

제5장에서는 오키나와 반환 전후 미국의 동아시아 전략 변용과 오키나와 반환 형태의 최종적인 결정 과정과의 상관관계에 대해 검토하고자 한다. 특히, 오키나와 반환과 '자주방위론'의 대두로 인해 국내외에서 일본의 군사대국화가 우려되는 가운데, 미국정부가 그것을 해소하기 위해 어떻게 조정을 해갔는지에 초점을 맞춘다. 제3장과 제4장에서 언급했듯이, 오키나와 반환은 미국의 전반적인 대일정책의 재검토 속에 포함되어 있었기 때문에, 우선은 1965년 이후 미국의 대일정책에 대해 다시 검토하고자 한다.

미국의 존슨 정권은 1965년에 베트남에 본격 개입한 이후, 일본에서 고조된 반전 · 반미 감정을 우려하여, 같은 해 가을부터 국무부와 국방부가 공동으로 오키나와 정책뿐만 아니라, 향후 일본의 방위력, 극동에서 미일 공통의 이익을 가장 잘 충족시키는 일미관계의 기본방향에 대해 공동 연구를 개시했다. 이듬해인 1966년 3월에 국무부를 보좌하는 조직으로 발족한 상급 부처 간 그룹은 같은 해 6월에 일본의 방위력, 전체적인 미일관계의 기본방향에 관한 보고서를 작성했지만, 일본의 방위에 대해서는 일본의 군사력 확대에 대한 국내외의 우려나, 미국의 억지력과 일미안보조약에 대한 신뢰, 일본이 경제성장을 중시하고 있는 점 등에서 미국이 일본의 방위 노력을 촉구하는 것은 현재의 상황에서는 생산적이지 않다고 했다.[1] 다만, 존슨 정권은 1960년에 체결된 신안보조약을 무기한으로 유지한다는 전제하에 장래적으로 일본의 방위 역할을 확대할 가능성은 배제하지 않았다. 또한, 같은 해 7월에 라이샤워 주일미국대사와 사토 에이사쿠 수상이 일미관계 전반에 대해 협의했을 때, 사토는 방위정책에 대해 일본이 핵무장을 하지 않는다는 방침에는 변함이 없지만, 자위대를 강화하기 위해 방위비를 GNP의 2%로 인상하고 싶다고 했다. 다만, 사토는 이것이 공개되면 국내 문제가 될 것이라며 미국이 일본의 방위비에 대해서는 언급하지 않도록 요청했다.[2]

그 후, 존슨 대신 닉슨이 대통령에 취임하자, 키신저 대통령보좌관은 제4장에서 언급한 1969년 1월 21일의 NSSM국가 안전보장 연구 각서 5에서 오키나와 반환뿐만 아니라, 주일미군기지, 일미안보조약 등에 관한 정책의 선택지를 제시하도록 지시했다.[3] 5월 28일에 NSDM국가 안전보장 결정 각서 13에서 명확해진 대일정책 방침의 요점은 아래와 같은 것으로, 기본적으로 존슨 정권의 정책을 계승하고 있었다. ① 현재의 일미 관계를 기본적으로 유지하면서 아시아에서 일본의 역할을 서서히 확대한다, ② 1970년 이후에도 현행 일미안전보장조약을 수정하지 않고 유지한다, ③ 기지에 관한 마찰을 줄이기 위해 주일미군기지의 기능과 구조를 주요 기능에 영향을 주지 않을 정도로 계속적으로 변경한다, ④ 일본의 군사력 확대 촉진을 피하면서, 일본의 방위 노력의 완만한 질적 향상을 장려하는 현행 정책을 지속한다.[4]

---

1 Secretary of State Rusk to Secretary of Defense McNamara, September 25, 1965, JU00520, in DNSA; Report of the Department of State, Bureau of Far Eastern Affairs. Interdepartmental Regional Group, Subject : The U.S.-Japan Over-all Relationship, June 1966, JU00572, in DNSA.

2 Tokyo to DOS, #3687, July 2, 1966, JU00582, in DNSA.

3 National Security Study Memorandum 5, Subject : Japan Policy, January 21, 1969, 002948-007-0138, HV.

4 National Security Decision Memorandum 13, Subject : Policy toward Japan, May 28, 1969, 002946-004-0819, HV.

또한, 미국정부 내 동아시아 부처 간 지역그룹은 1969년 6월에 둘린 Dennis J. Doolin 국제안전보장문제 담당 국방차관보를 반장으로 하는 일미 방위작업반을 설치하는 한편, 보좌기관으로서 삼군의 대표로 구성된 특별위원회를 설치했다. 이 작업반은 7월 이후 JCS미국 합동참모본부 등의 견해도 받아들여 ① 일본방위에 대하여 현재 일본자위대가 수행하고 있는 방위기능, ②(만일 존재한다면) 자위대의 국지 방위 기능, ③ 자위대가 국지 방위의 책임을 맡는 것이 미군의 능력과 존재에 미치는 임팩트에 대해 안을 작성하는 작업을 했다.[5] 10월에는 커티스 해군 중장을 담당관으로 한 오키나와 반환 교섭 팀 군부 대표US Military Okinawa Negotiating Team : USMILONT가 발족하여 검토를 이어갔다.[6] 커티스는 일미공동성명 발표 후인 11월 29일에 「장래의 오키나와에 대한 일미의 방위/안전보장상의 책임」이라는 제목의 보고서를 JCS에 제출했다. 그러나, 여기에서 제시된 오키나와의 방위책임 인계에 대한 미국의 자세는, "지역적인 임전태세의 병력 통합을 유지하고 새로운 시설의 건설을 최소한으로 하면서 비교적 소규모의 자위대를 배치함으로써, 동아시아에서 미국의 군사적 능력을 유지한다"는 신중한 것이었다. 그 이유는 타국에 대한 공격 능력이 없는 자위대가 담당할 수 있는 것은 오키나와의 국지 방어뿐이라는 것이었다. 미군은 서태평양 자유주의 국가들의 안전보장을 위해 오키나와에 주둔하며, 그 때문에 오키나와의 안전에도 기여하고 있지만, 오키나와 방위 기능만을 가진 자위대가 미군을 대신하면, 지역 전체의 안전에 손실이 된다고 여겨졌던 것이다. 또한, 일본이 지역에서 군사적 역할을 완수하는 것은 국내정치상으로도, 일본의 군국

5 宮里政玄, 『日米関係と沖縄 1945-1972』, 岩波書店, 2000, 331~332쪽.
6 中島琢磨, 『沖縄返還と日米安保体制』, 有斐閣, 2012, 294쪽.

주의 부활에 민감한 아시아 각국에 우려를 불러일으킨다는 점에서도 바람직하지 않은 것으로 간주되었다. 이런 점에서 자위대가 담당할 수 있는 것은 방공, 해상 경비, 현내의 치안 유지, 탐색이나 구난 등으로 여겨졌다.[7]

2. 일본에서 자주방위론의 대두

같은 시기에 일본정부 내에서는 1972년부터 실시될 예정이었던 제4차 방위력 정비계획이하, 4차방의 책정을 앞두고, 자주방위정책과 일미안보체제의 기본방향 등에 관해 본격적으로 검토할 필요성이 있다는 인식이 높아졌다. 특히, 자위대 배치를 포함한 복귀 후의 오키나와 방위계획은 그 중요한 요소로 여겨져, 방위청은 1968년경부터 오키나와 방위에 대한 검토를 개시했다. 당시 『요미우리 신문』의 방위 담당 기자였던 도바 하지메堂場肇가 수집한 1968년 6월 5일자 「오키나와 반환에 따른 방위력 정비 구상(시안)」이라는 제목의 일본 측 문서에서는 미국의 극동전략에서 현재 오키나와가 수행하는 역할을 미군이 다른 수단, 지역 등으로 대체하고 있음을 전제로 하여, 미국이 필요최소한의 병력이른바 본토 수준을 잔존시킬 경우, 육해공 자위대는 전부 약 12,000명으로 추정되고 있다. 또한, 참고로 첨부되어 있는 계획에는 약 24,700명으로 추정되고 있어, 당초에는 상당수의 배치를 예상하고 있었음을 알 수 있다.[8]

7 Policy Paper of Policy Planning Council of DOS, Subject : Japan's Security Role in Asia, December 1968, JU01025, in DNSA; W. L. Curtis to Director Joint Staff, Subject : Future US-Japan Defense/Security Responsibilities for Okinawa, November 29, 1969, "復帰関係 (Reversion) 1603-04; Reversion (JSDF Deployments)"(이하, 동일 코드는 동일 제목), [0000099300], 沖縄県公文書館.

8 「沖縄返還に伴う防衛力整備構想(試案)」, 1968.6.5; 渡辺昭夫 監修, 佐道明広・平良好

그 후, 1969년 4월부터 두 차례에 걸쳐 오키나와 방위계획에 관한 방위·외무 간 협의가 열려 방위청 측은 적극적으로 자주방위에 임할 방향을 밝혔다.[9] 5월 17일에 행해진 회담 내용의 일부는 다음 날 신문에 리크되었기 때문에, 외무성의 지바 가즈오 북미과장을 통해 19일에 주일미국대사관에도 전해졌다. 지바의 설명에 의하면, 방위청은 외무성에 오키나와의 미군기지 기능 및 오키나와 방위에 관한 보고서와 4차방에 관한 보고서 두 편을 제출했다. 오키나와 방위에 대해서는 일본 전체의 방위에 편입되어야 하며, 몇 개의 연대 전투단의 파견 외에는 질서 유지나 민생 안정에 임해야 한다고 했다. 또한, 4차방에 대해서는 일본이 미국의 보조적인 지원을 받으면 자국 방위가 가능해지는 것을 목표로 하고 있으며, 4차방의 종료시에는 3차방의 2.5배의 군사비를 사용할 계획을 세우고 있다고 했다. 대사관은 지바의 브리핑이 아이치 기이치 외상의 방미에 앞서 일본이 정치적, 사회적 제약 속에서 보다 큰 방위상의 부담을 떠안는 것을 진지하게 고려하고 있음을 보여주려고 한 것이라고 국무부에 보고했다.[10]

6월 초순에 방미했을 때, 아이치는 5월에 방위청이 제출한 보고를 전제로 하여 자위대의 오키나와 배치나 4차방에 대해 설명을 했지만, 미국 측은 그것에 대해 검토한 후 방침을 전하겠다고 했을 뿐이었다.[11] 방위청은 그 후에도 헌법의 테두리 안에서 일본의 방위력을 높이는 방향으로 4차방

利·君島雄一郎 編, 『堂場文書－一般財団法人平和·安全保障研究所所蔵 DVD-ROM版』, 丸善学術情報ソリューション事業部企画開発センター, 2013.

9 『朝雲』, 1969.5.22.

10 Tokyo to DOS, A-475, Subject : Japanese Plans for Assumption of Responsibility for Defense of Okinawa, May 23, 1969, JU01071, in DNSA.

11 DOS to Tokyo, #92811, Subject : Aichi Visit and Okinawa, June 7, 1969, JU01086, in DNSA.

검토를 계속했다고 한다.[12] 그 후, 같은 해 11월의 사토-닉슨 회담에서 오키나와의 '72년, 핵 제거, 본토 수준'이 합의되었고, 제6항에서 "복귀 후 오키나와의 국지 방위 책무는 일본 자체 방위를 위한 노력의 일환으로서 서서히 이것을 부담한다"는 일본정부의 의도가 제시되었기 때문에, 오키나와 반환 협정 조인을 위해 자위대 이주를 위한 일미협의가 개시되었다. 일본 정재계에서 '자주방위'를 주장하는 목소리가 높아지자, 1970년 1월에 제3차 사토 내각이 조각되었을 때에는 '자주방위'의 주창자였던 나카소네 야스히로中曽根康弘가 방위청장관에 취임했다.

3. 오키나와 반환 합의에 대한 북중 양국의 반응

사토-닉슨 공동성명에서 일본과 극동지역의 안전과의 연관성이 제시되어 자위대의 이주가 검토되기 시작한 것은 미국과 적대 관계에 있던 북중 양국을 자극하는 결과가 되었다. 또한, 1969년 말에 치러진 중의원 선거에서 자민당이 압승을 거두고 중국에 호의적이었던 일본사회당의 의석이 크게 줄어든 것도 중국정부가 일본에 대한 정책을 재고하는 계기가 되었다.[13]

오키나와 반환 합의 이전의 중국정부의 오키나와 반환에 대한 인식을 언급하면, 중국정부는 1956년 이후 명확히 오키나와가 일본에 속한다는

12 미국 측의 견해에 대해서는 Intelligence Summary, Subject : Japanese Self-Defense Policy, September 18, 1969, JT00072, in DNSA 참조.

13 Hong Kong to DOS, A-31, Subject : Communist China : An Evolving Chinese Policy toward Japan, February 2, 1969, RG59, POL CHICOM-JAPAN 1-1-70, SNF, Box 2184, NA.

입장에 서서 논평을 발표하고 있었다. 또한, 1961년에는 지도자인 마오쩌둥毛澤東 자신이 오키나와는 일본 영토라고 단언하고 '미제국주의'의 오키나와 점령을 비판하며 오키나와 반환투쟁에 강한 지지를 보내고 있었다.[14] 그러나, 중국정부는 사토 정권의 오키나와 반환정책에 대해서는 비판적인 자세를 보였으며, 1967년에 사토-존슨 공동성명이 발표되었을 때에도 당 기관지 『인민일보』에 사토가 오키나와와 오가사와라의 미군기지가 일본과 극동 자유국가의 안전에 극히 중요하다는 입장을 취했다는 것을 비난하는 논설이 게재되었다.[15]

사토-닉슨 공동성명 발표 후 중국정부는 갑자기 일본에 대한 비판의 강도를 높였다. 11월 28일자 『인민일보』에 「일미 반동파의 죄악과 음모」라는 제목의 사설이 게재되어, 공동성명에서 타이완, 한국, 베트남의 안전이 일본의 안전과 결부되어 있다고 한 것은 "일본을 더욱 견고하게 미제국주의의 전차 위에 묶어놓을 뿐만 아니라, 더욱 공공연히 침략의 화살을 중국, 북한, 베트남과 인도차이나로 향해, 필요시에는 직접 전장으로 가서 군사적 모험을 할 준비"이며, "일미 반동파가 공동으로 획책한 극히 악랄한 대음모"라고 주장했다. 오키나와 반환 합의는 닉슨의 신아시아 정책의 일부이며, "미국을 배후로 하고 일본을 주축으로 하는 새로운 침략적 군사동맹을 기도"하는 것이라고 비난했다.[16] 홍콩 주재 미국총영사관은 중국의 대일관 변화에 대해 검토하고, 다음과 같이 분석했다. 중국정부는 지금까지 10년 이상에 걸쳐 중국은 일본을 주로 미국의 동맹국 혹은 앞잡이

14 石井明, 「中国の琉球・沖縄政策－琉球・沖縄の帰属問題を中心に」, 『境界研究』 1, 2010, 93~94쪽.
15 田桓主 編, 『战后中日关系文献集 1945~1970』, 中國社会科學出版社, 1996, 885~887쪽.
16 위의 책, 903~906쪽.

pawn로 간주했으며, 일본 자체가 권력을 가지고 있다는 점에 대해서는 부차적인 것으로만 생각했다. 또한 일본국민을 일본정부의 외교정책에 끊임없이 반대하며 중국정부나 중국정부의 지지를 얻은 일본 내 혁신세력으로부터의 압력에 영향을 받기 쉬운 사람들이라고 여겨왔다. 그러나 공동성명에 의해 아시아에서 일본의 새로운 역할이 제시되었고, 자민당의 압승으로 중국에 가까운 사회당의 정책은 일본국민에게 매력적으로 느껴지지 않으며 1970년대의 현실에도 적합하지 않다고 확신했다. 이로 인해 새로운 대일정책을 검토하고자 했다.[17] 영사관은 그 사이 중국에서 발표된 공동성명에 관한 보도도 분석하여, 중국정부의 말을 빌리자면 미국정부는 다른 아시아 국가들에 대해 일본을 '아시아 헌병gendarme'으로 삼을 의도가 없음을 분명히 밝혀야 한다고 국무부에 권고했다. 그리고, 그 이유로 그간의 보도에 중국정부가 일본 군국주의의 부활에 대해 진심으로 씻을 수 없는 공포를 느끼고 있는 것이 드러나 있을 뿐만 아니라, 중국과의 관계 개선에 대한 미국의 의도를 일본, 오키나와, 타이완 등 아시아 지역에서 미국의 직간접적인 군사적 입장으로 판단할 것이라는 점을 들었다.[18]

또한, 북한에게도 오키나와 반환은 위협으로 비치고 있었다. 북한은 오키나와를 '미제의 아시아 전략의 중요한 거점'으로 보고, 1960년대 말부터는 일본 군국주의가 부활했다고 주장하게 되었다.[19] 또한, 일미공동성명이 발표되었을 때, 조선로동당 기관지인 『로동신문』은, "본토 수준의 조

17 Hong Kong to DOS, A-31, Subject : Communist China : An Evolving Chinese Policy toward Japan, February 2, 1970, RG59, POL CHICOM-JAPAN 1-1-70, SNF, Box 2184, NA.

18 Ibid.

19 小林聡明, 「沖縄返還をめぐる韓国外交の展開と北朝鮮の反応」, 竹内俊隆 編著, 『日米同盟論－歴史, 機能, 周辺諸国の視点』, ミネルヴァ書房, 2011, 346~347쪽.

건에 의한 오키나와의 시정권 반환은 이 섬을 계속 미제국주의의 흉악한 핵공격기지로 유지하고, 자신해서 일본의 전 영토를 오키나와 같은 미제국주의의 핵기지로 바꾸려는" 것이 목적이라며, "미제와 일본 군국주의자가 아시아에 대한 침략적 공모 결탁으로 새로운 흉악한 국면을 열고 있다"고 비난했다. '한국조항'에 대해서는 "미제국주의자가 한반도에서 새로운 침략전쟁을 개시한 경우에는 일본의 침략군대인 '자위대'를 침략작전계획에 의거하여 한국전쟁에 투입하겠다는 일본 군국주의자의 의도를 명확히 드러낸" 것으로, "남조선이 이미 자신의 '소유물'이 된 듯한 태도를 사토가 취한 것은 용서할 수 없다"고 했다.[20] 이는 중국 측 견해와도 거의 일치하는 것이었다.

이듬해 4월에 김일성 주석의 초청에 응해 저우언라이周恩来 수상이 북한을 방문했는데, 그때 발표된 공동성명에서는 "미제국주의의 적극적 보호하에 일본군국주의는 이미 부활"했다고 하며, 반미투쟁을 추진하는 한편, 일본 군국주의에 반대하는 투쟁을 강화하겠다는 결의가 표명되었다.[21] 오키나와 반환 합의로 주변 자유주의 국가들의 안전과 일본의 안전과의 연관성이 제시된 것은, 북중 양국에는 위협으로 비쳐져 양자의 결속을 강화하는 결과를 가져왔다.

20 『로동신문』, 1969.11.25 · 30.
21 『朝日新聞』, 1970.4.9.

제2절 주한미군 감축과 자주방위 구상

1. 주한미군 감축 계획과 한미 관계 악화

그렇다면, 일본의 군사대국화에 대한 주변국들의 우려는 그 후의 동아시아 상황 변화에 어떻한 영향을 미쳤을까. 제2절에서는 일미의 오키나와 반환 합의 후에 표면화된 주한미군 감축과 자위대 배치를 포함한 일본의 4차방 계획이 당시의 동아시아에서 어떠한 파문을 일으켰는지에 대해 검토하고자 한다.

북한이 1970년을 적화통일의 '결정적 시기'라고 선전했기 때문에, 한국정부는 오키나와 반환이 자국의 안전보장에 영향을 미칠 가능성에 지속적인 우려를 표명했다. 2월 외교교서에 닉슨 독트린이 공식화된 것도 그 한 요인이었다. 한국정부는 3월 6일에 아시아의 자유주의 국가들을 침략으로부터 방위하기 위한 오키나와의 전략적 중요성에 비추어, "오키나와 미군기지의 군사적 가치나 그 신속하고 효율적인 이용을 저해하는 오키나와의 지위 변경은 반대한다"는 구술서를 일미 양국 정부에 전달하고 오키나와 반환협정 교섭에 대한 한국정부의 입장을 거듭 표명하며, 협의 내용에 대해서도 한국 측에 통지하도록 거듭 요구했다.[22] 한국정부의 요청에 대해 미국정부는 "한국정부의 견해를 잘 알고 있으며, 오키나와 미군기지 사용 문제는 유사시에는 즉시 협의되어 대체로 긍정적인 방향으로 일본 측이 응한다는 양해가 되어 있다"고 전했고, 일본정부도 한국정부는 오키나와의 "군사 가치의 감소 또는 신속 효율적인 사용에 관하여 염려하시지

22 「WUS-0338, 발신-주미대사, 수신-장관」, 1970.3.7, 『미국·일본간 오끼나와(沖繩)반환문제, 1970』, 분류번호 722.12, 등록번호 3451, 외교사료관.

않아도 좋다"며, 한국정부의 우려를 해소하려고 애썼다.[23]

한편, 미국정부 내에서는 이 시기에 주한미군 감축 계획이 진행되고 있었다. 닉슨 대통령은 사토-닉슨 공동성명 발표 직후인 11월 24일에 주한미군이 공격을 받았을 때 반격할 수 있는 항공·해상 전력을 유지하면서, 현재의 64,000명에서 반수로 삭감하기 위한 계획을 연말까지 작성하도록 키신저 대통령보좌관에게 지시했다.[24] 그 후 주한미군의 규모를 중심으로 한 한국 방위에 필요한 방위체제에 대해 1970년 1월부터 NSC미국 국가안전보장회의에서 검토가 이루어져, 1971회계연도 내에 2만 명의 주한미군을 감축하는 한편, 그 영향을 상쇄하기 위해 한국군 근대화 계획을 작성할 것이 3월 20일로 결정되었다.[25] 1971년 5월에 한국의 대통령 선거가 예정되어 있었으므로, 가을부터 시작되는 선거운동에 영향을 미치는 것을 피하기 위하여 박 대통령과의 협의는 즉시 개시하는 것이 바람직하다고 여겨졌다.[26] 또한, 미국이 아시아에서 철수한다는 인상을 주지 않기 위해 현재의 한국군 병력이나 장래적인 능력 향상의 필요성에 비추어, 박 대통령 자신이 주한미군 감축을 결정한 것 같은 상황을 만드는 것이 목표로 되었다. 앞에서 언급한 2만 명이 넘는 추가 감군은 베트남에 파병된 한국군의 귀환 또는

23 「면담요록(김정태아주국장과 가나야마 주한일본대사)」, 1970.3.14, 위의 문서철.

24 Memorandum from President Nixon to the President's Assistant for National Security Affairs (Kissinger), November 24, 1969, *FRUS, 1969~1976*, vol.19, Part 1, *Korea, 1969~1972*, p.117.

25 검토 내용에 대한 상세한 내용은 劉仙姫, 『朴正熙の対日・対米外交－冷戦変容期韓国の政策, 1968~1973年』, ミネルヴァ書房, 2012, 74~77쪽; 李東俊, 『未完の平和－米中和解と朝鮮問題の変容 1969~1975年』, 法政大学出版局, 2010, 69~76쪽 등 참조.

26 Memorandum of Conversation, Subject : Ambassador Porte'r s Comments on US Troop Withdrawals from Korea, March 3, 1970, *FRUS, 1969~1976*, vol.19, Part 1, pp.138~142.

추가 감군을 가능케 하는 한국군의 능력 향상을 기다린 후에 다시 한번 검토하기로 했다.[27]

포터 주한미국대사는 닉슨 정권이 주한미군 약 2만 명의 감축을 검토하고 있으며, 미군 감축에 따른 한국군 근대화 계획을 미연방의회에 제출할 용의가 있다는 것 등을 3월 27일에 박 대통령에게 정식으로 통고했다. 그러나 박정희는 강경하게 반발하며 미국정부의 방침을 거부했다. 박정희가 반대한 이유는 ① 북중이 군사면에서 관계를 강화하여 북한이 추진하고 있는 적화통일정책에 중국이 공공연히 지지를 했다, ② 전년 8월의 한미 정상회담에서 닉슨이 가까운 장래에 주한미군 감축은 없을 것이라고 말한 것에도 반한다, ③ 현재 주력하고 있는 경제개발계획에 찬물을 끼얹는 격이라는 것으로, 비슷한 내용의 친서가 닉슨에게 보내졌다.[28]

5월 26일의 박정희에게 보낸 친서에서 닉슨은 주한미군을 일부 감축하더라도 북중에 대한 억지력은 유지되며 한국군 근대화를 위한 충분한 군사·경제 원조도 제공될 것임을 강조하면서, 박정희가 솔선해서 주한미군 감축을 받아들이면 미 연방의회에서 지지를 얻기 쉬워질 것이라며, 미국의 제안에 찬동해 줄 것을 거듭 요청했다.[29] 그러나 박정희는 포터 대사와의 회담에서 한국군의 근대화에 대해서는 1969년에 한국정부가 장비 증강 등에 관한 계획을 제출했음에도 불구하고 미국으로부터 아무런 반응이

---

27 National Security Decision Memorandum 48, Subject : U.S. Programs in Korea, March 20, 1970, Ibid., pp.148~150.

28 「대통령 각하와 포터 주한미대사와의 면담록」, 1970.4.21, 『한국안보에 관한 한·미국간 협의(국군 현대화 5개년 계획 및 주한미군 감축) 전8권』 V.1-기본문서, 1970.4~8, 분류번호 729.11, 등록번호 4308, 외교사료관. 이하, 『한미 간 협의』로 생략.

29 President Nixon to Korean President Park, May 26, 1970, *FRUS, 1969~1976*, vol.19, Part 1, pp.152~154.

없음을 지적하고, 구체적인 한국군 강화조치에 대한 통보도 없이 주한미군 철수를 지지하는 것은 한국국민을 납득시키는 데도 곤란하다고 하며 닉슨의 요청을 거절했다.[30] 그 후 포터는 박정희의 저항이 심하다는 이유를 들어 박정희와의 협의는 서두르지 말고 미국 측에서 감축 계획 확정을 추진하고, 그와 협의해야 할 의무가 있다고 판단되는 시점에 가서 논의하는 것이 좋겠다고 국무부에 건의했다.[31] 이에 따라 한국과의 주한미군 감축 교섭이 저조하다는 것이 언론의 주목을 끌어, 한국과의 교섭이 더욱 어려워질 것을 우려한 존슨 국무차관은 의회의 유력자에게 향후 한국정책에 대한 설명을 먼저 실시하여 군사원조계획을 원활히 진행하기 위한 협조를 얻도록 닉슨에게 상신했다.[32]

같은 시기에 박정희는 다시 닉슨에게 친서를 보냈는데, 미국 측과의 협의에 따라 이전보다는 입장을 완화하여 한국군의 강화 조치나 한국국민을 안심시키고 북중이 한미의 공동 방위 능력의 결의를 오해하지 않을 만한 강력한 외교적 보장 조치를 취한다면, 1975년 말까지의 감축에 대해 유연성 있게 협의할 용의가 있다고 전했다.[33] 한편으로 6월의 ASPAC아시아 태평양협의회 개최를 이용하여, 일본정부 등에 주한미군 감축에 반대하는 한국정부의 입장을 전하고 협력을 얻음으로써 자국의 입지를 강화하려고 시도하기 시작했다.[34]

---

30 「주한미국대사 면접 요지」, 1970.5.29, 『한미 간 협의』.

31 Seoul to DOS, #2788, June 1, 1970, *FRUS, 1969~1976*, vol.19, Part 1, p.158.

32 Memorandum for the President from U. Alexis Johnson, Subject : Consultations on Korean Troop issue, June 12, 1970, NSDM48, Policy Papers, NSC Institutional Files(이하, NSCIF), Box H-215, Nixon Presidential Library(이하, NPL).

33 Seoul to DOS, #3115, June 15, 1970, *FRUS, 1969~1976*, vol.19, Part 1, pp.159~161.

2. 자주방위를 둘러싼 일미 협의와 주한미군 감축 계획의 영향

한국이 주한미군 감축으로 혼란했던 이 시기에 일본에서는 신임 나카소네 방위장관이 새로운 방위정책을 밝히고 있었다. 게다가 닉슨이 2월에 외교교서에서 닉슨 독트린을 공식화하자, 오키나와 반환 후 일본의 방위 책임이 닉슨 독트린의 문맥에서도 거론되기 시작했다. 이에 일본정부는 3월에 주일미군 시설과 구역을 자위대가 공동 사용하는 것을 방침화하고, 일미안전보장협의위원회를 5월에 개최하는 방향으로 미국 측에 제안했고, 미국 측도 이를 승낙했다.[35] 또한, 나카소네는 4차방을 '신방위력 정비계획'이라고 개칭하고, 해상격파체제의 강화, 제공권·제해권의 확립, 선단船團공격능력을 가진 항공기, 지대지미사일, 공중조기경계기 등의 도입을 목표로 제시하는 한편, 자주방위를 일미안보에 의해 보충한다는 '자주방위5원칙'을 제시했다. 자위대에 의한 오키나와 방위에 대해서는 원칙은 "일본에 복귀하면 일본의 책임하에 지킨다는 것"이라며 미국 측 말을 들은 후 단계적으로 처리해 나가기로 했다.[36] 나카소네의 이러한 언동은 국내외에서 일본의 군사대국화에 대한 우려를 불러일으키게 된다.

그 후, 5월에 일미안전보장협의위원회의 개최를 앞두고, 나카소네는 일본의 방위정책 등에 관한 보고서를 미국 측에 제출했다. 이 보고서에서 일본은 자위를 위한 방위력을 헌법의 테두리 안에서 강화하되, 일미안보를 통해 보완해야 한다는 견해를 강조하며 군국주의 부활이라는 비판은 오해

34 「면담요록(최규하 외무부장관과 앨런 헨리 룸즈 주한 오스트레일리아 대사)」, 1970.6.24, 『한미 간 협의』; 「최규하 외무부장관과 아이치 일본 외상의 면담 요록」, 1970.6.18, 위의 문서철.

35 中島琢磨, 「中曽根康弘防衛庁長官の安全保障構想－自主防衛と日米安全保障体制の関係を中心に」, 『九大法学』 84, 2002, 119~122쪽.

36 『朝日新聞』, 1970.1.18.

라고 지적했다.[37] 마이어 주일미국대사는 나카소네의 자주방위 구상을 환영하는 한편, 닉슨 독트린과의 관계로 인해 미국이 철수한 후에 일본이 그 기능을 계승할 것이라는 오해도 생기고 있다고 했다. 그리고 전년 11월의 일미공동성명으로 한국과 타이완의 안전이 일본의 안전에 불가결하다고 표명된 것을 지적한 뒤, 일본정부가 "주일미군기지가 한국이나 타이완의 안전에 기여함으로써 일본의 안전도 지키고 있다"는 인식을 국회에서 표명하는 것이 가장 고마울 것이라고 말했다.[38]

또한, 3월부터 시시도 모토오宍戸基男 방위국장과 커티스 해군 중장 사이에서 오키나와 배치를 둘러싼 논의가 개시되어, 방위청은 바람직한 최초의 배치 규모로서 복귀한 지 1년 이내에 육해공 합하여 3,500~3,800명을 제시하였다.[39] 복귀 후의 배치를 향한 본격적인 검토를 개시하기에 앞서, 국무부와 국방부는 5월에 자위대 배치에 대한 오키나와의 반응을 확인하기 위해 USCAR류큐열도 미국민정부, 주일미국대사관에 조사를 의뢰했다.[40] 이에 대해 USCAR는 오키나와에서는 전군노 파업을 비롯한 복귀와 관련된 다른 문제들 때문에 자위대 배치에는 관심이 집중되고 있지 않다고 보고했다. 또한, 좌파와 미디어는 강하게 반대하겠지만, 보수파는 자위대에 대한 호의적인 감정을 퍼뜨리려고 했으며, 대부분의 사람들은 자위대 배치를 오

37 Tokyo to DOS, A-541, Subject : SCC Meeting, May 22, 1970, JU01252, in DNSA.

38 Tokyo to DOS, A-600, Subject : Transmittal of Statements XI SCC, May 19, 1970, June 11, 1970, JU01267, in DNSA.

39 Tokyo to the Department of Defense(이하, DOD), #1343, Subject : Projected JSDF Okinawa Deployments, March 4, 1970, [0000099300], 沖縄県公文書館.

40 Joint State. DOD Message, Subject : Okinawa Negotiations/JSDF Deployments, May 13, 1970, "Japan Self Defense Forces (JSDF)"(이하, 동일 코드는 동일 제목), [U81100213B], 沖縄県公文書館.

키나와 반환에 필요한 것으로 인정할 것이라는 전망을 언급했다. 다만, 자위대가 사용하는 토지에 대해서는 문제가 있을 수 있으므로, 우선 재해 구조와 민생을 돕는 부대를 도입함으로써 사람들의 감정을 누그러뜨리고 나서 전투 부대 등을 도입해야 한다고 조언했다.[41] 같은 시기에 USCAR의 피어리 민정관으로부터 의견을 요청받은 도마 주고 전 주석도 USCAR의 의견에 동의했고, 보수파는 복귀의 결과로 자위대 배치를 수용했으며 일반인들은 자위대의 출입을 묵인할 것이라며 자위대의 긍정적인 측면을 사전에 효과적으로 홍보할 필요가 있다고 했다.[42] 6월 19일에 개최된 USMILONT와의 회의에서 시시도는 미국이 조기에 자위대가 시설이나 구역을 사용할 수 있도록 승인하는 것이 배치 계획의 열쇠가 되며, 배치되는 자위대의 규모는 4차방의 일부로 결정될 것이라는 전망을 언급했다.[43] 방위청은 8월 말부터 오키나와에 조사단을 파견하여, 복귀 후에 신속하게 자위대가 방위책임을 인계하는 것을 목적으로 하여 대상이 되는 미군 시설 등에 관한 조사를 개시했다.[44]

다만, 같은 시기에 한미 간에서 진행되던 주한미군 2만 명 철수를 둘러싼 논의가 분규함에 따라, 일본 측은 주한미군 감축 움직임이 일본의 방위정책 재검토에 영향을 미칠 가능성이 있음을 시사하게 되었다.[45] 일본정

41 HICOMRY to DOA, Subject : Okinawa Negotiations ― Okinawa Defense JSDF Deployments, June 13, 1970, [0000099300], 沖縄県公文書館.
42 Memorandum of Conversation, Subject : CA-Jugo THOMA Meeting, 12 June 1970, June 15, 1970, [U81100213B], 沖縄県公文書館.
43 Tokyo to DOD, #4580, Subject : Okinawa Negotiations ― Okinawa Defense, JSDF Deployments, June 20, 1970, [0000099300], 沖縄県公文書館.
44 COMUSJAPAN to HICOMRY, Subject : Dispatch of Facilities Team to Okinawa, August 26, 1970, [U81100213B], 沖縄県公文書館.
45 Tokyo to DOS, #4886, Subject : Future Japanese Military Posture, June 30,

부, 특히 외무성은 이른 시기부터 주한미군 감축에 관심을 갖고 1970년 3월에 개최된 제11회 일미정책기획협의에서 주한미군은 감축하지 말아야 하며 감축하더라도 점진적으로 실행해야 한다고 미국정부에 이미 견해를 전달했다.[46] 6월 18일에 개최된 ASPAC의 오찬회에서 최규하 외무부장관과 면담한 아이치 외상은, 가까운 시일 내에 예정되어 있는 방미시에 주한미군 감축 문제에 대해 한국정부를 측면에서 지원하고 싶다는 의사를 최규하에게 전했다. 최규하가 경제개발 5개년 계획이 완료되는 75년까지 미군 감축은 보류할 것을 희망한다고 말하자, 아이치는 방미시에 주한미군 감축에 반대하는 입장을 표명하겠다는 의향을 나타냈다.[47]

그러나 이 시기에 미국 내에서는 이미 주한미군 감축의 상세한 내용이 검토되어, 7월 6일에는 포터 주한미국대사가 10월부터 주한미군 감축을 개시한다고 한국정부에 통고하였다.[48] 이에 대해 한국정부는 일본정부와의 협력을 한층 강화하려고 했다. 이후락李厚洛 주일한국대사는 아이치 외상에게 방미시의 미국 측의 반응을 묻고, '한국조항'의 정신에 입각해 가까운 시일 내에 일본을 방문하는 로저스 국무장관에게 일본도 주한미군의 감축에 반대한다고 강력하게 주장하도록 의뢰했다. 아이치는 방미시에 감축 반대 입장을 전했다며, 한국의 안전은 일본의 안전과 직결되어 있다는

1970, JU01293, in DNSA.

46 崔慶原, 『冷戦期日韓安全保障関係の形成』, 慶應義塾大学出版会, 2014, 102쪽.

47 「최규하 외무부 장관과 아이찌 일본 외상의 면담 요록」, 1970.6.18, 『한미 간 협의』.

48 DOS to Seoul, #106164, July 2, 1970, *FRUS, 1969~1972*, vol.19, Part 1, pp.161~162; Memorandum from John H. Holdridge of the National Security Council Staff to the Presiden't s Assistant for National Security Affairs (Kissinger), Subject : U.S. Troop Reductions in Korea : Possible Bureaucratic Dispute over Who Instructed Porter to Inform Park of "Deadline" in Effectuating Reductions, July 6, 1970, Ibid., pp.163~164.

인식을 강조하면서, 한국의 요청을 받아들여 사토 수상에게도 이 사실을 전하겠다고 말했다.[49] 이에 사토도 로저스와의 회담에서 미군 철수 시기를 신중히 고려하도록 요청했지만, 로저스는 미 의회와 국민들에게 주한미군의 현상 유지를 납득시키기 어려우며 예산 면에서도 감축 연기는 불가능하다고 응했다.[50]

7월 9일에 레어드Melvin R. Laird 국방장관이 주한미군 감축을 공식 발표하자, 한국 여론은 감축 반대로 비등했고 한국 국회는 「주한미군 감축 반대 국회 결의문」을 채택하는 상황이 되었다. 이런 가운데, 한국 국방차관의 초청으로 한국을 시찰중이었던 일본의 쓰치야 요시히코土屋義彦 방위정무차관에게 한국군 지도부가 주한미군 감축 문제에 대해 협력을 요청했다는 것이 보도되었다. 한국 측의 요청에 대해 쓰치야는 "군사적 협력은 할 수 없다"며 경제적 협력에 노력하겠다고 응했고, 나카소네 장관도 13일의 국회답변에서 주한미군의 철수가 일본의 안전보장에 영향을 줄 가능성이 있는 것을 지적하면서, 일본이 미군의 역할을 대신하는 일은 없을 것이라고 말했다. 그러나, 일본 국내에서는 한일 군사 협력이 진전되는 것이 아닌가 하는 우려도 커졌다.[51]

국내에서 주한미군 감축에 대한 우려가 높아지는 가운데, 최규하 외무부장관은 7월 12일에 가나야마 마사히데 주한일본대사를 초청하여, 주한미군 감축에 대해 일본정부가 "한국의 안전, 나아가 아시아의 평화를 위해 미국이 책임 있는 대국으로서 성급함을 피하고 신중하게 행동하도록" 일본

49 「JAW-07118, 발신-주일대사, 수신-외무부장관」, 1970.7.7, 『한미 간 협의』.
50 劉仙姬, 앞의 책, 90~91쪽.
51 『朝日新聞』, 1970.7.14; 『読売新聞』, 1970.7.14.

측이 미국정부, 미국 의회 등에 대해 시기를 놓치기 전에 영향력을 행사할 것을 요구했다.[52] 한편, 알렉산더 래드럼 주한미국공사는 가미카와 요 주한일본공사와의 월례 오찬회에서 한국국민의 불안감에 한국정부의 태도가 더욱 박차를 가하고 있는 것처럼 보인다고 지적하면서, 미국으로서는 대통령 선거를 앞둔 현 정권의 입장을 충분히 감안하면서 협의를 계속해 나가기 때문에, 시간이 걸리더라도 타협점을 찾을 수 있을 것이라고 전망했다.[53] 이러한 한미 쌍방과의 교섭을 거쳐, 7월 31일에 개최된 일미안전보장 고위급 협의에서 미국 측은 주한미군 감축 결정의 이유를, ① 미국의 억지 태세나 한국의 방위 능력이 미군 감축에 의해 심각하게 저하될 가능성은 없다는 점, ② 닉슨 독트린의 적용, ③ 재정적 압력이라고 하며, 그것이 동아시아의 안전보장에 영향을 주는 일은 없다고 하여 일본 측의 이해를 구했다. 한편, 일본 측은 미군 감축에 의해 한국은 고립감을 느끼고 있다고 하며 심리적 영향을 중시할 것을 요구했지만, 군용차량 같은 장비를 일본이 제공하는 것도 한국 언론이 문제 삼을 것으로 예상되므로 일본이 군사적 역할을 할 수 없다는 점도 전달하고, 경제협력 확대와 방위관료 교류 촉진 등으로 대응책을 모색하겠다는 뜻을 밝혔다.[54] 7월에 열린 한일 정기 각료회담에서는 양국이 군사협력에 관한 화제를 피했지만, 공동성명에서는 미군의 극동지역에서의 존재가 지역안정의 큰 버팀목이 되고 있음이 확인되는 한편, 일본이 한국의 중공업 육성 등에 협력하는 방침이 제시되었다.[55]

52 在大韓民国金山大使発愛知外務大臣宛電報 第八五八号, 「駐韓米軍縮減問題」, 1970.7.13, 「沖縄に関する第三国の動向(韓国)」.

53 在大韓民国上川臨時代理大使発愛知外務大臣宛電報 第八九六号, 「駐韓米軍縮減問題」, 1970.7.16, 「沖縄に関する第三国の動向(韓国)」.

54 DOS to Tokyo, #123528, Subject : SSC VII－Korea, July 30, 1970, JU01306, in DNSA.

이와 같이, 미국의 주한미군 감축 계획이 표면화된 것과 같은 시기에, 일본에서 '자주방위'를 주장하는 나카소네가 방위청장관에 취임한 것은, 국내외에서 일본이 미국의 역할을 대신하여 군사대국화하는 것이 아닌가 하는 우려를 불러일으키게 되었다. 다만, 일본정부 자체는 일본이 군사적 역할을 담당할 수 있는 정치적 상황이 아니라고 생각하고 있었다. 한국에서 주한미군 감축 반대의 여론이 높아짐에 따라, 한국정부는 안전보장상의 우려를 공유하는 일본정부가 미국정부에 영향력을 행사할 것을 요구하는 등, 이 문제를 통해 한일 간의 협력관계는 강화되었다.

3. 나카소네 방미의 파문

일본 국내에서 주한미군 문제가 화제가 되자, 미국 내에서도 주한미군 감축이 일본의 방위정책에 영향을 주는 것에 대한 우려가 생겨, 한미 간에 협의중인 2만 명을 넘는 주한미군의 추가 감축을 둘러싸고, 미국정부 내에서는 대립이 표면화되기 시작했다. 국방부는 1973회계연도의 주한미군 추가 삭감을 검토하고 있었지만, 국무부는 주일미국대사관이 주아시아 미군의 축소가 일본의 안전보장상의 불안을 불러일으켜 일본의 '군사대국화'를 초래할 가능성을 지적한 적도 있어, 1972, 73년도 회계의 주한미군 추가 감축에 단호히 반대하게 되었던 것이다.[56]

국무부와 주일미국대사관의 우려는 나카소네 방위청장관의 '자주방위'

55 Intelligence Note, Subject : Japan Reacts Cautiously to U.S. Troop Reduction in South Korea, August 6, 1970, JU01307, in DNSA; 『朝日新聞』, 1970.7.23.
56 崔慶原, 앞의 책, 104~106쪽.

방침에 기인했다. 또한, 사토 수상과 외무성도 '자주방위'에 대한 국내외의 반향이 명확해짐에 따라 나카소네의 발언을 견제하게 되었다. 이 때문에 관례적인 신임 방위청장관의 방미는 아이치 외상이 방미 시기는 늦는 것이 바람직하다고 언급하여 9월로 설정되었다.[57]

방미의 준비작업에서 주한미군 철수에 의한 일본의 군사력 확대가 우려되었던 일도 있어, 일미의 사무당국은 나카소네의 견해가 현행 일미안전보장 관계의 테두리 안에 확실히 들어맞도록 조정을 진행시켰다. 8월 22일에는 일본 외무성의 요시노 분로쿠吉野文六 아메리카국장이 그린 국무차관보에게 나카소네는 각료가 된 후에 이전의 핵무장이나 자주방위에 관한 주장을 누그러뜨렸지만, 아직 일본의 방위력 향상을 미국이 환영한다고 생각하고 있기 때문에 미국정부가 방위 노력보다 동남아 등으로의 경제원조에 주력해 줄 것을 일본에 바라고 있다고 강조해 줄 것을 요청했다.[58] 9월 2일에 주일미국대사관을 방문한 방위청의 스즈키鈴木[59]도 나카소네가 의제로 채택하려는 점에 대해 브리핑을 했는데, 나카소네가 이 내용에 얼마나 충실한지는 알 수 없으며, 특히 '자주방위'에 대한 견해는 자민당의 정책과 어긋날 수 있다며, 나카소네의 발언을 신중하게 다루도록 요청했다.[60] 홍콩 주재 미국총영사관도 나카소네 방문에 대한 중국정부의 반응

57 DOS to Tokyo, #026755, Subject : Nakasone Visit to Washington, February 21, 1970, "General Records of the Department of State, Subject/Numeric File, 1970~73 Box No. 1752, Folder No.1", [0000111464], 沖縄県公文書館; Tokyo to DOS, #307, Subject : Nakasone Visit to Washington, April 21, 1970, in the same folder.

58 DOS to Tokyo, #137236, Subject : Nakasone Visit, August 22, 1970, "General Records of the Department of State, Subject/Numeric File, 1970~73, Box No. 2401, Folder No.7", [0000111464], 沖縄県公文書館.

59 성만 있고 직책이 기재되어 있지 않아 누구인지 특정할 수 없다.

을 우려하여, 나카소네는 중국에게 신군국주의의 상징처럼 되어 있으며 일미가 협력하여 '대동아공영권'을 부활시키려 하고 있다고 선전되고 있으므로, 만약 미국이 일본을 재무장시켜 중국을 견제하거나 타이완을 중국 본토에서 분리시키려 한다는 확신을 중국정부에 심어준다면, 중국과의 관계 개선 가능성은 매우 낮아질 것이라고 경고했다.[61]

결국, 나카소네의 미국 방문 당시 발언은 기존의 테두리를 넘지 않았고 보도 또한 호의적이었다.[62] 주한미군 감축에 대해서는 존슨 국무차관이 한국 측의 우려를 언급하면서 일본이 그것을 완화시키기 위해 비군사적 장비를 제공할 것을 제안하는 정도였다. 이에 대해 나카소네는 일본이 군사면에 관여할 수는 없다고 하며 경제협력이나 방위관료 교류로 대응하고 싶다고 답변하는 데 그쳤다.[63] 또한, 필자가 조사한 범위에서는 레어드 국방장관과의 회담에서 주한미군 감축이 화제가 되지는 않았다. 복귀 후 오키나와 방위에 대해서는 레어드가 일본이 방공防空 책임을 계승하기를 바란다며 그 계획을 가속화하도록 요구한 것에 대해, 나카소네는 인력과 예산이 부족하다는 문제를 지적하여 현재로는 계획을 가속화하는 것이 불가능하다는 공통인식이 형성되었다.[64] 방미 후, 나카소네는 오키나와 방문

60 Tokyo to DOS, #785, Subject : Nakasone Visit, September 2, 1970, "General Records of the Department of State, Subject/Numeric File, 1970~73, Box No. 2401, Folder No.7", [0000111464], 沖縄県公文書館.

61 Hong Kong to DOS, #3556, Subject : Probable Peking Reaction to Nakasone Visit, September 5, 1970, "General Records of the Department of State, Subject/Numeric File, 1970~73 Box No. 2401, Folder No.7", [0000111464], 沖縄県公文書館.

62 회담 내용 등에 대해서는 中島琢磨, 「戦後日本の「自主防衛」論－中曽根康弘の防衛論を中心として」, 『法制研究』 71(4), 2005 참조.

63 DOS to Tokyo, #149643, Subject : Nakasone Visit, September 12, 1970, JU01321, in DNSA.

을 계획하고 있다고 밝혔다.

4. 자위대 배치 발표와 오키나와의 반응

그렇다면, 같은 시기 오키나와의 상황은 어떠했을까. 오키나와에서는 1970년이 되자, 복귀운동의 추진 모체였던 오키나와현 조국복귀협의회이하, 복귀협가 '미일공동성명 노선 분쇄' '안보조약의 폐기, 헌법 개악·군국주의 부활의 저지' 등을 내걸고 정부와의 대결 양상을 강화하고 있었다.[65] 한편으로, 일미 양국 정부가 주도하는 오키나와 반환 노선에 대한 해석의 차이로 인해, 1968년의 주석 선거 무렵부터 명확해진 오키나와 내부의 보혁 대립이 더욱 심화되고 있었다.

나카소네가 10월에 오키나와 방문을 예정하고 있음이 9월 말에 밝혀지자, 10월 2일에는 오키나와 교직원회, 오키나와현 노동조합협의회이하, 현노협 등이 오키나와 방문은 오키나와 기지의 유지, 강화와 자위대의 오키나와 배치를 의도한 것으로 보고, 최대한의 항의행동에 돌입할 태세를 취했다. 특히, 나카소네의 오키나와 방문은 그레이엄Gordon M. Graham 주일미군 사령관의 초대에 의한 것이었다는 점이 경계심을 높이는 결과를 초래한 것으로 보인다.[66]

10월 6일에는 복귀협, 사회당, 인민당 등이 야라 주석에게 나카소네 장

64 Memorandum of Conversation, Subject : Talk Between Secretary Laird and Minister Nakasone, September 26, 1970, JA00048, in DNSA.

65 沖縄県祖国復帰闘争史編纂委員会 編,『沖縄県祖国復帰闘争史 資料編』, 時事出版, 1982, 566~569쪽.

66 『琉球新報』, 1970.10.2.

〈사진 5-1〉 나카소네 오키나와 방문시 반대 시위 그룹과 환영 그룹(정면에 군인 복장을 하고 일장기를 손에 든 것이 일사회)이 섞여 있다. 1970년 10월 7일. 요미탄촌 제공.

관 오키나와 방문 시에는 "자위대의 오키나와 배치에는 강력히 반대해 주었으면 한다"고 제의하였다.[67] 복귀협의 입장은 다음과 같은 것이었다.

> 이번에 (인용자 주 - 나카소네) 장관의 현 방문은 (…중략…) 자위대의 배치나, 기지의 일부 대체, 미군과의 공동 관리를 위한 시찰과 협의가 그 목적이며, 이것은 그레이엄 주일미군총사령관의 초대에 의한 내방이라는 점에서 명백하다. 오키나와 현민은 25년 전의 전쟁에서 조국 방위의 방패가 되어 미증유의 전화를 입고 전쟁의 참혹함과 무의미함을 몸소 체험했다. 육친을 잃고 십여 만의 동포를 잃은 현민들은 전쟁의 참화를 다시 되풀이하지 않기를 진심으로 바라고 있으며, 군대와 자위대에 대한 현민의 감정은 즉각 거부반

67 『琉球新報』, 1970.10.7.

응을 보이며, 전쟁으로 이어질 수 있는 모든 것을 우리는 부인한다.[68]

한편, 일본민족사상보급회일사회 등의 우익단체나 자위대 출신자로 조직된 대우회隊友会등 일부 사람들은 자주방위의 확립을 목표로 하는 입장에서 나카소네 장관 환영의 입장을 취했다. 나카소네 방문 당일, 나하 공항에는 복귀협이 동원한 2천 명 규모의 '반대 · 항의' 그룹과 일사회 등의 100명 정도의 '환영'을 외치는 사람들이 몸싸움을 벌여 공항은 혼란했다.[69]

다음 날인 8일에는 야라-나카소네 회담이 개최되어 자위대 배치를 둘러싼 야라의 대응이 주목되었다. 나카소네는 "오키나와가 본토의 주권 내에 들어가면 일본이 방위하는 것은 당연하다. 그것이 본토 수준이라는 의미"라며, 자위대는 평화 유지를 위한 방위력이라고 하여, 야라에게 현민의 오해나 편견을 풀도록 협력할 것을 요청했다.[70] 이에 대해 야라는 다음과 같이 강한 반대 의사를 표명했다.

> 패전 이전에 현민이 겪은 비참한 경험 때문에 자위대의 배치가 전쟁으로 이어지지는 않을지 커다란 불안을 안기고 있다. 또한 미군을 대신하게 되면 다른 나라에 대한 자극이 된다. 전략적인 미군을 대신하는 것은 절대 반대이다.[71]

회담에서 양자의 의견이 절충되지는 않았고, 회담 후 나카소네는 기자

68 沖縄県祖国復帰闘争史編纂委員会 編, 앞의 책, 618쪽.
69 『朝日新聞』, 1970.10.7.
70 「一九七〇年一〇月八日 中曽根長官との会見」, 『屋良朝苗日誌〇八六』, [0000099397], 沖縄県公文書館.
71 『琉球新報』, 1970.10.8.

〈사진 5-2〉 나카소네와 회담하는 야라. 1970년 10월 8일. 오키나와현 공문서관 제공.

회견에서 야라가 자위대의 오키나와 진출에 반대한다고 말한 것에 대해, 잠자코 있는 대다수가 있으며 입법원에서도 배치 반대를 결의하지 않았다고 하여, "반대라고 단언하는 것은 야라 주석의 가상"이라고 비판했다. 또한, 자위대는 방침대로 배치한다고 언급하여, 복귀협 등의 반발은 고조되었다.[72] 다만, 당시 『류큐 신보』가 실시한 여론조사에서는 찬성 35.1%, 반대 31%, 모르겠다 29.3%로 찬성이 다수를 차지하고 있었다.[73]

그러나, 나카소네가 10월 20일에 전후 첫 방위백서를 발표한 데 이어 21일에 4차방의 개요를 자민당에 제시하여, 국내외에서 일본의 군사대국화에 대한 우려가 확대되었다. 『방위백서防衛白書』는 일본의 방위는 자주적

72 『琉球新報』, 1970.10.9.
73 『琉球新報』, 1971.7.11.

인 노력과 일미안보조약에 기초한 미국의 군사력에 의해 만전을 기한다고 하여 평화독립국가로서 필요 최소한의 방위력을 유지해 나간다는 전수방위 방침을 내세운 것이었지만, 일본에 대한 위협의 분석이나 방위력의 한계에는 거의 언급하지 않아 어느 정도의 방위력 확대를 의도하고 있는지 불명확했기 때문이다. 더욱이 4차방의 원안은 '전수방위'를 부르짖으면서도, 필요 경비가 3차방의 2.2배인 총액 약 5조 8천억 엔이 되어, 해군과 공군의 장비 강화를 중심으로 대폭적인 방위력 강화를 노린 것이었다.[74] 아시아를 중심으로 하는 각국에서 일본의 방위정책이 군사대국화를 목표로 한 것이 아닌가 하는 우려가 높아진 것을 접하고 주일미국대사관은 12월에 일본의 방위정책에 대해 검토하고 "일본의 군국주의 부활은 오해이며, 현재 일본의 분위기와는 완전히 다르다"고 각국 대사관에 전하며 우려를 해소하려고 노력했다.[75]

이런 상황에서 미국정부는 자위대 배치 시기가 정해지지 않은 점 등으로 인해 11월에 자위대를 위한 새로운 시설을 건설하지 않고 미국 시설을 이용하는 형태로 자위대를 배치하기로 결정했다.[76] 또한, 11월 18일에 제6회 시시도-커티스 회담이 개최되었을 때, 시시도는 4차방의 일환으로 오키나와의 자위대를 6,800명으로 할 계획을 세우고 있다고 미국 측에 전했다.[77] 그 후에도 사무 차원에서의 협의는 진행되어, 12월의 시점에서 오

74 『朝日新聞』, 1970.10.23; 『読売新聞』, 1970.10.22; 『東亜日報』, 1970.10.23.
75 Tokyo to DOS, A-1158, Subject : Japanese Defense, December 11, 1970, "General Records of the Department of State, Subject/Numeric File, 1970-73 Box No. 1752, Folder No.1", [0000111464], 沖縄県公文書館.
76 Memorandum for the Secretary of Defense, Subject : Japanese Assumption of Defense Responsibility on Okinawa, November 12, 1970, JT00095, in DNSA.
77 Tokyo to DOD, #8138, Subject : Okinawa Negotiations — Transfer of Air

키나와 방위의 인계에 대해서는 백악관의 승인과 일본 측의 동의를 기다리기만 하면 되었다.

5. 주한미군 감축 문제의 귀결

그 사이 주한미군 감축에 대한 한미의 주장은 평행선을 달릴 뿐이었다. 7월 21일에는 한미 국방장관회의가 개최되었고, 그 후 미국 측은 구체적인 주한미군 감축 계획을 밝혔지만, 한국 측은 구체적인 한국군 근대화 계획이나 유사시 한국 방위에 대한 외교적 보장 조치가 제시되지 않았다는 이유로 감축에 응하지 않았다. 그러나 닉슨 정권도 의회의 승인을 얻지 않는 한 한국군 근대화 등에 대한 교섭을 진행할 수 없었다.[78] 상황을 타개하기 위해 8월 24일부터 26일에 걸쳐 애그뉴Spiro T. Agnew 부통령이 방한했으나, 애그뉴가 미 의회의 반응을 이유로 근대화 계획의 내용에는 언급하지 않고 추가 삭감에 대해서도 확답은 피했기 때문에, 역시 합의는 도출되지 않았다. 다만, 한국군 근대화와 주한미군 감축의 규모에 대해서는 10월중에 합의를 하고, 외교적 보장조치의 문제만이 남겨졌다.[79]

한국정부는 외교적 보장조치에 관하여 9월에 8개항의 합의 의사록안을 작성했다. 그것은 한국에 대한 위협에 대처하기 위한 한미 협력의 중요성

Defense Responsibility, November 20, 1970, [0000099300], 沖縄県公文書館.

78 Memorandum for the Vice President from Henry A. Kissinger, Subject : Your Visit to The Republic of Korea, August 22, 1970, Vice President's Briefing Book Aug 70-Republic of China, National Security Council Files (이하, NSCF), Box 406, NPL.

79 李奇泰,「ニクソン政権の在韓米軍削減をめぐる韓米交渉」,『法学政治学論究』67, 2008, 270~274쪽.

을 강조한 것으로, 한국 측은 정부 간의 비밀문서로 취급하여 일반용으로는 별도로 성명을 내려고 의도하고 있었다. 그러나 미국 측은 미 의회와의 관계에서 한국정부와 비밀협정을 맺는 것은 불가능하며, 특히 한국의 제안에 있는 "주요한 주한미군의 감축은 한국정부와의 충분한 사전 협의 없이 이루어지지 않으며, (…중략…) 미국은 사전 협의에서 한국정부의 의사에 반하여 행동할 의도가 없음을 명확히 했다"는 부분은 결코 받아들일 수 없다고 거부했다.[80] 그리고 대체 방안으로 한국군의 근대화와 주한미군 감축에 관한 간략한 '공동성명' 또는 '동시 성명'의 발표를 제안했다.

그 후 주한미군 감축 문제가 한국 대통령 선거에 영향을 줄 수 있다는 판단이 한국정부의 대미 태도를 완화시키게 되었다. 박 대통령의 강력한 대항마로 김대중이 대두한 것이다. 당시 박정희는 두 번째 임기에 있었고 종래 같으면 3선은 인정되지 않았지만, 전년의 헌법 개정에 의해 재선의 길을 열어 놓았다. 그러나 박정희의 3선에 대해서는 야당이나 지식인뿐만 아니라 여당 내에서도 반대의 목소리가 나오고 있었다. 따라서, 김대중이 박정희에 대해 정권의 연명을 위해 북한의 위협을 과장하고 있다고 비판하면서, 한국의 안전을 미국, 일본, 소련, 중국에 의해 보장한다는 4대국보장론을 제안함으로써 지지를 확대하기 시작한 것은 박정희에게 위기감을 안겨준 것으로 보인다.[81] 한편으로, 김대중은 주한미군에 대해서 "미군의 주둔은 김일성의 남침에 대한 가장 중요한 억제조치이며 현재 진행중인 미군

80 DOS to Seoul, #176021, October 26, 1970, *FRUS, 1969~1972*, vol.19, Part 1, pp.185~186; DOS to Seoul, #175981, October 26, 1970, Ibid., pp.187~189.

81 Memorandum from the Executive Secretary of DOS (Eliot) to the President's Assistant for National Security Affairs (Kissinger), Subject : The Korean Presidential Campaign, November 6, 1970, Ibid., pp.195~196.

감축이 시기상조임이 명백한데도, 공화당 정부가 사전 사후에 어떤 효과적인 대책도 취하지 못하고 손을 놓은 채 끌려가는 것은 한탄스럽다"고 비판하고 있었다.[82] 이러한 상황 속에서 박정희는 주한미군 문제로 미국 측과 대립하기보다는, 주한미군 감축에 상응하는 대가를 미국 측으로부터 얻는 편이 국민으로부터의 지지를 얻기 쉽다고 판단한 것으로 보인다.

11월 6일에 포터 대사와 회담했을 때, 박정희는 '합의 의사록' 제안은 미 의회에서 예산을 얻는 데 역효과가 날 것이라는 포터의 견해를 받아들여, 의사록에는 집착하지 않는 자세를 보였다.[83] 12월에 미 의회가 한국에 대한 특별군사원조 1억 5천만 달러를 승인하여 한미 교섭은 진전되었다. 1971년 2월 6일 한미 양국은 주한미군 감축 최종 합의를 담은 공동성명을 발표하여 3월 27일에 약 2만 명의 미군 감축이 완료되었다.[84] 그 후, 박정희는 4월에 실시된 대통령 선거에서 김대중을 물리치고 3선을 달성했다. 다만, 미국 측으로부터 추가 감축을 하지 않겠다는 확약은 얻지 못했고, 주한미군의 추가 감축 여부는 계속 염려거리가 되었다.

이상과 같이, 주한미군 삭감이 표면화되어 한미 관계가 악화되는 가운데, 자주방위의 일환으로서 오키나와로의 자위대 배치가 추진된 것이다. 다만, 일본이 미국을 대신하여 군사대국화하는 것에 국내외로부터 우려가 표명되었고, 오키나와 현지에서도 자위대를 일본군과 동일시하여 배치에 대한 반대의 움직임이 나오는 가운데, 미국이 2만 명을 넘는 주한미군의

82 『東亜日報』, 1970.11.9.

83 Seoul to DOS, #5853, Subject : Interview with President Park Nov 6 : Politico-Military Subjects, November 7, 1970, *FRUS, 1969~1976*, vol.19, Part 1, pp.193~194.

84 劉仙姫, 앞의 책, 86~88쪽.

감축을 시행하는 것이나 대폭적인 일본의 방위력 확대는 현명한 정책이 아니라고 여겨지게 되었다. 주한미군 감축 계획은 선거를 앞둔 박 대통령의 타협으로 타결을 보았고, 한국정부의 관심은 다시 오키나와 반환 협정 교섭으로 옮겨 가게 되었다.

제3절 미중 접근과 '오키나와 국회'

1. 오키나와 반환 협정 조인을 둘러싼 상황

그렇다면 같은 시기에 진행되었던 오키나와 반환 협정 교섭은 그 후 어떻게 진전되었을까. 제3절에서는 미중 접근의 영향에 주의를 기울이면서 오키나와 반환 협정이 국회에서 비준되기까지의 과정에 대해서 검토한다. 먼저 오키나와 반환 협정이 조인될 때까지의 일미 교섭과 한국정부, 국부의 동향에 관해 확인하고자 한다.

1971년 1월에 들어서자, 시시도를 대신하여 방위국장이 된 구보 다쿠야久保卓也와 커티스 해군 중장 사이에 오키나와 방위를 둘러싼 협의가 시작되었다. 1월 18일에 개최된 제7회 회의에서 구보는 커티스에게 "미국과 마찬가지로 우리로서도 오키나와 방위는 일본뿐만 아니라 극동에서의 평화 유지를 위한 VITAL POINT로서 중요시하고 있으며, 최대한의 노력을 기울일 생각이므로 이 섬의 직접 방위에 대해서는 우려할 필요가 없도록 특히 워싱턴의 관계기관에 전언을 의뢰했다"고 하여, 미국 측도 구보의 발언에 안심감을 품고 있다.[85] 4월 26일에 4차방의 방위청 원안이 발표되었지만, 오키나와에 배치되는 자위대에 관한 예산은 그 속에 포함되어 전체

적인 소요 경비는 3차방의 약 2.2배인 5조 1,950억 엔이었다.[86]

또한, 오키나와 방위를 둘러싼 협의와 병행하여 진행되었던 오키나와 반환협정을 둘러싼 협의에서는 시정권 반환의 영역, 오키나와의 시설・구역의 사용, 청구권, 재판권, 재산 등이 의제가 되어, 1971년 2월의 단계에서 협정의 항목은 거의 굳어져 있었다.[87] 이 사실이 보도되자, 한국정부는 다시 오키나와 반환협정 교섭에 관심을 나타내기 시작했다. 주일한국대사관은 본국의 훈령을 받아, 2월 17일에 다시 한국의 종래의 입장을 전하는 한편, 외무성에 교섭의 진척 상황에 대해 문의했다. 이에 대해, 지바 가즈오 외무성 북미과장은 아래와 같이 답변했다.

> 오끼나와의 반환은 어느 의미에서든지 극동의 자유진영을 방위하기 위한 미국의 군사력을 약화시키는 것이어서는 아니되며 일본 자체의 방위를 위하여도 오끼나와에 있어서의 미군의 Military Presence는 긴요한 것이다. (…중략…) 사전 협의 문제는 결코 일본이 미군의 병력 사용에 Veto를 행사하는 것은 아니다. 극동 방위에 비상한 관심을 가지고 있는 일본으로서 미군의 병력 사용을 무책임하게 좌시할 것이 아니라, 사전 협의라는 형태를 통하여 일본 자체가 극동 방위에 무형적으로나마 참여하려는 데 근본 목적이 있는 것이다.[88]

85 防衛庁防衛課, 「第七回公式会談(覚)(久保局長, カーチス中将)」, 1971.1.18, 「一月十八日第七回久保・カーチス会談」, F0600-2010-00042, H25-001, 外務省外交史料館, Tokyo to DOD, #565, Subject : Okinawa Negotiations－Transfer of Air Defense Responsibility, January 20, 1971, [0000099300], 沖縄県公文書館.

86 『朝日新聞』, 1971.4.28.

87 반환협정 교섭의 상세한 내용에 대해서는 中島琢磨, 앞의 책, 제6장 참조.

88 「JAW-02295, 발신－주일대사, 수신－외무부장관」, 1971.2.17, 『미국・일본간 오끼나와(沖繩) 반환문제, 1971』, 분류번호 722.12 JA / US, 등록번호 4019, 외교사료관.

이와 같이 한반도 유사시에는 일본이 미국에 협력할 것을 보증했다.

한편으로, 국부는 오키나와 반환이 자국의 안전에 영향을 미치지 않을 것이라는 점에 대해서는 의심을 하지 않았지만, 1969년에 센카쿠제도 주변에 풍부한 석유와 천연가스가 매장되어 있을 가능성이 있다는 학술조사 결과가 발표되자, 센카쿠제도 영유권 문제에 대해 관심을 보이게 되었다.[89] 당초에는 외교부가 센카쿠제도 영유권을 주장하는 데는 신중해야 한다고 생각했기 때문에, 국부는 공개적인 주장은 하지 않았다. 그러나, 1970년 여름까지 미국의 기업과 석유 채굴에 대해 교섭을 타결할 준비를 갖추고, 7월 말에 석유와 광물 탐사 협정 조인을 했다. 이것은 일본정부, 국회, 언론을 자극하여 센카쿠제도를 둘러싼 갈등의 기원이 되었다.[90] 일본 측의 반응을 접하고 국부 측도 대응 자세를 강화했기 때문이다. 국부 측은 1971년 초부터 봄까지는 일본과의 싸움에 미국을 더욱 끌어들이기 위해 공식적으로 센카쿠제도에 대한 영유권을 주장하기 시작하면서 직접적으로 외교부가 센카쿠를 다른 류큐제도에서 제외하도록 요구하는 구두양해를 미국에 전달하기에 이르렀다.[91] 더욱이, 국부는 오키나와 반환협정 조인 직전인 6월 11일에 아래와 같은 성명을 발표하여 오키나와 반환에 대한 불만을 표명했다.

중화민국정부는 근래에 류큐군도의 지위 문제에 관해 깊은 관심을 가지고

89 센카쿠제도 문제와 오키나와 반환의 관계에 대해서는 ロバート・D・エルドリッヂ, 吉田真吾・中島琢磨 訳,『尖閣問題の起源－沖縄返還とアメリカの中立政策』, 名古屋大学出版会, 2015 참조.

90 센카쿠제도를 둘러싼 일본과 타이완 사이의 대립에 대해서는 ロバート・D・エルドリッヂ, 위의 책, 제3장에 자세히 다루어져 있다.

91 미국에 대한 국부의 압력에 대해서는 위의 책, 제4장 참조.

몇 번이나 이 문제에 대한 의견을 공표하여, 아시아 태평양지역의 안전 문제를 고려하여 관계 국가 정부에 주의를 촉구해 왔다. 여기에 미국정부와 일본정부가 류큐군도 이관의 정식 문서에 조인한다는 소식을 접하고, 또한, 그 속에 중화민국이 영유주권을 가지는 댜오위타이 열서釣魚臺列嶼. 인용자주 : 센카쿠제도의 타이완 명가 포함되어 있다는 것에 대해 중화민국정부는 다시 전 세계에 우리의 입장을 밝히지 않을 수 없다. 류큐군도의 문제에 관해서는 중국, 미국, 영국의 주요 동맹국이 1943년에 합동 발표한 카이로 선언, 그리고 1945년에 발표한 포츠담 선언의 규정으로 처리되어야 한다. 일본의 주권은 혼슈, 홋카이도, 규슈, 시코쿠 및 주요국이 결정하는 작은 섬에 한정되어 있다. 그러므로 류큐의 미래의 지위는 명확히 주요국에 의해 규정되어야 한다. 1951년 9월 8일에 조인된 샌프란시스코 강화조약에서는 이상의 양 선언에 따라 류큐의 법률적 지위 및 그 장래의 조치에 대해서는 이미 명확히 규정되어 있다. 중화민국은 류큐 문제의 최종 조치에 대해 카이로 선언, 포츠담 선언에 따라 협의 결정해야 한다는 일관된 입장을 고수하고 있다. 그것에 대해서는 미국도 알고 있다. 중화민국은 대일전쟁의 주요 동맹국의 하나이며, 이 협의에 참가해야 한다. 그러나 미국은 한 번도 그러한 협의를 한 적이 없으며 류큐를 일본에 일방적으로 반환하는 것에 대해서는 불만이다.[92]

센카쿠제도 문제를 놓고 일본과 타이완 관계가 악화되는 한편, 한국정

92 「美國未與我國協商擅將琉球交給日本我國聲明美日間之移轉不能影響我國對釣魚臺列嶼之主權主張故堅決加以反對」, 1971.6.12, 『總統事略日記六〇・〇六』(蔣中正總統文物), 國史館藏, 數位典藏號 : 002-110101-00088-008. 이 성명은 『總統事略日記』에 첨부된 1971년 6월 12일 자 『중앙일보』에 게재되어 있다. 번역은 赤嶺守, 「戦後台湾における対琉球政策―1945年~1972年の琉球帰属問題を中心に」, 『日本東洋文化論集 琉球大学法文学部紀要』 19, 2013, 51~52쪽 참조.

부는 주일한국대사관을 통해 일미 교섭에 관한 정보 수집을 계속했다. 5월 초순에 한국 언론이 오키나와 반환협정이 합의에 이르렀다고 보도하자, 강영규姜永奎 주일한국공사는, 요시노 아메리카국장에게 교섭의 상황을 문의했다. 이때 요시노는 한국과 대만의 안전보장 문제는 협정 전문前文에서 오키나와 반환이 1969년 사토-닉슨 공동성명의 기초 위에서 이루어진다고 언급하는 간접적인 표현을 사용함으로써 미국 측과 합의를 했다고 전했다.[93] 오키나와와 극동지역 안보 문제의 연관성에 관한 구체적 언급을 피한 것은, 특히 일본 국회의 비준에서 난항을 예상한 일본정부의 강력한 요청이 있었고, 미국 측도 간접적인 표현이라도 실제 기지의 운용에 영향은 없다고 판단했기 때문이었다.[94] 최규하 외무부장관은 일본 측이 간접적인 표현을 사용하려고 하는 것에 대해 다시 미국 측에 "우리나라의 안보와 관련된 오끼나와 미군기지의 군사적 효용성에 영향을 미치지 않는" 직접적인 표현이 되도록 미국정부가 계속 노력해 줄 것을 한국정부가 당부한다고 강조하도록 주미대사에게 지시했다.[95] 다만, 이 요청은 받아들여지지 않았다.

6월 3일 강영규가 요시노를 다시 방문했을 때, 요시노는 반환협정의 개요에 대해 설명하는 한편, 반환 후 오키나와 주둔 미군의 수가 현행 수준보다 증강될 가능성이 있음을 시사했다. 또한, 서명 이전의 협정안을 제공해 달라는 한국 측의 요청에도 호의적으로 응했다.[96] 이러한 교섭 결과, 6월

93 「JAW-05060, 발신-주일대사, 수신-외무부장관」, 1971.5.7, 앞의 『미국·일본간 오끼나와(沖繩) 반환문제, 1971』.
94 「USW-05259, 발신-주미대사, 수신-외무부장관」, 1971.5.28, 위의 문서철.
95 「WUS-05184, 발신-외무부장관, 수신-주미대사」, 1971.5.27, 위의 문서철.
96 「JAW-06050, 발신-주일대사, 수신-외무부장관」, 1971.6.3, 위의 문서철.

17일에 오키나와 반환협정이 조인되었을 때, 한국정부는 사토-닉슨 공동성명의 내용에 비추어 오키나와 기지의 군사적 가치나 한국 유사시의 군사행동을 위한 오키나와 기지의 사용에 대해 한국에 관한 한 특별한 영향은 없는 것으로 판단하게 되었다.[97] 한편, 타이완에서는 당일 타이베이에 1,000명 이상의 학생들이 모여 반환협정을 "아시아 제국주의에 의한 또 하나의 뮌헨 협정"이라 부르면서 미국대사관 앞까지 행진하며 항의했다.[98]

이러한 상황 속에서 오키나와 반환의 실현을 중시한 사토 수상은 국내외에서 우려를 야기한 자주방위 문제에 대해 한층 신중한 자세를 취하게 되었다. 3월의 참의원 예산위원회에서 국방 기본방침의 개정이 논의되었을 때, 나카소네 장관은 개정 의사를 밝힌 반면, 사토는 헌법 규정에 따라야 한다는 점을 보다 강조하면서 군국주의의 부활은 오해라고 되풀이했다.[99] 또한, 자위대의 오키나와 배치는 참의원 선거에 대한 영향을 우려하여, 선거 후인 6월 29일에 일미 간의 교환 공문에 의해 결정되었다.[100] 이 시점에서는 복귀 후 6개월 이내에 약 3,200명의 육해공 자위대 부대를 배치하고 73년 7월까지 6,800명으로 증강할 계획이었다. 이어서, 사토는 7월에 각료를 거의 교체하는 대폭적인 개각을 실시하고 후계자 후보인 후쿠다 다케오福田赳夫를 아이치를 대신해 외상으로 임명했다. 나카소네는 방위청장관에서 총무회장이 되었고, 후임으로는 마스하라 게이키치增原惠吉가 취임했다.

97 외무부 보고사항, 「미·일간의 "오끼나와" 반환 협정 서명에 관하여」, 1971.6.18, 위의 문서철.
98 ロバート・D・エルドリッヂ, 앞의 책, 200쪽.
99 「予算委員会会議録 第二二号 昭和四六年三月二七日」; http://kokkai.ndl.go.jp/SENTAKU/sangiin/065/1380/06503271380022.pdf.
100 中島琢磨, 앞의 책, 323쪽.

〈사진 5-3〉 5 · 19 총파업(우라조에 시). 요미탄촌 제공.

2. 자위대 배치 반대운동의 고양

타이완에서 센카쿠제도 영유권을 놓고 항의활동이 전개되던 이 시기에 오키나와에서도 오키나와 반환협정에 대한 항의활동이 전개되었다. 오키나와 반환협정 조인 전후 시기에 협정이 1969년 11월 일미공동성명의 내용을 답습하는 것으로 알려지자, 오키나와 현지에서는 혁신단체를 중심으로 '현민 부재의 교섭'이라는 강한 불만과 반발의 목소리가 나오고 있었던 것이다. 1971년 4월 28일에 '일미공동성명 노선 분쇄'를 슬로건으로 한 5만 명 규모의 현민총궐기대회가 개최된 데 이어, 5월 19일에는 오키나와 반환협정에 반대하는 약 7만 명 규모의 총파업5 · 19 총파업이 실시되었다.[101] 또한, 혁신공투회의는 같은 시기에 『국민을 적으로 여긴 자위대의 실태-

101 『朝日新聞』, 1971.4.29 · 5.19; 『読売新聞』, 1971.5.19.

자위대의 오키나와 배치 반대운동을 위하여国民を対敵にした自衛隊の実態－自衛隊の沖縄配備反対運動のために』라는 제목의 소책자[102]를 발행하는 등, 자위대 배치 반대운동을 북돋우려고 노력했다. 6월 17일에 오키나와 반환협정 조인식이 개최되었으나, 지지 모체인 오키나와의 여당, 혁신단체의 강한 반발로 야라 주석이 조인식에 불참하는 사태가 벌어졌다.

구보－커티스 협정이 서명되기 직전인 6월 27일부터 7월 3일까지는 방위청 오키나와 조사단이 오키나와를 방문하여, 도미구스쿠촌豊見城村, 이토만정糸満町, 기노완시宜野湾市, 나하시 등, 11개 시정촌에 자위대 배치에 대한 협력 요청을 했다. 미야코 섬 히라라시平良市, 가쓰렌정勝連町 등 일부 시정촌은 협력 자세를 보였으나, 마타요시 이치로又吉一郎 도미구스쿠 촌장, 다이라 료쇼 나하 시장 등은 자위대 배치에 대해 반대의사를 표시했다.[103] 특히, 도미구스쿠촌에 속하는 세나가섬瀬長島 탄약고의 일부를 자위대가 사용하는 것이 친서의 형태로 통고되자, 이 섬의 반환을 바라고 있던 마타요시 촌장은 "친서는 도미구스쿠 시민을 포함한 오키나와 현민의 의사를 무시한 무모한 것이라고 생각합니다. (…중략…) 도미구스쿠촌에 관한 사안은 촌민이 결정해야 하며 누구의 간섭도 용납하지 않습니다"라는 답장을 건네고 자위대 배치 반대 입장을 표명하는 한편, 이 섬의 반환을 마을 전체가 관계 당국에 요구할 뜻을 나타냈다.[104] 또한 동일한 친서를 전달받은 야라 주석은 구보－커티스 협정이 다른 부현에 없는 특별한 약정이라는 점에서 다시 오키나와가 일본 방위를 위해 피해를 입게 된다고 보고, 현민

102 革新共闘会議, 『国民を対敵にした自衛隊の実態 自衛隊の沖縄配備反対運動のために』, [T00018475B], 沖縄県公文書館.
103 『琉球新報』, 1971.7.3.
104 『琉球新報』, 1971.7.2.

의 반응을 지켜보면서 대처하겠다고 말했다.[105] 혁신 3당과 혁신공투회의도 자위대 배치 반대행동에 대해 협의하여, 자위대가 각 시정촌에 보내는 모집 협조 친서나 각 고등학교에 보내진 입대 모집 요청서를 관계 각처가 거부하도록 요청하는 방침을 결정했을 뿐만 아니라, 자위대 반대투쟁을, 뒤에서 언급하는 군용지 재계약 반대투쟁과 결합시켜 진행하기로 결정했다.[106] 오키나와 반환협정 조인 후, 방위청이 일방적으로 예상 이상의 규모의 자위대 배치를 추진하려 하고 있음이 밝혀지자, 7월 9일에 행해진 자위대 배치에 관한 『류큐 신보』의 여론조사에서는 찬성이 16.6%, 반대 47.4%, 모르겠다 30.4%로 반대가 급증하는 결과가 되었다.[107]

USCAR는 협정 조인 후에 혁신세력들 사이에 점차 자위대에 대한 반대운동이 고조되고 있음을 7월15일, 22일 두 차례에 걸쳐 육군성에 보고했다. 거기에서 보수파는 자위대를 환영하고 있으며 민생 활동에 중점을 두면 일반인들은 마지못해 자위대를 받아들일 것이라고 분석했다. 다만, 혁신 측의 운동은 어느 정도 성공할 것 같다고 하며, 자위대 배치나 미군기지에 대한 반대운동은 계속될 것으로 전망했다. 또한, 일본·미국·오키나와 대표로 구성된 복귀준비위원회가 독단적으로 친서의 송부 등을 하지 않도록 방위청에 요청했다는 사실도 보고되었다.[108]

105 『琉球新報』, 1971.7.3.
106 『琉球新報』, 1971.7.2.
107 『琉球新報』, 1971.7.11.
108 HICOMRY to DOA HCRI-LN 70285, Subject : Anti-Self Defense Force Activity in Okinawa, July 15, 1971, [U81100213B], 沖縄県公文書館; Summary of Information, Subject : Opposition to JSDF Deployment to Okinawa, July 22, 1971, [U81100213B], 沖縄県公文書館.

3. 미중 접근과 대일정책의 재검토

이 시기 오키나와 반환협정 조인을 앞둔 닉슨 정권은 오키나와 반환 결정 전후의 일미 관계를 염두에 둔 NSSM 122에 따라 1971년 4월부터 NSC에서 새로운 대일정책의 검토를 개시하고 있었다. 일본에 대한 닉슨 독트린의 영향이나 미중 관계가 미일 관계에 미치는 영향, 오키나와 반환 교섭의 영향 등이 주요한 검토 과제로 여겨져, 그 회답은 7월에 완성되었다. 여기서는, 섬유 문제[109]로 인한 긴장은 있지만 미일 관계는 안정되어 있다고 하여, 현 정책을 유지하는 방향성이 제시되었다. 또한 오키나와 반환 합의는 중요한 군사적 전개를 유지한 것이었음에도 불구하고 일본 여론에 뿌리박혀 있던 일미안전보장조약에 대한 반발을 약화시키고 자민당이 정치적 지도권을 유지할 수 있도록 했다고 높이 평가되었다.[110]

한편, 중국의 『인민일보』는 일본의 '군국주의 부활'을 계속 비판했고, 오키나와 반환협정 조인에 즈음해서는 일미가 결탁하여 아시아 침략을 확대하려 하고 있다는 종래의 비판을 반복했다. 또한, 자위대의 오키나와 배치에 대해서도 "일본 군국주의를 아시아 침략전쟁의 최일선으로 밀어올리는 것"이라며 위험시하고 이를 비판했다.[111] 북한의 『로동신문』 역시 이 협정은 "아시아에 대한 미제의 침략과 전쟁정책을 한층 강화하고 이에 부

---

109 옮긴이 주: 1970년 이후 미국의 수출규제 요구로 인해 일미 간 무역마찰을 초래한 상품의 하나로, 1969년에 사토-닉슨 협의에서 핵 밀약과 함께 섬유제품 수출규제에 대한 밀약도 체결되었다. 하지만 일본 국내의 업계가 수용하지 않아 일미 간 섬유 교섭은 암초에 부딪혔고, 일미 관계에도 영향을 미치게 된다.

110 NSSM 122 Policy Toward Japan. Henry A. Kissinger. April 15, 1971; NSSM 122 U.S. Policy toward Japan - Summary. Jeanne W. Davis, NSC. August 5, 1971, SRG Meeting - Japan (NSSM 122) 8/6/71 NSCIF, both in Box H-058, NPL.

111 田桓主 編, 『战后中日关系文献集 1971~1995』, 中國社会科學出版社, 1996, 15~19쪽.

활한 일본 군국주의 세력을 끌어들여 침략의 첨병으로 만들 것을 노골적으로 선언한 일미공동성명의 침략노선을 구체적으로 실천하는 단계에 이르렀다"는 것을 의미하며, "아시아와 세계의 평화를 위협하는 악랄한 도전"이라고 비난했다.[112]

그러나, 『인민일보』 등이 '일미 반동파의 결탁'을 비난하고 있던 바로 그 시기에 미중 사이에는 파키스탄 루트를 통한 키신저 대통령보좌관의 극비 방중 계획이 진행되고 있었다. 키신저는 방중에 앞서, 대중 교섭의 방침을 닉슨에게 상신했는데, 일본에 대해서는 중국의 일관된 "미 제국주의자의 선동에 의해 일본 군국주의가 부활하고 있다"는 비난에 응답할 필요가 있다고 했다. 그리고 일본의 재무장은 미국의 정책이 아니라 미국 자신이 그 가능성을 우려하고 있지만, 일미안보체제의 유지로 일본의 급속한 재무장을 방해할 수 있으며, 이는 미중 양국에 이익이 된다는 입장을 밝힐 것을 제안했다.[113] 키신저가 출발하는 당일에 닉슨이 대중 교섭 작전을 지시했는데, 일본에 관해서는 일본의 장래적 방향성이 위협이 된다는 것을 중국인에게 보다 뚜렷이 부각되는 것이 중요하다고 생각한다며 키신저의 제안에 동의를 표했다.[114]

7월 9일부터 행해진 저우언라이-키신저 회담에서 저우언라이는 일본의 4차방을 언급하면서 그것이 1969년 11월의 일미공동성명에 따라 계획

112 『로동신문』, 1971.6.21.
113 Briefing book for the President, POLO I, Subject : Review of U.S. and PRC Views on Other Great Powers, June 21, 1971, POLO I [Briefing book for the President], NSCF, Box 1032, NPL.
114 Memorandum for the Presidents File, Subject : Meeting Between President, Dr. Kissinger and General Haig, Thursday, July 1, Oval Office, July 1, 1971, *FRUS, 1969~1972*, vol.17, *China, 1969~1972*, pp.354~357.

된 것이라며, 일본의 군사적 확대에 대한 우려를 여러 차례 표명했다.[115] 이에 대해 키신저는 다음과 같이 말했다.

> 일본에 관해서는 귀국의 이익과 우리의 이익이 매우 유사합니다. 어느 쪽도 일본이 대대적으로 재무장한 모습을 보고 싶지는 않습니다. 거기에 있는 우리의 기지는 순수하게 방어적인 것으로 그들 자신의 재무장을 미룰 수가 있습니다. 그래도 그들이 다시 중무장을 한다면 우리가 그곳에 기지를 유지할지에 대해 의구심을 갖게 됩니다. 우리는 일본을 당신들을 향해 사용하는 것이 아닙니다. 그것은 우리 쌍방에게 너무나도 위험한 일입니다.[116]

덧붙여, 키신저는 주한미군이나 주타이완 미군이 철수할 경우 일본이 한반도나 타이완에 진출할 가능성도 언급하며, 아시아에서의 미군의 존재를 정당화했다. 이러한 주장들은 중국 측에도 받아들여져, 미국 측과 회담을 거듭할수록 중국정부는 '일미 반동파의 결탁'이라는 비판의 논조를 약화시키게 된다.

한편, 7월 15일의 닉슨 방중 계획 발표가 일본에 준 충격과 혼란의 크기로 인해, NSC에서는 다시 대일정책을 둘러싼 논의가 활발해졌다. 미중 접근이 일본의 머리 위에서 이루어진 것은 안정적인 일미관계를 유지하는 전제였던 자민당 내 친미파에 대한 대중적 신뢰를 실추시키고, 오키나와 기지가 "중일 우호의 장애가 되고 있다"는 일본 국내의 논의도 활성화시켰

115 毛里和子・増田弘 監訳, 『周恩来・キッシンジャー機密会談録』, 岩波書店, 2004, 27・34~35쪽 참조.

116 위의 책, 38~39쪽.

기 때문이다.[117] 일본 국내에서 보다 자립적인 정책을 요구하는 움직임이 나타나면서, 현상 유지를 고집하는 국무부와 일본에 보다 큰 정치·안전보장상의 역할을 할 것을 요구하는 경제 관련 부처 사이의 대립도 생겨났다.[118] 8월에 두 차례에 걸쳐 NSC의 상급심의 그룹에서 회의가 개최된 결과, 대일정책의 결정에는 이르지 못했지만 미국이 대일 관여를 저하시키는 것이 일본의 고립감이나 내셔널리스틱한 감정을 자극해 군비 확대를 초래할지도 모른다는 우려가 생겨나, 중국이나 다른 국가들에 우려를 불러일으키지 않을 정도로 일미 관계를 개선하는 것이 가장 중요한 것으로 여겨졌다. 그리고 일본이 미국과 협력적인 관계를 유지하기 위한 수단 등에 대해 더 많은 검토가 이루어지게 되었다.[119] 닉슨 행정부는 당장, 9월 9일부터 10일에 걸쳐 예정된 일미무역경제합동위원회를 관계 복원을 위한 첫걸음으로 규정했다. 또한, 오키나와 반환협정을 대통령이 회의 후 즉시 상원에 송부하여 조기 비준을 강력히 권장할 것을 일본 측에 보증하는 방침도 결정되었다.[120]

117 NSSM 122 ADDENDUM III, Subject : US-Japan Relations in the Near Future, August 2, 1971, JA00049, in DNSA.

118 Memorandum from Kissinger to John H. Holdridge, Subject : SRG Meeting August 6 on NSSM 122, August 5, 1971, SRG Meeting - Japan (NSSM 122) 8/6/71, NSCIF, Box H-058, NPL.

119 Memorandum from U. Alexis Johnson to the Secretary, Subject : SRG Meeting, August 27 on NSSM 122-Japan, August 31, 1971, JU01425; Memorandum for the Under Secretary of State, Subject : Senior Review Group Consideration of NSSM 122-Japan, September 1, 1971, JU01428; Memorandum for the Undersecretary of State, Subject : Additional Paper for SRG Meeting on Japan, August 26, 1971, JU01423, all in DNSA.

120 Memorandum for the President from Henry A. Kissinger and Peter G. Peterson, Subject : U.S.-Japan Joint Economic Committee Meeting, September 5, 1971, SRG Meeting - Japan 9/7/71, NSCIF, Box H-059, NPL.

4. '오키나와 국회'와 오키나와 현지의 반응

미중 접근으로 오키나와 기지의 중요성이 저하되었다는 견해가 퍼지면서 일본정부와 오키나와 현지와의 갈등은 더욱 고조되고 있었다. 특히, 일본정부가 작성한 「공용지 잠정 사용법안公用地暫定使用法案」이하, 공용지법안은 오키나와 현지의 반발을 고조시키는 요인이 되고 있었다. 오키나와 반환협정 조인시에 오키나와 반환 후에 반환·축소되는 미군기지·구역의 리스트를 포함한 「기지 양해각서」 및 앞에서 언급한 오키나와 국지방위약정이 체결되었지만, 이것들은 군용지를 복귀 후에도 지주의 양해 유무를 불문하고 미군기지나 자위대기지로 수용하는 것을 전제로 하고 있으며, 「공용지법안」은 이것을 가능케 하기 위해 작성되었기 때문이다. 복귀협 등 혁신단체는 공용지법안을 복귀와 동시에 자위대의 강제 토지 사용을 가능케 하여 강제 배치의 합법성을 만들어내려는 것으로 간주하고, 임대차계약을 거부할 것을 요구하는 계약거부운동을 추진하는 한편, '반전反戰지주회'의 결성준비회를 발족했다. 다만, 군용 지주의 연합조직인 시정촌 군용토지위원회연합회토지련는 1970년 4월부터 본토 각지의 미군기지를 시찰하고, 일본정부와 계약을 맺었을 때의 토지 임대료 인상을 요구했다.[121]

10월부터 오키나와 반환협정 비준을 위한 제67회 임시국회이하 '오키나와 국회'가 시작되었으나, 복귀협을 중심으로 한 혁신 측은 미국 상원에서 오키나와 반환협정이 채결되는 것을 앞두고, 11월 10일에 10만 명 규모를 목표로 한 과거 최대의 총파업을 개최하여 오키나와 반환협정의 수정을 요구했다.[122] 총파업 자체는 차질 없이 진행되었고, 같은 날 열린 현민집

121 군용지를 둘러싼 정치과정에 대해서는 平良好利, 『戦後沖縄と米軍基地－「受容」と「拒絶」のはざまで 1945-1972』, 法政大学出版局, 2012, 제8장 참조.

〈사진 5-4〉 11 · 10 총파업. 조합원 5만 명, 일반시민 5만 명, 총 10만 명이 참가했다고 한다. 1971년 11월 10일. 나하시 역사박물관 제공.

회에도 5 · 19 총파업을 웃도는 약 6~10만 명이 참가했다고 한다. 그러나 대회를 마치고 데모행진을 벌이던 중에 주최 측으로부터 참가를 거부당했는데도 불구하고 과격파가 파출소 등에 화염병을 던지는 등의 혼란 속에서 기동대원 한 명이 목숨을 잃는 사건이 일어났다.[123] 한편으로, 경제단체나 자민당 등 40단체는 협정비준촉진협의회를 결성하여 13일에 2천명 규모의 '반환촉진현민총궐기대회'를 개최했다. 대회에서는 '협정 승인, 관련법의 조기 가결'이 결의되어 '불법 파업'을 용인한 류큐정부 등에 대한 비난의 목소리도 고조되는 등, 오키나와 내부의 대립이 부각되었다.[124]

122 沖縄県祖国復帰闘争史編纂委員会 編, 앞의 책, 700~701쪽.
123 『朝日新聞』, 1971.11.11.
124 『朝日新聞』, 1971.11.14; 『読売新聞』, 1971.11.14.

그런 가운데, 류큐정부는 10월 15일에 부주석 미야자토 마쓰쇼宮里松正를 본부장으로 하는 '복귀조치 총점검 프로젝트팀'을 발족시켜 오키나와 복귀에 따른 관련 7개 법안을 총점검하고 있었다. 점검 작업의 결과는 132쪽에 달하는 「복귀조치에 관한 건의서復帰措置に関する建議書」로 정리되었다. 「건의서」는 「머리말」, 「기본적 요구」, 「구체적 요구」의 3부로 구성되어 있으며, "지방자치의 확립, 반전평화, 기본적 인권의 확립, 현민 본위의 경제개발의 4가지를 기본이념으로 하여 일본정부에 의한 복귀 대책을 검증"한 것이었다.[125] 거기에서 자위대 배치에 관해서는 아래와 같이 거듭 반대의 의사가 표명되었다.

> 미군기지의 존재에 더하여 자위대가 배치되는 것은, 오키나와 기지의 강화를 도모하는 것에 지나지 않습니다. 또한, 미군기지의 대안으로 자위대가 배치된다면, 자위대의 오키나와 배치는 해외 각국을 자극해 오키나와 기지를 둘러싼 불안은 증대될지언정 경감되는 일은 없을 것입니다. 더욱이, 현민은 과거의 전쟁 체험, 전후의 미군 지배 속에서 전쟁으로 이어지는 일체의 것을 부정하고 있습니다.

또한, 공용지법안에 대해서도 "미군기지의 유지, 존속에 더하여, 새롭게 자위대의 배치를 예정하고, 이를 가능케 하는 것이 목적"이며, "실질적으로는 토지 등의 강제수용이며, (…중략…) 사권私權에 대한 중대한 침해로, 재산권의 보장을 규정하고 있는 헌법 제29조에 위반"될 뿐만 아니라, 오

125 『琉球新報』, 2012.10.26.

키나와 현민의 토지만을 정당한 법률상의 절차 없이 일방적으로 강제 사용하는 것을 의미하며, 법률 아래 평등을 규정한 헌법 제14조에도 위배된다고 주장하며 법안 제정에 반대하여 본토 정부의 재고를 요청했다.[126]

야라는 11월 17일에 「건의서」를 들고 상경했다. 그러나, 야라가 하네다 공항에 도착한 시점에 오키나와 반환협정은 중의원 오키나와 반환협정 특별위원회에서 불시에 강행 채결되었다. 야라는 호텔 현관에서 보도진으로부터 이 사실을 듣고 말없이 호텔 방에 들어간 후, 두 차례에 걸쳐 기자회견을 하고 "억울하기 짝이 없다" "정부, 국회의 방식은 납득할 수 없다. 반드시 불만을 전하겠다"고 분노를 솔직히 표현했다.[127]

야라는 다음 날, 야마나카 사다노리山中貞則 총리부 총무장관, 사토 수상, 후나다 나카船田中 중의원 의장, 후쿠다 다케오 외무대신 등을 만나, 강행 채결에 항의하는 한편, "오키나와 문제에 대해서는 책임지고 그 불안, 의혹에 응해 달라"고 강력히 요청했다. 후쿠다는 "핵무기는 반드시 없어질 것이라고 전적으로 책임진다, 오키나와 기지의 자유 발진도 절대로 허락하지 않을 것을 책임진다"고 단언했고, 사토도 "사전 협의에 대해 그런 것은 NO라고 말하겠다"고 단언했다고 한다. 야라는 "무엇을 얻었는지는 의문"이라고 하면서, "그러나 오키나와의 양식이나 마음은 전한 셈이다. 진지하게 다가가서 헛된 것은 없을 것이다. 결국 이런 식으로밖에 귀결되지 못했는가"라고 체념하는 듯한 말을 일기에 남겼다.[128]

강행 채결로 중단된 국회 심의는 11월 22일부터 재개되었으나, 오키나

126 琉球政府, 「復帰措置に関する建議書」, 1971; 琉球・沖縄の自己決定権を樹立する会, 『うちなーの夜明けと展望』, 琉球新報社, 2015 수록.

127 『朝日新聞』, 1971.11.18; 『読売新聞』, 1971.11.18.

128 『屋良朝苗日誌〇二九』, 1971.11.18, [0000099340], 沖縄県公文書館.

와에서 선출된 아사토 쓰미치요, 세나가 가메지로 의원은 "'오키나와의 마음'을 이해하지 못하는 국회에는 협력할 수 없다"며 질문을 거부했고, 사회·공산 양당 의원도 위원회를 불참했다.[129] 오키나와 반환협정 승인안은 24일에 자민당, 공명당, 민사당 의원만 출석하여 가결되었고, 참의원으로 보내졌다.

12월이 되자, 중의원 오키나와·북방문제 특별위원회에서 공용지법안의 심의가 재개되었고 참의원의 심의도 시작되어, 오키나와 현지에서는 오키나와 반환협정 반대에 더해 자위대 반대의 움직임이 고조되었다. 12월 4일에는 오키나와 부인연합회, 노조부인부, 부인유권자동맹 오키나와 지부, 간호협회, 히메유리姬百合 동창 유지 등의 여성단체가 호소하여 '자위대 오키나와 배치 반대 부인 총궐기대회'가 개최되어 주최자 발표로 약 5천 명이 모였다.[130] 결의에서는 아래와 같이 자위대의 오키나와 배치와 공용지법안의 철회를 강력하게 요구했다.

> 지난 전쟁에서 일본군에게 많은 육친을 살해당하고, 식량을 강탈당하고, 우는 아이를 안은 어머니가 방공호 안에서 쫓겨나고, 굶주림과 폭탄 때문에 죽어간 동포들을 결코 잊지 못합니다.
>
> 특히 아이를 가진 우리 엄마들은 사랑하는 아이의 미래가 전쟁의 길로 이어진다는 것을 생각할 때, 온몸으로 싸울 결의를 하지 않으면 안 됩니다.[131]

129 『朝日新聞』, 1971.11.22.
130 『朝日新聞』, 1971.12.5.
131 沖縄県祖国復帰闘争史編纂委員会 編, 앞의 책, 724쪽.

또한, 12월 9일에는 지위협정 적용에 따른 군용지 계약을 거부하고, 미군기지의 개방을 요구하는 반전지주회가 결성되어, 공용지법안 폐기를 요구하고 자위대의 오키나와 배치에 반대하는 선언과 결의를 채택했다.[132] 그러나, 14일에 공용지법안이 중의원 본회의에서 정부안대로 가결되고, 22일에는 오키나와 반환협정이 국회에서 승인되었다. 공용지법안 등의 오키나와 관련 법안은 계속 심의 대상으로 되었지만, 12월 30일에 전 야당 의원이 결석한 가운데, 자민당의 단독 채결이라는 비정상적인 방식으로 가결되어 오키나와 반환에 따른 주요한 법적 절차는 모두 갖추어졌고, 나머지는 반환 기일의 확정, 비준서의 교환, 기지의 인계 등을 기다리기만 하면 되는 단계가 되었다.[133] 오키나와 반환협정의 비준이 가까워지면서, 오키나와에서는 오키나와 전투의 체험을 토대로 자위대 배치 반대를 요구하는 움직임이 눈에 띄게 되었지만, 그것은 일미 양국 정부에 의해 이미 결정된 반환노선을 변경시키는 데에는 이르지 못했다.

이와 같이, 오키나와 반환 후에 국부와의 사이에 센카쿠제도 문제가 부상했지만, 오키나와 반환협정은 기본적으로 1969년 11월의 오키나와 반환합의를 기초로 작성되었고, 한국정부는 오키나와 반환이 한국의 안전보장에 영향을 미치지 않는다고 판단하게 되었다. 한편, 오키나와에서는 '현민 부재의 교섭'이라는 강한 불만과 반발의 목소리가 고조되어, 자위대 배치에 대한 반대운동도 확대되어 갔다. 오키나와 반환협정 조인 직후에 미중 접근이 시작된 것은, 일본정부와 국민들에게 충격을 주어 오키나와 기지의 중요성이 다시 추궁당하게 되었다. 그러나, 키신저가 아시아에서 미

132 『朝日新聞』, 1971.12.10.
133 『朝日新聞』, 1971.12.31.

군의 존재를 일본의 군사적 확대를 막는 것으로 정당화했기 때문에, 중국 측도 오키나와 기지를 포함한 아시아에서의 미군의 존재를 인정하게 되었다. 가을부터 시작된 '오키나와 국회'에서는 류큐정부가 작성한 「건의서」가 도착하기 전에 중의원 오키나와 반환협정 특별위원회에서 '오키나와 반환협정'이 강행 채결되어 자위대 배치에 반대하는 현민의 목소리를 들을 겨를도 없이 기정사실로 굳어진 반환노선에 따라 절차가 진행되어 갔다.

제4절 오키나와 '반환'의 실현

1. 미중 접근과 한국정부 및 국부의 동요

그렇다면, 미중 접근을 둘러싼 충격이 세계적으로 확산되는 가운데, 오키나와는 최종적으로 어떤 과정을 거쳐 일본에 반환되었을까. 제4절에서는 오키나와 반환협정 비준 후, 오키나와 반환이 실현되기에 이르는 과정을, 오키나와 반환 전의 마지막 일미정상회담인 샌클레멘테 회담 및, 자위대 배치를 둘러싼 관계 각국의 동향에 초점을 맞추어 검토한다. 우선은, 미중 접근이 한국정부 및 국부에 미친 영향에 대해 확인하고자 한다.

한국정부는 미중 접근이 한국에 불리하게 작용할 것을 심각하게 우려하고 있었다. 한국정부는 1970년 4월부터 다시 남베트남, 태국, 중화민국의 4개국 협의체제를 결성하여 아시아 '집단안보체제'의 전초적인 역할을 할 수 있도록 시도하는 등, 여전히 반공국가 간의 집단방위체제 구축에 대한 의지를 버리지 않고 있었다.[134] 그러나, 미국의 대중 관계 개선의 움직임은 한국정부에게 그러한 반공 정책의 재검토를 촉구했다. 1971년 1월의 단계에서 중국에 대해 앞으로 취해야 할 방침이 검토되어, 중화민국과의 선린 관계는 유지하되 중국을 불필요하게 자극하는 일은 없도록 배려할 필요성이 제기되었다. 또한, 중국의 유엔 가입이 결정되었을 때 분단국가의 동반 유엔 가입이 제기되어 한국이 중대한 불이익을 받게 될 수도 있다는 점에서, 중국 문제와 한반도 문제는 성격을 달리 한다는 것을 주지시키는 노력도 필요하다고 여겨졌다.[135]

미중 접근이 명확해지자, 한국정부는 8월에 북한에 대해 남북적십자회담을 제안하는 등, 남북관계 개선을 시도하게 되었다. 또한, 박 대통령은 9월에 새로 외무부장관에 취임한 김용식金溶植에게 미중회담에서 한반도 문제를 제기하지 말도록 요청하는 친서를 전달하여 미국에 파견했다. 김용식과 만난 로저스 국무장관은 한국정부와 협의하지 않고 한국에 대해 어떤 결정을 내리는 일은 없다고 보증하며, 정책에 변경이 있을 경우에는 한국정부와 협의하겠다고 약속했다.[136] 또한, 닉슨 대통령도 중국 방문을 앞두고 박정희와의 정상회담을 개최할 수 없다는 것을 감안하여, 미중 접근으로 한국의 이익이 손상되는 일은 없을 것임을 보증하는 내용의 친서를 작성하여 주한미국대사관에 적절한 시기에 박정희한테 전달하도록 지시했다.[137]

미중 접근에 대한 한국의 우려에 대해서는 일본 측도 배려를 했다. 후쿠

134 『京鄕新聞』, 1970.4.11.

135 외무부아주국, 「우리나라의 對中共政策」, 1971.1.8, 『한국의 대중국(구 중공)정책, 1971』, 분류번호 : 721.1, 등록번호 : 4087, 외교사료관.

136 DOS to Seoul, #174893, Subject : Kim Yong-sik in Washington, September 23, 1971, *FRUS, 1969~1972*, vol.19, Part 1, pp.279~280.

137 President Nixon to Korean President Park, November 29, 1971, Ibid., pp.293~295.

다 외상은 이듬해 1월의 미일정상회담이 개최되기에 앞서, 현재의 국제정세에 대한 한국정부의 생각이나 한국의 국내사정에 대해 정확하게 알고 싶다고 한국 측에 전했다.[138] 이에 대해, 김용식 외무부장관은 한국정부가 일본을 통해 특별히 한국의 생각이나 입장을 미국에 알릴 필요는 없다고 하면서도, 한국정부가 아시아에서의 미국의 역할을 중시하고 있다고 강조하며, 한국의 안전이 일본의 안전에 긴요하다고 일본정부가 인식하는 것에 대해 일본 국내에서 '하찮은 억측'이 나오지 않도록 확고한 자세로 회담에 임해 달라고 전했다.[139]

한편, 한국정부는 12월 초순에 중국의 유엔 가입을 비롯한 급변하는 국제정세의 영향이나 북한의 대남공작 상황을 예의주시한 결과, 한국이 안전보장상 중대한 위기에 직면했다고 판단했다며 국가비상사태를 선언했다.[140] 포터를 대신하여 주한미국대사가 된 하비브는 12월 13일에 닉슨의 친서를 박 대통령에게 건네주며, 선언을 발한 배경에 대해 논의했다. 박정희는 "대국이 긴장완화를 위한 노력을 하고 있을 때, 소국은 예기치 못한 사건 때문에 희생될 가능성이 있다"며, 타이완과 마찬가지로 한국도 중국의 희생이 될 것을 우려하고 있다고 말했다. 하비브는 미국도 사태를 주시하고 있지만, 당면한 위기는 없다는 인식을 제시하고, 선언은 한국의 대외 이미지를 손상시킬 수 있으며, 남북적십자회담에 대해서도 역효과가 난다고 지적했다. 이에 대해 박정희는 북한의 위협이 계속되고 있음을 한

138 「JAW-11367, 발신-주일대사, 수신-외무부장관」, 1971.11.29, 『사또 에이사꾸(佐藤榮作) 일본 수상 미국 방문, 1972.1.6~7』, 분류번호 : 722.12, 등록번호 : 4895, 외교사료관. 이하, 『사토 수상 미국 방문』으로 약기.

139 「WJA-1274, 발신-외무부장관, 수신-주일대사」, 1971.12.6, 위의 문서철.

140 『東亜日報』, 1971.12.6.

국국민에게 인식시키는 것이 비상사태 선언의 목적이라며 이해를 구했다.[141] 덧붙여, 김용식 외무부장관은 12월 15일에 주일한국대사에게 ① 주한미군의 계속적인 주둔의 중요성, ② 일미의 한국 방위산업 육성 지원에 대한 기대, ③ 한국의 비상사태선언은 헌법과 법질서의 제약 안에서 취해진 것이며, 한국국민에게 경각심을 주기 위한 조치라는 것을 극비리에 일본정부에 전달하도록 훈령했다.[142] 나아가, 1972년 1월 3일에는 정일권 전 국무총리가 일본을 방문하여 사토 수상 등에게 "닉슨 대통령과의 회담에서 우리나라 입장을 충분히 반영시키도록 강력히 요청"했다.[143]

그런데, 미중 접근에 대해 어느 정부보다도 충격을 받은 것은 다름 아닌 국부였다. 국부는 닉슨 정권 탄생 이후 미중 접근의 전조를 파악하고 예방책을 강구하고 있기는 했다. 그러나, 키신저의 비밀 방중과 닉슨 방중의 결정까지 예측하지는 못했다. 이것이 명확해지자, 당국과 타이완 사회는 심각한 충격을 받았다.[144] 닉슨 방중 후, 그린 국무차관보가 관계자를 데리고 타이완을 방문해, 국부와의 국교나 동맹 관계에 변화가 없음을 강조했고, 또한 이 시점에서 미국과 단교가 이루어지지 않았기 때문에, 타이완 사회의 혼란은 비교적 소규모로 끝났다. 그러나, 그 후 중국과의 국교를 요구하는 국가들이 증가함에 따라, 국부는 유엔에서 탈퇴하고 국제사회로부터 고립되는 길을 걷게 되었다.[145]

141 Seoul to DOS, #7507, December 13, 1971, *FRUS, 1969~1972*, vol.19, Part 1, pp.302~305.
142 「WJA-12220, 발신-외무부장관, 수신-주일대사(친전)」, 1971.12.15, 『사토 수상 미국 방문』.
143 「JAW-01006, 발신-주일대사, 수신-외무부장관」, 1972.1.3, 위의 문서철.
144 松田康博, 「米中接近と台湾-情報統制と政治改革」, 増田弘 編著, 『ニクソン訪中と冷戦構造の変容-米中接近の衝撃と周辺諸国』, 慶應義塾大学出版会, 2006, 64~65쪽.
145 松田康博, 위의 글, 81·86쪽.

그리고, 미중 접근은 1950년 이후 반공을 기치로 하여 긴밀한 관계를 유지해온 한국정부와의 관계에도 커다란 영향을 미치게 되었다. 미중 관계의 변화에 대응한 한국정부가 1970년대부터 중국과의 관계 개선과 공산권으로의 접근이라는 현실주의적인 대응을 취했기 때문이다. 이에 대해 국부는 타이완 통치를 정당화할 필요가 있었기 때문에 외교정책을 변경하는 것은 어려웠고 기존의 반공외교정책을 고집했다.[146] 미중 화해는 그때까지 긴밀했던 한국정부와 국부 관계의 와해의 시작이기도 했던 것이다.

2. '현상 유지'의 합의

그렇다면, 이러한 커다란 국제정세의 변화 속에서 일미 양국은 어떠한 입장에서 1972년 1월에 샌클레멘테에서 개최된 일미정상회담에 임했을까. 미국정부에게 사토와의 회담은 닉슨의 방중과 방소를 앞두고 설정된, 일본을 포함한 6개국 정상과의 회담의 일환이었다. 그 목적은 미국의 중·소와의 접촉이 동맹국의 안전이나 이익에 관련된 문제에 대해 "머리 위에서 거래하는 것이 아니"라는 것을 전하고, 동맹국과의 협의를 중시하면서 향후에도 교섭에 임하겠다는 자세를 나타내는 것이었다. 특히 사토에 대해서는 일본의 안전이나 그 외의 이익이 어떠한 상황에서도 손상되지 않는다고 보증하는 것이 필요하다고 여겨졌다.[147] 한편, 일본정부로서는 오

146 박정현, 「미·중 화해와 한국 - 타이완 관계-외교정책 결정자들의 인식과 대응」, 『아세아연구』 157, 2014, 65쪽.

147 Memorandum for the President from the Secretary of State, Subject : Your High Level Meetings : The Results We Seek, December 2, 1971, "復帰関係 (Reversion) 1603-07; Reversion (San Clemente)"(이하, 동일 코드는 동일 제목), [0000099308], 沖縄県公文書館.

키나와 반환 기일의 결정이나 기지의 정리 통합 같은 구체적인 성과를 얻는 것이 목표이며, 그렇게 되면 사토가 후계자 선출에서 발언력을 강화할 수 있다고 여겨졌다.[148]

또한, 일본정부는 미중 접근에 따라 국내에서도 오키나와 기지 불요론이 높아졌기 때문에, 1971년 10월부터 4차방의 규모를 축소하는 방침으로 검토를 진행하는 한편, 미국정부에 반복하여 오키나와 기지의 정리 축소를 요구하게 되었다. 그러나 닉슨 정권은 미 연방의회가 오키나와 기지의 유지를 전제로 오키나와 반환협정을 승인하는 것이며, 미중 접근에 의해서도 미군기지의 중요성은 당분간 변하지 않을 것이라는 인식을 보이며, 오키나와 기지의 축소에 응하지 않을 태세를 보였다.[149] 이 과제들은 계속해서 정상회담 속에서도 논의될 것으로 예상되었다.

1월 6일부터 진행된 정상회담에서 사토는 오키나와 반환협정 등에 대해 고려해야 할 과정으로, 일본에 강한 반전 · 반안보 감정이 존속하며 중국도 일본의 군국주의 부활을 비판하고 있는 것을 깨달았다고 하면서, 군사대국을 목표로 하고 있지 않으며 미국의 핵우산 속에서 보다 큰 경제적 능력을 발휘하려는, 현행 일본의 입장이 옳다고 생각한다고 말했다. 또한, 한국정부가 주한미군의 추가 감축 가능성을 우려하고 있으며, 한국의 방위산업 육성에 미국도 협력하기를 바라고 있다는 것도 전했다. 닉슨은 일본이 곤란한 입장에 처해 있는 것에 이해를 표명하면서도, 아시아에서 일본이 더 많은 경제적 역할을 하는 것이 대단히 중요하다고 생각한다고 말했다. 또

148 Memorandum for the President from Henry A. Kissinger, Subject : Your Meeting with Japanese Prime Minister Sato in San Clemente, January 4, 1972, 103974-009-0311, HV.

149 野添文彬, 『沖縄返還後の日米安保－米軍基地をめぐる相克』, 吉川弘文館, 2016, 77~78쪽.

한 주한미군에 대해서는 현시점에서 추가 감축 계획이 없다고 했다.[150]

오키나와 반환에 대해서는 후쿠다-로저스 회담에서 상세한 내용이 논의되어, 후쿠다는 인구집중지역의 기지를 철거할 것을 요구했지만 로저스는 반환협정의 수정은 할 수 없다고 하여, 기지의 삭감에 대해서는 반환 후에 검토할 준비가 되어 있다고 언급하는데 그쳤다. 그리고 정부의 태도가 여론에 미치는 영향을 지적하면서, 이 단계에서 일본이 반환협정의 재교섭을 원하는 것으로 비쳐서는 안 된다고 강조했다.[151]

회담 후에는 오키나와 반환 기일이 5월 15일로 정해진 것, 핵 제거를 미국이 보증한 것 등이 크게 보도되었을 뿐만 아니라, 사토가 한국·타이완 조항에 대해 "당시의 해석을 고정적 상태로 생각하는 것은 적당하지 않다"고 말한 것도 보도되어[152] 한국정부에 충격을 주었다. 일본정부는 한국정부에게 미국 측이 주한미군의 추가 감축은 고려하지 않으며, 한국·타이완 조항은 불변이라고 언급한 것 등을 수차례에 걸쳐 상세히 보고했다.[153] 그러나, 한국정부가 그 후에도 언론 통제의 강화 등 국내의 압박을 강화한 것을 감안하면, 한국정부의 불안은 해소되지 않았던 것으로 보인다. 사토의 국내용 발언은 안심을 얻기를 바랐던 한국정부에게는 역효과가 난 것이다.

150 Memorandum for the President's File, Subject : Meeting with Eisaku Sato, Japanese Prime Minister, on Thursday, January 6, 1972 at 1:30 p.m. at San Clemente, January 6, 1972, 103974-009-0311, HV.

151 DOS to Tokyo, #4148, Subject : US-Japan Summit Talks, January 9, 1972, [0000099308], 沖縄県公文書館.

152 『朝日新聞』, 1972.1.8.

153 「美, 日頂上会談에 對한 駐美大使報告要約(牛場日本大使와 金大使間對談)」, 날짜 미상, 『사토 수상 미국 방문』; 「발신-주일대사, 수신-외무부장관」, 1972.1.11, 위의 문서철; 「발신-주일대사, 수신-외무부장관」, 1972.1.11, 위의 문서철; 「면담 내용(姜永奎駐日公使와 須之部아세아局長)」, 1972.1.12, 위의 문서철; 「JAW-01296, 발신-주일대사, 수신-외무부장관」, 1972.1.20, 위의 문서철.

그리고, 타이완 조항은 일본정부가 중국과의 국교 정상화에 나서면서 실제로 재검토의 대상이 되었다. 미국 측은 이 조항의 재검토에는 부정적이었으며, 정상회담 후의 사토의 발언이 화제가 된 후에도, "69년 공동성명의 취지는 일미 양국 간에 충분히 이해되고 있으므로, 반복할 필요가 없었다"고 말하면서 "닉슨 방중 등 아시아의 긴장 완화에 따른 정세 변화를 위해 과대하게 재확인하지 않는 편이 좋다는 배려도 있었다"고 정치적인 배려로 언급하지 않았다는 견해를 표명하고 사태를 수습하려고 했다. 그러나, 타이완 조항은 실제로 그 뒤를 이은 중일국교정상화 교섭으로 형해화되었다.[154]

3. 오키나와 반환의 귀결

샌클레멘테 회담이 끝나자, 일본정부는 본격적으로 자위대 배치의 준비를 개시했다. 1월 18일에는 자위대의 오키나와 배치와 미군에 제공할 군용지 확보를 위해 노로 교이치野呂恭一 방위청 정무차관 등이 오키나와를 방문했다. 방위청은 복귀 후 오키나와에 대한 자위대 배치 계획을 재검토하여 부대 전개의 속도를 대폭 줄이는 방침을 굳히고, 현지에서 명확히 할 계획을 세웠다. 그러나, 예정되었던 야라 주석과의 회담은 현노협의 저지행동에 부딪혀 중지되었다.[155] 2월 16일에 나카무라 류헤이中村龍平 육상막료장陸上幕僚長이 오키나와를 방문했을 때도, 17일로 예정되었던 야라와의 회담은 혁신단체의 항의행동으로 중지되었다. 다만, 이때 야라는 사전에

154 崔慶原, 앞의 책, 146~150쪽.
155 『朝日新聞』, 1972.1.18.

회견 거부를 신청한 혁신 측 사람들에게 "회견을 하고 싶다. 그리고 자위대에 대한 현민의 생각을 솔직하게 말하는 것이 좋다"고 전하고, 19일에 나카무라와 비공식적으로 회견을 가졌다. 회견에서 야라는 전후 오키나와의 실정, 추이 변천, 야라 자신의 생각, 현민의 마음 등을 소상히 이야기하고, "특히 현민의 평화에 대한, 기지에 대한, 군대에 대한, 자위대에 대한 느낌, 수용 방식을 이야기하고, 자위대 배치에 대해서도 특히 반대하는 이유를 말하고, 그에 대한 배려를 강하게 요청"하는 한편, 서두르지 말라는 것도 요청했고, 나카무라 씨도 이해를 표시했다고 한다.[156]

또한, 2월부터 시작된 국회의 예산심의에서는 4차방에 관한 예산이 혼란의 씨앗이 되었다. 4차방을 구상한 나카소네는 1971년 7월에 총무회장으로 전임했지만, 후임인 마스하라 게이키치가 ANA 여객기와 자위대 전투기 충돌사고ANA기 시즈쿠이시(雫石) 충돌사고의 책임을 지고 사임했기 때문에 니시무라 나오미西村直己가 다시 방위청장관이 되었다. 니시무라는 미중 접근 후의 국제 정세 호전과 경제 상황 악화를 근거로 4차방을 "3차방까지 장착한 것 중 갱신 시기가 된 것을 되도록 좋은 것으로 갱신하는" 장비 갱신 계획으로, 당초의 구상보다는 축소된 형태로 수정 작업을 실시해, 5,000억 엔을 삭감할 계획을 세웠다. 그러나, 니시무라 또한 자신의 실언 때문에 사임되고, 에사키 마스미江崎真澄가 12월 4일에 니시무라의 후임으로 부임했다. 다만, 이 시기에도 오키나와에 관한 예산은 증액이 예상되고 있었다.[157]

국회 예산심의를 앞두고, 2월 3일에 다케시타 노보루竹下登 관방장관, 미즈타 미키오水田三喜男 재무대신, 에사키 방위청장관 등이 모여, 4차방의 취

156 『屋良朝苗日誌〇七八』, 1972.2.22, [0000099389], 沖縄県公文書館.
157 「国防会議参事官会議」, 1971.12.6, 「海原治関連文書」 17-2-7, 国立国会図書館.

급에 대해 협의했다. 이것은 "국회 대책의 입장에서 사상 통일을 도모하기 위해" 개최된 것으로, 사토 수상은 특별히 의견이 없어 협의자에게 일임할 생각이었다. 이 단계에서 연내에 4차방의 내용을 결정하는 것은 불가능하다고 여겨져, 예산 요구를 제출할 근거를 무엇으로 할지가 문제가 되었다. 협의 결과, 4차방의 연도내 결정은 포기하고, 나카소네의 제안과는 별도로 정부안을 작성하여 예산심의 중에 4차방의 대강을 낸다는 데 합의를 보았다.[158] 그러나, 국방회의의 결정 이전의 단계임에도 불구하고, 방위청 원안에서 예정된 새 장비나 관련 프로젝트가 1972년도 예산 속에 편성되어 있었다는 것은 역시 국회에서 큰 문제가 되었다. 국회는 3주에 걸쳐 공전을 거듭했고, 최종적으로 후나다 중의원의장의 알선으로 예산의 선점으로 여겨진 신기종 계약금을 삭제하는 것 등으로 결말이 났다. 그러나, 오키나와에 배치되는 자위대 장비의 일부가 전날 나하 항으로 옮겨진 것이 3월 11일에 밝혀지자, 이것이 자위대 조직의 독단으로 행해진 일이었기 때문에 다시 큰 문제가 되어, 방위청 관계자였던 우쓰미 히토시內海倫 사무차관 등이 훈계처분을 받았을 뿐만 아니라, 장비는 본토로 반송되었다.[159] 이 사건으로 인해 복귀 전에 자위대원을 오키나와로 파견하여 진행할 예정이었던 준비작업이 중단되었다.[160]

이러한 가운데, 구보 방위국장은 국회의 곤란한 상황과, 당초 반환 기일을 7월 1일로 했기 때문에 준비가 늦어진 것을 이유로, 미국 측에 초기 배

158 「四次防に関する四相会議議事要旨」, 1972.2.3, 「海原治関係文書」 17-2-4, 国立国会図書館.
159 『朝日新聞』, 1972.3.11・18; 『読売新聞』, 1972.3.14.
160 琉球新報社 編, 『世替わり裏面史－証言に見る沖縄復帰の記録』, 琉球新報社, 1983, 283~286쪽.

치의 연기를 요청했고, 미국 측도 이것을 승낙했다.[161] 또한, 사토 수상은 4월에 "오키나와의 현민 감정을 고려하여 자위대 배치 계획을 축소하는 방향으로 검토해 달라"고 지시하고, 복귀 전에 준비 요원 약 100명을 파견한다, 12월 말을 목표로 합계 2,900명을 순차적으로 배치한다, 내년 6월을 목표로 나이키군, 호크군 각 1개 군을 배치한다는 내용을 4월 17일에 정식으로 결정했다.[162] 방위청은 미국 측에도 이 변경을 요청했지만, 배치되는 인원수 자체는 바뀌지 않았기 때문에 사소한 변경으로 받아들여져 문제가 되지는 않았다.[163]

한편, 오키나와에서는 이후에도 자위대 배치 반대운동이 계속되어 간다. 4월에는 오키나와현 교직원조합이 '전쟁범죄추급위원회'를 설치하여 전시하 일본군의 잔학행위에 대해 조사활동을 벌였으며, 5월에 『이것이 일본군이다ー오키나와 전투에서의 잔학행위これが日本軍だ－沖縄戦における残虐行為』로 발간되었다. 「서문」에는 조사를 실시한 이유가 다음과 같이 기술되어 있다.

> 복귀를 목전에 두고 왜 오키나와 현민은 27년 전 일본군의 잔학행위를 폭로하려고 하는가. 그것은 자위대의 오키나와 배치와 무관하지 않습니다. 오키나와 현민에게 그 오키나와 전투는 어제 일처럼 생생한 사건이며, 자위대는 바로 일본군대이기 때문입니다.[164]

---

161 Tokyo to DOD, #3185, Subject : Okinawa Reversion－Defense Arrangements, March 28, 1972, [0000099300], 沖縄県公文書館.

162 『朝日新聞』, 1972.4.8・17.

163 Tokyo to DOS, #4044, Subject : Okinawa Reversion－Defense Arrangement, April 19, 1972, [0000099300], 沖縄県公文書館.

164 沖縄県教職員組合戦争犯罪追及委員会 編, 『これが日本軍だ－沖縄戦における残虐行為』, 沖縄県教職員組合, 1972, まえがき.

교직원조합은 이 책자를 오키나와의 모든 초중등학교에 도덕 시간에 활용하기 위해 배포했다고 밝혔다.[165]

〈사진 5-5〉 5 · 15현민총궐기대회. 오키나와 타임즈사 제공

자위대 배치는 5월 15일의 오키나와 반환과 함께 시작되어, 우선 육해공 자위대 약 100명으로 구성된 임시 시설관리부대가 편성되어, 미군으로부터의 시설 인계나 유지 · 관리를 위해 가쓰렌 촌의 화이트 비치, 나하 비행장 등에 배치되었다. 이어서 9월 말에 육상자위대 100명, 해상자위대 70명, 항공자위대 710명으로 증원되어 10월 이후부터 시작되는 본격적인 이주 준비에 임했다. 10월 4일에 육상자위대 제1혼성군의 제1진이 이주했고, 11일에는 나하 주둔지를 개설했다. 항공자위대도 같은 날 나하 기지를 개설했고, 이후에도 이주작업이 진행되어, 12월 말에는 오키나와에 주둔하는 자위대원은 3,000명 가까이 되었다. 그 후, 73년 1월부터 현내 각지의 나이키 · 호크 기지 및 레이더 사이트의 인계가 순차적으로 이루어져, 7월에 나하 방공관제소의 이관을 받음과 동시에 방공을 포함한 오키나와의 방위 임무 인계는 완료되었고, 자

165 2016년 8월 29일에, 나카가미(中頭) 청년단 OB모임의 인터뷰 시 나카하라 다케시(仲原武) 씨의 발언.

위대원 수는 육 1,820명, 해 420명, 공 2,600명이 되었다.[166]

한편, 오키나와에서는 반환 당일에 1만 명 규모의 '자위대 배치 반대, 군용지 계약 거부, 기지 철거, 안보 폐기, '오키나와 처분' 항의, 사토 내각 타도 5 · 15 현민총궐기대회'가 열린 데 이어, 자위관의 주민등록 거부, 국민체육대회 참가 거부, 자위관 자제의 입학 거부, 대원 모집 사무 거부 등, 혁신단체를 중심으로 다양한 저항운동이 계속되었다. 또한, 초대 지사가 된 야라 역시 이러한 상황을 염두에 두고 복귀 후에도 자위대에 대한 현민들의 감정을 배려해 줄 것을 호소했다.[167]

이와 같이, 오키나와 반환협정 체결 후에 발표된 미중 화해는, 그때까지 미국의 정책이 근본에서 변화하는 것으로 여겨져, 동아시아 각국에 큰 충격을 주었다. 이러한 가운데, 한국정부가 공산권에 대해서도 접근을 시작하자, 그때까지 긴밀했던 한국정부와 국부의 관계에는 균열이 생기게 된다. 한편, 일본 국내에서는 오키나와 기지가 대중국용으로 간주되었던 것도 있어 기지 불요론이 높아졌지만, 미국은 한국과 중화민국에 대한 배려 등으로 오키나와 반환협정의 내용을 변경하지 않고, 오히려 미국의회에서의 오키나와 반환협정의 조속한 비준을 대일관계 개선의 기회로 삼으려고 했다. 이리하여 오키나와 현지에서 자위대 배치에 대한 반대 운동이 고조되는 가운데, 1969년 시점의 일미 합의를 기초로 하여 오키나와 반환은 실현된 것이다.

이상과 같이, 미국정부가 닉슨 독트린을 발표한 것과 같은 시기에 일본에서 '자주방위론'이 활발해졌기 때문에, 국내외에서 미군의 철수 후에 그

166 野岸泰之, 「沖縄返還と自衛隊」, 『セキュリタリアン』 549, 2004, 23~24쪽.
167 屋良朝苗, 『激動八年－屋良朝苗回想録』, 沖縄タイムス社, 1985, 216~217쪽.

역할을 일본이 계승하는 것이 우려되었다. 주한미군 감축이 구체화되고 일본의 군사대국화에 대한 우려가 고조됨에 따라, 오키나와 반환의 실현을 중시한 사토 에이사쿠 수상 등은 오키나와의 '핵 제거, 본토 수준 반환'을 강조하면서 자주방위론을 견제하고, 한국에 대한 경제 원조를 중시하게 되었다. 미중 접근 후에도 오키나와의 기지 구조를 유지한다는 미국의 방침이 변화하지 않았을 뿐만 아니라, 중국 측이 아시아에서 미군의 전개를 일본의 군사대국화 저지를 위한 '병마개'로서 긍정하게 되었기 때문에, 동아시아의 냉전구조는 그대로 유지되었다. 그런 가운데, 일본은 오키나와 주민의 강한 불만을 남기면서도 경제 우선의 기존 노선을 계속할 수 있었지만, 한국정부는 미중 접근과 그에 따른 중화민국의 지위 저하를 자국에 대한 위협으로 파악하고, 국내 정치체제의 강화를 도모했다. 이러한 가운데, 1950년대 이후 계속되어 온 한국과 중화민국의 연계는 와해되어 갔다.

종장

오키나와 반환이란 무엇이었나

본서에서는 제2차 세계대전 전후부터 1970년대 전반에 이르기까지 동아시아 질서의 변동 속에서 오키나와의 귀속 문제가 어떻게 일본으로 반환되는 형태로 귀결되었는지를, 일본·미국·오키나와 사이의 상호작용뿐만 아니라, 오키나와에 대한 한국정부 및 국부의 관여에 주목하면서 검토해 왔다. 마지막으로, 서장에서 열거한 세 가지 과제에 따라 다시 이 책에서 밝힌 내용을 확인하고자 한다.

우선, 오키나와 반환의 형태를 둘러싸고 어떠한 정치·외교 과정이 전개되었는가. 종전 전후부터 1950년대 후반까지는 오키나와의 귀속이 가장 불명확한 시기이며, 오키나와의 호칭에 대해서도 '오키나와', '류큐'가 혼재되어 있었다. 일미 양국 정부는 샌프란시스코 강화회의에서 덜레스가 언급한 '잠재주권'이 일본에 있음을 인정하면서도, "극동에 현재와 같은 국제적 긴장이 있는 동안은" 미국이 평화조약 제3조에 의거하여 오키나와를 배타적으로 통치하는 데에 합의했다. 한편으로, 국부는 연합국의 일원으로서 일본의 전후 처리에 관여했다는 입장에서 오키나와의 귀속 문제에 대해서는 연합국 간의 협의가 필요하다고 주장하며, 일본이 오키나와에 대한 잠재주권을 가지고 있는 것 자체를 의문시했다. 또한, 일미 간의 협의만으로 아마미군도가 일본에 반환된 1953년 이후에는 타이완 거주 오키나와 출신자인 차이장을 중심으로 하여 '류큐 독립'을 주장하는 류큐 혁명동지회에 대한 지원을 강화했다. 더욱이, 한국정부와 함께 결성을 주도한 민간반공기구인 APACL아시아민족반공연맹에 차이장을 '류큐 대표'로 참가시킴으로써 국제적으로 오키나와가 독립을 요구하고 있다는 인상을 주려고 하는 한편, 차이장이 오키나와에서 류큐 독립의 주장을 확산시키기를 기대했다. 강고한 반일·반공 정책을 취하고 있던 한국의 이승만 정권도 오키나와가 일본에 반환되는 것을 '류큐의 식민지화'로 여기고, 차이장의 활동에 기대를 걸며 국부와 제휴하여 오키나와의 일본 반환을 방지하려고 했다. 1956년에 일어난 섬 전체 투쟁에 의해 오키나와 주민이 일본정부의 관여 강화를 요구하고 있는 것이 밝혀져, 일미 양국 정부가 새로운 오키나와 정책을 검토하게 된 후에도 한국정부와 국부가 오키나와의 자치와 독립을 장려하려는 자세는 변하지 않았다.

이 양자의 연계를 크게 변화시킨 것이 1960년의 4월혁명에 의한 이승만 정권의 퇴진이었다. 그 후의 장면 정권, 박정희 정권은 모두 한일국교정상화에 적극적인 자세를 보이는 한편, 오키나와의 귀속 문제에는 관심을 보이지 않게 된 것이다. 또한, 한국정부는 이 시기부터 주한미군이 정세가 악화되고 있는 베트남으로 전용되는 것을 막기 위해 한국군의 베트남 파병을 제기하게 되었다. 베트남의 정세 악화를 우려한 미국은 한일회담의 조기 타결을 목적으로 한일 양국 정부에 압력을 강화했지만, 진전되기 시작한 한일회담은 한국에서의 한일회담 반대운동의 격화로 인해 어쩔 수 없이 중단되었다. 그 사이에 미국은 베트남에 대한 관여를 심화시켜, 1965년 2월부터는 북폭을 개시하기에 이르렀다. 미국의 베트남 개입이 표면화되고 일본에서 반전·반미적인 풍조가 강해지는 가운데, 미국은 한일회담 타결 이전에 한국군의 베트남 파병이 이루어지면, 한일국교정상화에 대한 일본 야당과 여론의 비판이 강해질 것을 우려하여, 한국군 베트남 파병보다 앞서 한일회담을 타결시키는 데 주력했다. 결국, 한일 간의 정치타협에 의해 한일회담 타결과 한국군 베트남 파병은 거의 같은 시기에 이루어졌고, 그것은 일본에서 한일국교정상화와 미국의 베트남 전쟁 개입에 대한 비판이 고조되는 결과를 초래한 반면, 베트남 파병이 '반공의 성전'

으로 간주된 한국에서는 한일국교정상화에 대한 반발을 약화시키고 국민을 규합하는 결과를 초래했다. 이리하여, 한일의 야당과 여론이 대조적인 반응을 보이는 가운데, 한일 양국 정부는 미국의 베트남전에 적극적으로 협력하고, 미국의 시정하에 있던 오키나와는 미군의 보급 및 출격기지로서 최대한으로 활용되었다.

이 시기 오키나와에서는 이미 1960년에 복귀협이 결성되어 일본복귀운동이 확대되고 있었다. 미국의 베트남 전쟁 개입은 반전적인 여론이 강했던 오키나와와 일본에서 복귀운동·오키나와 반환 요구가 더욱 고조되는 요인이 되었다. 한편, 사토 에이사쿠 정권도 오키나와 반환을 최대 정치과제로 삼고 1966년 이후 일미 간에 오키나와 반환에 관한 협의가 진행되기 시작했다. 국부의 장제스 총통은 1965년 말에 류큐 혁명동지회의 활동을 지원함으로써 오키나와의 독립을 지원하려는 방침에서 오키나와와의 경제·문화적 교류를 촉진하는 방침으로 전환했지만, 국부와의 협의 없이 일미 간에 류큐 선박의 일본국기 게양, 나하의 남방연락사무소에 의한 주민의 여권 발행 용인 등의 정책 변경이 이루어지게 되자, 다시 "오키나와의 지위 결정에는 연합국의 일원인 국부와의 협의가 필요하다"는 주장을 하게 되었다. 사토 수상은 오키나와의 지위 변경에 따른 국부의 안전보장상의 우려를 불식시키기 위해, 국부 측에 수차례에 걸쳐 아시아의 안전보장을 중시하면서 오키나와 반환 교섭에 임하고자 한다고 전하는 한편, 미국 측에는 오키나와 반환을 요구하는 국내의 정치적 압력을 이유로 기지를 유지하기 위해서라도 국민의 협력을 얻는 것이 필요하다며, '2, 3년 내'라는 '복귀 예정' 시기를 공동성명에 포함시키는 데에 성공했다. 그러나, 1965년 이후 미군의 기지 사용 격화로 일상생활에 다대한 악영향을 입고 있던 오키나와에서는 반환의 형태로 '즉시 무조건 전면 반환'이 주장되었고, 공동성명의 발표는 일본정부에 대한 불신감을 강화시키는 결과를 가져왔다.

이듬해인 1968년에 들어서자, 그때까지 오키나와에 대해 적극적인 관심을 보이지 않았던 박정희 정권이 일변하여 '중대한 관심'을 표명하게 된다. 1965년 이후 한국정부는 적극적으로 베트남 파병을 실시하는 한편, 지역협력체제 형성을 목표로 하고 있었는데, 이것은 역으로 북한이 한국에 대한 도발 행위를 증가시키는 요인이 되어 1968년 초에는 안보 위기가 발생했기 때문이었다. 안보 위기 이후 한국에서는 여야당 모두 자국의 안보에 대한 불안이 고조되어 자주국방론, 오키나와 기지 제주도 이전론 등, 한국의 방위 강화를 위한 다양한 제안이 이루어지게 되었다. 그러나, 오키나와 기지 제주도 이전론은 미국이 난색을 표했기 때문에 받아들여지지는 않았다. 한편으로, 안보 위기와 그 후 베트남 정세의 악화 속에서 오키나와에 B52가 배치되어 베트남 출격에 사용되기 시작한 것은, 오키나와의 복귀운동이 반전운동의 색채를 강화하고 한층 고양시키는 계기가 되었다. 이런 가운데, 1968년 11월에 실시된 주석 선거에서는 '즉시 무조건 전면 반환'을 주장한 야라 조뵤가 당선되었다. 같은 시기 일본에서는 오키나와의 '핵 제거, 본토 수준'의 여론이 높아졌고, 3대 선거 직후에 일어난 B52 추락 폭발사고 후, 오키나와에서 B52의 철거를 요구하며 총파업이 계획되는 사태로 발전하자, 일미 양국 정부는 오키나와 정세의 심각성을 인식하고 오키나와 반환 교섭을 본격화했다.

일미 간에 오키나와 반환 교섭이 본격화되자, 한국정부는 안전보장상의 불안에 대처하기 위해 아시아에 '집단안전보장' 체제 구축을 시도하는 한편, 오키나와의 기지 기능에도 관심을 기울이게 되었다. 한국정부는 국부와도 연계를 강화한 후, APATO아시아태평양조약기구 구상을 내걸어 오키나와 반환을 아시아의 방위라는 맥락에서 국제문제화하려고 했다. 그러나, 일본의 '핵 제거, 본토 수준'의 여론이 고조됨에 따라 오키나와 반환 교섭을 개시한 일미 양국 정부는 국부와 한국정부가 안전보장 면에 관심을 나타내면서 오키나와 반환 교섭에 개입하는 것이 반전적인 일본 여론을 자극할 것을 우려하여, APATO 구상에 대해 소극적인 자세를 보인 한편, 오키나와 반환 후의 한국과 타이완의 안전이 고려되고 있다고 수차례나 양국 정부에 전함으로써, 오키나와 반환문제에 대한 양국의 개입을 억제했다. 한편, 류큐정부는 오키나와의 다수의 민의를 수용하여 '즉시 무조건 전면 반환'을 거듭 주장했지만, 일미 간의 교섭은 표면적으로는 '핵 제거, 본토 수준'의 선에서 진행되었다. 다만, 그 내실은, 미국에 의한 기지의 자유 사용이 계속되는 것을 일본 여론의 반발을 듣지 않으면서 미국이나 주변 각국으로부터도 받아들여지는 형태로 드러내고, 백 채널을 통한 교섭에 의해 핵의 재반입도 인정하는, 선거에서 표명된 오키나와의 민의와는 동떨어진 것이었다. 11월로 예정된 사토의 방미가 가까워짐에 따라, 정부에 비판적이었던 오키나와의 혁신진영뿐만 아니라, 타이완과 강하게 결부된 경제계 안에서도 일미의 오키나와 반환노선에 대해 오키나와 사람들의 목소리를 반영해야 한다는 주장이 고조되었다. 그러나, 이러한 오키나와의 상황은 충분히 고려되지 못한 채, 사토-닉슨 공동성명의 발표에는 본토용으로 '핵 제거, 본토 수준' 반환이 강조되는 한편, 한국정부와 국부에는 반환 후에도 기지 기능이 유지된다는 것이 전해졌다. 이로써, 일본·미국·한국·중화민국의 정부 간 합의에 의해 오키나와 기지의 현상 유지가 정해진 것이다. 오키나와 반환 합의에 의해 활력을 얻은 자민당은 1969년 말의 총선거에서 압승하여 일미안보조약의 자동 연장은 확실해졌다.

한편, 미국과 적대 관계에 있던 중국과 북한은 오키나와 반환 합의를 "미일의 새로운 침략적 군사동맹을 도모하는 것"으로 간주했다. 1970년 2월에 미국정부가 닉슨 독트린을 발표한 것은 일본에서 '자주방위론'이 활발해지고 있던 것과 맞물려 국내외에서 미군의 철수 후에 그 역할을 일본이 인계하여 군사대국화 되는 것에 대한 우려를 고조시켰다. 또한, 자주방위의 일환으로 자위대가 오키나와에 배치된다고 결정되자, 오키나와에서는 자위대를 구일본군과 동일시하여 배치에 반대하는 풍조가 강해졌고, 중국 등도 마찬가지로 이것을 위험시했다. 오키나와 반환의 실현을 중시한 사토 수상 등은 오키나와의 '핵 제거, 본토 수준 반환'을 강조하면서 자주방위론을 견제했고, 한국에 대해서는 경제 원조를 중시하는 자세를 보이는 등, 우려를 불식시키려 노력했다. 1971년 6월에, 1969년의 사토-닉슨 공동성명의 내용을 기초로 한 오키나와 반환협정이 조인된 직후 명확해진 미중 접근은 동아시아 각국에도 큰 충격을 주었지만, 미중 접근 속에서 중국 측이 오키나와 기지에 일본의 군사대국화를 막는 '병마개'로서의 의미를 발견했기 때문에, 오키나와 주민의 강한 불만에도 불구하고, 오키나와 기지의 고정화는 한층 진전되어 갔다. 또한, 미중 접근은 중화민국의 국제적 지위를 저하시켜, 긴밀했던 한국정부와 국부의 연계를 와해시키는 단초가 되기도 했다. 이리하여 오키나와의 많은 주민이 요구해 온, '기지 없는 평화로운 오키나와'는 실현되지 못한 채, 오히려 냉전체제를 유지하는 기능으로서 오키나와 반환이 실현된 것이다.

다음으로, 오키나와를 둘러싼 한국정부와 국부의 인식 변화에 대해 다시 정리하고자 한다. 전후 얼마 되지 않은 시기의 한국정부와 국부에게 오키나와가 일본에 속한다는 것은 자명하지 않았고, 미국의 지배하에 놓인 오키나와가 일본에 반환되는 것은 아시아의 국제질서가 변화할 가능성을 내포하는 것으로 받아들여졌다. 거기에서 상기된 것은 오키나와가 과거에는 류큐왕국으로 독립된 지위를 유지하고 있었음에도 불구하고, 도요토미 히데요시豊臣秀吉에 의한 조선출병 후 동아시아 정세의 변동 속에서 1609년 사쓰마번의 침략을 받아 실질적인 독립왕국의 지위를 상실하고, 메이지기에 류큐 처분에 의해 일본의 일개 현이 될 수밖에 없었다는 역사였다. 오키나와와 마찬가지로, 근대에 일본의 한국병합정책에 의해 식민지 지배하에 놓여 주권을 빼앗긴 기억을 가진 한국 사람들에게 오키나와가 거쳐온 역사는 공감을 불러일으키는 것이었다. 또한, 타이완으로 천도는 했지만, 중국대륙으로의 반항을 몽상하던 국부에게 일찍이 중국의 조공국인 오키나와는 청일전쟁 후에 일본에 빼앗긴 땅으로도 간주되었다. 다만, 이러한 역사 인식은 1960년의 이승만 정권 붕괴로부터 1965년의 한일국교정상화에 이르는 한일관계 개선의 흐름 속에서 후경으로 물러나고, 냉전체제가 계속되는 가운데 오키나와 반환 후 오키나와 미군기지 기능 유지라는 안전보장상의 요청이 가장 중시되었다. 이것은, 마찬가지로 안전보장의 관점에서 오키나와 기지의 역할을 중시했던 일미 양국 정부의 이익과도 합치하여, 1969년 11월의 단계에서 기지 기능을 유지한 채 반환하기로 결정되었다. 더욱이 미중 화해가 시작되자, 일본이 다시 군사대국화하는 것을 우려하는 중국정부도 오키나와 미군기지의 존재는 일본의 군사대국화를 억제하는 것으로 긍정하게 되었다. 중일전쟁에서 일본과 싸운 경험을 가진 마오쩌둥, 저우언라이가 주도하는 중국정부는 경제성장을 이룬 일본의 대국화가 과거의 '대동아공영권'을 주창했던 군국주의적인 일본의 재현을 초래할 것을 우려했던 것이다.

그렇다면, 오키나와의 주민에게 오키나와 반환은 무엇을 의미했던 것일까. 오키나와 주민에게 오키나와가 일본에 귀속되는 것은 종전 직후에는 자명한 일이었다. 메이지 이후 오키나와는 일본의 일개 현으로 편입되었고, 제2차 세계대전 중에는 일본 본토 방어를 목적으로 한 지구전버림돌 작전으로 인해 많은 사람들이 희생되었다. 그 참화의 책임을 지고 있는 것이 일본정부라는 점에서도 오키나와가 평화헌법을 얻은 본토에서 분리되어 미군의 배타적 군사 통치하에 놓이는 것은 불합리하기 짝이 없는 일이었다. 오키나와 사람들은 패전의 책임을 추궁하는 한편으로, 군사 우선의 미군 지배로부터 어떻게 해방될 것인가라는 문제의 해결을 일본으로의 복귀에서 찾은 것이다. 그러나, 일본정부와 많은 일본국민에게 오키나와는 '전쟁으로 인해 잃어버린 영토'에 지나지 않았다. 오키나와 반환이 국민적 과제가 된 것은 무엇보다도 오키나와 반환이 영토문제로 간주되었기 때문이며, 오키나와 주민의 기지 부담 경감을 요구하는 절실한 목소리가 제대로 전달되는 일은 없었다. 1968년 11월에 주석으로 당선된 야라는 오키나와 주민의 목소리를 대표하는 인물로서, 오키나와의 '즉시 무조건 전면 반환'을 계속해서 주장했지만, 그 주장은 표면상의 '72년, 핵 제거, 본토 수준'의 반환노선에 영향을 미칠 수는 없었다. 일본의 방위정책 변화에 따라 자위대 배치까지 현실화되는 가운데, 오키나와에서도 그때까지의 역사를 되묻고, 패전 이전과 전쟁중의 일본군의 기억, 나아가 경찰과 군대의 파견에 의해 강행된 류큐 처분이 상기되었다. 이러한 가운데 복귀 당일, 오키나와에서는 서두에서 언급한 것과 같은, 세 가지의 집회가 거행되었던 것이다.

오키나와 반환이 오키나와의 생활 수준이나 경제 발전을 가져온 면은 부정할 수 없다. 그러나, 미군기지의 철거를 요구한 사람들에게 오키나와 반환은 일본·미국·한국·타이완의 일정한 합의하에서 고착된 냉전체제와의 새로운 투쟁의 시작이 되었다.

오키나와 반환으로부터 50년 가까이 경과한 오늘날에도 오키나와에는 일본 전체의 70% 이상의 미군기지가 집중되어 있다. 이전에는 여론을 양분하는 문제였던 일미안보조약은 1995년의 오키나와 미군 소녀 폭행사건 후의 기지 철거운동의 고조를 거치고 나서도 1996년에 '21세기를 향한 동맹'이라고 칭하며 '재정의'되어, 이제는 지지하는 사람이 80% 이상에 달한다.

같은 해에 후텐마普天間 기지의 반환과 이전이 합의되었지만, 그것은 다양한 경위를 거쳐 오키나와 현내의 헤노코辺野古로 이전하게 되었다. 레빈 주일미국대사관 서기관이 말한, 오키나와를 일본에 반환함으로써 "일본 경찰력으로 오키나와 주둔 미군기지의 경비 등에 만전을 기할 수 있다"고 하는 말은 현실이 되었고, 오키나와 전투, 미군 시정권하에서의 경험 등을 기초로 지금도 미군기지의 존재에 저항하는 사람들 앞에 일본인 경비원이 버티고 서 있다. 헤노코의 펜스 너머에는 2019년에 치러진 오키나와의 현민투표에서 40만 명 이상이 신기지 건설 반대의 의사 표시를 하고[1] 2020년 6월에 실시된 현민 의식 조사에서도 신기지 건설에 '반대', '어느 쪽인가 하면 반대'가 60%를 차지하고 있음에도 불구하고,[2] 생물 다양성의 보고라는 아름다운 바다에 토사가 계속 투입되고 있다. 그것이 '핵 제거·본

1 『沖縄タイムス』, 2019.2.24.
2 『琉球新報』, 2020.6.18.

토 수준' 반환을 거친 오키나와와 일본의 현실이다. 한반도의 남북 대립, 타이완 해협을 사이에 둔 양안의 대립은 오늘도 계속되고 있으며, 그것은 오키나와에 미군기지가 존재하는 것을 정당화하는 이유로 여겨진다.

오키나와 반환이 커다란 정치적 과제였던 시기에 일본은 동서냉전이 계속되는 가운데, 미국의 비호 아래 패전으로부터 재빨리 경제성장을 이루어, 60년대 후반에는 세계 제3위의 경제대국이 되어 있었다. 일본국헌법에 의한 제약으로 인해 안전보장을 미국에 맡기고 있던 일본과는 대조적으로, 냉전의 최전선에 놓인 한국과 타이완에서는 일미의 원조 아래 반공적인 독재 정권이 오래 지속되었다. 오키나와 반환에 의해서도 한국과 타이완의 안전보장이 약화되지 않았다 해도, 그 평화와 안전은 양국 사람들의 억압 위에 성립된 것이며, 계속 가중된 기지 부담을 강요당한 오키나와 사람들의 희생 위에 성립된 것이었다. 그러나, '핵 제거, 본토 수준'이라는 말은 본토 사람들에게 그러한 실태를 은폐하고 일미에 의한 오키나와 기지의 현상 유지정책을 용이하게 하는 데에 도움이 되었던 것으로 보인다. 지금은 오키나와의 기지문제는 '오키나와 문제'로 여겨져, 알고 있어도 어쩔 수 없는 문제, 자신들과는 무관한 문제로 치부되기 십상이다.

본서에서 확인한 바와 같이, 반환 후에도 오키나와의 미군기지가 유지된 배경에는, 안전보장상의 불안을 안고 있는 한국정부와 국부에 의한 계속적인 압박과, 일본의 군사대국화에 대한 중국정부의 우려가 있었다. 패전 후, 일본의 주권은 카이로 선언 및 포츠담 선언으로 정해진 "혼슈, 홋카이도, 규슈, 시코쿠와 연합국이 결정하는 작은 섬들"로 한정되어, "타국과 싸우지 않고, 다국 간의 싸움에도 관여하지 않는 것이 평화주의적인 좋은 자세로서 국제사회로부터도 칭송받는다"는 의식이 계속되어 왔다.[3] 그러나 냉전체제가 계속되는 가운데, 전쟁책임 문제는 동결되고 보류되었지만, 일본의 침략이나 식민지 지배에 의한 상처는 외교 결정으로 치유되지 않고, 책임자가 없어진 냉전 종결 후인 1990년대에 그 책임이 거론되었다.[4] 냉전체제의 해체가 실현되지 않았을 뿐만 아니라 동아시아 각국과 일본의 화해가 완전히 이루어지지 않은 것도, 미국을 맹주로 한 동아시아의 국제질서가 유지되고 있는 요인이 되고 있는 것으로 보인다. 미국과의 관계는 전후 일본 외교의 기축이 되었고, 그로 인해 냉전기의 일본은 안전과 번영을 누릴 수 있었지만, 그 이면에는 오키나와의 가중된 기지 부담이나, 분단에 의한 주변 지역의 군사적 부담이 있었다. 코로나 재난으로 인해 지금까지의 일상이 크게 변화하고 있는 현재, 새삼 과거를 직시하고 오키나와와 주변 지역의 희생 위에 성립된 질서를 어떻게 바꾸어 나갈 수 있을지, 구상할 필요가 있지 않을까.

3 五百旗頭真, 『戦後日本外交史 第三版補訂版』, 有斐閣, 2017, 231쪽.
4 위의 책, 309쪽.

후기

본서는 2018년 12월에 교토대학대학원 문학연구과에 제출한 박사논문을 전면적으로 가필, 수정한 것이다. 본서의 바탕이 된 논문은 다음과 같다.

- 「오키나와 귀속 문제를 둘러싼 한국과 중화민국정부의 동향−1940~50년대를 중심으로」, 『인문논총』 76(2), 2019.
- 「日韓関係と琉球代表APACL参加問題」, 吉澤文寿 編著, 『歴史認識から見た戦後日韓関係−「一九六五年体制」の歴史学・政治学的考察』, 社会評論社, 2019.
- 「米国のベトナム戦争介入と日韓国交正常化」, 『史林』 99(2), 2016.
- 「朝鮮半島情勢と沖縄返還交渉−B52沖縄配備に着目して」, 『史林』 97(3), 2014.
- 「二・四ゼネストと総合労働布令−沖縄保守勢力・全軍労の動向を中心に」, 『人権問題研究』 14, 2014.
- 「朴正熙政権の集団防衛構想と沖縄返還問題」, 『コリア研究』 7, 2016.
- 「米国の東アジア戦略の変容と沖縄返還」, 『二十世紀研究』 17, 2016.
- 「沖縄返還と自衛隊配備」, 『同時代史研究』 10, 2017.

본서는 많은 분들과의 만남과 조력 없이는 쓸 수 없었다. 모든 분의 이름을 들 수는 없지만, 지금까지 신세를 진 모든 분들께 진심으로 감사의 말씀을 드리고 싶다.

본서의 구상은 교토 대학의 학부시절부터 대학원 졸업까지 지도해 주신 오노자와 도루小野澤透 선생님에게 때마다 조언을 얻는 가운데 생겨난 것이다. 필자가 오키나와에 관심을 갖게 된 계기는 2009년 이후에 후텐마 기지의 헤노코 이설 문제가 주목되기 시작한 것이었다. 학부 3학년이었던 2010년 3월에 처음으로 실제로 현지를 방문한 이후, 우선은 베트남 전쟁이 오키나와의 조국복귀운동에 미친 영향을 주제로 졸업논문을 집필하게 되었다. 필자는 처음에는 오키나와의 민중사에만 관심이 있었고 외교사나 국제관계사에는 상당한 거리를 느끼고 있었지만, 오노자와 선생님은 미국 측 문서 읽기의 중요성을 지적하시고, 매우 바쁘신 가운데 외교문서를 읽는 방법, 미국 국립공문서관에서 사료를 수집하는 방법을 비롯하여 다양한 것을 가르쳐 주셨다. 현대사학 전공·구20세기학 전공 합동 세미나, 독사회読史会, 현대사연구회 등을 통해서도 나가이 가즈永井和 선생님, 스기모토 요시히코杉本淑彦 선생님, 나가하라 요코永原陽子 선생님, 그리고 선배들, 동기, 후배들로부터 귀중한 의견을 들었다. 또한, 한국정부가 오키나와 반환 교섭에 관심을 가지고 있었다는 것을 알게 된 계기는 미즈노 나오키水野直樹 선생님이 담당하시는 수업에서 한국의 신문 아카이브Naver News Library에서 흥미를 가진 기사를 번역해서 소개하는 과제가 나왔기 때문이었다. 외국어 지원 프로젝트에서 한국어를 담당하셨던 방준식 선생님, 유학생 손정희 씨는 실천적인 한국어를 익히는 데 많은 힘이 되어 주셨다. 박사논문 심사는, 오노자와 선생님, 스기모토 선생님, 나가하라 선생님, 다카기 히로시高木博志 선생님이 담당해 주셨다. 코로나 재난으로 인해 자유롭게 자료조사를 할 수 없게 된 지금, 이 책의 바탕이 된 박사논문의 집필은 교토 대학의 자유로운 연구 환경과 풍부한 자료가 있었기 때문에 가능했다는 것을 통감하고 있다.

또한, 오키나와에서도 많은 분들께 신세를 졌다. 오키나와현 교직원조합 위원장이었던 이시카와 겐페이石川元平 씨께는 졸업논문 집필을 위해서 이야기를 들은 이래 여러 면에서 도움을 받았다. 2011년에 석사과정에 진학한 직후, 이시카와 씨의 소개로 복귀협 사무국장을 역임했던 나카소네 사토루仲宗根悟 씨, 1950년대부터 오키나와의 반전·반기지운동을 추진해온 아리메 마사오有銘政夫 씨에게 이야기를 들었을 때의 충격(오키나와가 1609년 사쓰마의 침략 이래로 야마토일본 본토로부터 일관되게 차별당했고 희생을 강요당하고 있다는 인식을 가지고 계셨고, 복귀운동도 오랜 오키나와 전후 투쟁의 일부로 파악하고 계신다는 것)은 본서의 문제의식과 직결되었다. 그 후, 나카소네 씨, 아리메 씨가 소속되어 있던 나카가미 청년단 OB모임의 정례회나 오스프리 배치 반대 활동에 참가하여, 거기에 모인 분들의 이야기를 들을 수 있었던 것도 귀중한 경험이 되었다. 마찬가지로 나카가미 청년단 OB모임에 소속되어 있던 전직 현의회의원 나카네 아키라中根章 씨도 OB모임의 사무실이기도 한 자택으로 초대하셔서 오키나와 원수협 발족 경위를 비롯하여 여러 가지 이야기를 들려주셨다. 오키나와 군노동조합 OB인 미야기 구니하루 씨는 선배인 미야기 도요미쓰宮城豊光 씨와 함께 전군노 투쟁에 대해 상세한 이야기를 들려주셨고, 인터뷰 기사 작성에도 응해 주셨다. 이시키 가쓰미伊敷勝美 씨를 비롯한 오키나와 시사市史 편집실 분들께도 졸업논문을 위한 자료 수집 때부터 많은 신세를 졌다. 시사 편집실 분의 소개로 전군노위원장이자 중의원의원을 지낸 우에하라 고스케上原康助 씨로부터 전군노 시절의 경험에 대해 들었던 것도 잊을 수 없다. 또한, 충한沖韓민중연대의 도유시都裕史 씨, 다카하시 도시오高橋年男 씨는 한국에서의 조사를 위한 계기를 만들어 주셨고, 그 후로도 신세를 많이 졌다. 아라사키 모리테루新崎盛暉 선생님, 오타 마사히데大田昌秀 선생님은 석사논문에 대해 귀중한 의견을 들려주셨다. 마에히라 후사아키真栄平房昭 선생님은 『오키나와 타임즈』의 신문기자를 오랜 세월 역임하신 구니요시 나가히로國吉永啓 씨에게 이야기를 들을 기회를 만들어 주셨고, 때마다 격려의 말씀을 해주셨다.

그리고 석사과정 진학 후 동시대사학회, 〈사회운동〉연구회, 암시장적 오키나와－아시아운동 / 문화연구회 등에 참가하면서 사쿠라자와 마코토櫻澤誠 씨, 오노 미쓰아키大野光明 씨, 모리 아키코森亜紀子 씨를 비롯하여 오키나와를 연구하시는 분들로부터 많은 것을 배웠다. 15년전쟁연구회의 멤버분들에게도 석사과정 진학 이래 신세를 졌으며, 그 중의 한 분인 스가 후지오菅富士夫 씨의 추천으로 오사카 시립대학의 '평화와 인권' 연구 프로젝트에 참가할 수 있었던 것은 그 후의 연구를 진행하는 데에 동기부여가 되었다. 2017년에 발족한 '오키나와 근현대사 신진 연구 네트워크沖縄近現代史若手研究ネットワーク'에 참가하시는 분들의 연구에서도 많은 자극을 받았다.

또한, 유학 경험이 없는 필자에게 한국, 타이완, 미국에서 이루어진 조사는 많은 어려움을 수반하는 것이었으며, 이 방면에서도 많은 분들께 신세를 졌다. 김진혁 씨, 금보운 씨, 임광순 씨, 이주호 씨를 비롯하여, 고려대학교대학원 한국사학과 여러분들께는 2014년에 처음으로 '고려대학원생회의'에서 발표할 기회를 얻은 이래로 여러모로 도움을 받았다. 김진혁 씨의 소개로 알게 된 신영전 선생님은, 전공 분야는 다르지만 기회 있을 때마다 오키나와에 관한 정보를 제공해 주셨고, 한국에서 이루어진 조사에서도 힘이 되어 주셨다. 또한, 유선희 씨, 오노 야스테루小野容照 씨, 요시카와 아야코吉川絢子 씨에게도 논문의 집필이나 현지조사 등으로 많은 신세를 졌다. 그 외에, 교토 코리아학 컨소시엄, 리쓰메이칸 대학立命館大学의 차세대 연구자 포럼, 한일 차세대 학술 포럼, RIKS Academy, 한미일 대학원생 코리아학 컨퍼런스, 국제 고려학회의 코리아학 국제학술토론회, 조선사연구회 등에서 알게 된 분들과의 교류로부터 많은 자극을 받았다. 요시자와 후미토시吉澤文寿 선생님의 소개로 과학연구비 연구회 '한일국교정상화 이후의 청구권과 역사인식 문제의 전개 과정 검증'에 참가하게 된 것도 경험을 쌓는 데에 귀중한 기회가 되었다.

타이완의 조사에서는 후키토 마사미吹戸真実 선생님, 소다 마사토宗田昌人 씨, 스즈키 에키鈴木恵可 씨, 쓰루 슌타로都留俊太郎 씨, 김선혜 씨, 쉬신윈許馨云 씨에게 도움을 받았다. 런티엔하오任天豪 선생님, 양쯔전楊子震 선생님, 린취안중林泉忠 선생님과 정보를 교환할 수 있었던 것은 연구를 진행하는 데 큰 도움이 되었다. 현지에서 개최된 일본타이완학회의 정례회에서 알게 된 저널리스트 마쓰다 요시타카松田良孝 씨가 우연히 알게 된 고미야마 사토시小宮山智志 선생님과 함께 차이장이 활동했던 지룽基隆을 안내해 주신 것도 소중한 경험이 되었다. 또한, 사료의 번역에서는 꾸쉬에니谷雪妮 씨, 주스지에祝世潔 씨, 판옌펀范艶芬 씨가 도와주었다. 미국의 조사에서는 미국 국립공문서관Ⅱ의 아키비스트인 Eric Van Slander 씨에게 많은 신세를 졌고, 니시무라 마사히코西村真彦 씨로부터도 1950년대 사료를 수집하는 데 많은 도움을 받았다. 낯선 장소에서 긴장을 늦출 수 없는 가운데, 우연히 만난 선생님들, 연구자들과 정보교환을 할 수 있었던 것은 즐거운 추억이 되었다.

박사과정을 수료한 후에는 고향 사람과 방재미래센터 자료실에서 1년간 근무한 후, 도시샤 대학同志社大学대학원 글로벌 스터디즈 연구과의 오타 오사무太田修 선생님께서 일본학술진흥회 특별연구원 PD로 받아주셨다. 자료실에서의 근무는 전공과는 거의 관계가 없었지만, 오키나와에서의 근무 경험을 가지시고 이 센터의 연구원이었던 나카바야시 히로노부中林啓修 씨와, 자료실 동료분들을 비롯하여 많은 분들께 큰 신세를 졌다. 도시샤 대학에서는 오타 선생님의 세미나뿐 아니라 답사나 한국의 대학원생과의 세미나 합숙, 과학연구비 연구회 '한일국교정상화 교섭과 전후 한일관계에 관한 기초적 연구'에도 참가할 기회를 주셔서 많은 자극을 얻을 수 있었다. 요시자와 선생님, 홍종욱 선생님의 소개로 건국대, 서울대학교의 심포지엄에 참가하게 된 것도 매우 귀중한 기회가 되었다. Afzal Ahmad Khan 씨, 정종원 씨는 전공하는 분야, 시기는 달라도, 한국에 대한 시야를 넓히는 데 유익한 지견을 많이 제공해 주셨다. 또한, 그 사이 교토 대학, 도시샤 대학, 리쓰메이칸 대학에서 시간강사로 수업을 담당하고 수강생 분들한테서 본서의 내용과 관련된 부분에 대한 의견을 들을 수 있었던 것도 연구의 의미를 생각하는 데에 소중한 경험이었다.

오노자와 선생님, 요시쓰구 고스케吉次公介 선생님, 니시무라 씨는 본서 마지막 단계의 초고를 훑어보고 많은 유의미한 의견을 들려주셨다. 인문서원의 마쓰오카 다카히로松岡隆浩 씨는 박사논문을 어떻게 개고할지 망설이고 있을 때 상담을 해주셨고, 본서의 간행을 담당해 주셨다. 본서에는 미흡한 점이 아직 많이 있지만, 이 책의 간행까지 힘이 되어주신 모든 분들께 다시 한번 깊은 감사의 말씀을 드리고 싶다. 항상 염려해 주시는 가족들에게도 감사드린다.

본서의 집필은 2014년도, 2017년도의 한국 국제교류재단 한국학전공 대학원생 장학금 및 2015~2016년도 일본학술진흥회 특별연구원 DC2에 채용되었기 때문에 가능해졌다. 또한, 본서의 간행 시에는 일본 학술진흥회 과학연구비 보조금연구성과 공개 촉진비 20HP5100의 교부를 받았다. 자료조사 시에는 오키나와현 공문서관, 오키나와 현립 도서관, 나하시 역사박물관, 국회도서관, 외교사료관, 한국의 국회도서관, 국립 중앙도서관, 외교사료관, 국사편찬위원회, 타이완의 국가도서관, 중앙연구원 근대사연구소, 국사관, 중국국민당당사관, 미국의 국립 공문서관, 미국의회도서관, 아이젠하워 대통령도서관, 케네디 대통령도서관, 존슨 대통령도서관, 닉슨 대통령도서관 등에 신세를 졌다. 각 기관의 관계자 분들께도 감사드린다. 또한 최근에 '온라인 판 구스다 미노루楠田実 자료', '오키나와 관계 외교사료관 자료 데이터베이스', '일한회담 문서정보공개 아카이브즈' 등의 공개로 중요한 사료를 인터넷을 통해 열람할 수 있게 된 것, 2016년 이전에는 복사 제한이 대단히 엄했던 타이완의 중앙연구원 근대사연구소, 국사관의 제한이 완화된 것은 본서 집필에 큰 도움이 되었다. 다만, 어쨌든 시간과 어학력의 부족 때문에 보지 못한 사료가 많이 있을지도 모른다는 것이 우려된다. 눈치챈 분이 계시다면 부디 알려주시기 바란다.

오키나와를 처음 방문하고 나서 10년간은 필자에게 헤노코 이설 문제와 마주한 10년간이기도 했다. 특히, 처음 3년간은 헤노코 이설로의 회귀, 오스프리의 후텐마 기지 배치 등, 불합리한 상황이 계속 이어졌고, 오키나와에 자료조사를 하러 갈 때마다 과거의 사실을 연구하기보다는 지금의 상황을 전해야 하지 않을까 하는 생각에 계속 괴로워했다. 앞이 안 보이는 상황 속에서 2014년 이후, 연구에 집중할 수 있는 기회를 얻을 수 있었던 것이 본서의 완성으로 이어졌다. 그 선택이 옳았는지는 지금도 알 수 없지만, 연구를 계속하지 않으면 보이지 않았던 일이 많이 있었던 것은 확실하다. 본서는 오키나와 반환 이전의 역사를 다루고 있지만, 지금도 여전히 지속되고 있는 기지문제의 해결에 조금이라도 도움이 되는 부분이 있다면, 더할 나위 없이 기쁠 것이다.

나리타 지히로

참고문헌

1. 미공간 사료

① 일본

▪ 沖縄県公文書館

『沖縄県祖国復帰協議会文書』

『屋良朝苗文書』

Record Group 59, General Records of the Department of State

Record Group 260, Records of the United States Civil Administration of the Ryukyu Islands(USCAR)

Record Group 319, Records of Army Staff; Records of Edward O'Flaherty

▪ 外務省外交史料館

外務省外交記録

▪ 国立国会図書館

海原治関係文書

② 한국

▪ 한국외교사료관

『APACL(아시아민족반공연맹)』(분류번호 736.31, 등록번호 211)

『APATO(아시아,태평양조약기구)창설구상, 1968-1969』(분류번호 729.35, 등록번호 3107)

『미국 · 일본간 오끼나와(沖縄) 반환문제 전2권』 V.1, 1969.1~6月(분류번호 722.12 JA/US, 등록번호 2958)

『미국 · 일본간 오끼나와(沖縄) 반환문제 전2권』 V.2, 1969.7~12月(분류번호 722.12 JA/US, 등록번호 2959)

『미국 · 일본간 오끼나와(沖縄) 반환문제, 1970』(분류번호 722.12, 등록번호 3451)

『미국 · 일본간 오끼나와(沖縄) 반환문제, 1971』(분류번호 722.12, 등록번호 4119)

『박정희 대통령 미국 방문, 1969.8.20~25 전3권』(분류번호 724.11, 등록번호 3017)

『사또 에이사꾸(佐藤榮作) 일본 수상 미국 방문, 1972.1.6~7』(분류번호 722.12, 등록번호 4895)

『정일권 국무총리 중화민국 방문, 1964.10.8~12』(분류번호 724.21, 등록번호 788)

『주중대사관 정무보고』(분류번호 773.1, 등록번호 359)

『한국안보에 관한 한미간 협의(국군현대화 5개년 계획 및 주한미군 감축) 1970~71. 전8권(V.1

기본문서, 1970.4~8)』(분류번호 729.11, 등록번호 4308)
『한·일본 정기각료회의, 제3차. 동경, 1969.8.26~28 전5권』 V.3 결과보고(분류번호 723.1, 등록번호 3008)
『한국의 대중국(구 중공) 정책』(분류번호 721.1, 등록번호 4087)

③ 중화민국

■ 中央研究院近代史研究所档案館

『亞盟』 647/0004
『亞盟』 647/0020
『蔣中正總統與佐藤榮作談話紀錄』 012.2/0007
『反對將奄美島交與日本』 019.1/0001
『中韓關係』 012/0003
『琉球政情』 019.11/0003
『琉球地位問題概述』 419/0003
『琉球地位問題資料』 019.18/89002
『琉球地位, 琉民待遇及國籍問題』602/89006
『琉球問題』019.1/0019
『琉球問題』419/0006

■ 國史館

『外交—蔣中正接見美方代表談話紀錄(二十七)』(蔣經國總統文物) 005-010205-00089-001
『蔣經國訪日(三)』(蔣經國總統文物) 005-010100-00014-010
『蔣中正接見外賓談話資料(二)』(蔣經國總統文物) 005-010304-00002-007
『總統事略日記五八·○六』(蔣中正總統文物) 002-110101-00064-018
『總統事略日記六○·○六』(蔣中正總統文物) 002-110101-00088-008
『總統事略日記六一·○五~六一·○六』(蔣中正總統文物) 002-110101-00097-007
『對日本外交 (二)』(蔣中正總統文物) 002-080106-00065-021
『中國國民黨第七屆中央委員會常務委員會會議紀錄(四)』(陳誠副總統文物) 008-011002-00009-011

④ 미국

■ National Archives and Records Administration, National Archives Ⅱ, College Park, MD(NARA)

Record Group 59, General Records of the Department of State

■ Lindon B. Johnson Presidential Library
National Security Files

■ Richard Nixon Presidential Library
National Security Council Files
National Security Institutional Files

2. 공간 사료

石井修・我部政明・宮里政玄 監修,『アメリカ合衆国対日政策文書集成 第12期－日米外交防衛問題 1968年』, 柏書房, 2003.
____________________,『アメリカ合衆国対日政策文書集成 第14期－日米外交防衛問題 1969年・沖縄編』, 柏書房, 2004.

한국학술정보 편집부,『월남전 관련 자료집 전 22권』, 한국학술정보, 2010.

田桓主 編,『战后中日关系文献集 1945~1970』, 中國社会科學出版社, 1996.
______,『战后中日关系文献集 1971~1995』, 中國社会科學出版社, 1996.

U.S. Department of State, *Foreign Relations of the United States : Diplomatic Papers, the Conference at Cairo and Teheran, 1943*(U.S. Government Printing Office, 1961).
____________________, *Foreign Relations of the United States, 1952-1954, China and Japan*, vol.14, Part 2(U.S. Government Printing Office, 1985).
____________________, *Foreign Relations of the United States, 1961-1963*, vol.1, *Vietnam, 1961*(U.S. Government Printing Office, 1988).
____________________, *Foreign Relations of the United States, 1961-1963*, vol.2, *Vietnam, 1962*(U.S. Government Printing Office, 1990).
____________________, *Foreign Relations of the United States, 1961-1963*, vol.22, *Northeast Asia*(U.S. Government Printing Office, 1996).
____________________, *Foreign Relations of the United States, 1964-1968*, vol.2, *Vietnam, January-June 1965*(U.S. Government Printing Office, 1996).
____________________, *Foreign Relations of the United States, 1964-1968*, vol.29, Part.1, *Korea*(U.S. Government Printing Office, 2000).
____________________, *Foreign Relations of the United States, 1964-1968*, vol.29, Part 2, *Japan*(U.S. Government Printing Office, 2006).
____________________, *Foreign Relations of the United States, 1969-1972*, vol.17, *China, 1969-1972*(U.S. Government Printing Office, 2006).

________________________, *Foreign Relations of the United States, 1969-1976*, vol.19, Part 1, *Korea, 1969-1972*(U.S. Government Printing Office, 2009).

________________________, *Foreign Relations of the United States, 1969-1976*, vol.19, Part 2, *Japan, 1969-1972*(U.S. Government Printing Office, 2018).

3. 기본 자료 · 자료집 등

嘉手納町企画渉外課 編,『嘉手納町と基地』, 嘉手納町役場, 2010.

南方同胞援護会 編,『沖縄問題基本資料集(追補版)』, 南方同胞援護会, 1972.

________________,『沖縄問題基本資料集』, 南方同胞援護会, 1968.

新垣栄一 編,『十周年記念沖縄縣青年团史』, 沖縄県青年団協議会, 1961.

屋良誌編纂委員会 編,『嘉手納町屋良誌』, 字屋良共栄会発行, 1994.

中野好夫,『戦後資料－沖縄』, 日本評論社, 1969.

沖縄嘉手納村役所 編,『嘉手納村の現況』, 沖縄嘉手納村役所, 1969.

沖縄県祖国復帰協議会 編,『沖縄県祖国復帰闘争史－資料編, 写真集』, 沖縄時事出版社, 1982.

4. 정기간행물

『경향신문』,『読売新聞』,『동아일보』,『로동신문』,『琉球新報』,『毎日新聞』,『朝雲』,『朝日新聞』,『沖縄タイムス』

5. 단행본, 논문 · 잡지기사

岡本直美,「占領期沖縄における土地接収と生活補償をめぐる折衝過程－伊江島の陳情者の座り込みまで」,『沖縄文化研究』45, 2018.

古関彰一, 豊下楢彦,『沖縄 憲法なき戦後－講和条約三条と日本の安全保障』, みすず書房, 2018.

高崎宗司,『検証 日韓会談』, 岩波書店, 1996.

高賢来,「一九五〇年代の韓国・沖縄関係－反帝国主義, 独立, そして米軍基地」,『琉球・沖縄研究』4, 2013.

菅英輝,『冷戦と「アメリカの世紀」－アジアにおける「非公式帝国」の秩序形成』, 岩波書店, 2016.

______ 編著,『冷戦変容と歴史認識』, 晃洋書房, 2017.

久保卓也遺稿・追悼集刊行会 編,『久保卓也遺稿・追悼集』, 久保卓也遺稿・追悼集刊行会, 1981.

宮里政玄 編,『戦後沖縄の政治と法』, 東京大学出版会, 1975.

_______,『アメリカの沖縄政策』, ニライ社, 1986.

_______,『日米関係と沖縄 1945-1972』, 岩波書店, 2000.

宮平良啓,『古稀を迎えて あの日 あの時 全力投球』, 宮平良啓発行, 2008.

吉次公介,「アジア冷戦史のなかの沖縄返還－『ニクソン・ドクトリン』と沖縄返還の連関」, 栗屋憲太郎 編,『近現代日本の戦争と平和』, 現代史料出版, 2011.

________,『池田政権期の日本外交と冷戦 戦後日本外交の座標軸 1960-1964』, 岩波書店, 2009.
吉澤南,『ベトナム戦争と日本』, 岩波書店, 1988.
______,『ベトナム戦争－民衆にとっての戦場』, 吉川弘文館, 2009.
______,『同時代史としてのベトナム戦争』, 有志舎, 2010.
吉澤文寿,『戦後日韓関係 国交正常化交渉をめぐって』, クレイン, 2005.
________,「日韓国交正常化と残された課題」,『戦争責任研究』66, 2009.
金鍾泌, 中央日報社 編, 若杉美奈子・小池修 訳,『金鍾泌証言録』, 新潮社図書編集室, 2017.
金東祚, 林建彦 訳,『韓日の和解－日韓交渉14年の記録』, サイマル出版会, 1993.
ニクソン ほか談, 毛利和子・毛利興三郎 訳,『ニクソン訪中機密会談録』, 名古屋大学出版会, 2016.
当間重剛,『当間重剛回想録』, 当間重剛回想録刊行会, 1969.
大嶽秀夫,『日本の防衛と国内政治－デタントから軍拡へ』, 三一書房, 1983.
大野光明,『沖縄闘争の時代1960/70－分断を乗り越える思想と実践』, 人文書院, 2014.
大田昌秀,『沖縄の帝王高等弁務官』, 久米書房, 1984.
_______,『大田昌秀が説く沖縄戦の深層－住民はいかにして戦争に巻き込まれたか』, 高文研, 2014.
徳田友子,『コザから吹く風－中根章の奔流の軌跡』, ボーダーインク, 2013.
渡邉昭夫,『戦後日本の政治と外交－沖縄問題をめぐる政治過程』, 福村出版, 1970.
東大作,『我々はなぜ戦争をしたのか－米国・ベトナム敵との対話』, 岩波書店, 2000.
東郷文彦,『日米外交三十年－安保・沖縄とその後』, 世界の動き社, 1982.
ロバート・D・エルドリッヂ,『奄美返還と日米関係－戦後アメリカの奄美・沖縄占領とアジア戦略』, 南方新社, 2003.
________________________,『沖縄問題の起源－戦後日米関係における沖縄 1945-1952』, 名古屋大学出版会, 2003.
________________________, 吉田真吾・中島琢磨 訳,『尖閣問題の起源－沖縄返還とアメリカの中立政策』, 名古屋大学出版会, 2015.
瀬長亀次郎,『沖縄の心－瀬長亀次郎回想録』, 新日本出版社, 2014.
瀬川高央,「日米防衛協力の歴史的背景－ニクソン政権期の対日政策を中心に」,『年報公共政策学問』 1, 2007.
琉球・沖縄の自己決定権を樹立する会,『うちなーの夜明けと展望』, 琉球新報社, 2015.
琉球新報社 編,『世替わり裏面史－証言に見る沖縄復帰の記録』, 琉球新報社, 1983.
____________,『一条の光 屋良朝苗日記・上』, 琉球新報社, 2015.
____________,『沖縄の自己決定権－その歴史的根拠と近未来の展望』, 高文研, 2015.
劉仙姫,『朴正熙の対日・対米外交－冷戦変容期韓国の政策, 1968~1973年』, ミネルヴァ書房, 2012.
栗山尚一, 中島琢磨・服部龍二・江藤名保子 編,『外交証言録 沖縄返還・日中国交正常化・日米「密約」』, 岩波書店, 2010.
李奇泰,「ニクソン政権の在韓米軍削減をめぐる韓米交渉」,『法学政治学論究』67, 2008.

李東元, 具末謨 訳,『日韓条約の成立－李東元回想録 椎名悦三郎との友情』, 彩流社, 2016.
李東俊,『未完の平和－米中和解と朝鮮問題の変容 1969~1975年』, 法政大学出版局, 2010.
李相泫,「ASPAC閣僚会議開催をめぐる韓日関係1964-1966(1)提唱国である韓国VS会議成功の鍵を握る日本」,『筑波法政』45, 2008.
______, 「ASPAC閣僚会議開催をめぐる韓日関係1964-1966(2)提唱国である韓国VS会議成功の鍵を握る日本」,『筑波法政』46, 2009.
李鍾元,「韓日国交正常化の成立とアメリカ」, 近代日本研究会 編,『戦後外交の形成』, 山川出版会, 1994a.
______,「韓日会談とアメリカ『不介入政策』の成立を中心に」,『国際政治』105, 1994b.
______,『東アジア冷戦と韓米日関係』, 東京大学出版会, 1996.
______, 「日韓新公開文書に見る日韓会談とアメリカ(一)－朴正熙軍事政権の成立から『金・大平メモ』まで」,『立教法学』76, 2009.
______, 「日韓新公開文書に見る日韓会談とアメリカ(二)－朴正熙軍事政権の成立から『金・大平メモ』まで」,『立教法学』77, 2009.
______, 「日韓新公開文書に見る日韓会談とアメリカ(三)－朴正熙軍事政権の成立から『金・大平メモ』まで」,『立教法学』78, 2010.
______, 木宮正史, 浅野豊美 編,『歴史としての日韓国交正常化Ⅰ 東アジア冷戦編』, 法政大学出版局, 2011.
林博史,『米軍基地の歴史－世界ネットワークの形成と展開』, 吉川弘文館, 2012.
明田川融,『沖縄基地問題の歴史－非武の島, 戦の島』, みすず書房, 2008.
米多, 「中華民国の『アジア反共同盟』構想－アジア冷戦変容下の集団安全保障政策」,『国際政治』188, 2017.
白永瑞, 趙慶喜 監訳, 中島隆博 解説,『共生への道と核心現場－実践課題としての東アジア』, 法政大学出版局, 2016.
福木詮,『沖縄のあしおと－1968-1972年』, 岩波書店, 1973.
服部龍二,『日中国交正常化－田中角栄, 大平正芳, 官僚たちの挑戦』, 中央公論新社, 2011.
________,『歴史認識－外交ドキュメント』, 岩波書店, 2015.
________,『佐藤栄作－最長不倒政権への道』, 朝日新聞出版, 2017.
冨山一郎・森宣雄 編著,『現代沖縄の歴史経験－希望, あるいは未決性について』, 青弓社, 2010.
冨永悠介,「喜友名嗣正が見た『日本』－琉球独立運動と『台湾省琉球人民協会』の活動から」,『大阪大学日本学報』31, 2012.
北島万次,『豊臣秀吉の朝鮮侵略』, 吉川弘文館, 1995.
比嘉康文,『「沖縄独立」の系譜－琉球国を夢見た6人』, 琉球新報社, 2004.
山崎孝史,「戦後沖縄の境界・領域と政治行動－領土の分離・統合と闘争のイデオロギー」,『史林』90(1), 2006.
サンケイ新聞社,『蒋介石秘録 15 大陸奪還の誓い』, 産経新聞社出版局, 1977.

森宣雄,「東アジアのなかの沖縄の日本復帰運動－台湾・沖縄・韓国の脱冷戦・民主化運動」,『インパクション』103, 1997.
森宣雄・冨山一郎・戸邉秀明 編,『あま世へ－沖縄戦後史の自立に向けて』, 法政大学出版局, 2017.
上原康助,『基地沖縄の苦闘－全軍労闘争史』, 創広, 1982.
上原兼善,『島津氏の琉球侵略』(琉球弧叢書 19), 榕樹書林, 2009.
西村真彦,「安保改定時の事前協議制度交渉(1)－『朝鮮議事録』,『同意』, 偵察飛行」,『法学論叢』183(6), 2018.
________,「安保改定時の事前協議制度交渉(2・完)－『朝鮮議事録』,『同意』, 偵察飛行」,『法学論叢』184(4), 2019.
石井明,「中国の琉球・沖縄政策－琉球・沖縄の帰属問題を中心に」,『境界研究』1, 2010.
成田千尋,「[インタビュー]昭和一桁世代の南洋移民経験と沖縄戦後闘争－有銘政夫氏に聞く」,『ノートル・クリティーク』7, 2014.
________,「2・4ゼネストと総合労働布令－沖縄保守勢力・全軍労の動向を中心に」,『人権問題研究』14, 2014.
________,「[インタビュー]全軍労OBが見た米軍施政下のRYUKYUSと基地－宮城邦治氏・豊光氏に聞く」,『ノートル・クリティーク』9, 2016.
________,「日韓関係と琉球代表APACL参加問題」, 吉澤文寿 編著,『歴史認識から見た戦後日韓関係－「1965年体制」の歴史学・政治学的考察』, 社会評論社, 2019.
小林聡明,「新発見 韓国外交文書が暴く『核密約』の真相」,『中央公論』125(2), 2010.
________,「韓国外交文書に見る沖縄返還－琉球(沖縄)問題－問題点と政府立場」,『インテリジェンス』11, 2011.
小林平造,「ドキュメント社会教育実践史〈戦後編〉 16－沖縄の祖国復帰運動と青年団運動」,『月刊社会教育』36(6), 1992.
小松寛,「日本・沖縄間の『本土並み』を巡る交渉過程」,『国際政治』168, 2012.
______,『戦後沖縄における帰属論争と民族意識－日本復帰と反復帰』, 早稲田大学出版部, 2013.
小野百合子,「『沖縄軍用地問題』に対する本土側の反響の考察－日本社会と『沖縄問題』の出会い / 出会い損ない」,『沖縄文化研究』36, 2010.
__________,「奄美における沖縄返還運動－沖縄返還運動の歴史経験が奄美にもたらしたもの」,『沖縄文化研究』43, 2016.
小此木政夫・文正仁 編,『市場・国家・国際体制』, 慶應義塾大学出版会, 2001.
小倉貞男,『ドキュメントヴェトナム戦争全史』, 岩波書店, 2005.
松岡完,『ベトナム戦争－誤解と誤算の戦場』, 中央公論新社, 2001.
______,『ケネディとベトナム戦争－反乱鎮圧戦略の挫折』, 錦正社, 2013.
松島泰勝,『琉球独立論－琉球民族のマニフェスト』, バジリコ, 2014.
松田春香,「東アジア『前哨国家』による集団安全保障体制構想とアメリカの対応－『太平洋同盟』と『アジア民族反共連盟』を中心に」,『アメリカ太平洋研究』5, 2005.

新崎盛暉,『沖縄返還と70年安保』, 現代評論社, 1968.
________,『戦後沖縄史』, 日本評論社, 1976.
________,『沖縄現代史』(新版), 岩波書店, 2005.
________,『沖縄を越える－民衆連帯と平和創造の核心現場から』, 凱風社, 2014.
信夫隆司,『若泉敬と日米密約－沖縄返還と繊維交渉をめぐる密使外交』, 日本評論社, 2012.
________,『米軍基地権と日米密約－奄美・小笠原・沖縄返還を通して』, 岩波書店, 2019.
我部政明,『日米関係のなかの沖縄』, 三一書房, 1996.
________,『沖縄返還とは何だったのか－日米戦後交渉史の中で』, 日本放送出版協会, 2000.
________,『戦後日米関係と安全保障』, 吉川弘文館, 2007.
阿波根昌鴻,『米軍と農民－沖縄県伊江島』, 岩波書店, 1973.
安里英子,『新しいアジアの予感－琉球から世界へ』, 藤原書店, 2019.
櫻井溥,『沖縄祖国復帰物語』, 大蔵省印刷局, 1999.
櫻澤誠,『沖縄の復帰運動と保革対立－沖縄地域社会の変容』, 有志舎, 2012.
______,『沖縄現代史－米国統治, 本土復帰から『オール沖縄』まで』, 中央公論新社, 2015.
______,『沖縄の保守勢力と「島ぐるみ」の系譜－政治結合・基地認識・経済構想』, 有志舎, 2016.
野岸泰之,「沖縄返還と自衛隊」,『セキュリタリアン』549, 2004.
野添文彬,「米国の東アジア戦略と沖縄返還交渉－対中・対韓政策との連関を中心に」,『国際政治』172, 2013.
________,『沖縄返還後の日米安保－米軍基地をめぐる相克』, 吉川弘文館, 2016.
野村浩也,『無意識の植民地主義－日本人の米軍基地と沖縄人』, 松籟社, 2019.
若林正丈,『台湾の政治－中華民国台湾化の戦後史』, 東京大学出版会, 2008.
若林千代,『ジープと砂塵－米軍占領下沖縄の政治社会と東アジア冷戦 1945-1950』, 有志舎, 2015.
________,「朝鮮戦争と沖縄－『知られざる戦争』を越えて」,『PRIME』43, 2020.
若泉敬,『他策ナカリシヲ信ゼムト欲ス』, 文藝春秋, 1994.
楊子震,「国民政府の『対日戦後処理構想』－カイロ会談への政策決定過程」,『東アジア近代史』14, 2011.
与那国暹,『沖縄・反戦平和意識の形成』, 新泉社, 2005.
五百旗頭真,『戦後日本外交史』(第三版補訂版), 有斐閣, 2017.
五百旗頭薫 外編,『戦後日本の歴史認識』, 東京大学出版会, 2017.
呉世宗, 『沖縄と朝鮮のはざまで－〈朝鮮人の可視化/不可視化〉をめぐる歴史と語り』, 明石書店, 2019.
屋良朝苗,『屋良朝苗回顧録』, 朝日新聞社, 1977.
________,『激動八年 屋良朝苗回想録』, 沖縄タイムス社, 1985.
又吉盛清,『大日本帝国植民地下の琉球沖縄と台湾－これからの東アジアを平和的に生きる道』, 同時代社, 2018.
齋藤道彦,「中国国民党/中華民国政府『琉球』吸収工作・1948年~1971年」,『中央大学経済研究所年報』47, 2015.

________, 「蔡璋と琉球革命同志会・1941~1948年」, 『中央大学経済研究所年報』 46, 2015.
赤嶺守, 「戦後台湾における対琉球政策－1945年~1972年の琉球帰属問題を中心に」, 『日本東洋文化論集－琉球大学法文学部紀要』 19, 2013.
全相仁, 「沖縄と韓国－近・現代史の共有とその関係」, 『翰林日本学研究』 6, 2001.
鄭敬娥, 「1960年代のアジアにおける地域主義と韓国－アジア・太平洋協議会(ASPAC)会議を中心に」, 『大分大学教育福祉科学部研究紀要』 34(2), 2012.
井上正也, 『日中国交正常化の政治史』, 名古屋大学出版会, 2010.
鳥山淳, 『沖縄/基地社会の起源と相克 1945-1956』, 勁草書房, 2013.
朝日新聞社 編, 『沖縄報告』, 朝日新聞社, 1969.
佐道明広, 『自衛隊史論－政・官・軍・民の60年』, 吉川弘文館, 2015.
________, 『戦後日本の防衛と政治』, 吉川弘文館, 2003.
________, 『戦後政治と自衛隊』, 吉川弘文館, 2006.
周恩来・キッシンジャー, 毛里和子・増田弘 監訳, 『周恩来・キッシンジャー機密会談録』, 岩波書店, 2004.
竹内俊隆 編著, 『日米同盟論－歴史, 機能, 周辺諸国の視点』, ミネルヴァ書房, 2011.
中島敏次郎・井上正也, 中島琢磨・服部龍二 編, 『外交証言録 日米安保・沖縄返還・天安門事件』, 岩波書店, 2012.
中島琢磨, 「中曽根康弘防衛庁長官の安全保障構想－自主防衛と日米安全保障体制の関係を中心に」, 『九大法学』 84, 2002.
________, 「戦後日本の『自主防衛』論－中曽根康弘の防衛論を中心として」, 『法制研究』 71(4), 2005.
________, 「戦後の日本は主権を回復したか－『独立の実質化』の問題の視点から」, 『年報政治学』 70(1), 2019.
________, 『沖縄返還と日米安保体制』, 有斐閣, 2012.
中野好夫・新崎盛暉, 『沖縄・70年前後』, 岩波書店, 1970.
________・________, 『沖縄戦後史』, 岩波書店, 1976.
仲田清喜, 「『アメリカ世』時代の沖縄(7)－沖縄独立論の諸相」, 『財界九州』 43(12), 2002.
仲宗根悟・中根章・東武　他証言, 「沖縄祖国復帰闘争と青年団運動－戦後沖縄青年運動史の証言(その一)」, 『東アジア社会教育研究』 12, 2007.
中曽根康弘, 中島琢磨 外編, 『中曽根康弘が語る戦後日本外交』, 新潮社, 2012.
増田弘 編著, 『ニクソン訪中と冷戦構造の変容－米中接近の衝撃と周辺諸国』, 慶應義塾大学出版会, 2006.
真崎翔, 『核密約から沖縄問題へ－小笠原返還の政治史』, 名古屋大学出版会, 2017.
チャ, ヴィクター・D, 船橋洋一 監訳, 『米日韓 反目を超えた提携』, 有斐閣, 2003.
川島真 外, 『日台関係－1945-2020』(増補版), 東京大学出版会, 2020.
清水麗, 『台湾外交の形成－日華断交と中華民国からの転換』, 名古屋大学出版会, 2019.
村山家國, 『奄美復帰史』, 南海日日新聞社, 1971.
村田晃嗣, 『大統領の挫折－カーター政権の在韓米軍撤退政策』, 有斐閣, 1998.

村井良太,『佐藤栄作－戦後日本の政治指導者』, 中央公論新社, 2019.
崔慶原,「沖縄返還と日韓安保摩擦－日韓安保関係の出発点」,『法學政治學論究－法律・政治・社会』72, 2007.
______,『冷戦期日韓安全保障関係の形成』, 慶應義塾大学出版会, 2014.
椎名悦三郎追悼録刊行会,『記録 椎名悦三郎』下, 椎名悦三郎追悼録刊行会, 1982.
秋山道宏,『基地社会・沖縄と「島ぐるみ」の運動－B52撤去運動から県益擁護運動へ』, 八朔社, 2019.
沖縄県教職員組合戦争犯罪追及委員会 編,『これが日本軍だ－沖縄戦における残虐行為』, 沖縄県教職員組合, 1972.
太田修,『新装版 日韓交渉－請求権問題の研究』, クレイン, 2015.
太田昌克,『日米「核密約」の全貌』, 筑摩書房, 2011.
波多野澄雄,「沖縄返還交渉と台湾・韓国」,『外交史料館報』27, 2013.
波平恒男,『近代東アジア史のなかの琉球併合－中華世界秩序から植民地帝国日本へ』, 岩波書店, 2014.
八尾祥平,「中華民国にとっての『琉球』－日華断交までの対『琉球』工作を中心に」,『琉球・沖縄研究』3, 2010.
________,「1950年代から1970年代にかけての琉球華僑組織の設立過程－国府からの影響を中心に」,『華僑華人研究』8, 2011.
平良好利,「沖縄復帰運動の政治的動態－復帰協を中心として」,『国際関係学研究』15, 2002.
________,『戦後沖縄と米軍基地－「受容」と「拒絶」のはざまで 1945-1972』, 法政大学出版局, 2012.
河野康子,『沖縄返還をめぐる政治と外交－日米関係史の文脈』, 東京大学出版会, 1994.
________,「沖縄返還と地域的役割分担論(1)－危機認識の位相をめぐって」,『法学志林』106(1), 2008.
________,「沖縄返還と地域的役割分担論(2)－危機認識の位相をめぐって」,『法学史林』106(3), 2009.
河宇鳳 外,『朝鮮と琉球』, 榕樹書林, 2011.
許育銘, 鬼頭今日子 訳,「1940~50年代国民政府の琉球政策－戦後処理と地政学の枠組みの中で」, 西村成雄・田中仁 編,『中華民国の制度変容と東アジア地域秩序』, 汲古書院, 2008.
Havens, Thomas R. H., Fire Across the Sea : The Vietnam War and Japan, 1965-1975, Princeton Univ. Pr., 1987(ヘイブンズ・トーマス・R.H., 吉川勇一 訳,『海の向こうの火事－ベトナム戦争と日本 1965-1975』, 筑摩書房, 1990).
黄自進,『蒋介石と日本－友と敵のはざまで』, 武田ランダムハウスジャパン, 2011.
喜友名嗣正,「孤立無援であっても…」,『新沖縄文学』55, 1983.

김정배,「북한, 미국, 그리고 냉전체제」,『미국사연구』27, 2008.
남궁철,「전후(戦後) 오키나와의 자기결정 모색과 반복귀론」,『일본역사연구』47, 2018.
노기영,「이승만정권의 태평양동맹 추진과 지역안보구상」,『지역과 역사』11, 2002.

문홍호, 『한국-타이완 관계사-1949~2012』, 폴리테이아, 2015.
박명희, 「카이로會談에서의 한국문제에 대한 중화민국정부의 태도」, 『東洋學』 47, 2010.
박정현, 「한국전쟁과 타이완(台灣)의 지위」, 『아세아연구』 56(3), 2013.
______, 「미 · 중 화해와 한국-타이완 관계-외교정책 결정자들의 인식과 대응」, 『아세아연구』 157, 2014.
박진희, 「이승만의 대일인식과 태평양동맹 구상」, 『역사비평』 76, 2006.
박태균, 「1950 · 60년대 미국의 한국군 감축론과 한국정부의 대응」, 『국제지역연구』 9(3), 2000.
______, 「박정희의 동아시아인식과 아시아 · 태평양 공동사회 구상」, 『역사비평』 76, 2006.
______, 「베트남 파병을 둘러싼 한미 협상 과정-미국 문서를 중심으로」, 『역사비평』 74, 2006.
______, 『우방과 제국, 한미관계의 두 신화-8 · 15에서 5 · 18까지』, 창비, 2006.
______, 『베트남 전쟁=The Vietnam war-잊혀진 전쟁, 반쪽의 기억』, 한겨레출판, 2015.
______, 『쟁점 한국사, 현대편』, 창비, 2017.
______, 「한반도 중립국 통일론과 주한미군」, 『황해문화』 100, 2018.
왕엔메이, 「아시아민족반공연맹의 주도권을 둘러싼 한국과 중화민국의 갈등과 대립(1953~1956)」, 『아세아연구』 153, 2013.
유영익, 「한미동맹 성립의 역사적 의의-1953년 이승만 대통령의 한미상호방위조약 체결을 중심으로」, 『한국사시민강좌』 36, 2005.
尹德敏, 「美日오키나와返還協商과韓國外交」, 『국제정치논총』 31, 1992.
윤충로, 「베트남 전쟁 시기 한국의 전쟁 동원과 일상」, 『사회와 역사』 95, 2012.
______, 「20세기 한국의 대 베트남 관계와 인식」, 『사회와 역사』 97, 2013.
이상현, 「아시아판 NATO구상의 좌절-60년대 박정희정권의 아시아태평양조약기구(APATO) 구상을 중심으로」, 『국제정치논총』 50(5), 2010.
______, 「베트남 참전국 정상회의와 60년대 한국외교」, 『사회과학연구』 53(1), 2014.
이지원, 「냉전기 오키나와 독립론의 한 사례-키유나 쓰구마사의 삶과 활동」, 『翰林日本學』 35, 2019.
임경화, 「'분단'과 '분단'을 잇다-미군정기 오키나와의 국제연대운동과 한반도」, 『상허학보』 44, 2015.
______, 「오키나와의 아리랑-미군정기 오키나와의 잔류 조선인들과 남북한」, 『大東文化硏究』 89, 2015.
장준갑, 「존슨 행정부 초기의 한미관계(1964~66)-베트남 파병 협상을 중심으로」, 『역사와 담론』 52, 2009.
전재성, 「1965년 한일 국교정상화와 베트남 파병을 둘러싼 미국의 대한(對韓) 외교정책」, 『한국정치외교사논총』 26(1), 2004.
정근식 · 전경수 · 이지원 편저, 『기지의 섬, 오키나와-현실과 운동』, 논형, 2008.
______ · 주은우 · 김백영 편저, 『경계의 섬, 오키나와-기억과 정체성』, 논형, 2008.
정영신, 「오키나와 복귀운동의 역사적 동학-동화주의의 형성과 전환, 비판을 중심으로」, 『翰林日

本學』 23, 2013.
______, 「오키나와 반전·반기지운동과 조국복귀운동의 마주침-1969년 2·4총파업의 환상과 그 유산」, 『역사문제연구』 18(2), 2014.
______, 「차별과 전쟁, 군사기지에 맞선 오키나와의 현대사」, 『내일을 여는 역사』 69, 2017.
조양현, 「데탕트 체제 전환기의 한일관계」, 『국제지역연구』 20(1), 2011.
조원래, 『정유재란사-한중일 공동연구』(임진정유재란 종전7주갑기념 국제학술논총), 범우사, 2019.
조윤수, 「한일회담과 독도-한국, 일본, 미국의 대응을 중심으로」, 『영토해양연구』 4, 2012.
조진구, 「중소대립, 베트남 전쟁과 북한의 남조선혁명론, 1964~68」, 『아세아연구』 46(4), 2003.
______, 「한국군의 베트남 파병과 박정희 정부의 외교적 이니셔티브-한·미 행정협정, ASPAC, 베트남 참전국 정상회담」, 『해외파병사 연구총서』 2, 2007.
진필수, 「오키나와 일본복귀론의 재검토-미군기지 문제의 신화와 친일세력의 부활」, 『로컬리티 인문학』 22, 2019.
Cha, Victor D., 「1965년 한일수교협정체결에대한 현실주의적 고찰」, 『한국과 국제정치』 13(1), 1997.
최영호, 「이승만 정부의 태평양동맹 구상과 아시아민족반공연맹 결성」, 『國際政治論叢』 39(2), 1999.
최희식, 「한미일 협력체제 제도화 과정 연구-1969년 한미일 역할분담의 명확화를 중심으로」, 『한국정치학회보』 45(1), 2011.
홍석률, 「위험한 밀월」, 『역사비평』 88, 2009.
______, 『분단의 히스테리』, 창비, 2012.
______, 「유신체제와 한미관계」, 『역사와 현실』 88, 2013.
홍종필, 「한국과 '오키나와(沖繩)'와의 관계에 대하여」, 『역사와실학』 10·11, 1999.

林泉忠, 「開羅會議中的琉球問題-從『琉球條款』到『中美共管』之政策過程」, 『亞太研究論壇』 64, 2017.
米澤晋平, 「戰後中華民國政府對琉球政策之研究」, 國立政治大學政治學系碩士論文, 2011.
方治, 『我生之旅』, 東大出版, 1986.
蘇德用, 『李承晩與中國』, 中央文物, 1954.
楊子震, 「戰後東亞國際秩序與中華民國對琉球群島政策-以在臺琉僑的政治運動為中心」, 周惠民 編, 『國際秩序與中國外交的形塑』, 政大出版社, 2014.
______, 「中華民國對琉球群島政策與『奄美返還』問題」, 周惠民, 『全球視野下的中國外交史論』, 政大出版社, 2016.
任天豪, 「奄美『返還』的影響與冷戰初期的中華民國自我定位」, 『國史館館刊』 56, 2018.
______, 「中華民国対琉球帰属問題的態度及其意義(1948~1952)-以《外交部档案》為中心的探討」, 『興大歴史学報』 22, 2010.
蔡璋, 『琉球亡国史譚』, 正中書局, 1951.
何義麟, 「戦後在台琉球人之居留与認同」, 『国史館学術集刊』 18, 2008.

許育銘,「冷戰時期東亞局勢下的琉球與台灣關係－以1966年中華民國琉球友好訪問團為中心」,『社会システム研究』29, 2014.

George C. Herring, *America's Longest War : The United States and Vietnam, 1950-1975*, Boston; London, McGraw-Hill, 2002.

Jiyul Kim, "U.S. and Korea in Vietnam and the Japan-Korea Treaty : search for security, prosperity and influence", M.A. Thesis, Harvard University, 1991.

Johnson, U. Alexis, *The Right Hand of Power : The Memoirs of an American Diplomat*, Prentice-Hall, 1984(U・アレクシス・ジョンソン, 増田弘 訳,『ジョンソン米大使の日本回想－二・二六事件から沖縄返還・ニクソンショックまで』, 草思社, 1989).

Kissinger, Henry A., *White House Years*, Little, Brown, 1979(ヘンリー・キッシンジャー, 斎藤彌三郎 外訳,『キッシンジャー秘録』第1-5巻, 小学館, 1979~1980).

McNamara, Robert S., Blight, James G., and Brigham, Robert K., *Argument without End : In Search of Answers to the Vietnam Tragedy*, New York－Public Affairs, 1999(ロバート・マクナマラ 編著, 仲晃訳,『果てしなき論争－ベトナム戦争の悲劇を繰り返さないために』, 共同通信社, 2003).

Meyer, Armin H., *Assignment Tokyo : An Ambassador's Journal*, The Bobbs-Merrill Company, Inc., 1974(アーミン・H.マイヤー, 浅尾道子 訳,『東京回想』, 朝日新聞社, 1976).

Nicholas Evan Sarantakes, *Keystone : the American Occupation of Okinawa and U.S.-Japanese Relations*, Texas A&M University Press, 2000.

Nixon, Richard, *No More Vietnam*, Arbor House Pub Co., 1987(リチャード・ニクソン, 宮崎緑・宮崎成人 訳,『ノー・モア・ヴェトナム』, 講談社, 1986).

Priscilla Clapp, "Okinawa Reversion : Bureaucratic Interaction in Washington 1966-1969",『国際政治』52, 1975.

6. CD-ROM

渡邉昭夫 監修, 佐道明広・平良好利・君島雄一郎 編,『堂場文書 一般財団法人平和・安全保障研究所所蔵DVD-ROM版』, 丸善学術情報ソリューション事業部企画開発センター, 2013.

7. 데이터베이스

沖縄関係外交史料館資料データベース,

http://riis.skr.u-ryukyu.ac.jp/resources/ RC001_dadocs/

オンライン版楠田実資料(佐藤栄作官邸文書)

沖縄県公文書館「行政記録データベース」,

https://www3.archives.pref.okinawa.jp/GRI/searchs/list_gyousei.php

国会会議録検索システム, http://kokkai.ndl.go.jp/
「世界と日本」, https://worldjpn.grips.ac.jp/
東北亜歴史財団, http://contents.nahf.or.kr/id/kj
日韓会談文書情報公開アーカイブズ,
http://www.f8.wx301.smilestart.ne.jp/nikkankaidanbunsyo/index.php
「日韓会談文書・全面公開を求める会」,
http://www.f8.wx301.smilestart.ne.jp/nihonkokai/nihon.html
沖縄県公文書館「琉球立法院会議録」,
https://www3.archives.pref.okinawa.jp/GRI/searchs/list_kaigi.php
National Security Archive, https://nsarchive.gwu.edu/
ProQuest Digital National Security Archives, Japan and the U.S., 1960~1976
ProQuest "Vietnam War and American Foreign Policy, 1960~1975"
국립중앙도서관 「해외 한국 관련 기록물」,
https://nl.go.kr/NL/contents/N20401000000.do
國史館檔案史料文物查詢系統, https://ahonline.drnh.gov.tw/index.php?act=Archive

사진 출처

〈사진 1-8〉

「總統蔣中正迎接來華訪問韓國大統領李承晩」, 1953.11.27, 『領袖照片資料輯集 (十八)』(蔣中正總統文物), 國史館藏, 數位典藏號 : 002-050101-00020-261.

〈사진 1-11〉

「總統蔣中正與韓國駐華大使金弘一陸軍參謀長丁一權上將及陸軍副參謀長崔德新中將等人合影」, 1955.2.16, 『領袖照片資料輯集(二十一)』(蔣中正總統文物), 國史館藏, 數位典藏號 : 002-050101-00023-202.

〈사진 2-3〉

AR6659-A. Rowe, Abbie. White House Photographs, JFK Library.

〈사진 2-4〉

AR6895-A. Rowe, Abbie. White House Photographs, JFK Library.

〈사진 3-1〉

C3638-6. Frank Wolfe. White House Photo Office, LBJ Library.

〈사진 3-4〉

「總統蔣中正與日本首相佐藤榮作談話留影」, 1967.9.8, 『領袖照片資料輯集(六十六)』(蔣中正總統文物), 國史館藏, 數位典藏號 : 002-050101-00068-066.

〈사진 3-5〉

3750-37. Frank Wolfe. White House Photo Office, LBJ Library.

〈사진 4-3〉

「總統蔣中正與琉球商工訪問合影」, 1968.5.3, 『領袖照片資料輯集(六十八)』(蔣中正總統文物), 國史館藏, 數位典藏號 : 002-050101-00070-042.

오키나와 반환은 한국인들에게 무엇이었나

이 책은 제2차 세계대전에서 미군에 점령된 후 미군기지의 섬이 된 오키나와가 1972년 5월 15일로 27년 만에 일본으로 반환된 '오키나와 반환'이라는 사건을 동아시아 냉전체제의 문맥 속에서 전면적으로 파헤친 나리타 지히로의 역작을 번역한 것이다.

흔히 오키나와 반환은 미국과 일본 간에 미해결 과제로 남겨졌던 영토문제를 외교적인 교섭을 통해 '핵이 철거된 상태에서 본토 수준으로 반환한다'는 내용의 협정을 체결하고 1972년에 반환됨으로써 오키나와의 일본 귀속을 확정지은 사건으로 일컬어지고 있다. 한편, 이러한 미일의 정치외교사 중심의 이해에 맞서, 오키나와 주민들이 외국군의 지배에서 벗어나 평화헌법이 적용되는 일본으로 돌아가려는 열망을 담아 전개했던 '조국복귀운동'에 주목하여 오키나와의 반환이란 무엇이며, 그 반환의 실상은 주민들의 요구와 얼마나 거리가 있었는지에 관한 연구도 활발히 이루어져 왔다. 이러한 사회운동사적인 관점에서 보면, 기지의 섬으로서의 현상유지가 확정된 오키나와 반환은 오키나와 주민들의 열망이 좌절되고 왜곡된 불완전하고 부족한 반환이었다고 할 수 있다.

그런데 이 책은 위의 두 관점에 더해 동아시아 냉전체제 속에서 미국에 안보문제를 의지해야 했던 한국과 타이완이 오키나와의 귀속과 반환 문제에 어떻게 개입했는지를 함께 고려하며 총체적으로 접근하고 있다. 그 이유는 다음과 같다. 전후 미군의 점령하에 놓인 오키나와는 국공내전과 한국전쟁을 거치며 미국 주도로 구축된 동아시아 냉전질서 속에서 '반공의 방파제'로 자리잡아 갔고, 1952년 샌프란시스코 강화조약이 발효되면서 미국의 배타적 통치권이 미치는 지역으로 확정된다. 이로써 미국은 전후 일본에서 평화헌법을 내세우며 지정학적 긴장을 회피하고 경제성장에 주력하는 일본을, 동아시아 최대의 미군기지를 떠안고 냉전체제의 긴장을 응축해서 짊어진 오키나와가 뒷받침하는 이른바 '두 개의 일본' 구조를 구축하게 된다. 여기에서 저자는 오키나와의 가중된 기지 부담과, 타이완 해협을 사이에 둔 양안의 대립, 한반도 남북의 분단에 의한 군사적 부담은, 미국을 맹주로 한 동아시아의 국제질서 유지를 위해 연결되어 있고, 오키나와의 귀속문제로 인한 기지의 변용은 이 국가들에게는 안전보장의 근간을 흔드는 중대한 문제로 인식되었다는 것이다.

이를 규명하기 위해 저자는 미국, 일본, 오키나와는 물론, 한국과 타이완의 다언어로 된 공문서 등의 사료들을 망라해서 분석의 대상으로 다루었고, 저자가 참고한 자료의 사정권은 때로는 중화인민공화국과 북한에까지 미치는 실로 방대한 작업을 수행했다. 독자들은 이 책의 참고문헌을 일별하는 것만으로도 오키나와 반환이 얼마나 동아시아 냉전체제의 한가운데에서 관계 각국에서 핵심문제로 인식되었는지를 가늠해 볼 수 있을 것이다.

이 책은 동아시아 냉전체제의 최전선에 세워져 스스로의 안보문제를 오키나와의 미군기지를 통해 해결하려고 했던 한국과 타이완이 오키나와가 일본으로부터 분리된 초기부터 지속적으로 그 귀속문제에 민감하게 반응해 왔음을 명확히 밝혔다. 특히 1950년대에 이들은 소련이나 북한과 교류하는 일본을 '친공' 국가로 규정하며 오키나와의 반공 친미 세력과 연계하여 오키나와의 자치 독립을 지원하여 극동지역의 항구적 집단안보체제를 구축하고자 했다. 하지만, 이것은 오키나와 주민들의 요구를 반영한 연대가 아니었다. 실상은 미군기지의 강압적 확대와 불법적이고 폭력적인 운용이 갈수록 심해지면서 오키나와 주민들은 미군과 심각한 갈등을 빚고 있었던 것이다. 이후 1960년대에 오키나와 미군기지가 베트남 전쟁의 출격기지로 쓰이면서 갈등은 극에 달했고, 주민들은 평화헌법 아래에 고도 경제성장을 구가하는 일본으로의 복귀를 희구하며 '조국복귀운동'을 맹렬히 전개한다. 주민들의 아래로부터의 저항은 오키나와의 귀속문제를 일본과 미국의 외교적 협상 테이블에 올리는 계기를 만들었다. 베트남 전쟁 이후 한국군의 베트남 파병이 이루어지고 한반도의 안보위기가 심화되는 상황 속에서 오키나와 반환 교섭이 본격화되자, 한국과 타이완은 오키나와의 반환으로 인해 미군기지 기능이 저하되지 않도록 반환 교섭에 적극적으로 개입했고, 결국 오키나와 기지의 현상유지가 실현되는 데에 깊이 관여했다는 것을 이 책은 전하고 있다. 더욱이 이 책에 따르면 동아시아 냉전 대립구도의 반대편에 있던 중국도 미중 접근 국면에서 미군기지의 현상유지가 일본의 군사대국화를 억제한다고 보고 반환 합의를 사실상 묵인했다.

즉, 핵기지를 포함한 일체의 군사기지에 반대하며 '전면 반환'을 요구했던 주민들의 열망과는 너무나도 동떨어진 미군기지의 현상유지라는 반환의 실상은, 동아시아 냉전체제의 재구축 과정에서 도출된 타협의 산물이었다는 것이다. 이후에도 오키나와는 이라크 침공 등 미군이 관여하는 전쟁에서 중요한 보급기지로 지속적으로 활용되어 왔으며, 1972년 오키나와 반환은 이후 50년이 지난 지금도 오키나와 주민들이 기지반대운동을 해야 하는 근본 원인을 만들었던 것이다. 그런 의미에서 이 책은 패전 이후 미군의 지배하에 놓인 접경지역의 작은 섬 오키나와와 그 귀속문제에 주목함으로써 미소 갈등 속에서 구축된 냉전체제에 편입되어 각각의 하위 질서 유지를 도모했던 동아시아 각국의 적나라한 현대사의 모순을 드러낸 기념비적인 연구서라 할 수 있다.

동아시아의 탈식민이라는 험난한 길

특히 미국의 냉전전략에 말려들어 최전선에 세워진 한국의 현대사가 전후 오키나와와 관련해서 배태한 모순 중에 가장 뼈아픈 것은, 일본제국으로부터의 탈식민이라는 과제를 미국이 짜 놓은 냉전구조의 틀 속에서 수행할 수밖에 없었던 한국이 스스로의 안보 불안을 해결하기 위해 미국의 군사식민지에서 벗어나고자 했던 오키나와 주민들의 열망을 왜곡시켜 버렸다는 것이다. 이승만 정권이 오키나와가 일본에 반환되는 것을 '류큐의 식민지화'로 간주하고, 타이완과 손을 잡고 오키나와에 미군기지를 항구적으로 유지할 수 있는 독자적인 친미 반공 정권 수립을 지원하고자 했던 것은 그 전형적인 사례일 것이다. 한국 당국자들은, 오키나와 주민들에게 일본 복귀에의 열망이 무권리 상태의 폭압적인 미군 지배에서 벗어나 평화헌법의 보호 속에서 국민으로서의 권리를 누리는 식민지 해방의 의미를 띠고 있었던 것을 인식하지 못했다.

이러한 오키나와 주민들의 투쟁에 대한 무관심과 무시는, 실은 공산주의로부터 베트남을 지킨다는 명분과 참전이 막대한 국익을 초래한다는 실리론을 내세운 박정희 정권의 선전에 휩쓸려, 한국의 베트남 참전 결정에 대해 어떠한 반대나 반전운동도 거의 표명하지 않았던 한국사회의 무관심과도 통할 것이다. 한국정부가 한국의 안전보장을 위해 오키나와가 일본에 반환되더라도 미군기지 기능이 저하되지 않도록 관여했던 이면에는, 기지의 부담을 짊어져야 하는 오키나와 주민들의 희생을 돌아보지 않는 가해성이 엄연히 존재했음을 부정할 수 없다. 또한 이 가해성은, 오키나와 반환 교섭이 난항을 겪고 있을 때 오키나와 미군기지의 대체지역으로 제주도 이전을 강력히 주장했던 한국정부에게 그로 인해 초래될 수 있는 제주도 주민들의 희생을 보지 못하게 만들었던 것이다.

하지만, 이런 한국정권의 안보와 국익우선주의로 인해 초래된 오키나와 주민들에 대한 가해의 책임은, 한반도의 안보 불안이 오키나와의 기지 강화로 이어지는 동아시아 냉전체제나 그 구조를 구축한 미국에만 돌릴 수는 없는 것이다. 식민지 경험을 한 한국의 주민들은 그들의 아픔을 돌아보고 공감할 수 있는 역사적인 위치에 있었음에도 불구하고 분단상황의 안보 불안을 내세워 냉전체제의 강화를 획책하는 정권에 대해 반대운동조차도 일으키지 못한 것은 합리화될 수 없기 때문이다. 그런 의미에서 우리는 왜 한국은 오키나와 주민들의 탈식민 투쟁에 연대하기는커녕 적극적으로 가해의 편에 섰을까라는 질문을 이 책에서 끌어내고 답을 찾아가야 한다.

한국사회에서 베트남 전쟁 참전을 반성적으로 성찰하고 한국군의 양민학살을 비판하기 시작한 것은 1980년대 민주화 이후이다. 한국의 시민사회가 오키나와 주민들의 기지반대운동과 연대하여 한국과 일본의 군사협력체제를 포함한 동아시아 상황을 공유하면서 미군 범죄, 토지 수용, 환경파괴 등의 미군기지 문제에 공동으로 맞서기 시작한 것은 1990년대 말부터이다. 하지만, 해방 이후 줄곧 한반도 안보 불안을 구실로 오키나와 주민들을 희생시켜 왔던 한국의 또 하나의 가해의 역사는 아직까지 제대로 규명되지 못했다. 오키나와 주민들은 오키나와가 일본과 다른 아시아 각국과의 사이에서 피차별과 차별, 전쟁의 피해와 가해의 이중성을 짊어지고 있다는 것을 인식하고 있다. 한국이 해방 후 오키나와 주민들에 대한 가해의 역사를 되돌아본다는 것은 한반도 또한 이러한 피해와 가해의 이중성의 굴레를 짊어지고 있다는 것을 깨닫는 것에서 출발할 것이다. 그 굴레를 벗어나기 위해서는 무엇보다 오키나와의 기지 강화의 구실이 되고 있는 한반도 안보 불안이라는 고리를 끊어내기 위한 적극적인 남북 화해의 노력과 평화운동이 필요하다.

2022년은 오키나와가 반환된 지 50년을 맞는 해이다. 그럼에도 불구하고 오키나와는 여전히 일본 전체 미군기지의 70%를 떠안고 있을 뿐만 아니라, 헤노코에는 새로운 기지까지 건설되고 있는 실정이다. 그 기지는 미군뿐만 아니라 육상자위대도 상주하도록 극비리에 합의가 이루어진 것이 알려지기도 했다. 오키나와의 주민들은 반환 이후 50년이 지난 지금도 여전히 기지반대운동을 전개하고 있다. 그리고 그 근본 원인을 제공한 오키나와 반환 사건에 한국은 깊숙이 개입되어 있다. 이 책은 전후 27년에 걸친 한국과 오키나와의 뒤엉킨 역사를 점검할 수 있는 좋은 기회를 우리에게 제공할 것이다. 한국의 독자들에게 이 책을 소개하는 역할을 맡겨준 저자에게 감사드린다. 또한 이 책의 가치를 한눈에 알아보시고 일면식도 없는 우리의 요청에 기꺼이 긴 추천사를 써주신 백영서 선생님께도 진심으로 감사드린다.